AF745741

www.ingramcontent.com/pod-product-compliance
Lightning Source LLC
LaVergne TN
LVHW050839051026
849532LV00006BA/2027
*9789366082875*

# جدیدیت کا فتنہ اور اسلام

## جدید ازم پر ایک علمی و تنقیدی مطالعہ


دانیال حقیقتجو

طبیعیات اور فلسفہ میں بیچلر
ہارورڈ یونیورسٹی


انگریزی کتاب کا ترجمہ

**The Modernist Menace to Islam**

A Muslim Critique of Modern – Isms


مترجم
ڈاکٹر ابو ظفر



دار الثقافۃ
Dar Ul Thaqafah

Dar Ul Thaqafah


www.darulthaqafah.com
https://twitter.com/darulthaqafah
Email: darulthaqafah@gmail.com

آپ اپنی پسندیدہ آن لائن بُک اسٹور پر "Dar Ul Thaqafah" لکھ کر ہماری کتب تلاش کر سکتے ہیں۔

# مندرجات کا جدول

# مصنف کا تعارف

دانیال حقیقتجو آن لائن ادارہ اُلسنا انسٹیٹیوٹ کے بانی ہیں۔اس کا مقصد مسلمانوں کو اسلام سے متعلق فکری شبہات کا جواب دینا اور ان کے ایمان کو استحکام بخشنا ہے۔

دانیال حقیقتجو امریکہ کے شہر ہیوسٹن، ٹیکساس میں پیدا ہوئے۔ان کا تعلق ایک آزاد خیال سیکولر مسلم خاندان سے ہے۔ لیکن انہوں نے اپنے نوجوانی کے ایام میں اسلام سے اپنے تعلق کو مضبوطی سے استوار کیا۔ انہوں نے ہارورڈ یونیورسٹی سے فزکس میں گریجویشن کیا اور فلسفے میں اعلیٰ تعلیم حاصل کی۔انہیں دنیا کے نامور سائنس دانوں اور فلسفیوں، بشمول نوبیل انعام یافتگان سے تعلیم حاصل کرنے کا موقع ملا۔ ساتھ ہی انہوں نے اسلامی علوم میں بھی مستند علما سے براہِ راست کسب فیض کیا ہے۔

اپنے ادارے کے ذریعے وہ اسلام عصرِ حاضر کے فکری چیلنجز پر لکھتے اور دنیا بھر میں خطاب کرتے ہیں۔دنیا بھر کی مختلف یونیورسٹیوں، مساجد اور مدارس میں ان کے خطابات ہو چکے ہے۔

# باب اول: تعارف

تمام تعریفیں اور شکر اللہ رب العزت کے لیے ہیں جو کائنات کا مالک اور بادشاہ ہے، نہایت رحم کرنے والا، مہربان اور ہر چیز پر قدرت رکھنے والا ہے۔ درود و سلام ہو اللہ کے آخری رسول حضرت محمد ﷺ، ان کے اہلِ بیت اور صحابہ کرام پر۔

جدیدیت اسلام ہی نہیں، بلکہ پوری نسلِ انسانی کے لیے ایک خطرہ ہے۔ اسے حقیقی معنوں میں سمجھنے کے لیے ہمیں اس کے تاریخی پسِ منظر پر نظر ڈالنی ہوگی۔ عام طور پر مورخین سولہویں صدی کو جدیدیت کا آغاز قرار دیتے ہیں۔ یہ وہ صدی تھی جب یورپ میں بڑی تبدیلیاں رونما ہوئیں۔ اصلاحِ مذہب (Reformation) کی تحریکوں نے عیسائی فرقوں کو شدید تنازعات میں الجھا دیا، جس کے نتیجے میں سیکولر دور کا آغاز ہوا۔ جنگ، قبائلی عصبیت اور خونریزی نے دانشور طبقے کو مذہب اور آسمانی کتابوں سے بدظن کر دیا، یہاں تک کہ مذہب کو جہالت اور پریشانی کی جڑ سمجھا جانے لگا۔ لیکن کیا واقعی کوئی چیز خدا اور اس کی کتابوں کی جگہ لے سکتی ہے؟ اخلاقیات کی اصلاح کن ذرائع سے ممکن ہے؟ کائنات کے اسرار، اس میں موجود مخلوقات کی حقیقت اور انسان کی آخرت کا علم کہاں سے حاصل کیا جا سکتا ہے؟

ابتدائی جدیدیت پسندوں نے اپنے ذہن و دماغ کو ہی کائنات اور اس کے اسرار و رموز کو مکمل طور پر سمجھنے کے لیے کافی تصور کر لیا۔ ان کا استدلال تھا کہ محض انسانی عقل ہی انسانیت کی رہنمائی کے لیے کافی ہے۔ ریاضی اور اسحاق نیوٹن کے تجرباتی فلسفے (empirical philosophy) کی کامیابی نے اس خیال کو مزید تقویت دی کہ

محض عقل اور تجرباتی مشاہدے کے ذریعے انسانی ذہن کو خدا کا درجہ دیا جا سکتا ہے۔ گویا انسانی دماغ سوچنے، سمجھنے، حساب لگانے اور نئی دریافتوں کی لامحدود صلاحیت رکھتا ہے۔ کائنات اور انسانی فطرت کے تمام راز ریاضی کے آسان اصول مساوات کی طرح حل ہو جائیں گے۔ بس اس کے لیے تھوڑا وقت درکار ہے۔

لیکن علم اس معاملے کا صرف ایک پہلو ہے۔ جو چیز فانی مخلوقات کو خدا سے ممتاز کرتی ہے، وہ محض علم نہیں بلکہ طاقت بھی ہے——یعنی اپنی مرضی نافذ کرنے اور دنیا کو اپنی خواہش کے مطابق تشکیل دینے کی صلاحیت۔ جدیدیت پسندوں کا خیال تھا کہ یہ ضرورت مسلسل ترقی پذیر ٹیکنالوجی کے ذریعے پوری کی جاسکتی ہے۔ انہوں نے یہ نتیجہ اخذ کیا کہ ٹیکنالوجی لامحدود طاقت کی حامل ہے اور اس میں خدائی صفات پائی جاتی ہیں، کیونکہ انسان بالآخر اپنے جیسا انسان تخلیق کرنے کی صلاحیت حاصل کر سکتا ہے۔ گویا یہاں بھی اسے لامحدود طاقت میسر ہے، محض اسے حقیقت میں ڈھالنے کے لیے وقت درکار ہے۔

جدیدیت میں وقت کو غیر معمولی اہمیت دی گئی ہے، اور اس کی نمایاں ترین خصوصیت ترقی پسندی ہے۔ جیسے جیسے وقت آگے بڑھتا ہے، انسان اپنے علم اور طاقت میں بہتری لاتا ہے، جبکہ تہذیبیں عقلیت اور اخلاقیات کے میدان میں ارتقا پذیر رہتی ہیں، یہاں تک کہ وہ ایک ایسے مثالی مستقبل تک پہنچ جائیں جو بہت سی مذہبی کتابوں میں بیان کردہ جنت سے مشابہ ہو۔ کل (آئندہ) کا انسان آج کے انسان سے بہتر ہے۔ آج کا انسان (گزرے ہوئے) کل کے انسان سے بہتر ہے۔ ترقی کا یہ تصور جدید فکر کا بنیادی

اصول بن گیا اور یہ ایک ایسی حقیقت ہو چکا ہے جس پر عام لوگ اور دانشور دونوں بلا کسی تردد کے یقین رکھتے تھے۔

یہاں سے جدیدیت کی خطرناک فطرت سامنے آتی ہے۔ جدیدیت میں ترقی کا مفہوم یہ ہے کہ تبدیلی بذاتِ خود ایک خوبی بن جاتی ہے، جبکہ اس کے برعکس مستقل مزاجی سب سے بڑا گناہ قرار پاتی ہے۔ تبدیلی سے مزاحمت کو نسل انسانی پر شب خون سمجھا جاتا ہے۔ اس لیے جدیدیت کی سب سے بڑی دشمن روایت پسندی ہے کیوں کہ دوسری چیزوں کے علاوہ روایت سے عقیدت کا مطلب تبدیلی کی مخالفت ہے۔

روایت پسندی چاہے کسی بھی شکل میں ہو وقت کے ساتھ ساتھ مستقل مزاجی کو دعوت دیتی ہے۔ روایت کی پاسداری کے لیے پر عزم ہونے کا بنیادی مطلب یہ ہے کہ کچھ اصول ابدی ہیں اور کچھ اقدار کو تبدیل نہیں کیا جا سکتا۔ روایات کا امین بننے کے لیے کسی نہ کسی طور پر ماضی پر انحصار لازم ہے، اور یہی پہلو روایات کو جدیدیت کے مقابل لا کھڑا کرتا ہے۔ ثقافتی، لسانی، اور بالخصوص مذہبی روایات مسلسل تجدید، اختراع اور اصلاحات کے باعث نیست و نابود ہونے کے خطرے سے دوچار ہیں۔

جدید دنیا میں مذہبی روایت کے لیے کوئی جگہ نہیں ہے۔ جدید دور میں مذہب صرف ایک اضافی چیز بن کر رہ گیا ہے، جیسے کھانے کے ساتھ پلیٹ پر رکھا ہوا سجاوٹی پتہ۔ یہ پتہ صرف دکھانے کے لیے ہوتا ہے۔ اس کے علاوہ اس کی کوئی خاص اہمیت نہیں ہوتی۔ جدید معاشرہ مذہب کو تب تک برداشت کرتا ہے جب تک وہ اس کے کاموں میں مداخلت نہ کرے۔ خلاصہ یہ کہ جدیدیت کا مطالبہ یہی ہے کہ اس کے سامنے مکمل طور پر سپر ڈال

دی جائے۔ اگر کوئی اس کے ساتھ ساتھ کچھ مذہبی اعمال انجام دیتا رہے تو کوئی مضائقہ نہیں، لیکن اگر کوئی جدیدیت پر مذہب کو فوقیت دے تو یہ قابلِ قبول نہیں۔ جو مذاہب محض حاشیہ برداری تک محدود رہیں، انہیں برداشت کیا جائے گا، لیکن جو اس حد سے آگے بڑھیں گے، انہیں مسترد کر دیا جائے گا۔

جدیدیت پسند ذہن یہ سوال اٹھاتا ہے کہ جب زندگی کے تمام بنیادی سوالات کا جواب (بظاہر) جدیدیت اور اس کی علمیات میں موجود ہے، تو پھر مذہب کی ضرورت ہی کیا ہے؟

انسان کہاں سے آیا؟

اس کا جواب (بظاہر) ڈارونزم ہے۔

کائنات کیسے کام کرتی ہے؟

طبیعی علوم (بظاہر) اس کا جواب ہے۔

اچھے اخلاق کا کیا مطلب ہے؟

اس کا جواب لبرل ازم دیتا ہے: دوسروں کے ساتھ ویسا ہی سلوک کریں جیسا آپ اپنے لیے پسند کرتے ہیں۔ آزادی اور مساوات حتمی بھلائیاں ہیں۔

اس سب کا کیا مطلب ہے؟

اس کا کوئی قطعی مطلب نہیں ہے۔ بہتر حالت میں ہم اپنے اپنے معانی نکالتے ہیں۔ بدترین صورت میں ہم صرف ایٹموں کا مجموعہ ہیں جو لامحدود خلا میں معلق ہیں۔

اس نظریے کے مطابق جدیدیت پسند سوچ انسان کو مذہب کا محتاج نہیں سمجھتی، کیونکہ مذہب کے پاس کوئی ٹھوس اقدار نہیں ہیں۔ اس سوچ کے تحت، کوئی شخص محض غیر معقول ثقافتی تعصب یا محض عادت کے باعث ہی مذہب سے وابستہ رہ سکتا ہے۔

جدیدیت کے مطابق "بند ذہن" والے ماننے والوں کا ہزار سال پرانے صحیفوں کو "بے تحاشا" پڑھنا اور مذہبی قوانین پر سختی سے قائم رہنا ترقی کے لیے سب سے زیادہ نقصان دہ ہے۔ اسی لیے جدیدیت کا ہدف یہ ہے کہ مذہبیت، جو ترقی کی راہ میں رکاوٹ سمجھی جاتی ہے، کو میڈیا، تعلیم، قانون اور عالمی سیاست کے اشتراک سے ایک ہمہ جہت حملے کے ذریعے ختم کر دیا جائے۔ یہ حملہ جتنا جامع ہے اتنا ہی بے رحم اور شدید ہے۔

اسلام کو حقیقی معنوں میں جدیدیت کی ضد کہا جا سکتا ہے۔ اس کی ایک بڑی وجہ یہ ہے کہ اٹھارہویں اور انیسویں صدی کے یورپی روشن خیالی کے مفکرین—— جنہوں نے جدیدیت کے بنیادی نظریاتی فلسفے کی بنیاد رکھی—— اسلام کو بھی اسی جمود زدہ چرچ کا ایک اور، بلکہ اس سے بھی زیادہ سخت گیر اور ترقی مخالف مذہب سمجھتے تھے، جس کی طاقت کو وہ اپنی کوششوں سے بے اثر کر چکے تھے۔ مثال کے طور پر اٹھارہویں صدی کے مشہور ملحد فرانسیسی فلسفی والٹیئر (Voltaire) نے اسلام کو ایک وحشیانہ مذہب کے طور پر پیش کیا۔ اس نے یہاں تک کہ ایک ڈرامہ "محمد" لکھا جس میں پیغمبر محمد ﷺ کا مذاق اڑایا گیا ہے اور انہیں نعوذ باللہ ایک جنونی ظالم کے طور پر دکھایا گیا ہے۔ ان کے دشمنوں یعنی عرب

کے مشرکین کو عقل پرست آزاد خیال صوفیوں کے طور پر پیش کیا۔ اس تلخ مستشرقیت نے بہت سے یورپی فلسفیوں کی سوچ کو متاثر کیا۔ ان کے ذہنوں میں اسلام کی تصویر ایک جابرانہ مذہب کی ہے جب کہ جدیدیت کا مطلب ان کے یہاں آزادی ہے۔ ان کے نزدیک اسلام غیر معقول ہے جب کہ جدیدیت ذہن و دماغ کی معراج ہے۔ اور تو اور ان کے نزدیک اسلام کا مطلب جمود اور زوال ہے جب کہ ان کا جدید نقطہ نظر مسلسل تبدیلی اور نیاپن کا نمائندہ ہے۔

جدیدیت کی فطرت نہ صرف اسلامی فکر کی تاریخ سے مختلف ہے، بلکہ خود اسلام سے بھی متصادم نظر آتی ہے۔ اس کی وجہ یہ ہے کہ تمام مذاہب میں اسلام سب سے زیادہ مستقل مزاجی کے ساتھ روایتی اقدار کو محفوظ رکھنے والا دین ہے۔ اسلام میں سنتِ نبوی کا تحفظ بنیادی حیثیت رکھتا ہے، اور اسلامی تعلیمات کی مکمل معرفت کا دار و مدار ماضی کے علم کو محفوظ رکھنے اور اس کی تبلیغ پر ہے۔ نہ صرف اللہ کے رسول ﷺ کی حیاتِ مبارکہ اور اس عہد کا علم اہم ہے، بلکہ درحقیقت انسانی وجود کے آغاز سے ہی ماضی کا علم بھی بنیادی حیثیت رکھتا ہے۔ جب اللہ نے انسانوں کو پیدا کیا اور ان سے سوال کیا، "کیا میں تمہارا رب نہیں ہوں؟ "تو تمام انسانوں نے جواب دیا، "ہاں، ہم گواہی دیتے ہیں"، جیسا کہ سورہ الاعراف (آیت ۱۷۲) میں بیان کیا گیا ہے۔ خالق کے اس بنیادی علم، اس کی وحدانیت اور اس کی عبادت کے حق کو انسانی فطرت میں ودیعت کیا گیا ہے۔ یہی فطری جبلت انسان کو نیکی، پاکیزگی اور راستبازی کی طرف مائل کرتی ہے، سوائے اس کے کہ گردشِ احوال اور خارجی اثرات کے باعث یہ فطرت آلودہ ہو جائے۔ فطرت کی یہ آلودگی مختلف وجوہات کی بنا پر پیدا ہو سکتی ہے، جیسے بت پرستی (شرک)، تکبر (نفس)، ہوس (شہوت)، شیطان کے

اکساوے (شیطان)، یا جھوٹی خواہشات اور تعصبات (ہویٰ)۔ اسلامی اعمال انسان کی فطرت کو محفوظ رکھنے کا ذریعہ بنتے ہیں تاکہ عبادت کو خالصتاً خالق کے لیے مخصوص کیا جائے، جس کا کوئی شریک نہیں۔ اس کے ساتھ ساتھ، ارادے میں مستقل مزاجی بھی اتنی ہی ضروری ہے، کیونکہ ایک مومن کے لیے لازم ہے کہ وہ اپنی مرضی اور خواہشات کو مکمل طور پر خالق کی مرضی کے مطابق ڈھالے، تاکہ اس کی زندگی کا مقصد اللہ کی خوشنودی (رضوان) حاصل کرنا ہو۔ یہ تمام اقدار اور یہ پورا زندگی کا نظریاتی ڈھانچہ فوراً اور بغیر کسی سمجھوتے کے جدیدیت اور اس سے جڑے تمام نظریات سے متصادم ہیں۔

لیکن اسلام اور جدیدیت کے درمیان دشمنی صرف نظریات تک محدود نہیں رہی۔ انیسویں صدی کے اوائل میں جب یورپی استعمار نے مسلم دنیا پر قبضہ کرنا شروع کیا تو مسلمانوں اور جدیدیت کے پیروکاروں کے درمیان پہلا تصادم ہوا۔ استعماری طاقتوں کا سب سے پہلا مقصد معاشی طاقت کو بڑھانا اور اپنا تسلط قائم کرنا تھا۔ ان کا دوسرا ہدف یہ تھا کہ نام نہاد جدیدیت اور ترقی کے نام پر "ساتویں صدی میں پھنسے ہوئے" اور "پسماندہ" قرار دیے جانے والے مسلمانوں کو اپنی فکر سے روشناس کرایا جائے۔ اسلام ان دونوں استعماری مقاصد کی راہ میں سب سے بڑی رکاوٹ تھا۔ چنانچہ اس کے اثر ورسوخ کو کمزور کرنے کے لیے ایک پیچیدہ حکمتِ عملی اپنائی گئی۔ شمالی افریقہ سے لے کر جنوبی ایشیا اور انڈونیشیا تک استعماری منصوبوں کے تحت اسلامی مذہبی اداروں اور علماء کو نشانہ بنایا گیا۔ ان کی مالی معاونت بند کی گئی اور ان کی جگہ یورپی حمایت یافتہ افراد کو مسلط کر دیا گیا تاکہ اسلام کی اصل روح کو کمزور کیا جا سکے۔

مذہبی عمل کے حوالے سے، اسلامی زبان (عربی) سے لے کر اسلامی لباس اور اسلامی خاندانی ڈھانچے تک ہر چیز کو استعمار نے نشانہ بنایا اور مسلم دنیا کے بہت سے علاقوں سے اسے منظم طریقے سے ختم کر دیا گیا۔ خود خلافت جدیدیت کے اثرات بد سے بچ نہ پائی۔ یہاں تک کہ اسے ۱۹۲٤ میں مکمل طور پر ختم کر دیا گیا۔ مسلم معاشرتی ڈھانچے میں اس طرح کی وسیع پیمانے پر تبدیلی کا مطلب مکمل تباہی اور بعض اوقات کھلی نسل کشی تھا کیوں کہ جن مسلمانوں نے استعماری خطرے کی مزاحمت کی اور "ترقی کی راہ میں رکاوٹ" بنے انہیں فوری طور پر ختم کر دیا گیا۔ اور بالآخر لاکھوں مسلمانوں کو بے دردی سے مغربی آقاؤں کی ترقی اور روشن خیالی کی راہ میں قربان کر دیا گیا۔

جو مسلمان بچ گئے اور ان کے بچوں کا وقت کے ساتھ ساتھ جدیدیت اور اس کے ازموں کو اپنانے کے لیے برین واش کیا گیا۔ "جدید کا مطلب اچھا" کا تصور مسلم شعور پر مغربی تعلیمی نظام، میڈیا، ادب اور سیاسی اثر ورسوخ کے ذریعے نقش کرایا گیا۔ ایک بنیادی تضاد یہ سامنے آیا جس کا چند جدیدیت پسند مسلمان ہی مقابلہ کر سکتے تھے وہ یہ کہ مسلمانوں کی عظمت رفتہ کو بحال کرنے کی کلید جدیدیت ہی ہے۔ ماضی میں مسلمانوں نے جو عالمی سطح غلبہ حاصل کیا تھا اسے دوبارہ حاصل کرنے کے لیے انہیں متضاد طور پر جدید مغرب کی پیروی کرنی چاہیے، اس کا علم سیکھنا چاہیے، اس کے طرز زندگی اور اس کی ٹیکنالوجی کو اپنانا چاہیے، اس کی معیشت کی نقل کرنی چاہیے، وغیرہ وغیرہ۔ یہ جھوٹ آج بھی اتنا ہی طاقتور ہے جتنا دو صدی پہلے تھا۔ یہ صریح جھوٹ ہے کیوں کہ جدیدیت کو اپنانے کا مطلب اسلام کو چھوڑ دینا ہے۔ بلکہ اگر مسلمان جدیدیت اور مغرب کی نقالی کر کے تہذیبی عروج حاصل کر لیں تو پھر وہ مسلمان باقی نہیں رہیں گے۔ اگر ایسا ہو بھی گیا تو

یہ ایک کھو کھلی "فتح" ہو گی۔ لہذا کوئی حقیقی فتح اسلام کے علاوہ کسی اور ذریعہ سے نہیں آ سکتی جیسا کہ درج ذیل آیت میں مذکور ہے۔

﴿وَمَا ٱلنَّصۡرُ إِلَّا مِنۡ عِندِ ٱللَّهِ ٱلۡعَزِيزِ ٱلۡحَكِيمِ﴾ [آل عمران: ۱۲۶]

فتح و نصرت جو کچھ بھی ہے اللہ کی طرف سے ہے جو بڑی قوت والا اور دانا و بینا ہے۔(سورہ آل عمران: ۱۲۶).

یہ دراصل ایک مقدس اور اٹل سچائی ہے۔

جب ہم جدیدیت کی زہریلی فطرت کو سمجھ جائیں گے تو مسلم ذہن و دماغ پر اس کے اثرات کو سمجھنا آسان ہو جائے گا۔ جدیدیت کی ترقی پسندی اور اسلام کی روایت پسندی ایک ہی ذہن اور دل میں کیسے یکجا ہو سکتی ہے؟ یہ کیسے ہو سکتا ہے کہ کوئی بیک وقت ترقی پسند بیانیہ پر بھی یقین کرے کہ موجودہ دور انسانی اخلاقی اور فکری ترقی کی معراج ہے اور اس کے ساتھ یہ بھی مانے کہ بہترین نسل پیغمبر ﷺ کی نسل تھی اور اس کے بعد سلف صالحین کی؟ منطقی طور پر کوئی ایسا نہیں کر سکتا۔ پھر بھی نوآبادیاتی ذہن دونوں کو ہم آہنگ کرنے کے لیے حقائق کو توڑ مروڑ کر پیش کرتا ہے۔اس کا جواب شاید اسلام کی اصلاح میں ہے یعنی مذہب کی تجدید کرنا اور اس کو نئے تقاضوں سے ہم آہنگ کرنا۔ شاید یہی وجہ ہے کہ اسلام سے ہر وہ چیز جو لبرل ازم، سیکولرازم، فیمینزم، میٹریلزم، سائنٹزم وغیرہ کے خلاف ہو، نکالنے کی کوشش کی جاتی ہے تاکہ اسے جدیدیت کے مطابق ڈھالا جا سکے۔

ایسے خیالات جو آج کل کے کچھ مسلمانوں کو پریشان کر رہے ہیں، اسلام میں بے شمار شکوک و شبہات کا باعث بن رہے ہیں۔ اس مسئلے کے جواب میں، جدیدیت کی گندھ سے آلودہ ماحول کا رجحان یہ ہے کہ اسلام کو مسخ کیا جائے اور اسے جدیدیت کے سانچے میں ڈھالا جائے۔ ایسے شکوک و شبہات رکھنے والے مسلمانوں کے لیے، اسلام کے سیدھے راستے سے بھٹکنے کے بجائے جدیدیت کے اس بت کو توڑنا زیادہ سود مند ہو گا۔ جدیدیت کے بت کو پوری طرح پاش پاش کرنے کے لیے ضروری ہے کہ ان سارے ازم کو بے نقاب کیا جائے اور ان مسلمانوں کو جدیدیت کے سراب سے نجات دلائی جائے۔ ایک بار جب مسلم ذہن کو نوآبادیاتی اور نام نہاد جدیدیت جیسے مغرب کے زہریلے فکری اثرات سے پاک کر دیا جائے گا، تو اس کا وجود پھر سے اسلام کے نور سے منور ہو سکے گا۔

یہ کتاب ان مختصر مضامین اور احساسات کا مجموعہ ہے جو میں نے کئی سالوں میں غیر اسلامی نظریات پر تنقید کرتے ہوئے لکھے ہیں۔ میں نے اسے بنیادی طور پر مسلمان قارئین کے لیے تحریر کیا ہے، لیکن غیر مسلم حضرات، جن میں سے بہت سے جدیدیت کی لعنت سے واقف ہیں، اس کتاب کے زیادہ تر دلائل کو سمجھ سکتے ہیں۔ کچھ اسلامی اصطلاحات، جن سے وہ شاید ناواقف ہوں، ان کے لیے قدرے مشکل ہو سکتی ہیں۔ کتاب کو کسی بھی ترتیب سے پڑھا جا سکتا ہے کیونکہ ہر باب اور سیکشن آزادانہ طور پر سمجھا جا سکتا ہے۔ یہ تنقیدیں اس موضوع کے تمام پہلوؤں کا احاطہ نہیں کرتیں، لیکن ان کا مقصد اس دور کے سخت باطل نظریات کے اثر کو زائل کرنا ہے۔ امید ہے کہ یہ کتاب، جو کہ اس سلسلے کا پہلا حصہ ہے، مجموعی طور پر قاری کو غور و خوض کے لیے وافر مواد مہیا کرے گی،

اور ان شاءاللہ اس سے یہ بات سمجھ میں آجائے گی کہ جدیدیت محض ایک سراب اور بے اصل ہے۔

اور اللہ بادشاہوں کا بادشاہ ہے۔

اللہ اس کام کو شرفِ قبولیت سے نوازے اور ہماری غلطیوں اور کوتاہیوں کو معاف فرمائے۔ ہمارے دلوں کو اخلاص اور ہدایت کی روشنی سے منور کر دے اور ہمیں اور ہماری اولاد کو اس حال میں اپنے پاس بلائے کہ وہ مومنِ کامل اور اس کے فرماں بردار ہوں۔ آمین۔

# باب دو: الحاد

## ہاکنگ کی خود پرستی اور طبیعیات

میں نے مڈل اسکول میں مشہور سائنسداں اسٹیفن ہاکنگ کی کتاب A Brief History of Time پڑھی اور مجھے یہ کتاب بہت پسند آئی۔ مجھے ہائی اسکول میں انہیں ذاتی طور پر سننے کا بھی موقع ملا۔ وہ سائنس کو مقبولِ عام بنانے والوں میں سے ایک تھے، اور انہی کی وجہ سے مجھے فزکس کے مطالعے میں دلچسپی پیدا ہوئی۔ یہی دلچسپی آگے چل کر مجھے ہارورڈ سے اس مضمون میں ڈگری حاصل کرنے تک لے گئی۔

ہاکنگ کے بارے میں ہمیشہ یہ بات واضح رہی ہے کہ وہ ایک پختہ یقین رکھنے والے شخص تھے۔ لیکن ان کا یہ یقین خدا پر نہیں تھا بلکہ وہ ایک کٹر ملحد تھے۔ ان کا یقین انسانی دماغ کی صلاحیت پر تھا کہ وہ Grand Unified Theory of Everything (ایک ایسا نظریہ جس میں کائنات کی تمام بنیادی قوتوں کو ایک ہی نظریے میں یکجا کرنے کی کوشش کی گئی ہے) کو دریافت کر سکتا ہے۔ کیا ایسی کوئی تھیوری واقعی موجود ہے؟ ہاکنگ کو اس پر پورا یقین تھا، اور آئن سٹائن اور دوسرے بہت سے فزکس دانوں کی طرح، انہوں نے اپنی زندگی اس کی جستجو میں وقف کر دی۔

ہمیں کیسے پتہ چلے گا کہ ایسی کوئی تھیوری موجود ہے؟ اور ہم یہ کیسے جان سکتے ہیں کہ اس کا پتہ لگایا جا سکتا ہے؟ یہ وہ سوالات تھے جو مجھے ایک فزکس کے طالب علم کے طور

پر پریشان کرتے تھے۔ اور میرے کسی پروفیسر کے پاس اس کا اطمئنان بخش جواب نہیں تھا۔ زیادہ سے زیادہ وہ یہ کہتے تھے کہ کائنات اتنی پیچیدہ اور عظیم ترتیب کا مظہر ہے کہ اس کے پس پردہ کوئی نہ کوئی حقیقت کارفرما ضرور رہے۔ ضرور کوئی اہم راز ہے! کوئی وجہ ضرور ہے جس کے سبب یہ نظم وضبط، یہ عظیم تخلیق(Grand design) موجود ہے۔ اور ہاکنگ کے خیال میں اس کی وجہ ایک ایسا جامع نظریہ ہو سکتا ہے، شاید ایک ایسی واحد سادہ ترکیب یا فارمولا، جسے بعض ماہرینِ طبیعیات 'خدائی فارمولا' (God equation) کہتے ہیں، جو پوری کائنات کی بنیاد ہے۔

اس طرزِ فکر میں پایا جانے والا شرک بالکل نمایاں ہے۔ خاص طور پر ہاکنگ جیسے لوگوں کے حوالے سے جو خدا کے وجود کو سختی سے مسترد کرتے ہیں اور اس کے بدلے ایسے ماورائی نظریات کو ترجیح دیتے ہیں جو کائنات اور اس کی تاریخ کی تشریح کرتے ہیں۔ بجائے اس کے کہ وہ یہ تسلیم کرتے کہ کائنات کی ترتیب اور اس کا انسانی دماغ کے لیے قابل فہم ہونا ایک طاقتور خالق کی وجہ سے ہے، ہاکنگ نے واضح حقیقت سے منہ موڑ لیا اور ایک خیالی چیز پر اصرار کیا جو ان کے ذہن کی اپج تھی، جسے انہوں نے "خدائی فارمولا" قرار دیا ہے۔

یہ کتنا بڑا فریب ہے کہ کوئی یہ تصور کرے کہ اس کا دماغ اتنا طاقتور ہے کہ نہ صرف کائنات کی عظمت اور اس کے رازہائے سربستہ کو سمجھ سکے بلکہ اسے اپنے بنائے ہوئے نظریاتی فریم ورک میں بھی فٹ کر سکے۔ یہ خود پرستی کے سوا کچھ نہیں اور یہی شرک ابلیس اور فرعون جیسے لوگوں میں پایا گیا ہے۔

مجھے قرآن کی سورۃ الملک کی پہلی چند آیات ہاکنگ اور ان جیسے لوگوں کے لیے بہت موزوں لگتی ہے جو اپنی خواہشات کی پرستش کرتے ہیں اور یہ سوچتے ہیں کہ وہ روشن خیال اور ذہین لوگ ہیں۔ لیکن دراصل وہ خود کو دھوکہ دے رہے ہیں۔

﴿تَبَٰرَكَ ٱلَّذِى بِيَدِهِ ٱلْمُلْكُ وَهُوَ عَلَىٰ كُلِّ شَىْءٍ قَدِيرٌ ٱلَّذِى خَلَقَ ٱلْمَوْتَ وَٱلْحَيَوٰةَ لِيَبْلُوَكُمْ أَيُّكُمْ أَحْسَنُ عَمَلًا ۚ وَهُوَ ٱلْعَزِيزُ ٱلْغَفُورُ ٱلَّذِى خَلَقَ سَبْعَ سَمَٰوَٰتٍ طِبَاقًا ۖ مَّا تَرَىٰ فِى خَلْقِ ٱلرَّحْمَٰنِ مِن تَفَٰوُتٍ ۖ فَٱرْجِعِ ٱلْبَصَرَ هَلْ تَرَىٰ مِن فُطُورٍ ثُمَّ ٱرْجِعِ ٱلْبَصَرَ كَرَّتَيْنِ يَنقَلِبْ إِلَيْكَ ٱلْبَصَرُ خَاسِئًا وَهُوَ حَسِيرٌ وَلَقَدْ زَيَّنَّا ٱلسَّمَآءَ ٱلدُّنْيَا بِمَصَٰبِيحَ وَجَعَلْنَٰهَا رُجُومًا لِّلشَّيَٰطِينِ ۖ وَأَعْتَدْنَا لَهُمْ عَذَابَ ٱلسَّعِيرِ وَلِلَّذِينَ كَفَرُوا۟ بِرَبِّهِمْ عَذَابُ جَهَنَّمَ ۖ وَبِئْسَ ٱلْمَصِيرُ﴾ [الملك: ١-٦]

نہایت بزرگ و برتر ہے وہ جس کے ہاتھ میں کائنات کی سلطنت ہے، اور وہ ہر چیز پر قدرت رکھتا ہے۔ جس نے موت اور زندگی کو ایجاد کیا تاکہ تم لوگوں کو آزما کر دیکھے تم میں سے کون بہتر عمل کرنے والا ہے، اور وہ زبردست بھی ہے اور درگزر فرمانے والا بھی۔ جس نے تہ بر تہ سات آسمان بنائے۔ تم رحمٰن کی تخلیق میں کسی قسم کی بے ربطی نہ پاؤ گے۔ پھر پلٹ کر دیکھو، کہیں تمہیں کوئی خلل نظر آتا ہے؟ بار بار نگاہ دوڑاؤ، تمہاری نگاہ تھک کر نامراد پلٹ آئے گی۔ ہم نے تمہارے قریب کے آسمان کو عظیم الشان چراغوں سے آراستہ کیا ہے اور اُنہیں شیاطین کو مار بھگانے کا ذریعہ بنا دیا ہے۔ اِن شیطانوں کے

لیے بھڑکتی ہوئی آگ ہم نے مہیّا کر رکھی ہے۔ جن لوگوں نے اپنے ربّ
سے کفر کیا ہے ان کے لیے جہنّم کا عذاب ہے اور وہ بہت ہی بُرا ٹھکانا ہے۔
جب وہ اُس میں پھینکے جائیں گے تو اس کے دَھاڑنے کی ہولناک آوازیں
سُنیں گے اور وہ جوش کھا رہی ہوگی، شدّتِ غضب سے پھٹی جاتی ہوگی۔ ہر
بار جب کوئی انبوہ اس میں ڈالا جائے گا، اُس کے کارندے اُن لوگوں سے
پوچھیں گے کیا تمہارے پاس کوئی خبردار کرنے والا نہیں آیا تھا
(سورۃ الملک: ۱-۶)

## خدا کے علاوہ ہر نظریہ قبول ہے

فطرت پرست اور ملحدین خدا کے وجود کو تسلیم کرنے سے بچنے کے لیے کوئی بھی نظریہ پیش کرتے ہیں چاہے وہ کتنا ہی عجیب کیوں نہ ہو۔

کیا کائنات ایک بڑی کمپیوٹر کی تخلیق کردہ ہے جو خلائی مخلوق نے بنائی ہے؟

"عین ممکن ہے!"

کیا ہماری کائنات ایک بہت بڑی اور ناقابلِ دریافت دیگر کائناتوں میں سے ایک ہے؟

"بات تو معقول لگتی ہے!"

کیا کائنات ایک وسیع اور باشعور وجود ہے جو خود کو کنٹرول کرتا ہے؟

"شاید!"

کیا کائنات محض کسی اعلیٰ درجے کی خلائی مخلوق کی غیر مادی ذہانت کا مظہر ہے؟

"بات تو ٹھیک لگتی ہے!"

کیا کائنات کو ایک طاقتور خالق نے بنایا ہے؟

"اوہ، کتنی غیر معقول اور احمقانہ بات ہے! کیا ہم پتھر کے زمانہ میں جی رہے ہیں؟ کیا آپ پریوں کی کہانیوں پر یقین رکھتے ہیں؟"

دنیا کے معروف سائنسدان ایسے بعید از قیاس نظریات پیش ہی کیوں کرتے ہیں؟

اس کی وجہ یہ ہے کہ وہ سمجھتے ہیں کہ محض مادی وضاحت دنیا کو مکمل طور پر بیان نہیں کر سکتی۔ ان کے نزدیک فطری نقطہ نظر سے بڑے اور بنیادی سوالات کا احاطہ ممکن نہیں۔ وہ تسلیم کرتے ہیں کہ کائنات کی ترتیب اور تخلیق سے یہ تاثر ملتا ہے جیسے اس کے پیچھے کوئی ارادہ اور منصوبہ کارفرما ہے۔ تاہم، وہ یہ ماننے سے گریز کرتے ہیں کہ جس ہستی کا وہ تصور کرتے ہیں وہ درحقیقت خدا ہی ہے۔ چناں چہ وہ خلائی مخلوق، کمپیوٹر کی تخلیق کردہ حقیقت اور دیگر خیالی تصورات گھڑتے ہیں تاکہ اس چیز کو سمجھ سکیں جو سخت مادی نظریے کے مطابق بے معنی معلوم ہوتی ہے۔ شاید ایک دن وہ اسی حقیقت کو سامنے لائیں گے جسے تسلیم کرنے سے وہ اب تک کتراتے رہے ہیں۔

## سائنس کی عقیدت مگر خالق سے انکار

جب ناسا کے نیو ہورائزنز مشن کے ذریعے لی گئی پلوٹو کی تصاویر حال ہی میں جاری کی گئیں، تو بہت سے لوگوں نے آن لائن رد عمل دیتے ہوئے کہا: 'مجھے سائنس سے محبت

ہے!' اور یہ کہ سائنس کتنی حیرت انگیز، متاثر کن اور قابل تعریف ہے۔ سائنس کی تعریف کرنا، بلکہ اس سے محبت کرنا بھی کوئی غلط بات نہیں۔ لیکن کیا لوگ یہ نہیں جانتے کہ پلوٹو کو سائنس نے تخلیق نہیں کیا؟ پلوٹو کے وجود کا سائنس سے کوئی تعلق نہیں ہے؟

آپ سوچ سکتے ہیں کہ لوگوں کی سائنس سے محبت کے اعلان کا شرک سے کوئی تعلق نہیں ہے اور یہ بالکل بے ضرر ہے۔ اور بہت سے معاملات میں مجھے اس سے اتفاق ہے۔ لیکن ہمارے موجودہ تہذیبی دور میں جہاں لوگ مذہب چھوڑ رہے ہیں، مذہب کے بارے میں غیر یقینی رویہ (Agnostic) اپنا رہے ہیں، ملحد بن رہے ہیں اور عمومی طور پر خدا کی اہمیت اور قدرت کا انکار کر رہے ہیں، ایسے خیالات محض عام بات نہیں بلکہ گہری معنویت رکھتے ہیں۔

عظیم مظاہر قدرت کو دیکھ کر انسان کا عمومی رد عمل حیرت و تعجب ہوتا ہے کیوں کہ وہ قدرت کی صناعی اور شان و شوکت دیکھ کر دنگ رہ جاتا ہے۔ اور یہ بھی انسانی فطرت ہے کہ وہ محسوس کرے کہ اس شان و شوکت کے پیچھے کوئی نہ کوئی قوت کارفرما ہے —— کہ یہ سب کچھ نہ تو بے سبب وجود میں آیا اور نہ ہی خود بخود تخلیق ہو گیا —— اور پھر وہ اس قوت کی تعریف و تحسین اور قدر کرتا ہے۔ جو لوگ خدا پر یقین نہیں رکھتے، انہیں یہ غیر ارادی جذبات کسی نہ کسی سمت منتقل کرنے پڑتے ہیں۔ چنانچہ لوگ اپنی عقیدت کا رخ سائنس، فطرت (Mother Nature) یا دیگر تصورات کی طرف موڑ دیتے ہیں۔ ظاہر ہے کہ ان لوگوں کا ایسا کوئی یقین نہیں ہے کہ مدر نیچر کوئی حقیقی ہستی یا دیوتا ہے۔ اور وہ یقین نہیں رکھتے اور نہ ہی یقین کر سکتے ہیں کہ سائنس قدرتی مظاہر کی تخلیق یا حفاظت کی ذمہ

دار ہے (کیوں کہ سائنس کے پاس ارادہ یا مرضی نہیں پائی جاتی ہے)۔ تو پھر پلوٹو کی تصویر دیکھ کر اس طرح کی خوشی، جوش، تعریف اور محبت کیوں پیدا ہوتی ہے؟

یا یوں کہہ لیں کہ اگر لوگ سائنس سے محض اس لیے محبت اور تعریف کا اظہار کرتے ہیں کہ وہ قدرتی دنیا کی تصاویر بنا سکتی ہے یا اس کی تفصیلات دریافت کر سکتی ہے، تو پھر ان اشیاء اور تفصیلات کے خالق کے بارے میں ان کا کیا خیال ہے؟ یہ کتنی بے وقوفی کی بات ہے کہ انسان قدرتی دنیا کو دیکھ کر سائنس کی تعریف کرے اور اپنی ہی عقل کی داد دے، مگر کم از کم ایک خالق کے امکان کو بھی نہ مانے، چاہے اسے مکمل یقین نہ ہو۔

آپ ایک ایسے شخص کا تصور کیجیے جو قدرت کی ذرہ برابر تعریف نہیں کرتا۔ آپ اسے پلوٹو کی یہ تصاویر دکھایئے۔ اسے غروب آفتاب وغیرہ کا خوبصورت منظر دیکھنے کے لیے لے جایئے اور وہ کہے کہ "تو کیا ہوا؟ اس میں کون سی بڑی بات ہے؟ اس میں تو کوئی خاص بات نہیں ہے۔" عقلی طور پر یہ زیادہ متوازن رویہ ہو گا۔

بلکہ ذہنی طور پر یہ بات زیادہ بہتر ہو گی کہ بذات خود پلوٹو کی تعریف کی جائے اور اس سے محبت کی جائے۔ اور پورے سلسلہ تاریخ میں اسی کو نیچر کی پرستش سے تعبیر کیا گیا ہے۔ یہ کوئی اتفاق نہیں ہے کہ ہمارے شمسی نظام کے تمام سیاروں کے نام یونانی اور رومی دیوتاؤں کے نام پر ہیں۔ لیکن چوں کہ جدید مادی نظریے کے مطابق کسی بے جان اور بے شعور چٹان کی تعریف کرنا یا اس سے عقیدت رکھنا بے معنی ہے، لہٰذا یہ بھی خارج از امکان ہے۔ چنانچہ لوگ اس کے بجائے سائنس کو سراہتے ہیں، جیسے وہی قابل پرستش ہو۔

اور ہمارے جیسے باقی لوگ حیران و پریشان سوچتے ہیں کہ یہ کتنا احمقانہ رویہ ہے کہ ایک خالق کا انکار کیا جارہا ہے اور سائنس کی تعریف کی جارہی ہے۔ سائنس زیادہ سے ایک عدسہ (lens) ہے۔ جب آپ کسی فوڈ فوٹو بلاگ یا آرکیٹیکچرل ڈیزائن بلاگ کو پڑھتے ہیں اور اس کو پڑھ کر بہت متاثر ہوتے ہیں تو ایسا نہیں ہوتا کہ آپ فوٹو گرافر کی تعریف کریں اور شیف یا معمار کو نظر انداز کر دیں۔ کیا آپ ایسا کریں گے؟ یہ بالکل غیر منطقی بات ہوگی۔ اور اگر آپ کا یہ یقین ہے کہ سرے سے کوئی شیف یا معمار ہے ہی نہیں ہے اور یہ کھانا یا آرکیٹیکچرل شاہکار خود ہی بن گیا ہے تو پھر کسی چیز کی تعریف کیوں کریں؟ فوٹو گرافر یا فوٹو گرافی کا اس تصویر کے اندر دکھائی گئی چیز سے کوئی تعلق نہیں ہے۔ اگر فوٹو گرافی کی وجہ سے یہ تعریف سامنے آرہی ہے تو پھر آپ کو فوٹو گرافی کے بارے میں بنیادی علم کی کوئی کتاب پڑھنا چاہیے۔ اگر سائنس واقعی قابل تعریف ہے تو نیوٹن کی کتاب پرنسپیا (Principia) پڑھیں۔ خلاء کی تصاویر دیکھ کر سائنس کی حیرت انگیزی کے بارے میں گفتگو کرنا ایک سطحی بات ہے۔

## الحاد کی خود شکستگی

کیا ہمارے پاس یہ سوچنے کی کوئی معقول وجہ ہے کہ مافوق الفطرت ہستیوں کا وجود ہے؟ یہاں اس کی ایک وجہ بیان کی جارہی ہے۔ پوری انسانی تاریخ میں زیادہ تر انسانوں نے کسی نہ کسی مافوق الفطرت ہستی یا ہستیوں پر یقین رکھا ہے۔ یہ بھی سچ ہے کہ ہر کسی کا ان ہستیوں کے بارے میں ایک جیسا عقیدہ نہیں رہا، لیکن اس سے یہ حقیقت کم نہیں ہوتی کہ لوگ کسی نہ کسی مافوق الفطرت ہستی پر یقین رکھتے آئے ہیں۔ مزید برآں، یہ عقائد دنیا بھر میں اور مختلف ادوار میں ایک دوسرے سے آزادانہ طور پر پائے جاتے رہے ہیں

اب اس مظہر کی وضاحت کی ذمہ داری مادہ پرست ملحدوں پر ہے۔ اگر یہ عقائد حقیقی تجربات کا نتیجہ نہیں ہیں تو یہ لازماً ایک قسم کے وہم کا نتیجہ ہوں گے جس سے انسان تقریباً ہر جگہ اور فطری طور پر متاثر ہوتے ہیں۔ یا یہ انسانوں کی اس فطرت کا نتیجہ ہو سکتی ہیں جس کی وجہ سے وہ دنیا میں موجود چیزوں کے بارے میں بڑے غلط فیصلے کرتے ہیں۔ یعنی یہ غلط فہمی اتنی گہری اور زیادہ ہونی چاہیے کہ اس کے ہونے سے لوگوں میں حد درجہ مذہبی عقیدت پیدا ہو جائے۔ دوسرے الفاظ میں اس طرح کے خیالات محض وقتی سوچ کا نتیجہ نہیں ہوتے۔ یہ غلط فہمی، یعنی "خدا کے حوالے سے غلط فہمی"، اتنی زیادہ اور مستقل محسوس ہوتی رہنی چاہیے کہ اس میں مبتلا افراد کو اپنی اس ذہنی حالت کا ادراک بھی نہ ہو۔

لیکن یہ دعویٰ کہ انسان شدید اور مستقل فریب میں مبتلا ہو سکتے ہیں اور بڑی علمی غلطیاں کر سکتے ہیں، در حقیقت خود انسانی ذہن اور اس کی دنیا کو درست طور پر پہچاننے اور سمجھنے کی صلاحیت کو مشکوک بنا دیتا ہے۔ اگر ایسا ہے تو یہ خود مادہ پرست ملحدین کے اپنے نظریے کے خلاف جاتا ہے، کیونکہ وہ انسانی ذہن کی اس صلاحیت پر کامل یقین رکھتے ہیں کہ وہ کائنات میں اپنے مقام کو سمجھ سکتا ہے اور اس کے عظیم رازوں کو دریافت کر سکتا ہے۔

دوسرے الفاظ میں مافوق الفطرت کی پہچان اتنی عام ہے کہ یہ انسانی وجود کا ایک لازمی حصہ بن چکی ہے۔ اس تصور کو رد کرنا در حقیقت خود انسانی ذہن اور اس کی اس صلاحیت کو مسترد کرنے کے مترادف ہے کہ وہ دنیا کو اس کی حقیقی صورت میں سمجھ سکتا

ہے اور حقیقت کا ادراک کر سکتا ہے۔ اسی طرزِ فکر کو یہ سمجھے بغیر کہ یہ خود اس کے اپنے نظریے کو کمزور کر دیتا ہے مادہ پرست الحاد نے اپنالیا ہے۔

## الحاد کے غیر ارادی اثرات

مادہ پرستوں، فطرت پرستوں اور ملحدین کی ایک طویل تاریخ ہے کہ وہ ان چیزوں کے وجود کا انکار کرتے ہیں جو ان کے بہت تنگ اور محدود تصور میں فٹ نہیں آتیں۔ خدا کا انکار ہمیشہ ان کے اہداف کی فہرست میں پہلے نمبر پر ہوتا ہے۔ لیکن عام لوگوں کو یہ احساس نہیں ہوتا اور ملحدین اس بات کا پرچار نہیں کرتے کہ ان کا فطرت پرستی اور مادہ پرستی کا فلسفہ خدا سے کہیں زیادہ چیزوں کے انکار کا تقاضا کرتا ہے۔ وہ نہیں چاہتے کہ عوام اس بات سے آگاہ ہوں۔ کیوں کہ پھر لوگ جاگ جائیں گے اور جان لیں گے کہ یہ فلسفے کس طرح کے احمقانہ تصور پیش کرتے ہیں۔

مثال کے طور پر نئے ملحدین کی مطلوبہ سخت سائنسی تجربہ پسندی —— یعنی یہ نظریہ کہ صرف وہی چیزیں موجود ہیں جن کا سائنس مشاہدہ کر سکے یا پتہ لگا سکے —— در حقیقت دماغ کے وجود، اور بالخصوص دوسروں کے دماغ کے وجود سے انکار کی متقاضی ہے۔ سائنس آج تک خود دماغ کی دریافت نہیں کر سکی ہے، بلکہ صرف دماغ میں پیدا ہونے والے برقی سگنل تک کی ہی شناخت پر پائی ہے۔ لیکن برقی سگنل اور دماغ دونوں ایک چیز نہیں ہیں۔

کیا آپ نے کبھی کسی اور کے دماغ کو دیکھا ہے؟ کیا آپ نے اس کے اندر پیدا ہونے والے خیالات کا تجربہ کیا ہے؟ کیا آپ نے اس کے جذبات کو محسوس کیا ہے؟

نہیں، ہم صرف بیرونی رویے کو دیکھ سکتے ہیں۔ دوسروں کے اندرونی دماغ ہمارے حسی اعضاء کی پہنچ سے باہر ہیں۔ تو کیا اس کا مطلب یہ ہے کہ ہم یقین نہیں کرتے کہ دوسروں کے پاس ہماری ہی طرح شعور رہے؟ اگر ہم ملحدین کے ذریعہ استعمال ہونے والے سائنسی تجربہ پسندی کے معیارات کو مستقل طور پر نافذ کریں تو ایسے نتائج سامنے آئیں گے جن سے فرار ممکن نہیں۔ اس طرح کی باتیں کافی مضحکہ خیز ہیں۔ اسی لئے ہم سائنسی تجربہ پسندی اور اس پر انحصار کرنے والے سادہ لوح الحاد کو پوری طرح مسترد کرتے ہیں۔

## خدا کے وجود کے شواہد کہاں ہیں؟

خدا کے وجود کے ثبوت کہاں ہیں؟ اسلام کی سچائی کے شواہد کہاں ہیں؟ یقیناً شواہد موجود ہیں اور بہت سارے ہیں۔ لیکن کون سی چیزیں شواہد کے طور پر شمار ہو سکتی ہیں یہ بہت سے عوامل پر منحصر ہے۔ یہ ایک بنیادی حقیقت ہے کیوں کہ عقل اور منطق اسی طرح کام کرتی ہیں۔ اور یہ اصول مذہبی دعووں پر اسی طرح لاگو ہوتا ہے جیسے سائنسی یا ریاضیاتی دعووں پر۔

تصور کریں کہ آپ ایک سائنسداں ہیں اور ایک ایسے ماحول میں رہتے ہیں جہاں سائنس کے خلاف شدید نفرت پائی جاتی ہے۔ لوگوں کو بہت کم عمری سے ہی سائنس پر اعتماد نہ کرنے، سائنسدانوں کو حقیر سمجھنے اور سائنس کو بہترین صورت میں فریب کاری اور بدترین صورت میں ایک پر تشدد موت کے عقیدے کے طور پر دیکھنے کی تعلیم دی جاتی ہو۔ ظاہر ہے ایسے ماحول میں سائنس کی تعلیم کا کوئی معقول نظم نہیں ہو گا۔ زیادہ تر لوگوں کو بچپن میں کلاس روم میں سائنس کے کسی تجربہ سے سابقہ پیش نہیں آئے گا۔ اس کے

نتیجے میں عام آبادی میں سائنس کے بارے میں معلومات کی شدید کمی ہو گی۔ لیکن جہالت اس سے بھی بڑھ کر ہے، کیونکہ یونیورسٹیاں بھی سائنس مخالف رویہ رکھتی ہیں۔ دنیا بھر میں زیادہ تر یونیورسٹی پروفیسر اور دانشور سائنس کو طنزیہ اور تحقیر آمیز نظر سے دیکھتے ہیں۔ سائنس کا مطالعہ کرنے کا واحد راستہ وہ چھوٹے، کم فنڈ والے اور محدود عملے کے حامل آزاد ادارے ہیں جو دنیا بھر میں منتشر ہیں۔ ان اداروں میں تعلیم حاصل کرنے کے لیے طلبہ کو ذاتی اور مالی قربانیاں دینا پڑتی ہیں، جس کے نتیجے میں آبادی کے تناسب سے بہت کم مستند سائنسداں تیار ہو پاتے ہیں۔

اگر دنیا میں رہنے والے لوگ کسی وجہ سے یہ سمجھ بیٹھیں کہ جنگلات کو جلانا ماحول کے لیے بہت اچھا ہے۔ لیکن ایک سائنسداں کے طور پر اپ کو اصلیت پتہ ہے۔ آپ لوگوں کو بتاتے ہیں کہ جنگلات کو جلانا دراصل ماحولیاتی تباہی کا باعث بن سکتا ہے۔ زیادہ تر لوگ آپ کا مذاق اڑاتے ہیں اور آپ کی بات کو نظرانداز کر دیتے ہیں کیوں کہ ان کے نزدیک آپ ایک عجیب سائنسداں ہیں۔ ایک دوسرا گروہ ہے جو آپ کے ساتھ زیادہ احترام سے پیش آتا ہے اور اس کا ماننا ہے کہ آپ جو چاہے مانیں لیکن اپنے عقائد دوسروں پر مسلط کرنے کی کوشش نہ کریں۔ یعنی مثال کے طور پر آپ کا یہ اصرا ہو کہ صرف یہی بات صحیح ہے۔ لیکن کچھ اور ایسے لوگ ہیں جن کو سائنس پر شک ہے اور ان کو سائنسدانوں کو تنگ کرنے میں مزہ آتا ہے۔ لہذا وہ آپ کے ساتھ بحث شروع کر دیتے ہیں اور وہ شواہد کا مطالبہ کرتے ہیں۔ آپ کو کیسے معلوم ہے کہ جنگلات کو جلانا تباہی کا باعث بنے گا؟ اس کی کیا دلیل ہے؟

لہٰذا آپ ان کو گرین ہاؤس گیسوں کے بارے میں بتانے کی کوشش کریں گے۔ لیکن ظاہر ہے ان لوگوں کو کیمسٹری، فزکس یا بایولوجی کے بارے میں کچھ بھی معلوم نہیں ہے۔ آپ انہیں بتا سکتے ہیں کہ کس طرح کاربن ڈائی آکسائیڈ حرارت کو روکتا ہے، مگر انہیں یہ بھی نہیں معلوم کہ کیمیائی عناصر کیا ہوتے ہیں۔ کاربن ڈائی آکسائیڈ کے بارے میں جاننے کا پھر تو سوال ہی نہیں اٹھتا۔ آپ انہیں بتائیں گے کہ درخت کیسے کاربن ڈائی آکسائیڈ جذب کرتے ہیں اور آکسیجن دیتے ہیں اور زندہ مخلوق جیسے انسانوں کو آکسیجن کی ضرورت ہوتی ہے۔ لیکن پھر وہ آپ سے اس سب کے ثبوت مانگیں گے۔ لہٰذا، آپ انہیں کچھ بنیادی کیمسٹری سمجھانے کی کوشش کریں گے۔ لیکن ظاہر ہے کہ یہ کافی نہیں ہوگا، کیونکہ کیمسٹری بطور تجرباتی علم سالماتی طبیعیات(Molecular Physics)پر انحصار کرتی ہے۔ اس لیے آپ کو وضاحت اور جواز پیش کرنا ہوگا کہ یہ علمی طور پر قابل اعتماد کیوں ہے۔ اور جب سالماتی طبیعیات کو سمجھنے کی ضرورت پیش آئے گی تو کچھ نہ کچھ جوہری طبیعیات (Nuclear Physics) بلکہ کوانٹم میکینکس (Quantum Mechanics)کی سوجھ بوجھ بھی درکار ہوگی اور یہ سلسلہ یونہی آگے بڑھتا چلا جائے گا۔

ظاہر ہے کہ یہ شکی لوگ آپ کی وضاحت کردہ کسی بھی چیز کو صحیح سے نہیں سمجھ پائیں گے اور نہ ہی آپ کی بتائی ہوئی بات پر یقین کریں گے۔ حالانکہ انہیں پہلے ہی آپ کے اس ابتدائی دعوے پر شک تھا کہ آپ سائنس داں ہیں۔ آپ کا ابتدائی دعویٰ چاہے جس سائنسی بنیاد پر بھی قائم ہو لیکن کوئی بھی دلیل یا وضاحت ان کے شکوک کو کم نہیں کر پائے گی۔

پھر آپ انہیں بتائیں گے کہ دیکھئے! اگر آپ صحیح طور پر جاننا چاہیں کہ مجھے یہ کیسے علم ہوا کہ جنگلات کو جلانا غلط ہے تو آپ کو سائنس کی اچھی طرح تعلیم حاصل کرنی ہو گی اور پھر کچھ بنیادی تجربات کرنے ہوں گے اور پھر اعلیٰ تعلیم حاصل کرنی ہو گی، وغیرہ، وغیرہ، اور پھر آپ کو وہ ثبوت ملیں گے جن کی آپ کو ضرورت ہے۔ جس پر شکی مزاج لوگ زور سے ہنسنے لگیں گے۔

یہاں سمجھنے کی بات یہ ہے کہ کسی چیز کو ٹھوس ثبوت ماننے اور اس پر یقین کرنے کے لیے وسیع پس منظر اور گہرا علم ضروری ہوتا ہے۔ عام طور پر سائنسی بحثوں میں اس کو سائنسی ماہرین کی اتھارٹی پر بھروسہ کرتے ہوئے قبول کر لیا جاتا ہے۔ سائنس جاننے والے حضرات جو بھی بات کہتے ہیں عام طور پر لوگ اس پر اعتماد کرتے ہیں اور انہیں ہر ایک چیز کا جواز فراہم کرنے کے لیے مجبور نہیں کرتے۔ لیکن جب وہی لوگ خدا کے بارے میں بات کرتے ہیں تو شکوک و شبہات کی ایک الگ ہی سطح ہوتی ہے کیوں کہ ہم جس سیکولر دنیا میں رہتے ہیں اس میں مذہب کی کوئی دانشورانہ یا علمی اتھارٹی تسلیم نہیں کی جاتی۔ خدا کے لیے بہت سے شواہد موجود ہیں۔ ایسے شواہد جو تجرباتی سائنس میں کسی بھی چیز سے کہیں زیادہ قائل کرنے والے، مستقل اور "معروضی" ہیں۔ لیکن مندرجہ ذیل دو چیزیں لوگوں کو اس کا ادراک کرنے سے روکتی ہیں۔

اوّلاً، سیاق وسباق کے علم کی کمی۔ دنیا کے بیشتر حصوں، خصوصاً مسلم علاقوں میں، اسلامی تعلیم کا فقدان ہے۔ حقیقت یہ ہے کہ دنیا بھر کے مسلمانوں کی تعلیم زیادہ تر سیکولر تعلیمی ماڈل کے تحت ہی ہوئی ہے، جس کا نتیجہ یہ ہے کہ مسلمانوں کی اللہ کے وجود اور اسلام کی سچائی پر علمی طور پر یقین حاصل کرنے کی صلاحیت کمزور پڑ جاتی ہے۔ اس کے علاوہ ایک

اور اہم رکاوٹ وہ سرگرم مخالفِ مذہب اور مخالفِ اسلام سوچ ہے جو ثقافت، میڈیا اور تعلیمی اداروں میں گہرائی تک سرایت کر چکی ہے۔ یہ دونوں عوامل دنیا بھر میں مسلمانوں کے ایمان اور یقین پر گہرا اثر ڈال رہے ہیں۔

اللہ کے وجود اور اسلام کی سچائی کے شواہد مختلف ذرائع سے حاصل ہوتے ہیں، جو ایک دوسرے کی تصدیق اور تقویت فراہم کرتے ہیں۔ ہر طرح کا علم، بشمول سائنسی علم، اسی اصول پر استوار ہوتا ہے، جیسا کہ اوپر کی مثال میں واضح کیا گیا ہے۔ ایک شکی مزاج شخص کسی مخصوص علمی نکتے پر سوال اٹھا سکتا ہے، لیکن وہ ایسا تبھی کر سکتا ہے جب وہ وسیع تر تناظر، نظریاتی ڈھانچے، علمی اصولوں یا عقائد کے باہمی ربط (یا کسی دوسری فلسفیانہ یا سماجیاتی اصطلاح) سے واقف نہ ہو۔

# باب تین: سیکولرازم اور جمہوریت

## سیکولرازم غیر جانبدار نہیں ہے بلکہ یہ جبر کی ایک صورت ہے

سیکولرازم کا دعویٰ ہے کہ وہ ایک غیر جانب دار نظام فراہم کرتا ہے لیکن حقیقت یہ ہے کہ اس کوئی بھی ورژن حقیقی غیر جانب داری پر مبنی نہیں ہے اس حقیقت کو تسلیم کرنے کے بعد ہی ہم زیادہ مفید اور بامقصد گفتگو کر سکتے ہیں۔

۲۰۱۵ کے میں لکھے گئے اپنے ایک مضمون میں اینگلیکن پادری جائلز فریزر(Giles Fraser)نے سیکولرازم کی تاریخ کے حوالے سے مندرجہ ذیل باتیں تحریر کی ہیں:

> "اٹھارہویں صدی کے آخر میں فرانس کے کیتھولک چرچ کے خلاف جنگ اپنے خونریز انجام کو پہنچی۔ ۱۷۹٤ کے ایسٹر تک وہی انقلاب جس نے ضمیر کی آزادی کا اعلان کیا تھا، نے زبردستی فرانس کے ٤٠ ہزار چرچوں میں سے اکثر کو بند کر دیا۔ چرچ کی جائیدادوں کی ضبطی اور صلیبوں اور مقدس پیالوں(chalices)کو توڑنے سے شروع ہونے والا عمل زبردستی تبدیلی مذہب اور پادریوں اور راہباؤں کے قتل عام پر ختم ہوا۔"

''یہ وہی دور ہے جسے نام نہاد دہشت کا دور کہا جاتا ہے اور جدید انگریزی لفظ ٹیررازم — جو فرانسیسی لفظ 'terrorisme' سے ماخوذ ہے — یہیں سے نکلا ہے۔ 'دہشت دراصل محض فوری، سخت اور لاگ لپیٹ سے عاری انصاف کا نام ہے۔ چنانچہ جیسا کہ میکسی میلیان روبسپیر (Maximilien Robespierre) نے استدلال کیا ہے کہ یہ فضیلت کا مظہر ہے جواب داعش (ISIS) کی عجیب وغریب پریس ریلیز کی طرح لگتا ہے۔ فرانس کے علاقہ وینڈے میں جو لوگ اپنے صدیوں پرانے عقیدے پر قائم رہے ان کا قتل عام کیا گیا جسے مورخ مارک لیوین (Mark Levene) نے 'جدید نسل کشی کا نمونہ' کہا ہے۔ ''فرانس کو مسیحیت سے پاک کرنے کا منظم عمل ایک قدرتی اور لازمی عمل نہیں تھا جس میں ایک سخت گیر مذہب کا زوال اور عقل پر مبنی اصولوں کا قدرتی اور لازمی عروج شامل ہو۔ یہ دراصل ریاستی سرپرستی میں ہونے والی ایک خونریز ظالمانہ کارروائی تھی۔''

اس کی ایک بہترین مثال بیلجیم میں ملتی ہے کہ سیکولرازم کس طرح عوام پر اپنے اخلاقی اصولوں کو نافذ کرنے میں مذہبی حکومتوں (Theocracy) کی طرح ہی کام کرتا ہے۔ ۲۰۱۷ میں بیلجیم کے والون (Walloon) علاقے میں رائے شماری کے ذریعہ بغیر بے ہوش کیئے جانوروں کے ذبح پر پابندی لگا کر کوشر (یہودیوں کے لئے کھانے کے لائق گوشت) اور حلال گوشت پر پابندی عائد کر دی گئی۔ اس وقت سات یورپی ممالک

بشمول ناروے، سویڈن، ڈنمارک، سلووینیا، آسٹریا، آئس لینڈ اور بیلجیم میں کوشر اور حلال ذبیحہ پر پابندی عائد ہے۔[1]

پابندی کا جواز یہ دیا گیا کہ بے ہوش کیے بغیر جانورں کو ذبح کرنے سے انہیں تکلیف ہوتی ہے اور یہ غیر انسانی ہے، اس لیے بے ہوش کیے بغیر ذبح کرنا ممنوع ہے۔ لیکن ہمیں اس کے بارے میں کیسے پتہ چلا؟ کوئی جانور اپنی اندرونی حالت کے بارے میں نہیں بتا سکتا۔ کوئی جانور ہمیں نہیں بتا سکتا کہ "ارے! یہ واقعی تکلیف دہ ہے، براہ کرم ایسا نہ کریں!" ہم صرف اس بات کا اندازہ لگا سکتے ہیں کہ ذبح کے عمل کے دوران کوئی جانور کیسا محسوس کر سکتا ہے۔ یہ بات قطعی واضح نہیں ہے کہ جانور کی کھوپڑی پر گولی مار کر (bolt blast) یا برقی جھٹکا حلق کی نس کاٹنے سے کم تکلیف دہ ہے۔ زیادہ سے زیادہ اگر کچھ کہا جا سکتا ہے تو وہ یہ کہ پہلے والا طریقہ شاید زیادہ اذیت ناک ہو۔ لیکن اس کا صحیح جواب جاننے کا کوئی ذریعہ نہیں ہے۔

اس کے باوجود ان ممالک کے قانون سازوں نے جس بات کو وہ اخلاقی طور پر درست سمجھتے ہیں کو بنیاد بنا کر قانون بنایا اور پھر دوسروں کو ان قوانین پر عمل کرنے پر مجبور کیا۔ لہذا یہ ایسی چیز نہیں ہے جس سے اجتناب کیا جا سکے۔ قانون ایسے ہی تشکیل پاتے ہیں چاہے ریاست سیکولر ہو یا مذہبی۔

---

[1] https://forward.com/food/416983/all-the-european-countries-where-kosher-and-halal-meat-production-are-now/

لیکن اسلامی ریاستیں جب اپنے اخلاقی موقف اور عقائد یعنی اسلام کو بنیادی ماخذ قرار دیتے ہوئے قانون بناتی ہیں تو ان پر "مذہبی آزادی" نہ دینے کے نام پر تنقید کی جاتی ہے۔ یہ لوگ چیخ چیخ کر کہتے ہیں "اسلام اور شریعت پر مبنی قانون سازی وحشیانہ مذہبی آمریت (theocracy) ہے!"۔ "لیکن ہماری لبرل مادی عقائد پر مبنی قانون سازی منصفانہ اور غیر جانبدار ہے۔"

یہاں منافقت بالکل واضح ہے۔

لہذا حلال پر اس پابندی کے خلاف یہ دلیل دینے کا کوئی فائدہ نہیں ہوگا کہ یہ "نسلی امتیاز"، "تعصب"، "مسلم مخالف"، "اسلاموفوبک" وغیرہ ہے۔ حالاں کہ ہو سکتا ہے ان تعصبات نے ان پابندیوں کو لگانے میں اپنا کردار ادا کیا ہو۔

ایک زیادہ موثر دلیل یہ ہوگی:

ایک لحاظ سے ہم بیلجیئم والوں کو صحیح اور غلط کے بارے میں ان کے پختہ نظریات کے مطابق قانون سازی کرنے پر قصوروار نہیں ٹھہرا سکتے۔ تاہم، ہم ان نظریات پر تنقید ضرور کر سکتے ہیں۔ ہم کہہ سکتے ہیں: "اس معاملے میں آپ کا موقف غلط ہے اور ہمارا صحیح ہے۔" ہم کہہ سکتے ہیں: "اس معاملے میں ہمارے عقائد کا ماخذ گائے، بھیڑ، مرغی اور آپ کا اور ہمارا خالق ہے جب کہ آپ کے عقائد فضول باتوں پر مبنی ہیں۔" یہ ایک بامعنی مکالمہ ہوگا جس میں وزن ہوگا اور اس پر مزید گفتگو ہو سکتی ہے۔

بد قسمتی سے آج کل لوگوں کے درمیان بامعنیٰ گفتگو کا فقدان ہے۔ آج کل لوگ اس طرح کی بحثوں کے حوالے سے اخلاقی ذمہ داری کا ثبوت دیتے ہوئے محض اتنا کہہ دیتے ہیں کہ: "یہ تعصب ہے!" دریں اثنا سیکولرازم کا فریب بغیر کسی روک ٹوک کے جاری رہتا ہے۔

## سیکولرازم کا کھوکھلا پن

سیکولرازم صرف وسائل وذرائع کے بارے میں بات کرتا ہے اور لوگوں کو آخرت سے دور کرتا ہے۔ کیوں کہ آخرت کا تصور مذہب کے دائرہ کار میں آتا ہے۔

سیکولرازم آپ کو عمل کی اہمیت بتائے گا لیکن نتائج کے بارے میں مبہم دعوے کرے گا۔ کیوں کہ نتائج پر صرف مذہب کے اندر بات ہوتی ہے۔ سیکولرازم آپ کو بتائے گا کہ آپ کو ووٹ دینا ہے لیکن کوئی ٹھوس اخلاقی وژن نہیں دے گا جس کی بنیاد پر آپ کو ووٹ دینا چاہیے۔ کیوں کہ ٹھوس اخلاقی وژن پر بات مذہب کے اندر ہوتی ہے۔ سیکولرازم آپ کو سب کا احترام کرنے کے لیے کہے گا لیکن یہ نہیں بتائے گا کہ قابل احترام ہونے کا کیا مطلب ہے۔ کیوں کہ احترام اور قابل احترام ہونے کا جوہر مذہب میں پایا جاتا ہے۔

آپ سوچ رہے ہوں گے کہ اس سب کا مطلب یہ ہے کہ جیسے جیسے لوگ زیادہ سیکولر ہوتے جاتے ہیں وہ زیادہ غیر جانبدار، کسی بھی طرح کی اخلاقیات سے مبرّا اور کسی بھی بامعنی چیز سے بہت کٹ جاتے ہیں۔

لیکن آپ کا ایسا سوچنا غلط ہو گا کیوں کہ دل کبھی اخلاقی صفات سے خالی نہیں ہو سکتا۔ لبرل سیکولر کی فضولیات سے پیدا ہونے والا خلا بہت جلد کاروباری اداروں کی تیار کردہ ثقافتی مصنوعات سے بھر جاتا ہے جو منافع کے لئے چلنے والے میڈیا کے ذریعے نشر کی جاتی ہیں اور فحش، بے حیائی اور تذلیل کو معمول بنا کر پھیلانے کے لئے تیار رہتی ہیں۔ اور رفتہ رفتہ یہ عوام کا مذہب بن جاتا ہے اور ان کا کردار اسی سانچے میں ڈھل جاتا ہے۔

یہ وہ مقصد ہے جو سیکولرازم کے نظام کے ذریعہ حاصل کرنا ہے یعنی آپ کو ایک فرمانبردار غلام بنانا۔

"اعمال کا دارومدار نیتوں پر ہے" اس زہر کا تریاق ہے۔ یعنی اپنے اعمال اور اپنے وجود کو مسلسل ان کے ماخذ سے جوڑنا۔ اپنے مقصد اور انجام پر گہرائی سے غور کرنا۔

ایسے خیالات صرف آپ کا خالق، جس نے آپ کو پیدا کیا، فراہم کر سکتا ہے۔ لہٰذا اپنے دل کو لبرل سیکولر صارفیت کی ثقافت کے میل سے پاک کریں اور اپنے آپ کو واحد حقیقی قیمتی چیز سے جوڑیں۔ یہی وہ وسیلہ (رابطہ یا ذریعہ) ہے جس کی تلاش کی جانی چاہیے۔

## جرمنی میں حجاب پر پابندی

یہ سیکولرازم میں موجود تضادات کی ایک بہترین مثال ہے۔ ٢٠١٦ میں یہ خبر آئی کہ: "دو بااثر جرمن قانونی انجمنیں ججوں اور وکلاء کے لیے حجاب پہننے پر پابندی کا مطالبہ کر رہی ہیں تاکہ عدالت میں 'غیر جانبداری' برقرار رکھی جا سکے۔

"ایسوسی ایشن آف جرمن ایڈمنسٹریٹو ججز کے چیئرمین رابرٹ سیگمولر (Robert Seegmüller) کہا کہنا تھا کہ سیاہ لباس، سفید قمیض اور گردن کے گرد باندھنے والے کپڑے (cravat or neckerchief) یہ ظاہر کرنے کے لیے اہم ہے کہ کیس کے فیصلہ کا انحصار 'کسی فرد پر نہیں ہے بلکہ اس بات پر ہے کہ قانون کیا کہتا ہے'۔"[2]

آپ کو کیا لگتا ہے کہ عدالتوں میں پہنے جانے والے سیاہ لباس کی اصل کیا ہے؟ نیویارک ٹائمز کے محققین کے مطابق: "اگرچہ عدالتی لباس کی اصل کے بارے میں واضح تفصیلات دستیاب نہیں ہیں لیکن کچھ لوگوں کا خیال ہے کہ اس کی بنیاد چرچ پر ہے جب پادری اور عدلیہ ایک ہی تھے۔ تاریخی طور پر چودہویں صدی میں برطانوی عدلیہ میں اس طرح کی عبا یا چغہ کا آغاز ہوا۔[3]

کیا ایسا ہو سکتا ہے کہ صدیوں پہلے یہ لباس مسلم کندُورہ (ثوب) سے لیا گیا ہو جسے روایتی طور پر خود ہمارے یہاں حیثیت، علم اور مذہبی وقار کا لباس سمجھا جاتا تھا۔ بہر حال یہ واضح ہے کہ عدالتوں میں پہنی جانے والی عبا (robe) جس پر یہ جرمن سیکولر لوگ اصرار کر رہے ہیں کی بنیاد مذہب سے ملتی ہے۔ اور آج بھی لمبے لباس کی مسلمانوں کے نزدیک مذہبی اہمیت ہے، کیوں کہ مسلمان مرد اور عورت دونوں اسے پہنتے ہیں۔ خاص طور پر

---

[2] https://www.independent.co.uk/news/world/europe/serman-for-headscarf-hijab-ban-in-court-lawyers-to-show--judges-call neutrality-a7180591.html

[3] www.nytimes.com/2008/09/06/nyregion/06robes.html

خواتین میں سیاہ عبا یعنی جلباب کا چلن زیادہ ہے۔ یہودی اور عیسائی مذہبی شخصیات بھی سیاہ لباس استعمال کرتی ہیں۔ چاہے ماضی کی بات ہو یا اب کی، بہر حال سیاہ لباس کی اپنی مذہبی اہمیت قائم ہے۔

یہی وہ لوگ ہیں جو حجاب سمیت دیگر مذہبی علامتوں پر پابندی لگانے کے حق میں دلائل دے رہے ہیں اور دعویٰ کرتے ہیں کہ وہ 'غیر جانبداری' برقرار رکھنا چارہے ہیں۔ ان سے صاف اور سیدھا سوال یہ ہے کہ یہ کس نے طے کیا ہے کہ کون سا لباس 'غیر جانب دار' تصور کیا جائے گا؟

سیکولرازم کی اصل خود پسندی یہی ہے، یعنی اگر آپ ہر اس چیز کو ہٹا دیں جو 'مذہبی' ہو تو جو کچھ باقی بچتا ہے وہ غیر جانب دار ہوتا ہے اور یہیں سے سیکولرزم کا آغاز ہوتا ہے۔ تاہم حقیقت کی دنیا میں کوئی ایسا غیر جانبدار نقطہ آغاز نہیں ہے جو مابعد الطبیعیات (Meta-physicality) اور اخلاقی نوعیت (normativity) سے مکمل طور پر آزاد ہو، جو کہ مذہب کے بارے میں اعتراض کا بنیادی سبب سمجھی جاتی ہے۔

اس غیر جانبدار سیکولر نقطہ آغاز تک پہنچنے کا واحد طریقہ ہے کہ اسے تخلیق کیا جائے۔ لیکن ہو یہ رہا ہے کہ آپ صرف یہ دعویٰ کرتے ہیں کہ کچھ خاص رسوم و رواج، ثقافتی اصول، لباس کا انداز، اخلاقی عزم (normative commitment) وغیرہ 'سیکولر' یا 'غیر جانبدار' ہیں اور باقی جو کچھ ہے وہ سب 'مذہبی' ہے۔ اس طرح کے لیبل لگانے کا عمل مشترکہ ثقافتی مفروضات کے ذریعے درست مان لیا جاتا ہے۔ مسلمانوں کا

تمدن اور لباس نسبتاً خارجی قرار پاتے ہیں اس لیے سارے لوگ انہیں آسانی سے 'مذہبی' قرار دے دیتے ہیں۔

لیکن زیادہ مانوس مغربی طرز کے لباس جن میں سے بہت سے تکنیکی طور پر مذہبی اصل اور اہمیت رکھتے ہیں انہیں 'ثقافتی' سمجھا جاتا ہے۔ اسی لیے انہیں 'سیکولر' اور پھر 'غیر جانبدار' سمجھا جاسکتا ہے۔ یہ محض الفاظ کا کھیل ہے۔

لہٰذا سیاہ لباس اور اسکارف پر یہ ہنگامہ دراصل سیکولرازم کی ایک ایسی مثال ہے جس کے ذریعہ غیر جانبداری کا مفروضہ گھڑ کر مصنوعی طور پر کھوکھلی غیر جانب داری کا تاثر برقرار رکھنے کی کوشش کی جارہی ہے۔

اس کے علاوہ میں مذہبی آزادی کے بارے میں کچھ باتیں کرنا چاہوں گا۔ ایک مسلمان کے طور پر ہمیں سیکولر حملے کے خلاف اپنا دفاع کرنے کے لیے مذہب کی آزادی والے دلائل استعمال نہیں کرنا چاہئے۔ اس کے بجائے ہمیں سیکولرازم (جیسا کہ اوپر ذکر کیا گیا ہے) کے اندرونی تضادات کی نشاندہی کرنی چاہیے اور سیکولر حضرات کو مجبور کرنا چاہیے کہ وہ تسلیم کریں کہ مسلمانوں کے حجاب کے ساتھ ان کا مسئلہ صرف ثقافتی تعصب پر مبنی ہے۔ اگر وہ یہ تسلیم کرلیں، تو ٹھیک ہے۔ لیکن ہمیں انہیں یہ بہانہ بنانے نہیں دینا چاہیے کہ ان کی حجاب کی مخالفت کسی عقلی غیر جانبداری یا انصاف پسندی کے عزم پر مبنی ہے، کیوں کہ جیسا کہ ہم نے دیکھا ہے، حقیقت اس کے بالکل برعکس ہے۔

بالآخر اگر ان کا اصرار ہے کہ حجاب پر ان کے اعتراضات ثقافتی تعصب کی وجہ سے ہی ہیں تو مسلمان اس کو تسلیم کر سکتے ہیں۔ کیوں کہ مسلم معاشروں میں لباس کے بارے

میں اپنے اصول و ضوابط قائم کرنے کی آزادی ہونی چاہیے، جس کا محور وقت کے بدلتے ہوئے ثقافتی رجحانات کے بجائے ہمارے دینی اقدار اور اللہ کی طرف سے مقرر کردہ شائستگی کے اصولوں پر مبنی ہو۔ ہم چاہتے ہیں کہ یہ ہماری بحث کا نقطہ اختتام ہو۔

## چرچ اور ریاست کی علیحدگی

چرچ اور ریاست کا علیحدہ ہونا: کیا یہ ایک بامعنی خیال ہے؟

جو چیز تہذیب یافتہ ممالک کو غیر تہذیب یافتہ ممالک سے ممتاز کرتی ہے وہ قانون کی حکمرانی کا احترام ہے۔

پھر بھی ٹرمپ، بائیں بازو کے سرگرم کارکن اور تقریباً وہ تمام لوگ جو سیکولر ممالک میں رہائش پذیر ہیں اس وقت تک ہی قانون کی حکمرانی کا حوالہ دیتے ہیں جب تک کہ یہ ان کے سیاسی مقاصد کو پورا کرتا ہے۔ لیکن جب یہ ان کے مقاصد کے خلاف ہو تو وہ کہتے ہیں کہ قانون کو بدل دینا چاہیے۔

مفروضہ یہ ہے کہ صرف اس لیے کہ کوئی چیز قانونی طور پر صحیح ہے تو اس کا مطلب یہ نہیں کہ وہ اخلاقی طور پر بھی لازماً درست ہی ہوگی۔ اسی طرح اگر کوئی چیز غیر قانونی ہو تو اس کا مطلب یہ نہیں ہے کہ وہ اخلاقی طور پر بھی لازماً غلط ہوگی۔ لہذا بنیادی اخلاقی اصول ہی سب کچھ طے کرتے ہیں نہ کہ قانون کی حکمرانی۔

لیکن ان اخلاقی اصولوں کی بنیاد کیا ہونی چاہیے؟ اگر یہ بنیادی اخلاقی اصول اتنے اہم ہیں تو کیا اچھائی اور برائی، انسان کا مقصد وجود اور اس کی خواہشات، تقدس اور گناہ کے

پہلوؤں پر مزید بحث نہیں ہونی چاہیے ؟ لیکن ایسی گفتگوئیں ہمیں نظر نہیں آتی کیوں کہ اخلاقی بحثیں مذہب سے متعلق ہوتی ہیں اور ہم سب جانتے ہیں کہ سیکولر ممالک میں مذہب کو قانون پر اثرانداز ہونے کی اجازت نہیں ہوتی۔

لیکن یہاں ہم دوبارہ اصل سوال کی طرف آتے ہیں کہ قانون کے پیچھے کون سے اخلاقی اصول کارفرما ہونے چاہئیں ؟

کچھ اخلاقی اصول تو ہونے ہی چاہئیں، لیکن اس پر کوئی بات نہیں کرتا۔ یہ سوال صرف "غیر منصفانہ قوانین" کے خلاف احتجاج کرتے وقت سامنے آتا ہے۔ لیکن پھر یہ سوال اٹھتا ہے کہ انصاف بذات خود کسے کہتے ہیں ؟ اور یہ سوال ایسا ہے جس کا جواب کسی صحیح اور غلط، اچھے اور برے وغیرہ کے نظریے کے بغیر نہیں دیا جاسکتا۔

یقیناً ایسے نظریات موجود ہیں اور ان کو "مذہب" کہا جاتا ہے۔

صحیح بات یہ ہے کہ خدا کا ذکر نہ کرنے والے کچھ نظریات بھی ہیں لیکن یہ بھی خدائی نظریات سے کم سخت نہیں ہیں۔ خدا کے ذکر کے بغیر یہ نظریات بھی لوگوں کو یہ بتاتے ہیں کہ انہیں کیا کرنا چاہیے اور کیا نہیں کرنا چاہیے۔ انہیں اپنی زندگی کیسے گزارنی چاہیے، وغیرہ۔

تو کیا قانون سازی میں خدا بے زار اخلاقیات اور خدائی اخلاقیات کے درمیان کوئی عملی فرق ہے ؟

ذاتی طور پر مجھے آخر الذکر پسند ہے۔ اور مجھے معلوم ہے کہ ہر کوئی اس سے متفق نہیں ہو گا۔

لیکن براہ مہربانی آپ یہ تسلیم کیجئے کہ ایک سیکولر ریاست کے شہری کے طور پر مجھے ایسے قوانین اور ریاستی ڈھانچوں کے تابع ہونا پڑتا ہے جو ایک خدا بے زار اخلاقیات پر مبنی ہیں، جن سے مجھے بہت زیادہ اختلاف ہے اور جن کو میں درست بھی نہیں سمجھتا، لیکن پھر بھی یہ مجھ پر اسی شدت سے نافذ کیے جاتے ہیں جیسے کسی مذہبی ملک میں اس مذہب کو نہ ماننے والوں پر نافذ کیے جاتے ہیں۔

لہذا میری درخواست یہی ہے کہ اس سادہ سی حقیقت کو تسلیم کر لیا جائے اور 'مذہب کی آزادی' وغیرہ کے بارے میں یہ فضول باتیں ترک کر دی جائیں اور انہیں مسلمانوں اور ان کی شریعت سے وابستگی کے خلاف ہتھیار کے طور پر استعمال نہ کیا جائے۔

چرچ اور ریاست کی علیحدگی دراصل ایک مذاق ہے۔

## سوئٹزرلینڈ میں مصافحہ کرنا

۲۰۱۶ میں سوئٹزرلینڈ نے مسلم مرد طلبہ کا خاتون اساتذہ کے ساتھ ہاتھ ملانے سے انکار پر جرمانہ عائد کرنا شروع کیا۔[4] اور یہ جرمانہ کوئی چھوٹی موٹی رقم نہیں تھی بلکہ ان طلبہ پر پانچ ہزار ڈالر تک کا جرمانہ لگایا جاسکتا تھا۔

کیا یہ ایک قسم کا جنسی حملہ نہیں ہے —— یعنی کسی شخص کو اس کی مرضی کے خلاف جسمانی رابطے کے لیے مجبور کرنا؟ کہاں گئی وہ ساری سیکولر تانیثیت پسند باتیں جن کا محور اپنا جسم اپنی مرضی اور باہمی رضامندی ہوتی تھیں؟ ایسا لگتا ہے کہ اگر آپ مسلمان مرد ہیں تو ان سب باتوں کی کوئی اہمیت نہیں ہے۔ اگر کوئی مسلمان مرد آپ سے مصافحہ نہیں کرتا تو اس کا مطلب یہ ہے کہ وہ جس طرح اپنے گھر کی تمام خواتین پر ظلم کرتا رہتا ہے اسی طرح آپ پر بھی ظلم کررہا ہے۔ یہی بات صحیح ہے نا؟

ایک مرد کے طور پر اس بات سے مجھے وہ خواتین یاد آرہی ہیں کہ اگر آپ ان کی آنکھوں میں آنکھیں ڈال کر اور ہنس کر بات نہ کریں تو بے عزتی محسوس کرتی ہیں۔ یہ عدم احترام کیسے ہوا؟ اگر کوئی چیز آپ کی سماجی عادات کے مطابق نہیں ہے تو اس کا مطلب یہ نہیں کہ یہ عدم احترام ہے۔ کیا مغربی ممالک یہ دعویٰ نہیں کرتے کہ وہ ثقافتی طور پر روادار ہیں اور تنوع کو قبول کرتے ہیں، پھر بھی وہ مسلسل مسلم معاشروں پر عدم برداشت کا الزام

---

[4] https://www.washingtonpost.com/news/worldviews/wp/2016/05/25/in-switzerland-muslim-schoolchildren-who-refuse-to-shake-their-teachers-hand-may-be fined-5000/

لگاتے ہیں؟ یا "رواداری" سے ان کی مراد صرف "نسلی" کھانا کھانا یا ہالووین تہوار (Halloween) پر ثقافتی لباس پہننا ہے؟

اور یہ دلیل کہ ہاتھ ملانے سے انکار کرنے سے مرد وزن کے درمیان فرق بڑھتا ہے — ہاں یہ بات بلکل سچ ہے! یہی تو مقصد ہے! اگر آپ ان چیزوں کو برا سمجھتے ہیں تو ہمیں کوئی پریشانی نہیں ہے۔ آپ جاہل ہیں تو اس کا کچھ نہیں کیا جا سکتا۔

اور اگر آپ مسلمانوں کو ان کے اصولوں کی خلاف ورزی کرنے پر مجبور کرنا چاہتے ہیں تو بھی ٹھیک ہے۔ لیکن پھر مسلم ممالک میں لباس کے ضوابط اور مرد و عورت کے الگ الگ ہونے پر اعتراض نہ کریں، کیوں کہ یہ غیر منطقی بات ہو گی۔ مغرب اپنی ثقافتی اقدار کا نفاذ چاہتا ہے اور مسلمان اپنی اسلامی اقدار کو نافذ کرنا چاہتے ہیں۔ لیکن مسلم ممالک منافقانہ طور پر یہ دعویٰ نہیں کرتے کہ وہ ایک غیر جانبدار سیکولر ریاست فراہم کرتے ہیں جہاں سب کے لیے مذہبی آزادی اور ہر طرح کے کلچر کو برداشت کرنے کا ماحول ہو۔

حقیقت یہ ہے کہ اگر مغرب مسلمانوں کو اسلامی اصولوں کی خلاف ورزی پر مجبور کرتا ہے تو یہ محض ایک اور مثال ہو گی جس سے یہ ثابت ہو گا کہ سیکولرازم کے نام پر جس غیر جانبداری کا دعویٰ کیا جاتا ہے وہ محض ایک دھوکہ ہے۔ یہاں کوئی غیر جانبداری نہیں پائی جاتی۔ یہ صرف مغربی ثقافتی اقدار ہیں جو ہر چیز کی بنیاد اور راہنمائی فراہم کرتی ہیں۔ یہی وجہ ہے کہ میں اپنے دلائل میں کبھی "مذہبی آزادی" کا حوالہ نہیں دیتا، کیونکہ "مذہبی آزادی" کا تصور مغربی فلسفیانہ سیاق وسباق سے آیا ہے، جہاں "مذہب" کی ایک مخصوص تعریف مغربی ثقافتی تصورات پر مبنی ہے۔ اگر ثقافت اتنی زیادہ بدل جائے تو آپ لوگوں

کے گلے میں کچھ بھی ٹھونس سکتے ہیں اور کہہ سکتے ہیں کہ یہ 'مذہبی آزادی' کے مطابق ہے۔

"ہم جنس پرستی" کو بطور مثال لیتے ہیں۔ شروع میں یہ ایک ایسا عمل تھا جسے پوری دنیا نے برا سمجھا۔ پھر ثقافت میں تھوڑی سی تبدیلی آئی اور یہ مذہبی اصولوں کا حصہ بن گیا۔ یعنی کچھ مذاہب اس پر تنقید کرتے رہے، جبکہ کچھ جدید "ہپی" مذاہب[5] اس کی حمایت میں آگے بڑھ گئے۔ پھر یہ معاملہ "مذہبی آزادی" اور "مختلف آراء سے اتفاق" کے دائرے میں آگیا۔ اس کے بعد ایک اور ثقافتی تبدیلی آئی اور اب یہ عالمی سطح پر منایا جانے والا معاملہ بن چکا ہے۔ جو لوگ اس جشن میں شامل نہیں ہوتے انہیں یہ کہہ کر مسترد کر دیا جاتا ہے کہ وہ مذہبی عقائد کی بنا پر نہیں بلکہ تعصب، نفرت اور تنگ نظری کی بنا پر ایسا کر رہے ہیں۔ اور چونکہ یہ تمام چیزیں "نقصان دہ" سمجھی جاتی ہیں اس لیے ان پر قابو پایا جا سکتا ہے۔ چنانچہ اب آپ کو چاہے پسند ہو یا نہ ہو، ہم جنس پرستوں کی شادی کے لیے کیک بنانا ہوگا۔ بس چپ چاپ کیک بنائیے!

مسلمان مغرب میں اپنے دین پر کسی قدر قابلِ اطمینان حد تک اس لیے نہیں عمل کر پاتے کہ وہاں "مذہبی برداشت" اور "آزادی" کے جادوئی اور مقدس اصولوں کے تحت زندگی گزارنے کی اجازت ہے۔ ایسا ہرگز نہیں ہے۔ براہ کرم ایسی فضول باتوں پر یقین نہ کریں۔ حقیقت یہ ہے کہ مغربی ثقافت، جو عیسائیت کے اصولوں پر قائم ہے، اس

---

[5] ہپی مذاہب سے مراد وہ غیر روایتی روحانی تحریکیں ہیں جو ۱۹٦۰ اور ۱۹۷۰ کی ہپی تحریک سے متاثر تھیں۔ ان میں محبت، فطرت اور ذاتی بیداری پر زور دیا جاتا ہے۔

حد تک اسلام کے ساتھ ہم آہنگ ہے کہ مسلمان یہاں اپنے دین پر عمل کر سکتے ہیں۔ الحمدللہ یہ ہمارے لیے ایک خوشگوار اتفاق ہے۔

لیکن یہ حالات کسی بھی وقت بدل سکتے ہیں۔ جیسے جیسے مغرب اپنی عیسائی روایات سے دور ہوتا جائے گا اور غیر الہامی اور شیطانی نظریات کو اپنا لے گا اور پھر وہ بھی دن آئے گا جب مقامی قانون کے حساب سے اسلام کی دینی عبادات کو ادا کرنا ناممکن ہو جائے گا۔ اور جب ایسے قوانین نافذ کیے جائیں گے تو ان کو بھی مذہبی آزادی کے مطابق سمجھا جائے گا۔ بلکہ درحقیقت یہ کہا جائے گا کہ مذہبی آزادی ہی ان قوانین کا جواز فراہم کرتی ہے۔ اور پھر کچھ مسلمان وہیں رہیں گے جو نظام کی اندھی تقلید کرتے ہوئے یہ سمجھ رہے ہوں گے کہ وہ آزادانہ طور پر اسلام پر عمل کر سکتے ہیں، حالانکہ ان کا اسلام اس اصل اسلام جس سے ہم متعارف ہیں، سے بہت مختلف ہو گا۔ اور دوسرے مسلمان جو بیدار ہیں، انہیں اس وقت بہت سی آزمائشوں اور مشکلات کا سامنا کرنا پڑے گا۔ ہو سکتا ہے کہ یہ ہماری زندگیوں میں ہو یا نہ ہو لیکن اگر امریکہ اور یورپ میں پچھلی دہائیوں کے دوران جو کچھ ہوتا آیا ہے، اسی طرح جاری رہا، تو یہ جلد یا بدیر ہو کر رہے گا۔ اللہ بہتر جانتا ہے۔

میں زیادہ حوصلہ شکن باتیں نہیں کرنا چاہتا لیکن میرا خیال ہے کہ ہمیں اپنے غیر مسلم ہمسایوں کو بہت زیادہ کریڈٹ دینا چاہیے جو واقعی خلوص کے ساتھ (ظاہری نہیں بلکہ حقیقی طور پر) ہمیں برداشت کرتے ہیں، جب کہ ہمارے طور طریقے ان کو شاید بہت عجیب محسوس ہوتے ہوں گے۔ میرا ماننا ہے کہ یہ وہ گہری ثقافتی روایات ہیں جو اس وقت سے چلی آرہی ہیں جب یہ معاشرے روایتی عیسائی معاشرے تھے۔ ایک دوسرے کو

برداشت کرنا تو اصلاً مذہبی اقدار کا حصہ ہے نہ کہ سیکولر لبرل اقدار کا۔ ایک مسلمان کے طور پر یہ ہمارا فرض ہے کہ ہم اچھے ہمسایہ بنیں اور اپنے ایمان کے ساتھ وفادار رہیں تاکہ وہ دیکھ سکیں کہ زمین پر کچھ لوگ ایسے ہیں جو اللہ کی عبادت اسی طرح کرتے ہیں جیسے اس وقت کی جاتی تھی جب وحی کا نزول ہوتا تھا۔ وہ ہمارے حسنِ سلوک کے مستحق ہیں لیکن ہم ہمت اور استقامت کو ترک کر کے ان کے ساتھ ساتھ اپنی بھی ناکامی کا باعث بنتے ہیں۔

## صرف ظالم ہی شریعت کو مذہبی آزادی سے تبدیل کرنا چاہتے ہیں

شریعت انصاف اور رحمت کا بہت بڑا منبع ہے اور ہمیشہ سے رہی ہے۔ صرف ظالم اور جابر ہی اس کو ختم کرنے کے درپے ہوتے ہیں۔

ماہر معاشیات مارک کویاما (Mark Koyama) اپنے ایک مضمون "Ideas Were Not Enough," میں ایک ایماندارانہ اعتراف کرتے ہوئے کہتے ہیں کہ: مذہبی آزادی ایسا کوئی انقلابی خیال نہیں تھا جو مغربی دنیا میں اپنی طاقت یا فضیلت کی بنیاد پر اچانک مقبول ہو گیا بلکہ مختلف مذہبی گروپوں کے لیے برداشت اور تحمل محض ایک عملی معاملہ تھا جو سیاسی اور اقتصادی لحاظ سے ضروری تھا۔[6]

یہ کیسے ممکن ہوا؟

---

6 https://aeon.co/essays/the-modern-state-not-ideas-brought-about religious-freedom

کویاما کا کہنا ہے کہ مختلف وجوہات کی بنا پر مغربی جدیدیت کے ابتدائی دور میں یورپی ریاستیں سیاسی جواز کے لیے کلیسا پر کم انحصار کرنے لگیں۔ پہلے ان ریاستوں کو عیسائی عوام کی نظر میں قانونی حیثیت حاصل کرنے کے لیے کلیسا کے ساتھ اتحاد کرنا ہوتا تھا جس سے سیاسی استحکام ملتا تھا (جو حکام کے لیے بہت اہم تھا)۔ لیکن کلیسا کے ساتھ اتحاد دوسرے نظریہ کے لوگوں کو برداشت کرنے کے حوالے سے بہتر نہیں تھا کیوں کہ کلیسا چاہتا تھا کہ ریاست بنیادی عیسائی مذہبی عقائد و تعلیمات کی خلاف ورزی کرنے والوں کو سزا دے۔

مصنف کے مطابق، ریاستیں عوامی نظم و ضبط کے قیام کے لیے مذہبی اداروں پر انحصار کرتی تھیں۔ ریاستی اداروں کے کمزور ہونے کی وجہ سے کلیسا (اور اسلامی دنیا میں اوقاف) پوری طرح اس کے اہل تھے کہ وہ غریبوں کی مدد کریں، تعلیم کا انتظام کریں اور دیگر عوامی خدمات انجام دیں۔ مزید برآں، اس زمانے میں قوانین اور سماجی اصول جو (شہری ہونے کی حیثیت سے) سب پر یکساں طور پر لاگو ہوتے ہیں مذہبی شناخت پر مبنی تھے، نہ کہ ایک عام قومی شناخت پر۔ اسی وجہ سے مذہبی تنوع کے لیے برداشت کا مادہ کم پایا جاتا تھا۔ اُس دنیا میں "مذہبی آزادی کا تصور ہی نہیں تھا۔"

تبدیلی کہاں ہوئی؟

کویاما کے مطابق ریاستی اداروں نے زیادہ ٹیکس وصول کرنا شروع کیا اور بہت طاقتور بن گئے۔ اس سے انہیں کلیسا کے ساتھ "بدلے میں کچھ دینے اور کچھ لینے" کے معاہدے کو ترک کرنے کا موقع ملا۔ بڑھتی ہوئی طاقت کی وجہ سے بہت سارے قوانین

اور سماجی اصول زیادہ وسیع پیمانے پر نافذ کیے جا سکتے تھے اور اس کے لیے انہیں مذہبی شناختوں پر انحصار کرنے کی ضرورت نہیں تھی۔ ریاست میں یہودی، عیسائی پروٹسٹنٹ اور کیتھولک سب کو برابر ٹیکس دینا ہوتا تھا اس لیے مذہبی شناخت کی بنیاد پر امتیاز کرنا اب غیر ضروری اور بیوروکریسی کے وسائل کا ضیاع سمجھا جانے لگا۔ لہذا جیسے جیسے ریاستوں کا مذہبی اتھارٹی پر انحصار کم ہوا، وہ مذہبی ہم آہنگی کو نافذ کرنے کو کم اہمیت دینے لگے۔"

نتیجہ ؟

لہذا مذہبی آزادی کا آغاز اصول کی بجائے سہولت کی بنیاد پر ہوا۔ پھر بھی یہ اچھی بات ہے، ہے کہ نہیں ؟

لیکن اگر آپ اسے ایمانداری سے دیکھیں تو ایسا نہیں ہے۔ شروع سے آخر تک ریاست کا مقصد لوگوں کو اپنی مرضی کے مطابق ڈھالنا تھا تاکہ ان سے دولت اینٹھی جا سکے۔ شروع میں کلیسا اس کے لیے ایک کارآمد وسیلہ تھا لیکن اس کے بعد مزید مؤثر ذرائع مل گئے اور کلیسا کی ضرورت باقی نہیں رہی۔ جیسا کہ کویا مانے ذکر کیا ہے کہ سب سے زیادہ طاقتور ریاستی ادارہ فوج تھی جس کی طاقت، سائز اور تکنیکی صلاحیت سب اس تاریخی دور میں بڑھ گئیں۔ اپنی عوام پر قابو پانے کے لیے اس سے بہتر آلہ کیا ہو سکتا ہے ؟ ریاستی طاقت کے استعمال کے لیے خدا کے غضب کے تصور کو شامل کرنے کی ضرورت نہیں تھی۔ بس ریاستی فوج کا استعمال کافی تھا۔

کیا یہ واقعی بہتر ہے؟ کیا مذہبی اداروں کے روبہ زوال ہونے سے عام آدمی کو زیادہ "خود مختاری" اور "آزادی" نصیب ہوئی ہے؟ یا یہ صرف اقتدار کے ذرائع کو ایک دوسرے سے بدلنے کا عمل تھا؟

جہاں تک یہودیوں اور عیسائیوں کا تعلق ہے شاید ریاستی فوجی قوت اتنی ظالم نہ رہی ہو جتنی کہ کلیسا تھی، تو ان کے لیے یہ تبدیلی مثبت ثابت ہوئی۔ اسی لیے "مذہبی آزادی" ان سب کے لیے اتنی دلکش ہے۔

لیکن یہ بات اسلامی قانون کے بارے میں درست نہیں ہے۔ تاریخ میں مسلم دنیا کے مذہبی اداروں کی جانب سے ویسا ظالمانہ رویہ دیکھنے کو نہیں ملتا جیسا کہ یورپی کلیساؤں کی جانب سے سامنے آیا۔ مسلم دنیا میں ظلم، جبر اور اجتماعی تشدد عموماً اسلامی قانون اور علماء کی رائے کے برعکس کیا گیا۔ صرف اسلامی قانون کی تاریخ کو ہی دیکھ لیں جس میں حکومتی اشرافیہ کے ذریعے جید علماء کے استحصال کی بہت ساری مثالیں موجود ہیں۔ علماء کا حکومتی طاقت سے میل جول سے بچنے کا ایک دیرینہ اصول ہے اور وہ آپ ﷺ کی اس حدیث پر سختی سے عمل کرتے ہیں کہ "جو بادشاہوں کے دروازوں پر آئے گا تو وہ فتنوں میں مبتلا ہو جائے گا، اور جو شخص جتنا کسی بادشاہ کے قریب ہو جاتا ہے اتنا ہی وہ اللہ سے دور ہوتا جاتا ہے۔"[7]

[7] مسند احمد (حدیث: ٨٦١٩)

اسی اصول کی وجہ سے مسلمانوں کے مذہبی راسخ العقیدہ طبقے کا حکومت کے ساتھ تاریخی طور پر تعلق، اگر کھلی دشمنی کا نہیں تھا، تو بھی بہت خوشگوار نہیں تھا، اور اکثر اس کی وجہ یہ تھی کہ ان حکمرانوں کی شریعت اور اس کے مقاصد کے لیے دلچسپی یا احترام بہت کم تھا۔ شریعت عدل اور رحمت کا مصدر ہے اور صرف جابر حکمران ہی اس سے چھٹکارا چاہتے ہیں۔ اور آج بھی صورت حال ایسی ہی ہے۔

## اپنی زبان پر لبرل ازم کی ملمع کاری سے ہم کہیں کے نہیں رہتے

ہم حکام اور حکومتی اداروں کے بارے میں کوئی رائے ان کے کاموں کو دیکھ کر قائم کرتے ہیں۔ ہم دیکھتے ہیں کہ آیا ان کے اعمال اللہ کی ہدایت کے مطابق انصاف کے تقاضوں سے ہم آہنگ ہیں یا نہیں۔ ہم اپنے عقائد کو 'جمہوری' یا 'غیر جمہوری' جیسی غیر ضروری اور بالآخر بے معنی اصطلاحات کے پردے میں نہیں چھپاتے۔

اگر ان اصطلاحات کے با معنی ہونے کے بارے میں کسی کو کوئی امید تھی تو ترکی میں ۲۰۱۶ کی بغاوت اور اس کے مقابلے میں مصر میں ۲۰۱۳ کی بغاوت پر مغربی رد عمل نے اس امید کو بالکل ختم کر دیا۔

دو ممالک یعنی مصر اور ترکی میں دو بغاوتیں ہوئیں۔ ہر شخص کی ذاتی وابستگی اور مذہبی رجحان کے مطابق ایک بغاوت "یقینی طور پر" جمہوری تھی اور دوسری "واضح طور پر" غیر جمہوری تھی۔ ایسا کیوں؟ کیوں کہ ایک بغاوت "واضح طور پر" عوام کی مرضی کی نمائندگی کر رہی تھی اور دوسری "یقینی طور پر" اس کے برخلاف تھی۔ ہر بغاوت میں

مارے جانے والے افراد کو "شہید" یا "غدار" قرار دیا جاسکتا ہے، یہ اس بات پر منحصر ہے کہ آپ کس سے اور کس بغاوت کی بات کر رہے ہیں۔

ہم جمہوری اقدار پر جتنی چاہے بحث کر لیں لیکن اس کا کوئی فائدہ نہیں ہو گا کیوں کہ یہ ایک خالی اور بے مقصد تصور ہے جسے کسی بھی سیاسی عمل یا حکومتی نظام پر چسپاں کیا جا سکتا ہے۔

ہم اپنی زبان پر اس لبرل ازم کی ملمع کاری کر کے اور 'جمہوریت' جیسی بے معنی اصطلاحات استعمال کرتے ہوئے اپنے خیالات کا اظہار تو کر لیتے ہیں، لیکن حقیقت میں ہم صرف ایک حقیقی بحث کو مؤخر کر رہے ہوتے ہیں۔ حقیقی بحث اس بات پر ہونی چاہیے کہ آخر کار کسی حکومت کی اپنے لوگوں کے تئیں کیا ذمہ داری ہے اور لوگوں کی اس کے تئیں کیا ذمہ داری ہے؟ اور سب سے اہم سوال یہ ہے کہ ہم کس طرح جانیں کہ صحیح جواب کون سا ہے؟ کیا ہم ان لوگوں میں سے ہیں جو یہ یقین نہیں رکھتے کہ کوئی صحیح جواب موجود ہے؟ یا ہم یہ مانتے ہیں کہ ایک صحیح جواب موجود ہے؟ اگر ایسا ہے، تو ہم اس کا ادراک کیسے کر سکتے ہیں؟

یہ وہ سوالات ہیں جو ہمیں انسانی مقصد وجود، ہمارے وجود کی نوعیت اور خالق کے ساتھ ہمارے تعلق پر غور کرنے پر مجبور کرتے ہیں۔ لیکن لبرل سیکولرازم ہمیں اس سطح کی بات کرنے نہیں دینا چاہتا۔ لبرل سیکولرازم نہیں چاہتا کہ لوگ اس سطح پر سوچیں اور اللہ کو یاد کریں۔ اس لیے یہ ہمیں بتاتا ہے کہ اللہ غیر متعلق ہے۔ گہرے مابعد الطبیعاتی (metaphysical) سوالات غیر متعلق ہیں۔ آپ کے وجود کا مقصد غیر متعلق

ہے۔ آپ بس ان مصنوعی اصطلاحات میں کھوئے رہیں اور بحث کرتے رہیں کہ کس نظام پر کون سی بے معنی اصطلاح لاگو ہوتی ہیں۔ آپ جان بوجھ کر ایسی بحثوں میں الجھ جائیں جن کا کوئی حاصل نہیں ہے۔ خدا کے بارے میں بات کرنے سے مسئلہ ہے اور یہ بچکانہ حرکت ہے۔ آپ سانتا کلاز یا ایسٹر بنی (Easter Bunny) کے بارے میں بھی بحث کر سکتے ہیں۔ اس کے بجائے ذہین سیکولر افراد کی صف میں شامل ہو کر جمہوری نمائندگی اور سیکولر ازم وغیرہ کے بارے میں "سنجیدہ"، "فکری" بات کریں۔

میں یہ سب چھوڑ کر آگے بڑھتا ہوں۔

## کیا جمہوریت اسلامی حکومت سے بہتر ہے؟

کیا جمہوریت حکومت کرنے کا مثالی طریقہ ہے؟ یہ وہ سوال ہے جس پر مسلمانوں کو بہت احتیاط سے غور کرنا چاہیے۔ ہم آج کل سنتے ہیں کہ جمہوری طریقہ حکومت کرنے کا بہترین اور سب سے انصاف پسند طریقہ ہے۔ لیکن یہ دعویٰ مسلمانوں کے دلوں میں شک و شبہات پیدا کر سکتا ہے۔ کیوں؟ کیوں کہ جمہوریت کوئی ایسا نظام نہیں ہے جس کے بارے میں قرآن اور حدیث میں کوئی صراحت آئی ہو۔

نبی ﷺ نے مدینہ میں کوئی نمائندہ جمہوریت قائم نہیں کی تھی۔ خلفائے راشدین نے ایسا کوئی جمہوری نظام قائم نہیں کیا تھا جس میں حکومت کی مختلف شاخیں اور اس طرح کے معاملات ہوتے ہوں۔ تو اگر یہ بہترین طریقہ حکومت ہے، تو پھر اللہ نے اس کو واضح طور پر کیوں نہیں بتایا؟ یہ خدائی ہدایت کا حصہ کیوں نہیں ہے؟ کیسے ممکن ہے

کہ انسانوں نے حکومت کا ایسا نظام تجویز کیا ہو جو وہ نظام ہو جس کا ذکر نبی ﷺ کی آخری وحی میں نہیں ہے؟ ہم اس طرح کے سوالوں کا کیسے جواب دیں؟

میرے خیال میں ہمیں یہاں ایک بنیادی سوال کرنا ہوگا کہ آج کچھ لوگ جمہوری طریقہ حکومت کا بہترین طریقہ حکومت کیوں سمجھتے ہیں؟

اگر آپ اسکول یا کالج میں حکومت کے بارے میں جاننے کے لیے کسی بھی کلاس میں داخلہ لیں تو آپ کو بتایا جائے گا کہ جمہوریت کا ایک اہم پہلو جو اسے بہتر اور زیادہ انصاف پسند بناتا ہے، وہ چیک اینڈ بیلنس (Check and Balance) کا تصور ہے۔ چیک اینڈ بیلنس کیا ہے؟

اس کا مطلب یہ ہے کہ طاقت حکومت کی مختلف شاخوں میں تقسیم کی جاتی ہے اور یہ تینوں شاخیں ایک دوسرے کی طاقت کو چیک کرتی رہتی ہیں تاکہ کوئی ایک گروہ یا فرد طاقت پر اجارہ داری قائم نہ کر سکے اور پورے ملک پر بے روک ٹوک اختیار نہ چلائے۔ مثال کے طور پر امریکہ میں انتظامیہ (Executive)، عدلیہ اور مقننہ یعنی صدر، کانگریس اور سپریم کورٹ ہیں۔ یہ تینوں شاخیں ایک دوسرے کی طاقت کو چیک کرتی ہیں اور کوئی بھی شاخ تنہا یہ فیصلہ نہیں کر سکتی کہ ملک کو کون سے قوانین پر عمل کرنا چاہیے یا کون سی جنگ لڑنی چاہیے۔ یہ سارے بڑے ملکی نوعیت کے فیصلے تینوں شاخوں کی رائے کی روشنی میں لیے جاتے ہیں، نہ کہ صرف ایک شاخ سب کے لیے فیصلے کرے۔

اسے چیک اینڈ بیلنس کہا جاتا ہے اور بادی النظر میں یہ بات سمجھ میں بھی آتی ہے۔ تاہم اسلام میں بھی ہمیں چیک اینڈ بیلنس کا تصور ملتا ہے، لیکن جو چیک اینڈ بیلنس اسلام میں

ہیں، وہ آج کل کی مغربی جمہوریتوں میں پائے جانے والے فرضی اور بے معنی چیک اینڈ بیلنس سے کہیں زیادہ حقیقی اور قابل عمل ہیں۔ اس سے میری کیا مراد ہے کی تفصیل درج ذیل ہے۔

اگر ہم امریکی حکومت یا کسی بھی جمہوری مغربی ملک کی حکومت کو دیکھیں تو ہمیں کرپشن بہت زیادہ نظر آتا ہے، جہاں گروہ بندی کرنے والے لوگ (lobbyists) اور مختلف سیاسی عمل کے گروپ حکومت کی شاخوں پر اپنے طور پر اثر انداز ہوتے ہیں۔ مثال کے طور پر امریکہ میں ہیلتھ انشورنس کمپنیاں کانگریس اور صدر کے ساتھ لابنگ کرتی ہیں تاکہ وہ پیسہ خرچ کر کے ان حکومتی شاخوں کو متاثر کریں اور ایسے قوانین بنوائیں جو ان کمپنیوں کو مالی فائدہ پہنچائیں۔ یہ ایک قسم کا کرپشن ہے کیوں کہ یہ ممبران پارلیمنٹ، صدر، سینیٹرز وغیرہ لوگوں کے مفادات کی نمائندگی کرنے کے لیے ہیں، لیکن پیسہ کی وجہ سے وہ ان کمپنیوں کے مفادات کی نمائندگی کرتے ہیں جو لابنگ کرتی ہیں اور انہیں پیسے دیتی ہیں۔

ایسا کرنا بہت آسان ہے اور ایسا ہم امریکہ کی پوری تاریخ میں متعدد بار دیکھ سکتے ہیں کہ مختلف مفاداتی گروہ حکومت کی مختلف شاخوں پر اکٹھے ہو کر اثر انداز ہوتے ہیں۔ اور اس طرح کی کوششوں کا بڑا منفی اثر ہوتا ہے۔ اسی لیے ہمیں امریکہ کی تاریخ میں اتنی زیادہ ناانصافی دیکھنے کو ملتی ہے۔ مثال کے طور پر مقامی امریکیوں کی نسل کشی، افریقی امریکیوں پر ظلم، ہیروشیما اور ناگاساکی پر بمباری جیسے مظالم وغیرہ۔ حالیہ سالوں میں عراق، افغانستان اور لیبیا پر حملے کو لے لیجئے۔ یہ سارے جرائم حکومت کی مختلف شاخوں کے اتفاق سے ہوئے ہیں۔ لہذا تاریخی حقائق اس خیال کو غلط ثابت کرتے ہیں کہ تین شاخیں ہونے کی وجہ سے ناانصافی نہیں ہوتی یا کم ہوتی ہے۔ بہر حال، نسل کشی سے بڑی ناانصافی شاید ہی کوئی ہو۔

پھر بھی سیکولر جمہوریتیں جیسے امریکہ نے ایسے جرائم کی نگرانی کی ہے اور اپنے اقتدار کے تحت ان کے لیے قانون سازی کی ہے اور یہ سب حکومت کی مختلف شاخوں کے باہمی اتفاق سے ہوا ہے۔

اب جمہوریت کے حامی کہہ سکتے ہیں کہ ان تاریخی مسائل کے لیے جمہوریت کو نہیں بلکہ "غلط طرز جمہوریت" کو مورد الزام ٹھہرانا چاہیے۔ وہ دلیل دیتے ہیں کہ جمہوریت مثالی حالت میں کام کرتی ہے۔ اس میں بہت ساری مشکلات پیدا ہو سکتی ہیں، لیکن وہ جمہوریت کی وجہ سے نہیں ہیں۔ ان کی دلیل ہوتی کہ اگر ہم مثالی حالت میں ہوتے تو کچھ مزید انسداد بدعنوانی قوانین یا شاید انسداد لابی قوانین نافذ کر سکتے تو اس طرح کے مسائل سامنے نہیں آتے۔

یہ ایک جوابی دلیل ہے لہذا تنقیدی افکار والے فرد کے طور پر ہمیں اس جوابی دلیل کا اندازہ لگانا اور جواب دینا ضروری ہے۔ میرا جواب (اور شاید آپ اس پر غور کریں تو آپ کا جواب مختلف ہو) یہ ہے: نہیں، یہاں جمہوریت کے ساتھ ایک بنیادی مسئلہ ہے کیوں کہ ہمیں پوچھنا ہوگا: جمہوریت کے قوانین کی بنیاد کیا ہوگی؟

اگر اس کی بنیاد عوامی رائے پر ہے اور لوگ کانگریس یا صدر کے نمائندوں کے لیے ووٹ دیں، یعنی وہ لوگ جو عوامی رائے پر مبنی قوانین نافذ کرتے ہیں تو کون کہتا ہے کہ عوامی رائے اخلاقیات پر مبنی ہوتی ہے؟ کون کہتا ہے کہ عوامی رائے حقیقی انصاف تک لے جائے گی؟ ہم یہ کیوں فرض کرلیں کہ ووٹ ڈالنے والے لوگوں کی ایک بڑی تعداد وہی فیصلہ کرے گی جو حقیقت میں اخلاقی طور پر درست ہو؟ شاید اس بات کا زیادہ امکان ہے کہ

لوگ ذاتی مفاد کی بنیاد پر ووٹ دیں گے۔ اور اس سے اخلاقیات یا انصاف کی توقع کیسے کی جا سکتی ہے؟ ہمیں تو حقیقت میں اس کے بالکل برعکس کی توقع ہے۔

اس سوال کے علاوہ ہمیں اس حقیقت کو بھی تسلیم کرنا ہوگا کہ کسی آبادی کو بڑی آسانی سے متاثر کیا جا سکتا ہے اور ہم یہ امریکی تاریخ میں اور آج بھی دیکھ سکتے ہیں۔ اگر آپ دیکھیں کہ ماس میڈیا، سوشل میڈیا اور تعلیمی ادارے کس طرح معاشرے کو بڑے پیمانے پر متاثر کر سکتے ہیں، تو یہ واضح ہو جاتا ہے کہ عوامی رائے انسان کی پست خواہشات کو لگام دینے میں ناکام رہتی ہے۔ دراصل عوامی رائے کسی قوم کو انصاف اور اخلاقیات کے لحاظ سے بہت دور لے جا سکتی ہے۔

یہاں یہ بات واضح رہے کہ جمہوریت اخلاقیات کا متبادل نہیں ہو سکتی۔ اور یہی وہ مقام ہے جہاں مذہب کی اہمیت سامنے آتی ہے۔ یہی وہ مقام ہے جہاں اسلام، جو سچائی کا مذہب ہے، اپنی اہمیت ظاہر کرتا ہے۔ اسلام میں حقیقی اخلاقیات موجود ہیں، اور اللہ، جو ہمارا خالق ہے، ہدایت بھیجتا ہے، صحیح اور غلط کے اصول دیتا ہے اور حقیقی انصاف کا تعین کرتا ہے۔ اور یہی اخلاقیات ہیں جو واقعی حکومت پر ایک مؤثر کنٹرول فراہم کر سکتی ہیں۔ اگر کسی کے پاس ایک معیار ہو، یعنی اخلاقیات کا ایک معروضی معیار، تو اسے اس بات کا تعین کرنے کے لیے استعمال کیا جا سکتا ہے کہ آیا حکومت یا رہنما اچھے اور منصفانہ فیصلے کر رہے ہیں یا برے اور غیر منصفانہ۔

ایسا معیار ضروری ہے اور اگر جدید سیکولر جمہوریتوں کی طرح آپ کے پاس وہ معیار نہیں ہے تو کوئی چیک اور بیلنس کا نظام سود مند نہیں ہو سکتا۔ مثال کے طور پر آج ہم

امریکہ میں جو دیکھ رہے ہیں یہ ہے کہ حکومت کی تینوں شاخیں کسی چیز کو اخلاقی یا منصفانہ سمجھنے کے حوالے سے کم و بیش ایک جیسی رائے رکھتی ہیں۔ ایسا لگتا ہے کہ یہ معاملہ ہمیشہ اس وقت کے وسیع تر معاشرے میں صحیح اور غلط کے مقبول تصور تک ہی محدود ہو کر رہ جاتا ہے۔ ان اخلاقی نظریات کو منصفانہ یا غیر منصفانہ اور صحیح یا غلط قرار دینے کے لیے کوئی آزاد معیار موجود نہیں ہے، اور اس کو جانچنے کا واقعی کوئی مؤثر نظام نہیں ہے۔ حکومت کی شاخیں مختلف ہونے کے باوجود آپس میں مل کر ایک جیسی رائے رکھ سکتی ہیں۔ ان پر نظر رکھنے یا صحیح غلط کا فیصلہ کرنے کا کوئی مضبوط معیار موجود نہیں ہے۔ اسی لیے سیکولر جمہوریتوں کے لیے ظلم اور جرم کرنا آسان ہو جاتا ہے، جیسا کہ ان کی تاریخ سے پتہ چلتا ہے۔

جب ہم اسلامی تاریخ پر نظر ڈالتے ہیں تو ہم پاتے ہیں کہ یہاں یہ معاملہ نہیں ہے کیوں کہ اخلاقیات کا معروضی معیار اسلامی قانون ہے۔ سوال یہ ہے کہ اسلامی قانون اور اس کے معروضی معیار اخلاقیات کے محافظ کون ہیں؟ ظاہر ہے وہ علماء (اسلامی مذہبی اسکالر) ہیں۔ اور یہ علماء سلطان، امیر، یا خلیفہ کے ساتھ زیادہ میل جول رکھنے کے حوالے سے بہت محتاط رہے ہیں۔

ایسا اس لیے کہ ایسا مانا جاتا ہے کہ طاقت لوگوں کو بگاڑ سکتی ہے اور اگر کوئی عالم سلطان کے بہت قریب ہو جائے تو سلطان عالم پر منفی اثر ڈال سکتا ہے اور عالم کو خراب کر سکتا ہے تاکہ وہ سلطان کے فائدے کے لیے مذہبی فتوے دے۔ لہذا یہ ایک بہت مضبوط

نگرانی (چیک) کا نظام ہے۔ جمہوری ممالک میں پائی جانی والی سطحی نگرانی کے برعکس یہ ایک حقیقی اور قابل عمل نگرانی ہے۔

علماء اور سلطان کے درمیان یہ فاصلہ کچھ ایسا ہے جس کا ذکر نبی ﷺ نے مذکورہ حدیث میں کیا ہے: "جو بادشاہوں کے دروازوں پر آئے گا تو وہ فتنوں میں مبتلا ہو جائے گا اور جو شخص جتنا کسی بادشاہ کے قریب ہو جاتا ہے اتنا ہی وہ اللہ سے دور ہوتا جاتا ہے۔"[8] اس حدیث اور نبی ﷺ کی حیات مبارکہ کی اور بہت سی دوسری مثالوں کے ساتھ ساتھ خلفائے راشدین اور تاریخ کے زیادہ تر علماء کے عمل کی بنیاد پر، علماء اس نتیجے پر پہنچے کہ سلطان اور علماء کے درمیان کا فاصلہ کافی زیادہ ہونا چاہیے۔ یہ ایک حقیقی چیک اور بیلنس ہے جو حقیقی اخلاقیات پر مبنی ہے۔ اگرچہ یہ حقیقت ہے کہ سلطان یا خلیفہ بدعنوان ہو سکتا ہے اور وہ اپنی مادی فائدے کے لیے آبادی یا معیشت کو متاثر کر سکتا ہے لہذا ہمیشہ عالم ہی ایک ایسی شخصیت ہوتی ہے جو اس قسم کی بدعنوانی اور طاقت کے غلط استعمال کی مخالفت کرتی ہے۔

ہم اسلامی تاریخ میں ایسی بہت ساری مثالیں دیکھتے ہیں جہاں علماء کو اذیت دی گئی، قید کیا گیا اور کبھی کبھی قتل بھی کیا گیا کیوں کہ انہوں نے سلطان کی مخالفت کی تھی۔ یہ اسلامی تاریخ اور اسلامی حکمرانی کی ایک بہت منفرد چیز ہے اور اس کا مطلب یہ ہے کہ اسلامی فکر میں "چرچ اور ریاست کی علیحدگی" کا تصور نہیں ہے۔ توقع یہ تھی کہ خلیفہ یا

---

[8] مسند احمد (حدیث: ۸۶۱۹)

سلطان اسلامی قانون نافذ کرے گا اور وہ اسلامی اخلاقیات اور فقہ کے مطابق حکمرانی کرے گا۔ کیوں کہ پورا نظام حکومت اسی پر مبنی ہے لیکن اخلاقیات کے معروضی معیار کے حامل لوگ وہ ہیں جو الگ اور آزاد رہتے ہیں، یعنی علماء جو براہ راست سلطان کے ساتھ میل جول نہیں رکھتے اور اس لیے طاقت اور پیسے کے برے اثرات سے محفوظ رہتے ہیں۔

یہ طاقت اور کرپشن پر ایک حقیقی نگرانی ہے۔ لیکن سیکولر جمہوریتوں میں اس طرح کی کوئی چیز نہیں پائی جاتی۔

سیکولر جمہوریتوں کی ایک بڑی خامی یہ ہے کہ وہ یہ مانتی ہیں کہ عوامی رائے ہمیشہ درست ہوگی۔ لیکن حقیقت یہ ہے کہ اکثر اوقات ہجوم کی حکمرانی غلط ثابت ہوتی ہے اور بہت غیر منصفانہ پائی جاتی ہے۔ یہاں تک کہ اگر آپ آئین میں حقوق کے بل کے ذریعے ہجوم پر کچھ حدود و قیود نافذ کریں، تب بھی یہ حکمرانی کے لیے اخلاقیات کا ایک کمزور اور غیر بھروسہ مند نظام ہے۔ یہی وجہ ہے کہ ہم مغربی تاریخ میں صحیح اور غلط کے بارے میں اتنی زیادہ تبدیلیاں پاتے ہیں۔ اخلاقیات کے بارے میں رائیں مسلسل بدلتی رہی ہیں کیوں کہ عوامی نظریات مسلسل بدلتے رہتے ہیں۔ جو آج منصفانہ اور معقول نظر آتا ہے کل اسے ظلم سمجھا جا سکتا ہے۔ اور جسے آج ظلم قرار دیا جا رہا ہے کل وہی معقول قرار پا سکتا ہے۔

ایک مسلمان ہونے کے ناطے ہمیں اسے اسی تناظر میں سمجھنا چاہیے اور یہ تسلیم کرنا چاہیے کہ ہماری اپنی روایت میں ایک بہتر نظام موجود ہے۔ باوجود اس کے کہ ہماری تاریخ میں جنگیں بھی لڑی گئی ہیں، بد عنوان رہنما بھی رہے ہیں بلکہ یہاں تک کہ لوگوں پر ظلم بھی ہوا ہے۔ مگر ہمارے پاس بھی شریعت کی شکل میں ایک مستقل اخلاقی نظام ہے جو

ہمیں بحیثیت ایک امت سیدھے راستے پر قائم رکھنے کا انتظام کرتا ہے اور ساتھ ہی انصاف کا صحیح تصور بھی دیتا ہے۔ یہ اللہ تعالیٰ کی طرف سے سچی ہدایت ہے — ایک عظیم نعمت جس کا ہمیں شعور ہونا چاہیے۔ ہمیں کسی قسم کے احساس کمتری کا شکار نہیں ہونا چاہیے اور یہ نہیں سوچنا چاہیے کہ دنیا کے کسی خاص خطے کے لوگ، قومیں، یا فلسفیوں نے انصاف، اخلاقیات، اور نظام حکومت کو اللہ تعالیٰ، قرآن، اور نبی کریم ﷺ سے بہتر سمجھ لیا ہے۔"

## سیکولرازم ناممکن کو ممکن نہیں بنا سکتا

سیکولرازم کے دعوؤں کے برعکس متضاد اخلاقی نظریات کو ایک قانونی نظام کے اندر مربوط نہیں کیا جا سکتا۔ مثال کے طور پر اسقاط حمل کو لیتے ہیں۔ میں نے بہت سے مسلمانوں سے بات کی ہے جو اپنے آپ کو پرانے خیال والا اور "روایتی" مؤمن سمجھتے ہیں اور وہ متفقہ فقہی اصول کو تسلیم کرتے ہیں کہ حمل کے ۱۲۰ دن کے بعد، ماں کی زندگی کو خطرہ ہونے کے علاوہ، حمل ضائع کرنا قتل کے مترادف ہے۔ لیکن وہیں کچھ مسلمان عورت کے "انتخاب کے مطلق حق" کی حمایت کریں گے۔ ان دونوں باتوں میں تطبیق کیسے ہو سکتی ہے؟

فقہ ایک وجودی (ontological) حقیقت پر مبنی ہے، یعنی وہ لمحہ جب روح جنین میں پھونکی جاتی ہے، جو کہ حمل کے ۱۲۰ دن بعد (یا بعض دیگر آراء کے مطابق ۴۰ دن بعد) ہوتا ہے۔ چاہے ماں مسلمان ہو یا کافر۔ مسلمان ہو یا نہ ہو حمل کے ۱۲۰ دن بعد جنین کے جسم میں روح پھونک دی جائے گی۔ اس کا مطلب یہ ہے کہ اگر ماں غیر مسلم ہے تو بھی ۱۲۰ دن کے بعد اسقاط حمل کرانا بھی ایک روح کی ناحق جان لینا یعنی قتل کرنا

ہے۔ تو مسلمان وجودی حقیقت کو تسلیم کرنے کے بعد بھی عورت کے بلا شرط "انتخاب کے حق" کی حمایت کیسے کر سکتے ہیں؟

اس میں کوئی دو رائے نہیں ہے کہ یہ مسلمان قتل کی حمایت کر رہے ہیں۔ قتل کرنا کوئی "ذاتی انتخاب" نہیں ہے جو "بند دروازوں کے پیچھے" جائز طور پر کیا جا سکتا ہو۔ مزید برآں، کسی بھی مسلم عالم نے کبھی یہ نہیں کہا کہ اسلامی حکومت کے تحت ایک کثیر المذہبی ریاست میں قتل کی شرعی ممانعت صرف مسلمانوں تک محدود ہے اور اسے غیر مسلم "اقلیت" پر نافذ نہیں کیا جا سکتا۔ دوسرے الفاظ میں، جدیدیت پسند مسلمان جو آزادانہ یا غیر اسلامی سیاسی مؤقف کی حمایت کے لیے آج کل عام طور پر جو تدابیر اختیار کرتے ہیں وہ اسقاط حمل کے معاملے میں بالکل ناکام ہو جاتی ہیں۔

عورت کے حمل کو ضائع کرنے کے غیر مشروط حق کی حمایت مسلمان صرف اسی صورت میں کر سکتے ہیں جب وہ علماء کے اجتماعی فیصلے اور وحی میں موجود ان واضح دلائل کو رد کر دیں جو اس اجماع کی حمایت کرتے ہیں۔ ظاہر ہے کہ کچھ گمراہ افراد اس میں کوئی مسئلہ نہیں سمجھتے۔ جہاں تک سیاست کا تعلق ہے، مسلمان رہنماؤں نے بھی ایک "غیر جانبدار" مؤقف اپنانا پسند کیا ہے، حالاں کہ اس معاملے میں اسلامی اخلاقیات بالکل واضح ہیں۔ صرف امریکہ میں ہر سال تقریباً ۱۰ لاکھ اسقاط حمل کا اندراج ہوتا ہے۔ "مذہبی بنیاد پرستی" کا لیبل لگنے اور مذہبی دائیں بازو کے ساتھ جوڑے جانے سے بچنے کے لیے یہ مسلمان اس بڑے پیمانے پر قتل کے سامنے خاموش رہنا پسند کرتے ہیں۔

ان میں سے اکثر وہی لوگ ہیں جو منبر سے پر جوش انداز میں یہ بیان کرتے ہیں کہ اسلام نے جاہلیت کے دور میں بیٹیوں کو زندہ دفن کرنے کی رسم ختم کی۔ لیکن اپنی کوتاہ نظری اور غلط سیاسی مصلحتوں کی وجہ سے وہ آج ہمارے آس پاس بیٹیوں اور بیٹوں کے دفن ہونے پر خاموش ہیں۔ ماشاءاللہ، کیا ہی "نبوی" طرزِ عمل ہے! یہ لوگ "سماجی انصاف" کے لیے کس قدر مخلص ہیں!

# باب چار: آزادی، مساوات اور خود مختاری

## مذہبی تعلیمات اور مذہبی آزادی

''آزادی 'لا الہ الا اللہ' سے زیادہ اہم ہے، کیوں کہ آزادی کے بغیر ہمیں یہ اختیار نہیں ہے کہ جو چاہیں اس پر یقین کریں۔''

یہ بات ایک شامی کارکن نے کئی سال پہلے بہار عرب (Arab Spring) کے حوالے سے کہی تھی۔ مجھے لگ رہا تھا کہ یہ ایک غلط موازنہ (false dichotomy) تھا لیکن اس کا صرف مقصد آزادی کی اہمیت کو باقی تمام اقدار کے مقابلے میں نمایاں کرنا تھا۔

آزادی ایک ایسا تصور ہے جسے عام طور پر صحیح معنوں میں نہیں سمجھا جاتا۔ لبرل فلسفے کے مطابق، جو اٹھارہویں اور انیسویں صدی کے یورپی تجربہ پسند مفکرین (empiricists) سے متاثر ہے، حقیقی معنوں میں آزاد انسان وہ ہوتا ہے جو ایک خالی سلیٹ (tabula rasa) کے ساتھ اپنی زندگی کا آغاز کرے — یعنی ایسا فرد جس کے خیالات اور عقائد پہلے سے طے شدہ نہ ہوں اور جو کسی بیرونی اثر ورسوخ کے تابع نہ ہو۔ ایسا شخص کسی مخصوص نظریے یا عقیدے سے پہلے سے وابستہ نہ ہو اور اس کا ذہن دنیا، خدا یا فطرت کے بارے میں جھوٹے یا مسلط کردہ نظریات سے پاک ہو۔ وہ اپنی آزاد سوچ کے ذریعے اپنے عقائد خود تشکیل دے سکے۔ تجربیت پسند فلسفے (empiricism) کے

حامیوں کا ماننا ہے کہ عقائد کی تشکیل ہمیشہ درست سائنسی تحقیق کی بنیاد پر ہونی چاہیے۔ تاہم، اگر کوئی شخص اپنے عقائد سائنسی طریقے سے نہ بھی بنائے، لیکن وہ اس کی اپنی حقیقی مرضی اور آزادانہ فیصلے پر مبنی ہوں، تو انہیں بھی آزاد عقائد تصور کیا جائے گا۔ اس نقطہ نظر کے مطابق، کسی فرد کا مذہبی ہونا تبھی قابل قبول ہے جب وہ اپنے عقیدے کی بنیاد ایک بالکل خالی ذہن کے ساتھ رکھے — جو عملی طور پر غیر مذہبی حالت سے آغاز کرنے کے مترادف ہے۔

جب آپ اسے اس انداز میں بیان کرتے ہیں، تو یہ بات واقعی دلچسپ لگتی ہے۔ اگر میرا تعلق ایسے گھرانے سے ہو جو کسی مخصوص مذہب کا پیروکار ہو اور وہ مجھے پیدائش کے پہلے دن سے ہی وہی مذہب سکھائے اور میں بڑا ہو کر اسی عقیدے کو مانوں، تو کیا اس کا مطلب یہ ہوگا کہ میں نے یہ عقیدہ آزادانہ طور پر نہیں اپنایا؟ میں یہ دلیل دے سکتا ہوں کہ بالغ ہونے کے بعد میں شعوری طور پر اپنے ایمان کے ساتھ وابستگی کا انتخاب کر رہا ہوں اور اپنی آزاد مرضی کا استعمال کر رہا ہوں۔ لیکن پھر یہ کیسے یقینی بنایا جائے کہ یہ انتخاب واقعی "میرا" ہے — میرے اندر کے اس شخص کا نہیں جو ایک خاص قسم کے مذہبی اثر و رسوخ والے گھر میں پروان چڑھا ہے؟ ہو سکتا ہے کہ میرے ذہن کو کنٹرول کر لیا گیا ہو اور اس صورت میں، میرا "انتخاب" درحقیقت کوئی انتخاب نہیں ہے۔

لیکن اگر مذہبی گھرانوں میں پرورش پانے والے بچوں کے لیے یہ بات درست ہے، تو یہی بات غیر مذہبی گھرانوں میں پرورش پانے والے بچوں پر بھی صادق آتی ہے۔ بس فرق صرف اتنا ہے کہ یہ غیر مذہبی نوعیت کی ذہنی تربیت (brainwashing) ہے۔ اگر ایک بچے کی اس طرح پرورش کی جائے کہ وہ کسی

اعلیٰ ہستی پر یقین نہ رکھے، مذہبی وابستگی کو اہمیت نہ دے اور بڑا ہو کر ملحد بن جائے اور مذہب کا مذاق اڑائے، تو کیا یہ واقعی ایک آزادانہ انتخاب قرار پائے گا؟ یا وہ بھی اپنے ماحول ہی کی پیداوار ہے؟

اصل بات یہ ہے کہ tabula rasa، یعنی خالی سلیٹ جیسی کوئی چیز حقیقت میں موجود ہی نہیں۔ نہ ہی وہ غیر جانبدار خالی سلیٹ، جس کا تصور لبرل مفکرین نے پیش کیا تھا—جس کے ذریعے ہم آزادانہ طور پر اپنے عقائد تشکیل دے سکیں۔ کسی بھی ایسی خالی سلیٹ کا کوئی وجود نہیں ہے۔ یعنی کوئی بھی شخص مکمل طور پر خالی الذہن نہیں ہوتا۔ ہم سب ایک مخصوص سماجی اور فکری ماحول میں پیدا ہوتے ہیں، اور ایسے خیالات اور اقدار کے ساتھ ہماری پرورش ہوتی ہے، جو بچپن سے لے کر بلوغت تک ہم پر اثر انداز ہوتے ہیں۔ اصل سوال یہ ہے کہ، کیا وہ خیالات اور اقدار سچائی اور انصاف پر مبنی ہیں؟ اگر ہاں، تو پھر اس بات کی کیا اہمیت رہ جاتی ہے کہ وہ آزادی کی کسی فرضی حالت، یعنی ایک خالی سلیٹ، سے پیدا ہوئے یا نہیں—جب کہ ایسی سلیٹ کا وجود ہی نہیں؟ اور اگر وہ خیالات اور اقدار جھوٹے یا ناانصافی پر مبنی ہیں، تو اس کا واحد حل سچائی اور انصاف کی تلاش ہے — نہ کہ آزادی کا وہ تصور، جو درحقیقت محض روشن خیالی (Enlightenment) کا ایک خیالی نمونہ ہے۔ بہر صورت لا الہ الا اللہ سچائی اور انصاف کے حتمی اظہار کے طور پر سب سے برتر نظر آتا ہے۔

دوسرے الفاظ میں سیکولر ممالک میں مذہبی آزادی کا مطلب یہ ہوتا ہے کہ نقطۂ آغاز ہمیشہ غیر مذہبی حالت ہی ہو۔ لیکن غیر مذہبی یا لا مذہبیت والی حالت کو نقطۂ آغاز یا غیر

جانبدار صورت حال کیوں تصور کیا جاتا ہے؟ غیر مذہبی اقدار کو معیار یا معمول کیوں سمجھا جاتا ہے؟ کوئی یہ دلیل دے سکتا ہے کہ مذہبی عقائد کی مختلف اقسام موجود ہیں اس لیے سیکولر ریاست کسی بھی مخصوص عقیدے کو ترجیح نہیں دیتی اور نہ ہی اس کی حمایت کرتی ہے۔ لیکن یہ حقیقت کی سراسر غلط تصویر کشی ہے، کیونکہ لامذہبیت بھی عقائد کا ایک مخصوص مجموعہ ہے۔ اگر سیکولر ریاست لامذہبیت کو اپناتی ہے تو درحقیقت وہ ایک مخصوص اعتقادی نظام کو دیگر نظاموں پر ترجیح دے رہی ہوتی ہے اور اس کی حمایت کر رہی ہوتی ہے۔ یہ بنیادی طور پر کسی مذہبی ریاست (Theocratic State) سے مختلف نہیں جو ایک مخصوص عقیدے کو دیگر تمام عقائد پر فوقیت دیتی ہے۔ فرق صرف یہ ہے کہ مذہبی ریاست خود کو غیر جانبدار ہونے کے دھوکے میں نہیں رکھتی۔ اور اصل فرق یہ ہے کہ اسلامی مذہبی ریاست سچائی اور انصاف پر قائم ہوتی ہے —— جو صرف اسلام میں پائے جاتے ہیں۔

## اسلام مذہبی آزادی کا احترام نہیں کرتا

بہت سے (اگرچہ سب نہیں) لوگ جو اس دعوے سے اختلاف کرتے ہیں کہ "اسلام مذہبی آزادی کا احترام نہیں کرتا"، "درحقیقت اس بنیادی خیال سے اختلاف رکھتے ہیں کہ خدا کے ہاں مذہبی آزادی کا کوئی تصور نہیں ہے۔ یہی ان کے مسئلے کی اصل جڑ ہے۔ ان کے لیے یہ عقیدہ —— کہ خدا کے نزدیک صرف ایک ہی مذہب قابلِ قبول ہے —— فطری طور پر ناپسندیدہ محسوس ہوتا ہے۔ سوال یہ ہے کہ، خدا انسان کی آزادیِ فکر و ارادہ کا احترام کیوں نہیں کرتا؟ اور ایک رحم کرنے والا خدا لوگوں کے آزادیِ انتخاب کو کیسے نظر انداز کر سکتا ہے؟

یہی وجہ ہے کہ بعض مسلمان جو مذہبی آزادی جیسے اقدار کو اپنا لیتے ہیں، بالآخر اسی بنیاد پر اسلام کو ترک کر دیتے ہیں۔ ایسا کیوں ہے؟ اگر ہم اصول، اخلاقیات اور انصاف کی بنیاد پر دنیا کے حکمرانوں سے یہ توقع رکھتے ہیں کہ وہ ہر عقیدے کا برابر احترام کریں اور برداشت کریں، تو پھر یہی توقع خدا سے کیوں نہ رکھی جائے کہ وہ بھی تمام عقائد کا احترام کرے —— حتیٰ کہ موت کے بعد بھی؟

لیکن پھر ہمیں معلوم ہوتا ہے کہ حقیقت یہ ہے کہ کسی شخص کا عقیدہ کیا ہے، یہ غیر معمولی اہمیت رکھتا ہے۔ یہ خدا کے لیے بھی اہم ہے، جیسا کہ اس نے نہ صرف اپنی آخری وحی میں بلکہ پچھلی تمام وحیوں میں بھی ہمیں واضح طور پر بتایا ہے۔

دنیا کے لیے مذہبی آزادی کے اصول کو برقرار رکھنا لیکن آخرت کے لیے نجات کے حوالے سے انفرادیت کو تسلیم کرنا ایک بڑا تضاد ہے۔ آج کل لبرل سیکولرازم کے جبری نظام کے زیر سایہ رہنے والے کئی مسلمان اس تضاد کو حل کرنے کے لیے نجات کے واحد حق (salvific exclusivity) کے اصول کو ترک کر دیتے ہیں۔ وہ یہ ماننے لگتے ہیں کہ دنیا اور آخرت کہیں بھی عقیدے کی اہمیت نہیں ہے۔ ایسے لوگ اپنی اس طرح کی سوچ کو پھیلاتے ہیں:

- "تمام مذاہب بنیادی طور پر ایک ہیں"
- "تمام مذاہب خدا تک پہنچنے کے راستے ہیں"، وغیرہ۔
- "تمام مذاہب انسان کو نیکی اور بھلائی کی راہ پر گامزن کرتے ہیں۔"

یہ تاثر دیا جاتا ہے کہ مذہبی آزادی کے اصول کو اپنانا صرف ایک سیاسی اور عملی مسئلہ ہے جس پر مسلمان اختلاف کر سکتے ہیں۔ لیکن حقیقت یہ ہے کہ سیاسی نظریات عام مسلمانوں کے ایمان پر گہرے اثرات مرتب کر سکتے ہیں۔ یہی وہ طریقہ ہے جس کے ذریعے فلسفیانہ لبرل ازم — جو مذہبی آزادی کی بنیاد ہے — نہایت چالاکی سے مسلمانوں کے عقیدے کو متاثر کرتا ہے اور مضبوط ایمان رکھنے والے مسلمانوں کو بھی گمراہ کر دیتا ہے۔ اللہ ہم سب کی حفاظت فرمائے۔

## سنہری اصول، خود پرستی اور شیطان پرستی

"قانون کی اصل حقیقت یہی ہے کہ تم جو چاہو کرو۔"

یہ شیطان پرستی کا مرکزی اصول ہے، جیسا کہ الیسٹر کراؤلی (Aleister Crowley) نے اپنی بنیادی کتاب *The Book of the Law* میں بیان کیا ہے۔

سوال: کسی شخص کو مؤثر طریقے سے کنٹرول کیسے کیا جا سکتا ہے؟

جواب: اس کے مختلف طریقے ہو سکتے ہیں، لیکن تاریخ نے یہ ثابت کیا ہے کہ سب سے مؤثر ہتھیار یہ ہے کہ لوگوں کو بتایا جائے کہ وہ خود اپنے مالک ہیں، وہ اپنی تقدیر کے مالک ہیں اور اپنے آپ کے خدا وہی ہیں۔

انسان ایسی مخلوق ہے جس کے بارے میں کوئی پیشین گوئی کی جا سکتی ہے۔ یعنی ہم جو فیصلے کرتے ہیں ان کا پہلے سے اندازہ لگایا جا سکتا ہے:

- ہم اکثر اپنی خواہشات کے سامنے جھک جاتے ہیں۔
- اپنی انا کو قائم رکھنے اور مزید بڑھانے کے لیے کسی بھی حد تک جا سکتے ہیں۔
- عارضی لذتوں میں کھو جاتے ہیں
- چمکدار چیزیں جمع کرنے کی دوڑ میں لگے رہتے ہیں۔

اگر آپ لوگوں سے کہیں کہ "آزادانہ زندگی جیو"، "جو دل میں آئے کرو" اور ایسی تمام دل بہلانے والی باتیں، مثبت نفسیات کے اصول اور لبرل فلسفے کے نعرے سنائیں— جو ہمیں بار بار سننے کو ملتے ہیں— تو ان کی سوچ ایک ہی نکتے پر مرکوز ہو جائے گی۔ جارحانہ قوم پرستانہ وعدے جیسے "لبرٹی، آزادی اور سب کو خود مختاری" یا تجارتی نعرے جیسے "بس کر گزرو" (Just Do It) انہیں اس یقین میں مبتلا کر دیں گے کہ وہ اپنی تقدیر کے مکمل مالک ہیں اور جو کچھ وہ آج ہیں، اس پر ان کا پورا کنٹرول ہے۔

لیکن یہ ایک منشیات کے عادی شخص کی بات کی طرح ہے۔ منشیات کے عادی شخص کو لگتا ہے کہ وہ اپنے فیصلے خود اپنی مرضی سے کر رہا ہے۔ اور حقیقت میں وہ کر بھی رہا ہوتا ہے۔ مسئلہ یہ ہے کہ یہ فیصلے ناقابل یقین حد تک نقصان دہ ہوتے ہیں اور صرف و صرف تباہی کی طرف لے جاتے ہیں۔ استعماری طاقتوں نے یہی حکمت عملی استعمال کی اور انہوں نے دنیا بھر میں طاقت ور مقامی قوموں کو تباہ کرنے اور ان پر کنٹرول حاصل کرنے کے لیے منشیات اور شراب کا استعمال کیا۔

اصل بات یہ ہے کہ اگر لوگوں کو ان کی بنیادی انسانی خواہشات اور خود غرضی تک محدود کر دیا جائے تو ان پر قابو پایا جا سکتا ہے اور ان کا کسی بھی مقصد کے لیے مؤثر

طور پر استعمال کیا جا سکتا ہے۔ در اصل نام نہاد "سنہری اصول " (Golden Rule) بنیادی طور پر یہی ہے کہ "تمہارا جو جی چاہے کرو اور یہی قانون ہے"۔

"دوسروں کے ساتھ ویسا ہی برتاؤ کرو جیسا تم چاہتے ہو کہ وہ تمہارے ساتھ کریں۔" یہ اصول بظاہر خوبصورت لگتا ہے، لیکن حقیقت میں یہ محض ایک خالی اور بے معنیٰ اصول ہے۔ اس کے پس پردہ کوئی ٹھوس عملی رہنمائی نہیں ہے۔ یہ اخلاقی فیصلے کرنے میں مدد نہیں کر سکتا، کیوں کہ یہ اس سوال سے بحث ہی نہیں کرتا کہ: "آخر آپ دوسروں سے کس طرح کا برتاؤ چاہتے ہیں؟ 'دوسروں کے ساتھ ویسا سلوک کرو جیسا تم چاہتے ہو کہ تمہارے ساتھ کیا جائے'؟ تو آپ چاہتے ہیں کہ دوسرا آپ کے ساتھ کس طرح سلوک کرے؟ یہ اپنے آپ کو ہر چیز کا محور بنا لینے کا نیا طریقہ ہے۔ آپ کے نزدیک جو اہم ہے، بس وہی سب کچھ ہے۔ آپ کا اخلاقی معیار در حقیقت آپ کی اپنی تراشی ہوئی شبیہ ہوگا، جسے آپ دنیا پر مسلط کریں گے۔ یہ راست بازی نہیں، بلکہ بت پرستی ہے۔

تو اس میں اب کیا کوئی تعجب باقی رہ گیا ہے کہ 'سنہری اصول' لبرل ازم کا مرکزی ستون ہے؟

کچھ لوگ عام طور پر یہ بھی کہتے ہوئے مل جاتے ہیں کہ تمام مذاہب میں اس "سنہری اصول" کی کوئی نہ کوئی شکل موجود ہے۔ لیکن یہ ایک طرح کا دھوکہ ہے کیوں کہ مذہبی تناظر میں اس اصول کو کبھی اس کے سیاق کے بغیر نہیں سمجھا جا سکتا۔ یہ ہمیشہ خدائی احکام کے ساتھ جڑا ہوتا ہے۔ مثال کے طور پر رسول اللہ ﷺ کی حدیث ہے:

"تم میں سے کوئی اس وقت تک مومن نہیں ہو سکتا جب تک وہ اپنے بھائی کے لیے وہی پسند نہ کرے جو اپنے لیے پسند کرتا ہے۔"

اس کا مطلب یہ نہیں کہ اگر کوئی شخص اپنے ہم جنس پارٹنر سے شادی کی خواہش کرتا ہے تو اسے دوسروں کے لیے بھی یہ خواہش کرنی چاہیے، نہیں۔ اس کا مطلب یہ ہے کہ ایک شخص اپنے لیے بھلائی کی خواہش رکھتا ہے اور بھلائی کا تعین اللہ کے ہاتھ میں ہے، نہ کہ کسی کی ذاتی خواہشات اور تشریحات پر۔

لہذا البرل ازم اس اصول کو مذہبی سیاق و سباق سے کاٹ دیتا ہے اور اسے اللہ کے احکام (شریعت) سے الگ کر کے دراصل خود پرستی کو فروغ دیتا ہے۔ اور خود پرستی کی ابتداء کس نے کی؟

قرآن میں اللہ تعالیٰ نے شیطان کے بارے میں فرمایا کہ اس نے کہا:

﴿قَالَ أَنَا۠ خَيْرٌ مِّنْهُ خَلَقْتَنِى مِن نَّارٍ وَخَلَقْتَهُۥ مِن طِينٍ﴾
[الأعراف: ١٢]

میں اس سے بہتر ہوں۔ تُو نے مجھے آگ سے پیدا کیا اور اسے مٹی سے۔

(سورہ الاعراف: ١٢)

## آزادیِ فکر کا مفروضہ

"آزادیِ فکر" ایک ایسی چیز ہے جس کے بارے میں لوگ عام طور پر یہ سمجھتے ہیں کہ وہ ان کے پاس موجود ہے۔ کوئی بھی یہ ماننے کو تیار نہیں ہے کہ اس کے خیالات اس کے

اپنے نہیں ہیں۔ لیکن حقیقت یہ ہے کہ اکثر لوگوں کے خیالات سماجی دباؤ اور معاشرتی اثرات کے تحت ہوتے ہیں۔ اور آج کے نام نہاد خود پر فخر کرنے والے ''آزاد خیال'' افراد بھی اس سے مستثنیٰ نہیں ہیں۔

اس کو ایک واضح مثال سے سمجھتے ہیں۔ اگر میں آپ سے کہوں کہ اسلام اور امریکی (اور مغربی) اقدار کے درمیان واضح تضادات پائے جاتے ہیں؟ میں اس کی زیادہ تفصیل میں نہیں جاؤں گا کیوں کہ یہ اصل موضوع نہیں ہے۔ اصل بات یہ ہے کہ بہت سے امریکی مسلمانوں کے لیے یہ سوچنا بھی کہ مسلمان ہونے اور امریکی ہونے میں کوئی تضاد ہو سکتا ہے، کفر کے مترادف ہے۔

اب آپ ذرا ٹھہر کر سوچیں۔ آیا آپ یہ سب پڑھ کر غصہ، ناراضگی یا حیرانی محسوس کر رہے ہیں یا آپ صرف یہ سوچ رہے ہیں کہ یہ بات کس طرح غلط ہو سکتی ہے، تو پھر ٹھہر کر اپنے آپ سے سوال کریں کہ ایسا کیوں ہے؟

اس سادہ سے دعوے پر آپ کو اتنی پریشانی کیوں ہو رہی ہے؟ یہ نہیں کہ یہ دعویٰ بذاتِ خود کوئی کفر ہے یا اس کا براہِ راست عقیدے سے کوئی تعلق ہے۔ اور جب آپ اس پر عمومی طور پر غور کرتے ہیں، تو یہ نہ تو زیادہ عجیب لگتا ہے اور نہ ہی اشتعال انگیز، چاہے یہ غلط ہی کیوں نہ ہو۔

اس نکتے کو بہتر سمجھنے کے لیے، آپ خود سے ایک سادہ سوال کریں: کیا اسلام ویتنامی اقدار سے متصادم ہے؟ کیا اسلام چلی (جنوبی امریکہ کا ایک ملک) کی ثقافتی اقدار سے متصادم ہے؟ ممکن ہے کہ آپ کو اس بارے میں زیادہ معلومات نہ ہوں، لیکن ایسا ہونے کا

امکان تو بہر حال موجود ہے، ہے نا؟ تو پھر مغرب یا امریکہ کے معاملے میں یہ حساسیت اتنی خاص کیوں ہے؟

میں خود میں بھی اس طرح کے احساسات پاتا ہوں۔ میں نے دیکھا کہ مجھے یہ دعویٰ کرنے میں ہچکچاہٹ محسوس ہوتی ہے کہ اسلام اور امریکی اقدار کبھی آپس میں متصادم ہو سکتے ہیں۔ مجھے ایک بے چینی اور خوف کا احساس ہوا اور یہ بات مجھے اپنے بارے میں پریشان کرتی ہے۔ یہ ایک واضح اشارہ ہے کہ میرے خیالات میرے ماحول سے اس حد تک متاثر ہیں کہ مجھے خود بھی اس کا مکمل طور پر احساس نہیں ہوتا۔

یہاں میرا مقصد کوئی نسبیت پسندانہ(relativistic)، نظریاتی(perspectival)، یا مابعد جدیدیت (postmodern) جیسی بے معنی بات کرنا نہیں ہے، جیسے کہ "ہم سب متعصب ہیں" وغیرہ۔ یہ ممکن ہے کہ ہم ان ذہنی تعصبات سے اوپر اٹھ سکیں۔ ہم یہ اس طرح کرتے ہیں کہ اپنے خیالات اور اندرونی حالتوں کو معیاری اور اعلیٰ حقیقت کے مطابق ڈھالتے ہیں۔ اور ہم یہ سنت کی پیروی کر کے کرتے ہیں۔ اللہ کے رسول ﷺ کا ارشاد ہے کہ:

> تم میں سے کوئی شخص اس وقت تک مکمل طور پر مومن نہیں ہو سکتا جب تک کہ اس کی خواہشات ان احکامات کے تابع نہ ہوں جو میں لایا ہوں۔[9]

---

9 امام النووی، الاربعین

## شراب اور آزادی

ایک عام بات جو آپ ہر جگہ سن سکتے ہیں وہ یہ ہے کہ اسلام آزادی انتخاب کا احترام نہیں کرتا۔ یہاں اسلام میں شراب کی ممانعت، اس کے استعمال اور فروخت پر پابندی کو بطور مثال بیان کیا جاتا ہے۔ آزادی پسند مغرب میں شراب کا استعمال آزادانہ طور پر ہوتا ہے۔ اگر آپ پینا چاہتے ہیں تو آپ کو یہ آزادی حاصل ہے۔ اگر نہیں، تو آپ اس سے پرہیز کر سکتے ہیں۔ ان کی دلیل یہ ہے کہ شراب تو صرف آپ کے اپنے جسم کو متاثر کرتی ہے، کسی اور کو کوئی نقصان نہیں پہنچاتی۔ لہذا ایک عاقل بالغ ہو کر آپ خود یہ فیصلہ کر سکتے ہیں اور کسی شخص یا مذہب کا آپ کو اس انتخاب سے روکنا ظلم ہوگا۔

آیئے اس دلیل کا جائزہ لیتے ہیں۔

تمام قانونی نظام انتخاب کو کسی نہ کسی شکل میں محدود کرتے ہیں اور اس کو اس نظام کے قوانین کے لیے وجہ جواز کے طور پر پیش کیا جاتا ہے۔ مثال کے طور پر امریکی قانون ہر شخص سے مطالبہ کرتا ہے کہ گاڑی چلانے کے لیے ڈرائیور کا لائسنس ہونا ضروری ہے۔ یہ قانون لوگوں کی نقل و حرکت کی آزادی کو سختی سے محدود کرتا ہے لیکن عملی وجوہات کی بنا پر اسے ضروری سمجھا جاتا ہے۔ اگر لوگوں کو بغیر لائسنس کے گاڑی چلانے کی اجازت دی جائے تو کار حادثات کی تعداد بہت زیادہ ہو جائے گی۔ کار حادثات میں اموات بڑھ جائیں گی۔ لوگوں کی جائیداد کو ہونے والے نقصان میں بے پناہ اضافہ ہوگا۔ لہذا یہ سب عملی وجوہات ہیں جن کی وجہ سے ہم چاہتے ہیں کہ ایسا قانون موجود ہو۔ یہ نقصان پر قدغن لگاتا ہے۔

ایک اصولی نقطہ جو ہمیشہ زیر بحث لایا جاسکتا ہے وہ یہ کہ کس چیز کو "نقصان" سمجھا جائے اور کون سی چیز "عملی" ہے۔ دراصل یہ دنیا کے بارے میں آپ کے مفروضات اور آپ کے وسیع تر عقائد اور وابستگیوں پر منحصر ہے۔ لیکن اس پر بعد میں گفتگو کرتے ہیں۔

ابھی صرف عام مغربی معیارات کے تحت عملی پہلو اور نقصان کو مدنظر رکھتے ہوئے شراب نوشی کا بغور جائزہ لیتے ہیں۔ تازہ ترین تحقیق کے مطابق حاملہ عورت کے شراب پینے سے جنم لینے والے بچے کو صحت کی مختلف پیچیدگیوں (Fetal Alcohol Spectrum Disorder -FASD) سے کم از کم پانچ فیصد آبادی متاثر ہوتی ہے اور کچھ کمیونٹیوں میں ۴۰ فیصد آبادی تک متاثر ہو جاتی ہے FASD ہر قسم کی نفسیاتی اور تعلیمی معذوریوں کا سبب بنتا ہے اور اس سے شدید غیر سماجی رویے ظہور میں آسکتے ہیں۔ اس سے متاثرہ بہت سے بچوں کو خصوصی تعلیم کی ضرورت ہوتی ہے۔ بہتوں کو مختلف جرائم میں شمولیت کی وجہ سے جیل ہو جاتی ہے۔ بہت سے بے روزگار ہو جاتے ہیں اور منشیات اور جرائم میں ملوث ہو جاتے ہیں۔ یہ سب حاملہ خواتین کے شراب پینے کی وجہ سے ہوتا ہے۔ یہاں تک کہ تھوڑی مقدار میں شراب نوشی بھی ایک بچے کو اس طرح کی آزمائش میں ڈالنے کے لیے کافی ہو سکتی ہے۔ کبھی کبھی ایسا بھی ہوتا ہے خواتین کو معلوم نہیں ہوتا کہ وہ حاملہ ہیں اور وہ اپنی شراب نوشی کی عادتیں جاری رکھتی ہیں بغیر یہ جانے کہ وہ اپنے پیدا ہونے والے بچے کو FASD کا عذاب دے رہی ہیں۔

بہر حال بچے کو پہنچنے والا نقصان ناقابل تصور ہوتا ہے۔ بچے کو پیدائشی طور پر ذہنی معذور بنانے سے بڑا نقصان اور کیا ہو سکتا ہے۔ بچے کو پہنچنے والے نقصان کے علاوہ مجموعی طور پر معاشرے کو بھی نقصان پہنچتا ہے۔ ان بچوں کی کفالت کا انتظام حکومت کو کرنا پڑتا ہے۔ حکومتی اداروں کو ان بچوں کی دیکھ بھال کرنی پڑتی ہے اور ان کی نگرانی کرنی پڑتی ہے، وغیرہ۔ اس پر ایک بہت بڑا عوامی خرچ آتا ہے جو ہماری آمدنی سے آنے والے ٹیکس سے ادا کیا جاتا ہے۔ یہ تمام چیزیں مغربی ثقافت کی آزادی کو محدود اور کمزور کرتی ہیں جسے وہ اتنی شدت سے حاصل کرنے کی خواہش کرتے ہیں۔

ان تمام حقائق کو مد نظر رکھتے ہوئے یہ کہا جاسکتا ہے کہ جہاں تک شراب کا معاملہ ہے امریکی قانون واضح طور پر اسلامی قانون سے زیادہ "آزادی پسند" اور "آزادئ انتخاب کی حفاظت کرنے والا" نہیں ہے۔ اس طرح کی دلیل سے ہمیں معلوم ہوتا ہے کہ آزادی اور آزادی انتخاب کی اپیلیں کتنی کھوکھلی اور بے معنی ہوتی ہیں۔ پھر بھی یہ اپیلیں ہمیں یہ باور کرانے کے لیے ہوتی ہیں کہ اسلامی قانون کتنا محدود پسماندہ اور انسانی ترقی کے خلاف ہے اور سیکولر قانون کتنا بااختیار بنانے والا، آگے بڑھنے والا اور انسانی ترقی کے لیے سازگار ہے۔ لہذا اس طرح کی دلیلوں سے ہمیں بے وقوف نہیں بننا چاہیے۔

شراب کے انسانی نقصان کو سب سے بہتر انداز میں حقیقی انسانی کہانیوں کے ذریعے بیان کیا جاسکتا ہے۔ ایک اخبار کے مضمون میں درج ذیل واقعہ نقل کیا گیا ہے:

> ماں بننے سے پہلے، سوزن ارل (Susan Earl) نامی خاتون اب بھی اپنی جوانی، خصوصاً ۲۰ سے ۲۵ سال کی عمر میں کی گئی پارٹیوں کے اثرات کو

سمجھنے اور قبول کرنے کی کوشش کر رہی تھی۔اس زمانے میں وہ ہفتہ کی چھٹیاں زیادہ تر کلبوں میں دوستوں کے ساتھ گزارتی تھی اور عام طور پر ہلکی شراب پیتی تھی۔اس کا بوائے فرینڈ اُسے شراب نوشی کی ترغیب دیتا تھا کیونکہ اس سے وہ زیادہ بے تکلف ہو جاتی تھی، لیکن جب اسے پتہ چلا کہ وہ حاملہ ہے تو چھ ہفتے گزر چکے تھے۔

ارل نے بتایا کہ انہیں جیسے ہی پتہ چلا کہ وہ حاملہ ہیں، انہوں نے شراب پینا چھوڑ دیا۔ لیکن تب تک دیر ہو چکی تھی۔

ارل کا بیٹا کوینٹن میلز (Quinton Mills)، جو ڈاکٹر کی دی گئی متوقع تاریخ سے چار ہفتے قبل پیدا ہوا تھا، کے چہرے پر FASD کی مخصوص علامات نمایاں تھیں۔اس نے دیر سے بولنا شروع کیا اور کنڈر گارٹن میں دوسروں کو کاٹنا، لات مارنا اور چیخنا شروع کر دیا۔ کلاس کے ساتھی اسے تنگ کرتے تھے۔وہ ۱۲ سال کی عمر تک بستر پر پیشاب کرتا رہا۔[10]

مجھے یقین ہے کہ آپ اس معصوم بچے کے بارے میں پڑھ کر دل شکستہ ہو جائیں گے۔ جس کو بھی تھوڑی سی عقل اور ہمدردی ہے وہ یہ جانتا ہے کہ لوگوں کی شراب تک

---

[10] This Chicago doctor stumbled on a hidden epidemic of fetal brain damage. PBS NewsHour. https://www.pbs.org/newshour/health/this-chicago-doctor-stumbled-on-a hidden-epidemic-of-fetal-brain-damage.

رسائی کو مزید محدود کرنے کے لیے کچھ نہ کچھ کرنا ضروری ہے اور ان کی ایسی تربیت بھی ضروری ہے تاکہ وہ یہ لت چھوڑ دیں۔ اسلام اور اسلامی ثقافت نے صدیوں تک معاشرے کو شراب سے تقریباً آزاد رکھنے میں کامیابی حاصل کی ہے۔ دنیا اسلام کی کامیابی سے کوئی فائدہ کیوں نہیں اٹھاتی؟

ویسے، ایسا نہیں ہے نو آبادیاتی دور کے بعد کہ اس زہر کو صرف مسلم معاشروں میں دوبارہ متعارف کرایا گیا بلکہ مغربی میڈیا اور تفریحی صنعتوں نے اسے اتنا زیادہ بڑھا چڑھا کر پیش کیا کہ تہران سے کراچی اور رباط تک کے مسلمان شراب پینے کو آزادی اور اعلیٰ ذوق کی علامت سمجھنے لگے۔

ایک ایسا معاشرہ جو اپنے قیمتی بچوں میں ذہنی پسماندگی پیدا کر رہا ہے، وہ کتنا آزاد اور مہذب ہو سکتا ہے؟ کیا یہی آپ چاہتے ہیں؟ اگر آپ میں اتنی انسانیت نہیں ہے کہ اپنے خالق کے آگے سر تسلیم خم کر سکیں تو کم از کم اتنی انسانیت تو پیدا کیجئے کہ معصوم بچوں کی زندگی بچائی جا سکے۔

## حدود، کرپشن اور مساوات کے بارے میں احادیث

مساوات اسلامی اخلاق کا ایک اہم جزو ہے۔ لیکن "مساوات" کے تمام تصورات ایک جیسے نہیں ہیں۔ مثال کے طور پر جدید لبرل تصور مساوات، کلاسیکی لبرل مفکرین کے تصور سے بہت مختلف ہے۔ جیسے کہ امریکہ کے بانیوں کے مطابق خواتین اور سیاہ فاموں کو ووٹ دینے یا جائیداد رکھنے سے روکنا ان کے مساوات کے تصور کے مطابق بالکل درست تھا۔

ایک بہت واضح مثال جو مساوات کو انصاف کے حوالے سے ظاہر کرتی ہے آپ ﷺ کی حدیث میں وارد ہوئی جسے صحیح بخاری میں نقل کیا گیا ہے:

حضرت اسامہؓ نے پیغمبر صلی اللہ علیہ وسلم کے پاس ایک عورت کی سفارش کی جو چوری کی مرتکب ہوئی تھی۔ آپ ﷺ نے فرمایا: "تم سے پہلے کی قومیں اسی وجہ سے ہلاک ہوئیں کہ جب ان میں کوئی معزز آدمی چوری کرتا تو اسے چھوڑ دیتے، اور جب کوئی کمزور چوری کرتا تو اس پر حد نافذ کرتے۔ اللہ کی قسم! اگر فاطمہ بنت محمد ﷺ بھی چوری کرتیں تو میں اس کا بھی ہاتھ کاٹ دیتا۔

اسی مفہوم کی ایک اور روایت بیان کی گئی ہے جس میں مزید تفصیلات درج ہیں:

قریش اس مخزومی عورت کے معاملہ میں، جس نے چوری کا ارتکاب کیا تھا، کافی پریشان تھے۔ وہ آپس میں کہنے لگے کہ اس عورت کے سلسلہ میں کون رسول اللہ ﷺ سے بات کرے گا؟ لوگوں نے کہا: رسول اللہ ﷺ کے چہیتے اسامہ بن زید رضی اللہ عنہما کے سوا اور کس کو اس کی جرأت ہو سکتی ہے؟ چناں چہ اسامہؓ نے آپ سے اس سلسلہ میں گفتگو کی تو آپ نے فرمایا: "اسامہ! کیا تم اللہ کے حدود میں سے ایک حد کے سلسلہ میں سفارش کرتے ہو؟"، پھر آپ ﷺ نے کھڑے ہو کر خطاب فرمایا: "تم سے پہلے کے لوگوں کو بھی اسی چیز نے ہلاک کیا ہے کہ جب ان میں سے کوئی معزز آدمی چوری کر لیتا تو اسے چھوڑ دیتے اور جب ان میں کا کوئی کمزور و ضعیف آدمی

چوری کرتا تو اس پر حد قائم کر دیتے، یاد رکھو، اللہ کی قسم! اگر فاطمہ بنت محمدؐ بھی چوری کرتی تو میں اس کا بھی ہاتھ کاٹ دیتا"۔

بعض غیر مسلم حضرات اس طرح کی جسمانی سزاؤں پر اعتراض کر سکتے ہیں۔ لیکن مجھے نہیں معلوم کہ سمجھ بوجھ رکھنے والے غیر مسلم اس بات کو کیسے رد کر سکتے ہیں کیوں کہ یہ سزائیں سنگین چوری کو روکنے کے لیے ایک مؤثر قدم ہو سکتی ہیں۔

آج دنیا کے حالات پر نظر ڈالیں جہاں سرمایہ کاری کرنے والے بینک اور بڑی کمپنیاں عالمی سطح پر دھوکہ دہی کرنے میں کوئی جھجک محسوس نہیں کرتیں، بلکہ عوام سے اربوں ڈالر چوری کر لیتی ہیں۔ انہوں نے گزشتہ دہائیوں میں دنیا بھر میں مالی بحرانوں کی صورت میں ہر طرح کی مشکلات پیدا کی ہیں۔ جب ان میں سے کچھ بینکر ان جرائم میں ملوث پائے گئے تو کیا انہوں نے ایک دن بھی جیل میں گزارا؟ ایسا بالکل نہیں ہوا۔ زیادہ سے زیادہ ان پر کچھ جرمانہ عائد کیا گیا۔ تصور کریں: آپ ایک ارب ڈالر چوری کرتے ہیں اور صرف چند ملین ڈالر کا جرمانہ ادا کرتے ہیں۔ یہ تو بڑے نفع کی بات ہے۔

لیکن دوسری طرف کئی ملکوں میں کس طرح "انصاف" کا نظام غریبوں کو معمولی چوری پر سخت سزائیں دیتا ہے۔ ایک سستا ٹی وی چوری کرنے پر آپ کو کئی سالوں تک جیل ہو سکتی ہے۔ یہ کیسا انصاف ہے؟ یہاں مساوات کہاں ہے؟ سرمایہ دارانہ نظام کی بددیانتی اور بینکوں کی غیر قانونی سرگرمیوں نے دنیا بھر میں لاکھوں لوگوں کو بے روزگار کر دیا، ان کے گھر چھین لیے اور بے شمار زندگیاں برباد کر دیں۔ یہ وہ جرائم ہیں جن کے مرتکب افراد واقعی ہاتھ کاٹنے کی سزا کے مستحق ہیں۔

بہر حال، نبی کریم ﷺ نے ایسے ناانصافی کے نتائج سے پہلے ہی خبر دار کر دیا تھا۔ بد قسمتی سے ہم ان ممالک کے شہری یا رہائشی ہیں جہاں یہ سب ہو رہا ہے۔

## میں منافق ہوں(Je Suis Hypocrite)

کئی سال قبل فرانس میں چارلی ہیبڈو پر حملہ ہوا کے وقت (Je Suis Charlie) یعنی میں بھی چارلی ہوں کے جواب میں میرا یہی کہنا تھا (Je Suis Hypocrite)یعنی میں منافق ہوں۔ چارلی ہیبڈو ایک فرانسیسی مزاحیہ جریدہ ہے جو اکثر پیغمبر محمد صلی اللہ علیہ وسلم اور دیگر پیغمبروں کی توہین کرنے والے کارٹون شائع کرتا رہتا ہے۔

مجھے "اظہار رائے کی آزادی" اور "توہین کرنے کی آزادی" کے یہ دعوے بہت کھوکھلے اور منافقانہ لگتے ہیں۔ توہین آمیز کارٹون شائع کرنے کی حمایت کرنے والے ان سارے لوگوں کے پاس کھونے کے لیے کچھ نہیں ہے، کیوں کہ وہ یا تو مذہبی نہیں ہیں یا مذہبی اقلیت میں شامل ہیں اور سیکولر نظام کے تحت زندگی گزارنے کا دباؤ محسوس کرتے ہیں۔ اگر یہ لوگ واقعی "اظہار رائے کی آزادی" کے سچے حمایتی ہوتے تو وہ آسان ہدف پر حملہ کرنے کے بجائے کچھ ایسی چیزیں شائع کرنے کی حمایت کرتے جس سے انہیں واقعی تکلیف پہنچتی ہو۔ یعنی ایسی چیزیں جو مرکزی لبرل سیکولر اقدار کے خلاف ہوں۔

آپ اس مابعد مذہبی(post-religious) دور میں توہین آمیز واقعتاً کس چیز کو سمجھتے ہیں؟ آیئے ایسے کارٹون دیکھتے ہیں جو عورتوں کو یا ان کی عقل کو کم تر دکھاتے ہوں، معذور افراد کا مذاق اُڑانے والے کارٹون، ہم جنس پرستی مخالف کارٹون۔۔۔ ایسے

کارٹون جو صدر اور دیگر منتخب عہدیداروں کو بچوں کے ساتھ بد فعلی کرنے والا اور ان سے منسوب جنسی انحرافات دکھاتے ہوں۔ ایسے کارٹون جو فوجی اہلکاروں کا مذاق اُڑاتے ہوں۔ قدرتی آفات کے متاثرین کی یادگار کو بے عزت کرنے والے کارٹون، ہولوکاسٹ وغیرہ۔

کتنے لوگ ہیں جو اس طرح کے کارٹون کو اپنی مین اسٹریم میڈیا میں دنیا بھر میں پھیلتے ہوئے دیکھنے کے لیے تیار ہیں؟ واضح رہے کہ میں اس لیے ایسی چیزوں کی حمایت نہیں کر رہا ہوں کیوں کہ میں کھوکھلے لبرل نظریات اور 'توہین کرنے کی آزادی' وغیرہ جیسے نعرے کو مستقل طور پر رد کرتا ہوں۔ بلکہ میرا مقصد یہ ہے کہ جب تک آپ کچھ ایسا دیکھنے کے لیے تیار نہ ہوں جو آپ کو واقعی انتہائی غیر اخلاقی اور نفرت انگیز لگے، جو آپ، آپ کے بچوں اور آپ کے خاندان کو دکھایا جائے، تو مجھے 'جے سوئس چارلی' نہ کہیے۔

## کیا اسلام آزاد خیالی کا علمبردار ہے؟

بائیں اور دائیں بازو دونوں کے لوگ اسلام پر تنقید کرتے وقت فلسفیانہ آزاد خیالی (philosophical liberalism) کا حوالہ دیتے ہیں۔ جیسے مذہب کی آزادی، اظہار رائے کی آزادی، لباس کی آزادی، جنسی مساوات، ریاست اور مذہب کا الگ ہونا وغیرہ۔

براہ کرم یہ یاد رکھیں کہ ایسے لوگوں سے بحث کرتے وقت یہ کہنا کہ یہ لبرل تصورات در حقیقت اسلامی تصورات ہی ہیں اور اسلام ان نظریات کی حمایت کرتا ہے،

ایک ناکام حکمت عملی ہے۔(ہاں، اسلام میں ان تصورات کی جزوی حمایت ملتی ہے لیکن یہ حمایت بہت ساری شرائط کے ساتھ ہے۔)

اگر مسلمان مذہب اظہار رائے، لباس، جنسی مساوات، شادی میں برابری وغیرہ کی آزادی سے متعلق تمام جدید مغربی چیزوں کو قبول کرلیں، تب بھی یہ کافی نہیں ہوگا۔ یہاں تک کہ اگر مسلمان آج مکہ میں ہم جنس پرست شادیوں کا آغاز کر دیں، تو کل مغرب یہ سوال کرے گا کہ وہاں ایسے امام کیوں نہیں ہیں جو عورتوں کے کپڑے پہنے (transvestite cross dressing) اور حرم میں نماز پڑھائیں؟ اور اگر کل وہ حرم میں نعوذ باللہ ایسے امام لے آئیں تو اگلے دن اسلام پر یہ تنقید کی جائے گی کہ مغرب کے مسلسل ترقی پذیر معاشرے کے مقابلے میں یہ بہت زیادہ "محدود" ہے۔

ترقی پسندی مغربی فکر اور ثقافت کا ستون ہے اور اس کی فطرت ایسی ہی ہے۔ اس فلسفے کے مطابق مستقل تبدیلی ضروری اور مستحسن ہے۔ جمود طاری ہونے کا مطلب یہ ہے کہ آپ تاریخ کے "غلط رخ" پر ہیں۔ یہ فلسفہ یقینی طور پر اسلام کے بالکل برعکس ہے (اور تمام روایات کے بھی برعکس ہے کیوں کہ روایات کا انحصار ماضی پر ہوتا ہے)۔ ہم مسلمان جانتے ہیں کہ سب سے بہتر زمانہ پیغمبر صلی اللہ علیہ وسلم اور صحابہ کرام کا زمانہ تھا اور اس کے بعد سے حالات بہ تدریج خراب ہوتے گئے ہیں۔ ہم کبھی بھی یہ بحث نہیں جیت سکتے کہ "کون زیادہ ترقی پسند ہے اور کون زیادہ آزاد ہے؟"

اس لیے ہمیں ایک ہارنے والے کھیل میں حصہ نہیں لینا چاہیے۔

ہماری جیت کی حکمت عملی یہ ہونی چاہیے کہ آزادی کے ان تصورات کو ان وجوہات کی بنا پر غیر معقول قرار دیا جائے کہ یہ انصاف اور بھلائی کے کاموں میں معاون نہیں ہیں اور انہیں وجوہات کی بنا پر اسلام انسانیت کے لیے بہترین متبادل پیش کرتا ہے۔ نام نہاد جدید ترقی پسند نظریات کے ساتھ ہمارے بحث و مباحثے کی یہی حکمت عملی ہونی چاہیے۔

## کیا ہم سب کو انتخاب کی آزادی کی حمایت نہیں کرنی چاہیے؟

**سوال:** کیا آزاد خیال فکر کا بنیادی اصول یہ نہیں ہے کہ انفرادی آزادی اور حقوق کو زیادہ سے زیادہ فروغ دیا جائے؟ انفرادی انتخاب اور آزادی سب سے اہم ہیں اور عمومی طور پر اس کا کوئی مطلق معیار نہیں ہوتا۔ تو کیا مغرب میں بسنے والی اقلیت کے طور پر ہمیں اس نظریے کی حمایت نہیں کرنی چاہیے؟

**جواب:** مسئلہ یہ ہے کہ قانون کی موجودگی کسی بھی معاشرے میں انفرادی انتخاب کو محدود کر دیتی ہے۔ تمام لوگ قوانین کے پابند ہوتے ہیں۔ ہر کسی کی مرضی اور انتخاب کی آزادی قانون کے ذریعے محدود ہوتی ہے۔

لیکن لبرل سیکولرازم کا مؤقف یہ ہے کہ قوانین کا جواز صرف اسی صورت میں بنتا ہے جب وہ کسی کو دوسروں کو نقصان پہنچانے سے روکیں۔ اسی لیے سیکولر قانون لوگوں کی غیر محدود آزادی کو محدود کرنے کے لیے قابل قبول ہے، جب کہ مذہبی قانون ناقابل قبول ہے۔ پہلا صرف نقصان کو روکتا ہے، جو تمام انسانوں کی ایک مشترکہ دلچسپی

ہے۔ جب کہ دوسرا مذہبی عقیدت کے لیے ہوتا ہے، جو صرف اس مذہب سے تعلق رکھنے والے کچھ لوگوں کی دلچسپی ہے، ہر کسی کی نہیں۔

اس سیکولر اور مذہبی قانون کے درمیان اس مبینہ فرق میں کئی فکری مسائل ہیں۔ ان میں سب سے اہم اور بہت زیادہ بحث طلب یہ ہے کہ کیا چیز نقصان دہ ہے اور کیا نہیں۔ سیکولر تصورِ نقصان کو ہی واحد درست تصور کیوں سمجھا جائے؟

کون سی چیز نقصان دہ ہے یا نہیں، یہ انسان کی گہری مابعد الطبیعیاتی وابستگیوں اور اس کے انسانی فطرت اور دنیا کے بارے میں عقائد پر منحصر ہے۔ یہ وابستگیاں بظاہر "مذہب" نہیں سمجھی جاتیں، لیکن حقیقت میں مذہبی تھیولوجی سے بنیادی طور پر مختلف بھی نہیں ہیں۔ یہی وہ طریقہ ہے جس کے ذریعے سیکولر لبرل ازم اپنے مابعد الطبیعیاتی اور معیاری اصولوں کو انسانی فطرت کی آفاقی خصوصیات کے طور پر پیش کر کے انہیں چھپالیتا ہے۔

اسقاط حمل ایک سادہ اور معروف مثال ہے۔ اسقاط حمل کا مسئلہ اکثر مذہبی اور سیکولر نقطہ نظر کے درمیان بحث کے طور پر پیش کیا جاتا ہے۔ یہ اس بات پر منحصر ہے کہ آپ جنین کے بارے میں کیا خیال رکھتے ہیں، کیا وہ 'شخص' ہے، اور حیاتیاتی والدین کی اخلاقی ذمہ داریاں کیا ہیں۔ اس کے مطابق، اسقاط حمل اخلاقی طور پر درست ہے یا نہیں اور آیا یہ قانونی ضابطے کا موضوع ہونا چاہیے یا نہیں، ان سب پر بحث ہوتی ہے۔ جو گروہ جنین کی زندگی کو اہمیت دیتا ہے، کہا جاتا ہے کہ اس کے پیچھے مذہبی عقائد کار فرما ہیں (جو کہ ہیں)۔ جب کہ جو گروہ انتخاب کی آزادی کی حمایت کرتا ہے، وہ سیکولر خیالات اور آزادی و

خود مختاری کے حق میں ہوتا ہے۔ لیکن ان دونوں گروپوں کی جنین اور عورت کے جسم کے بارے میں سوچ بھی مذہبی گروپوں کے عقائد سے کم مابعد الطبیعیاتی نہیں ہے۔

لیکن یہ بحث ایک مابعد الطبیعیاتی عقیدے کو دوسرے عقیدے کے مقابلے میں یا ایک مذہب کو دوسرے مذہب کے مقابلے میں پیش نہیں کی جاتی۔ بلکہ اسے مذہبی قدامت پسندی بمقابلہ سیکولر آزادی، اور مذہبی یقین بمقابلہ انتخاب کی آزادی کے طور پر پیش کیا جاتا ہے۔

ایسا کیوں ہے؟

اگر ہم اس بحث کو دو مختلف مابعد الطبیعیاتی عقائد رکھنے والے گروہوں کے درمیان اختلاف کے طور پر دیکھیں، تو فطری طور پر یہ سوال اٹھے گا کہ ایک عقیدے کو دوسرے پر خود بخود کیوں ترجیح دی جانی چاہیے؟ درحقیقت، ہمیں یہی سوال تمام سیکولر قوانین کے بارے میں بھی اٹھانا چاہیے۔

یہ تمام قوانین ایسے نظریاتی عقائد پر مبنی ہیں جو اپنی اصل میں "مذہبی" نوعیت کے ہیں، لیکن انہیں مذہب نہیں سمجھا جاتا۔ یہ عقائد قانون میں سرایت کر چکے ہیں اور سب پر مسلط کر دیے گئے ہیں۔ نتیجتاً، ہم سب کو سیکولر "مذہبی" نظام کی پیروی پر مجبور کیا جاتا ہے اور سیکولر تھیوکریسی کی آمریت کو برداشت کرنا پڑتا ہے۔

## کیا اسلام مساوات کو فروغ دیتا ہے؟

اس سوال پر بہت زیادہ الجھن پائی جاتی ہے۔ ایک لحاظ سے یہ بات صحیح بھی ہے۔ یقیناً مسلمان مساوات کے اصولوں کو تسلیم کرتے ہیں کیوں کہ یہ تمام اخلاقیات کی جڑ ہے۔ آگے کے بیان میں اس کی وضاحت کی جا رہی ہے۔

چاہے کوئی بھی اخلاقی نظام ہو لیکن اس میں یہ اصول مضمر ہوتا ہے کہ دو یکساں چیزوں کے ساتھ برابری کا سلوک ہونا چاہیے۔ اگر ایک شخص ا کسی دکان سے چوری کرتا ہے اور ہم اسے غلط سمجھتے ہیں، تو اگر دوسرا شخص ب بھی وہی کام کرتا ہے، تو ہمیں بھی اس کے عمل کو غلط ہی سمجھنا چاہیے—بشر طیکہ باقی تمام عوامل برابر ہوں۔

یہ نکتہ کہ "باقی سب کچھ برابر ہو" بہت اہم ہے، کیونکہ ایک لحاظ سے ا اور ب کبھی بھی مکمل طور پر برابر نہیں ہو سکتے، کیونکہ وہ دو مختلف افراد ہیں، جن کے حالات، پس منظر اور زندگی کے تجربات الگ ہیں۔ تاہم اخلاقیات کے نقطہ نظر سے، یہ ضروری ہے کہ ا اور ب کسی ایسے پہلو میں برابر ہوں جو اخلاقی لحاظ سے اہم ہو اور ان کے درمیان کوئی ایسا فرق نہ ہو جو انصاف پر اثر ڈالے۔

مثال کے طور پر اگر ا کی آنکھوں کا رنگ سبز ہے اور ب کی آنکھوں کا نیلا، تو یہ فرق اخلاقی لحاظ سے غیر متعلقہ ہے، لہٰذا دونوں کو قانون کے سامنے برابر سمجھا جائے گا۔ لیکن اگر ا ایک کروڑپتی شخص ہے اور ب ایک بھوکا، بے گھر فرد ہے، تو یہ ایک ایسا فرق ہے جو اخلاقی طور پر اہمیت رکھتا ہے۔ اس صورت میں ہمیں ب کے اعمال کو مختلف تناظر میں سمجھنا چاہیے اور اس کے ساتھ مختلف سلوک کرنا چاہیے۔

اس سے یہ نتیجہ اخذ ہوتا ہے کہ ہمارا مساوات کا تصور بنیادی طور پر ان "اخلاقی طور پر متعلقہ عوامل" پر منحصر ہوتا ہے۔ یہ نکتہ سمجھنا اس لیے ضروری ہے کہ آج کل لوگ اسلامی قانون کو دیکھ کر فوراً یہ اعتراض کرتے ہیں: "دیکھو! اسلام مرد اور عورت کے ساتھ مختلف سلوک کرتا ہے، تو صاف ظاہر ہے کہ مسلمان مساوات کو نہیں مانتے"!

بد قسمتی سے، بعض مسلمان بھی اسی غلط فہمی کا شکار ہو جاتے ہیں اور اسی بنیاد پر غلط رائے قائم کر لیتے ہیں۔

تاہم اسلامی قانون اس بات کو تسلیم کرتا ہے کہ بعض حالات میں مردوں اور عورتوں کے درمیان اخلاقی طور پر فرق پایا جاتا ہے۔ چوں کہ مرد اور عورت کچھ پہلوؤں میں ایک دوسرے سے بہت مختلف ہیں، اس لیے یہ بات سمجھ میں آتی ہے کہ کچھ معاملات میں وہ فرق اخلاقی طور پر اہم ہو سکتا ہے۔ اس لیے اس نقطہ نظر سے صرف اسلامی قانون ہی غیر منصفانہ اور ظالمانہ نہیں ہے، بلکہ ہر وہ قانون اور اخلاقی نظام جو اس فرق کو نظر انداز کرتا ہے، وہ غیر منصفانہ اور ظلم پر مبنی ہے۔

مزید برآں، مساوات کے تصور پر لبرل ازم کے حامی اس طرح خوشی مناتے اور اس کی حمایت کرتے ہیں جیسے یہ کوئی انہی کی دریافت ہو۔ یہ رویہ نہایت مضحکہ خیز اور بے معنی ہے۔ یہ لوگ دراصل ایک ایسی اقدار کا کریڈٹ لینے کی کوشش کر رہے ہیں جو ہمیشہ سے انسانی فطرت کا حصہ رہی ہے اور جسے ہر مہذب معاشرہ کسی نہ کسی شکل میں تسلیم کرتا آیا ہے۔

مساوات کا تصور اخلاقی اصولوں میں پہلے سے موجود ہے۔ مختلف اخلاقی نظام میں اس بات پر اختلاف ہے کہ وہ اخلاقی طور پر اہم عوامل کو کس طرح سمجھتے اور ان کی وضاحت کرتے ہیں۔ یہ اختلافات عموماً فلسفیانہ سطح پر ہوتے ہیں، جہاں اس پر بات ہوتی ہے کہ یہ اخلاقی اصول کس طرح وضع کیے گئے ہیں اور ان کے پیچھے کون سے عوامل کارفرما ہیں۔

مثال کے طور پر بے معنی سوالات جیسے کہ آیا لبرل سیکولرازم اسلامی قانون سے زیادہ مساوات کے اصول کا احترام کرتا ہے، پر بحث کرنے کے بجائے، کیوں نہ اس بات پر بحث کی جائے کہ ایک مثالی انسانی زندگی کیسی ہونی چاہیے؟ کیوں نہ اس پر بحث کی جائے کہ انسان کی خوش حالی میں کیا چیزیں شامل ہیں اور ایک مثالی معاشرہ کن چیزوں پر مشتمل ہوتا ہے؟ یہ وہ حقیقی سوالات ہیں جو دیگر چیزوں کے علاوہ ان اخلاقی طور پر متعلق عوامل کو واضح کریں گے۔ لیکن لبرل سیکولرازم، 'آزادی' اور 'مساوات' کے خالی نعروں کے پیچھے چھپتے ہوئے، کہتا ہے کہ یہ سوالات غیر متعلق ہیں کیوں کہ اس کے بارے میں لوگ خود فیصلہ کر سکتے ہیں۔ اس کا کوئی صحیح یا غلط جواب نہیں ہے۔ اس طرح کی باتیں یقیناً بے معنی ہیں۔

## مذہب کی تبلیغ بمقابلہ انسانی حقوق کی تبلیغ

آپ مانیں یا نا مانیں مذہب کی تبلیغ اور انسانی حقوق کی تبلیغ دونوں میں زیادہ فرق نہیں ہے کیوں کہ:

۱. سیاسی طور پر آزاد خیال مغربی طاقتیں فوجی اور سفارتی طاقت کا استعمال کر کے مسلم دنیا کو "آزادی، جمہوریت، اور انسانی حقوق کے زیر اثر" لانا چاہتی ہیں۔

۲. سیاسی طور پر قدامت پسند مغربی طاقتیں فوجی اور سفارتی قوت کا استعمال کر کے مسلم دنیا کو عیسائیت کے زیر اثر لانا چاہتی ہیں۔

پھر بھی بہت سارے مسلمان مؤخر الذکر کو کسی نہ کسی طرح زیادہ توہین آمیز اور قابل اعتراض سمجھتے ہیں۔ حالاں کہ حقیقت میں دونوں ایک جیسے ہیں۔

## خواہشات کی پیروی کی آزادی

علامہ ابن القیمؒ فرماتے ہیں "نفسانی خواہشات کی مخالفت کرنے سے بندہ مومن اپنے جسم، دل اور زبان میں قوت پاتا ہے۔ بعض سلف کا قول ہے کہ اپنی خواہش پر غلبہ حاصل کرنے والا اس سے بھی زیادہ طاقت ور ہے جو تنہا کسی ملک کو فتح کرتا ہے۔"[11]

جدیدیت لوگوں کو سکھاتی ہے کہ خواہشات سے محروم ہونے سے آپ کمزور ہو جائیں گے، آپ کو بیماریاں یہاں تک کہ نفسیاتی مسائل لاحق ہو سکتے ہیں۔ لیکن حقیقت میں، جسمانی اور جبلتی خواہشات کے حوالے سے ہماری محرومی جسم، دل، اور دماغ کے لیے طاقت کا ذریعہ بنتی ہے۔

---

11 روضۃ المحبین

# باب پانچ: تانیثیت (Feminism)

## تانیثیت والے اسلام کے سنگین نتائج

میں اپنی اہلیہ سے اس وقت ملا جب ہم دونوں ہارورڈ میں کالج کے طالب علم تھے۔ ہم دونوں اپنی نوجوانی کے دور میں خود کو تانیثیت پسند(feminists) سمجھتے تھے۔ کیونکہ ہم نے گھریلو تشدد کے نقصانات کو نہ صرف سنا بلکہ اپنی آنکھوں سے دیکھا بھی تھا۔ ہم دونوں میں اس بات کی شدید خواہش تھی کہ ایسے مظالم کے خلاف آواز بلند کریں اور دوسری خواتین کو جسمانی یا جذباتی تکلیف سے بچائیں۔ ہم دونوں ایک ایسی دنیا بنانے کے بہت زیادہ خواہاں تھے جہاں خواتین اور لڑکیاں احترام، مہربانی، محبت، حمایت اور ان تمام حقوق کے ساتھ زندگی گزار سکیں جس کی وہ مستحق ہیں۔ اور ہم ابھی بھی ایسا ہی محسوس کرتے ہیں۔ یہ خواہش ہمارے اندر ابھی بھی اسی طرح باقی ہے۔ اس وقت ہمارا خیال تھا کہ تانیثیت یا فیمنزم دنیا میں اس طرح کا ماحول بنانے کا بہترین راستہ ہے۔ لیکن وقت گزرنے کے ساتھ ساتھ ہمیں احساس ہوا کہ تانیثیت اس مسئلہ کا کوئی حل نہیں ہے۔ بلکہ دراصل یہ ایک بڑے مسئلہ کا حصہ ہے۔

تانیثیت کا فلسفہ بے شمار مسائل کی آماجگاہ ہے۔ تانیثیت کا آغاز ایک ایسی تحریک کے طور پر ہوا جو مذہب اور خاندان مخالف تھی۔ ایسا نہیں ہے کہ تانیثیت کی صرف ایک شاخ ہی مسلمانوں کے ایمان کے لیے نقصان دہ ہے۔ ہو سکتا ہے کہ کچھ مسلمانوں کے لیے یہ سمجھنا مشکل ہو، مگر اس کے تمام شعبہ جات ضرر رساں ہیں۔ اس کو سمجھنے کے لیے تاریخ

کے تمام مشہور تانیثیت پسند نظریہ سازوں کی تحریریں کو پڑھنا ہوگا، چاہے اس کا تعلق تانیثیت کی 'پہلی لہر' سے ہو یا 'تیسری لہر' سے۔اس کے بعد آپ اس نتیجے سے انکار نہیں کر پائیں گے۔

مسلمانوں کو تانیثیت سے جڑے ان مسائل کو سمجھنے کی ضرورت ہے کیوں کہ آج بہت سارے مسلمان زیادہ تر انہی وجوہات کی بنا پر خود کو تانیثیت پسند سمجھنے لگے ہیں جن کی وجہ سے میری اہلیہ اور میں نے اپنی جوانی میں تانیثی شناخت اپنائی تھی۔ یہ بہت خطرناک ہے کیوں کہ بعد میں مجھے اور میری اہلیہ کو پتہ چلا کہ اس فکر میں بہت ساری ایسی باتیں ہیں جو اسلام کے خلاف ہیں اور جن سے ہمارا ایمان خطرے میں پڑ جاتا ہے۔اسلام اور تانیثیت کے درمیان کچھ اختلافات سطحی ہیں اور کچھ گہرے تضادات بھی ہیں۔ ان مسائل کی تفصیل سے وضاحت ضروری ہے، لیکن جہاں تک مسلمانوں کا تعلق ہے، ہم کسی درخت کو اس کے پھلوں سے جانچنے سے آغاز کر سکتے ہیں۔ ہمیں اپنے آپ سے یہ سوال کرنا ہوگا: ایسا کیوں ہے کہ اتنے سارے مسلم تانیثیت پسند اسلام چھوڑ دیتے ہیں؟

### اعداد و شمار

جو خواتین خود کو تانیثیت پسند سمجھتی ہیں ان کے عام خواتین کے مقابلے میں مذہبی ہونے کا امکان بہت کم ہوتا ہے۔[12] عام آبادی میں تقریباً ہر دس میں سے سات

---

[12] Aune, Kristin. 2011. Much Less Religious, A Little More Spiritual: The Religious and Spiritual Views of Third-Wave Feminists in the UK. Feminist Review, 97(1), pp.32-55.

خواتین کہتی ہیں کہ وہ کسی منظم مذہب جیسے یہودیت، عیسائیت، اسلام وغیرہ سے وابستہ ہیں۔ تاہم تانیثیت پسند خواتین میں صرف ۱۰ میں سے ایک خاتون کسی مذہب سے وابستگی کا اظہار کرتی ہے۔[13]

لیکن کیا اس سے تانیثیت کی وجہ سے مذہب چھوڑنے کا رجحان ظاہر ہوتا ہے؟ دیگر اعداد و شمار اس دعوے کی حمایت کرتے ہیں۔ مثال کے طور پر ۱۹۹۳ اور ۲۰۱۳ کے درمیان امریکہ میں غیر مذہبی خواتین کی تعداد تین گنا بڑھ گئی[14]۔ اس دوران غیر مذہبی لوگوں کی تعداد میں اضافہ ہوا لیکن جو بات خاص طور پر قابل ذکر ہے وہ یہ کہ غیر مذہبی خواتین کی آبادی میں اضافہ مجموعی اضافے سے زیادہ تھا۔ ۱۹۹۳ میں ملحد اور متردد العقیدہ (اگنوسٹک) خواتین کا تناسب ۱۶ فیصد تھا لیکن ۲۰ سال کے اندر یہ تعداد تقریباً تین گنا بڑھ کر ۴۳ فیصد ہو گئی[15]۔ تجزیہ کاروں کا کہنا ہے کہ تانیثیت پسند اور سیکولر نظریات کے فروغ کی وجہ سے غیر مذہبیت میں اضافہ ہوا ہے۔ اور یہ فروغ ماس میڈیا اور انٹرنیٹ اور سوشل میڈیا کے ذریعے ہو رہا ہے۔[16]

---

[13] Aune, Kristin. "Why Feminists Are Less Religious." The Guardian, Guardian News and Media, 29 Mar. 2011.

[14] Marcotte, Amanda. "America Is Losing Religion: Why More and More Americans Are Embracing Non-Belief." *Alternet*, 14 May 2015,

[15] "2015 State of Atheism in America." Barna Group, 24 March. 2015.

[16] Aune, Kristin. "Why Feminists Are Less Religious."

اعداد و شمار سے ہٹ کر ہم میں سے بہت سارے لوگوں نے ان رجحانات کو مسلم کمیونٹی میں ہر طرف دیکھا ہے۔ بلکہ اب یہ ایک عام بات ہو چکی ہے۔ آج کل وہ مرد و خواتین جو اسلام چھوڑ چکے ہیں بالکل ایسی ہی چیزیں لکھ رہے ہیں جو ان کے ارتداد کی وجہ بنی۔ لہذا ہمیں وجوہات کے بارے میں قیاس آرائی کرنے کی بھی ضرورت نہیں ہے[17]۔ وہ اسے واضح طور پر بیان کرتے ہیں۔ اسلام، قرآن، اور نبی ﷺ (نعوذ باللہ) مردانہ حکمرانی (patriarchy) اور ظلم کے معاون ہیں۔ دوسرے الفاظ میں اسلام تانیثیت کے ساتھ مطابقت نہیں رکھتا۔ لہذا ایک تانیثیت پسند مسلمان کیسے ہو سکتا ہے؟

## ردعمل

خود کو تانیثیت پسند مسلم کہنے والے اس بات کی سختی سے تردید کریں گے کہ ان کی تانیثیت پسندی انہیں ارتداد کی راہ پر لے گئی ہے۔ میں اپنی بات مزید واضح کر دوں کہ میں یہ دعویٰ نہیں کر رہا ہوں کہ آج جو بھی مسلمان خود کو تانیثیت پسند سمجھتا ہے وہ بالآخر مرتد ہو کر رہے گا۔ یہ بات بالکل واضح رہنی چاہیے۔

لہٰذا یہ ضروری نہیں کہ ہر وہ شخص جو شارک مچھلیوں سے بھرے ہوئے تالاب میں پھینکا جائے، وہ شارک کا شکار بن ہی جائے۔ لیکن امکانات اسی بات کے زیادہ ہیں۔ مضبوط تیراک شاید زخمی اور خون آلود ہو کر پانی سے باہر نکل آئیں، مگر باقی سب کو شارک کی خوراک بننا پڑے گا۔ لہذا تانیثیت نے مسلم کمیونٹی کے پورے حصے کو نگل لیا ہے۔ اگر

---

Bolt, Andrew. "On Leaving Islam." Herald Sun, 18 June 2017[17]

ہمیں اپنا اور بطور خاص آگے آنے والی نسلوں کا ایمان عزیز ہے تو ہم اب اس محرک کو نظر انداز کرنے کے متحمل نہیں ہو سکتے۔

کسی مسئلے کو حل کرنے کے لیے پہلے اس کے وجود کو تسلیم کرنا ضروری ہوتا ہے۔ یہی وہ پہلو ہے جو میرے اور مجھ جیسے دیگر افراد کے لیے مایوسی کا باعث بنا ہے۔ مسلم کمیونٹی، خاص طور پر امریکہ میں، اس حقیقت کو ماننے کے لیے تیار نہیں کہ تانیثیت نقصان دہ ہے اور ایمان کے لیے براہِ راست خطرہ بن سکتی ہے۔ اس کی بنیادی وجہ یہ ہے کہ ایسا کہنا سیاسی طور پر انتہائی ناپسندیدہ تصور کیا جاتا ہے، اور جو کوئی بھی اس بیانیے سے ہٹ کر بات کرے، اسے گمراہ کار کنان شدید تنقید اور سخت ردِ عمل کا نشانہ بناتے ہیں۔

لیکن چاہے جتنا بھی مشکل پیش آئے، ہمیں ان دھونس جمانے والوں کا سامنا کرنا ہوگا۔ خاموشی توڑنا ضروری ہے اور یہ مذہبی رہنماؤں، ائمہ اور علماء کی ذمہ داری ہے کہ وہ سچ کو صاف اور واضح الفاظ میں بیان کریں۔ خطرہ بہت بڑا ہے اور تانیثیت نامی اس بحران کے تباہ کن اثرات کا مکمل اندازہ وقت گزرنے کے بعد ہی ہو سکے گا۔ شاید دس یا صرف پانچ سال بعد، جب ہم پیچھے مڑ کر دیکھیں گے اور سوچیں گے کہ کہاں غلطی ہوئی، تب تک بہت دیر ہو چکی ہوگی۔ لہٰذا فوری اقدام ناگزیر ہے۔

میرا مقصد یہاں یہ ثابت کرنا ہے کہ تانیثیت کا راستہ ارتداد کا راستہ ہے۔ مجھے امید ہے کہ اگر مسلمان اس راستے کو سمجھیں تو وہ اپنے ارد گرد (یا اپنے اندر) دیکھ کر اسے پہچان لیں گے اور اس کے خلاف آواز اٹھانے کی ترغیب پائیں گے (یا اپنے راستے پر دوبارہ غور کریں گے، جیسے میں اور میری اہلیہ نے کئی سال پہلے کیا تھا)۔

اب اس پر بات کرتے ہیں کہ تانیثیت کس طرح مسلمانوں کو ارتداد کی طرف لے جا رہی ہے۔

## پہلا مرحلہ

اس کی شروعات اس وقت ہوتی ہے جب کچھ مسلم مردوں کی طرف سے کچھ مسلم عورتوں کے ساتھ برے سلوک کے بارے میں جائز شکایات سامنے آتی ہیں۔ایسا نہیں ہے کہ ہمارے معاشرے میں خواتین کے حقوق کی خلاف ورزیاں نہیں ہوتی ہیں۔ یہ بات بھی صحیح ہے کہ کچھ مسلم ادارے خواتین کی ضروریات اور خدشات کو نظرانداز بھی کرتے ہیں۔ دنیا کے مختلف حصوں کی بعض ثقافتوں میں لڑکیاں لڑکوں کے مقابلے میں مجرمانہ طور پر غیر منصفانہ دوہرے معیار کا شکار ہوتی ہیں۔اور سب سے بڑھ کر یہ کہ بعض اوقات ذمہ دار افراد اپنے ظلم و زیادتی اور نظرانداز کرنے کی پالیسیوں کا قرآن یا بعض احادیث کا حوالہ دے کر خود غرضی اور جہالت کی بنیاد پر جواز پیش کرنے کی کوشش کرتے ہیں۔

لیکن تانیثیت ان مسائل کا حل نہیں ہے۔ حل یہ ہے کہ جہالت کو اسلام کے علم سے درست کیا جائے۔اور یہ علم حقیقی علماء سے حاصل ہوگا۔یعنی ایسے علماء جو جدیدیت، آزاد خیالی اور خود تانیثیت کے دباؤ کا شکار نہیں ہیں۔ لیکن بدقسمتی سے حقیقی علم تلاش کرنا مشکل ہے۔اس لیے کچھ مسلم خواتین (اور مرد) اپنی مایوسی اور صدمے کا اظہار کرنے کے لیے تانیثیت کی طرف مائل ہو گئے۔اس طرح ان مسلمانون نے تانیثیت کی راہ اپنالی اور اس کا نتیجہ ایک غیر معمولی تباہی کی شکل میں سامنے آیا ہے۔

اگر خواتین کے ساتھ بدسلوکی ایک بیماری ہے، تو اسلامی اصول اور اخلاقیات اس کا قدرتی، "نامیاتی" اور صحت بخش علاج ہیں۔ جب کہ تانیثیت ایک سخت زہریلا کیمیائی علاج ہے جس سے بیماری سے تو چھٹکارا پایا جاسکتا ہے لیکن صرف اسی صورت میں کہ مریض کو تقریباً مار کر اور اس کے جسم میں مزید دس بیماریاں پیدا کر کے۔

تانیثیت گھریلو بدسلوکی اور مسجد میں عورتوں کو نظرانداز کرنے وغیرہ کو کیسے تصور کرتی ہے؟ فوراً یہی شور مچاتی ہے کہ ہر مسئلہ کی جڑ پدرانہ نظام ہے۔ ہمیں بتایا جاتا ہے کہ مردوں کی ذات ہی مسئلہ ہے (اور وہ خواتین بھی جو پدرانہ نظام کو "اندرونی طور پر" اپنا چکی ہیں)۔ ہمیں کہا جاتا ہے کہ مرد فطری طور پر خواتین پر غلبہ پانے، ان کے ساتھ بدسلوکی کرنے اور ان کا فائدہ اٹھانے کی خواہش رکھتے ہیں۔ یہ جائز مسئلے کو حل کرنے کے لیے استعمال کی جانے والی ناجائز زبان ہے۔ مگر پھر یہ زبان آہستہ آہستہ معمول بن جاتی ہے۔

## دوسرا مرحلہ

پہلے مرحلے میں مسئلہ کچھ مردوں (اور عورتوں) کے ذریعہ کی جانے والی واقعی زیادتیاں تھیں۔ دوسرے مرحلہ میں مسائل زیادہ خیالی اور تصوراتی ہو جاتے ہیں۔

مثال کے طور پر اسلامی کانفرنس کے پینل میں کوئی خاتون کیوں شامل نہیں ہے؟ پروگرام کے پوسٹر پر مرد مقررین کی تصاویر ہیں، لیکن خواتین مقررین کی تصاویر کیوں نہیں ہیں؟ ایک مرد امام حجاب اور خواتین کو کیا پہننا چاہیے کے بارے میں کیوں بات کر رہا ہے؟ مسلمان مرد اس بات پر کیوں توجہ دیتے ہیں کہ خواتین کیا پہنتی ہیں؟ مسجد میں

مردوں اور عورتوں کے درمیان علیحدگی کیوں ہے؟ اس دور میں بھی صنفی علیحدگی ("صنفی نسل پرستی" کہا جاتا ہے) کیوں موجود ہے؟ مسلمان مرد اپنے مردانہ استحقاق کو کیوں نہیں پہچانتے؟ شائستگی (modesty) اتنا بڑا مسئلہ کیوں ہے؟ مردوں کو خواتین کے مسائل پر بات کرنے کی جرات کیسے ہوئی؟ مردوں کو تانیثیت پر رائے دینے کی ہمت کیسے ہوئی؟ (حالاں کہ تانیثیت مردوں پر آدھی آبادی کو منظم طریقے سے دبانے کا الزام لگاتی ہے اور ایسا لگتا ہے کہ ملزم کو اپنے دفاع کا موقع ملنا چاہیے، مگر نہیں، اگر وہ ایسا کریں گے تو اسے مردانہ تحقیر آمیز وضاحت (mansplaining) وغیرہ قرار دیا جائے گا۔

ان تمام سوالات کا بنا بنایا جواب یقیناً وہی ہے جو پہلے مرحلہ میں تھا: یعنی پدرانہ نظام!

پہلے مرحلے کے برعکس دوسرے مرحلے کے مسائل اسلام اور اس کی مستند روایتی بنیادوں پر استوار تفہیم کے ذریعے متعین نہیں کیے جاتے۔ بلکہ یہ مسائل مغربی تانیثیت پسند اور آزاد خیالی والے نظریات کے ذریعے متعین اور پیش کیے جاتے ہیں۔ یہ بات اس حقیقت سے واضح ہوتی ہے کہ دوسرے مرحلے کی تانیثیت پسند مسلمان عورتیں ان چیزوں کے خلاف آواز اٹھاتی ہیں جن کی اسلامی قانون اور اسلام کی علمی تحقیق میں مضبوط بنیادیں ہیں، جیسے صنفی علیحدگی، حجاب، لباس کے ضوابط، غیر محرم مردوں کے ساتھ خواتین کا تعلق وغیرہ۔ لیکن دوسرے مرحلے کی تانیثیت پسند یہ خواتین عموماً ان علمی پہلوؤں سے ناواقف ہوتی ہیں۔ انھیں جب بتایا جاتا ہے کہ یہ طریقے اسلامی فکر و تحقیق میں گہرائی سے پیوست ہیں، تب وہ اگلے مرحلے میں داخل ہو جاتی ہیں۔

## تیسرا مرحلہ

تیسرے مرحلے میں اسلامی علم و تحقیق تنقید کا نشانہ بنتی ہے۔ دوسرے مرحلہ میں شکایات معاصر مسلمانوں کے طریقوں اور رویوں کے بارے میں ہوتی تھیں۔ لیکن اب یہ غصہ تاریخی طور پر عام مسلمانوں خاص طور پر علماء تک پہنچ جاتا ہے۔

اگر پدرشاہی(Patriarchy) جیسا ہمہ گیر نظام آج خواتین پر اتنے ظلم کا سبب بن رہا ہے، تو تانیثیت پسند مفکرین کا کہنا ہے کہ یہ ظلم ماضی میں شاید اس سے بھی زیادہ شدت کے ساتھ موجود تھا۔ دوسرے الفاظ میں اس مرحلے میں ماہرِ تانیثیت کا خود سے سوال ہوتا ہے کہ پوری تاریخ میں اسلام کے علماء نے وہی مفروضات اور خواتین کے بارے میں وہی متعصبانہ رویے کیوں نہ اپنائے ہوں گے، جو ہمیں آج کے علماء میں نظر آتے ہیں؟

جب ہم اسلامی علوم کے جلیل القدر علماء کی تحریروں کو دیکھتے ہیں، تو وہ ایسے مواد سے لبریز نظر آتی ہیں جسے تانیثیت کے ماہر بدترین پدرشاہی اور عورت دشمنی کی علامت سمجھتے ہیں۔ یہی وجہ ہے کہ آپ کو ایسی بہت سی مسلم خواتین ملیں گی جو تیسرے مرحلے میں داخل ہو چکی ہیں۔ جن کو علماء کے ذریعہ یا یونیورسٹیوں میں اسلامک اسٹڈیز کی تعلیم حاصل کرنے کے دوران ایسی تحریروں سے واسطہ پڑا اور وہ ان سے اتنی خوفزدہ ہو گئیں کہ آخرکار انہوں نے اسلامی علم سے مایوسی کا شکار ہو کر اسے مکمل طور پر گھناؤنے پدرشاہی نظام سے آلودہ سمجھنا شروع کر دیا۔

اس مرحلے میں تانیثیت پسند مسلمان اس خیال پر قانع ہو جاتا ہے کہ قرآن اور نبی اکرم ﷺ کی حدیث پر صرف اسی وجہ سے اعتماد کیا جانا چاہیے کیوں کہ یہ وہ واحد چیزیں ہیں جو مردوں کی بدصورت تحریفات سے پاک اور غیر فلٹر شدہ ہیں۔ لیکن آگے چل کر ان پر بھی تنقید شروع ہو جاتی ہے۔۔

## چوتھا مرحلہ

قرآن کی سورہ النسا آیت ۳۴، سورہ البقرہ آیت ۲۲۸، دو گواہ، وراثت، عقل اور دین کی کمی، اکثریت کا دوزخ میں جانا، اگر میں کسی کو سجدہ کرنے کا حکم دیتا تو... اور یہ سلسلہ چلتا رہتا ہے۔ ہم ان آیات اور احادیث سے اچھی طرح واقف ہیں۔

مسلم تانیثیت پسند اس سب کو کیسے سلجھا سکتے ہیں؟ خدا کی وحی میں ایک یا دو نہیں، بلکہ متعدد ایسے احکامات کیسے ہو سکتے ہیں جو عورت دشمنی کی عکاسی کرتے ہوں؟ یہ وہ مقام ہے جہاں تیسرے مرحلہ سے چوتھے مرحلہ کی طرف بڑھنے والی تانیثیت پسند حل تلاش کرنے کی کوشش کرتی ہیں:

"ہو سکتا ہے ان چیزوں کی غلط تشریح کی گئی ہو۔ شاید اگر ہم ان آیات یا احادیث کو مختلف زاویے سے دیکھیں تو ہم ان کی بہتر وضاحت کر سکیں۔ شاید ہم اس وحی میں مطابقت پیدا کر سکیں، جسے ساتویں صدی اور اس کے بعد آنے والی نسلوں نے فصاحت، حکمت اور عدل کی معراج سمجھا تھا اور بیسویں و اکیسویں صدی کے سیکولر جینڈر اسٹڈیز کے پروفیسروں کی بے ربط اور الجھی ہوئی باتوں کے ساتھ اسے جوڑ سکیں۔ شاید، بس شاید! آخر کچھ بھی ممکن ہے!

یہ معصومانہ رویہ صرف اتنی دیر تک اور اس وقت تک ہی برقرار رہ سکتا ہے جب تک ان بے شمار آیات اور احادیث سے لاعلمی ہو جو جدید تانیثیت کے خلاف ہیں۔ تانیثیت پسند مسلمان ان آیات اور احادیث سے جتنا زیادہ آگاہ ہوں گے ان کے چوتھے مرحلہ کی طرف بڑھنے کا امکان اتنا ہی زیادہ رہے گا۔

چوتھے مرحلہ کے تانیثیت پسند مسلمان سمجھتے ہیں کہ اس سارے مسئلے کو حل کرنے اور تانیثیت کو اسلام کے مکمل نظام کے ساتھ ہم آہنگ کرنے کا واحد طریقہ یہ ہے کہ اس بات کا ہی انکار کر دیا جائے کہ قرآن اللہ کی طرف سے نازل کردہ کتاب ہے اور نبی ﷺ کی سنت قابل عمل ہے۔

چوتھے مرحلہ میں آپ کو ایسے مسلمان مصلحین ملیں گے جو صاف صاف کہیں گے، "ہمیں قرآن کو نہیں ماننا چاہیے۔" آپ ایسے مصلحین بھی پائیں گے جو انبیاء کی توہین کریں گے اور انہیں بے ہودہ نام سے پکاریں گے۔ آپ جانتے ہیں ایسا کیوں ہے؟ اس کی وجہ "پدرشاہی" ہے۔

چوتھے مرحلہ میں بیزاری اتنی بڑھ جاتی ہے کہ کفریہ کلمات ادا ہونے لگتے ہیں۔ اب یہ بھی ممکن ہو جاتا ہے کہ خواتین کو مخلوط جماعت میں نماز کی امامت کرنے، مسلم خواتین کو غیر مسلم مردوں سے شادی کرنے، ہم جنسی پر مبنی تعلقات کو جائز قرار دینے، ہم جنسیت کو قابل قبول سمجھنے، زنا اور بدکاری کو جائز سمجھنے وغیرہ جیسے معاملات کی وکالت کی جائے۔ ایسا اس وجہ سے ہوا کہ چوتھے مرحلہ میں پہنچ چکے افراد نہ صرف تمام علمی روایات کو مسترد کر چکے ہوتے ہیں، بلکہ یہ بھی نہیں مانتے کہ کوئی ایسی شریعت یا سنت ہے جو ایک

مسلمان کے طرز عمل کی رہنمائی کر سکے۔ اور جو کوئی "اللہ کے احکامات" کے بارے میں اتھارٹی سے بات کرتا ہے، اسے فوراً پدر شاہی کے جبر کا نمائندہ سمجھا جاتا ہے (ان کے مطابق "اتھارٹی" بہر حال پدر شاہی کا ایک تصور ہے)۔

اب بہت کم تانیثیت پسند مسلمان چوتھے مرحلے میں ٹِک پاتے ہیں، کیونکہ ان تمام متضاد باتوں کو جواز دینا اور خود کو مسلمان برقرار رکھنا تقریباً ناممکن ہو جاتا ہے۔ اپنی شناخت کو قائم رکھنے کے لیے درکار ذہنی کشمکش اس قدر شدید ہوتی ہے کہ مسلم کمیونٹی کا ان افراد کے اسلام مخالف خیالات پر سخت رد عمل، اور اسلامی مقدسات کی توہین و بے حرمتی پر ان کا رویہ، ان کے دل میں مسلم شناخت کے بارے میں مزید تلخی اور بے زاری پیدا کر دیتا ہے۔ یہی وہ مقام ہے جہاں ہم پہنچے ہیں۔۔۔

## پانچواں مرحلہ

پانچویں مرحلہ کی ذہنی اذیت اور تکلیف ناقابل برداشت ہوتی ہے۔ اور اس مرحلے میں کسی کو آخری حد تک پہنچانے کے لیے زیادہ کچھ کرنے کی ضرورت نہیں ہوتی۔ اگر اللہ جنسی بنیاد پر مساوات کا قائل ہے تو پھر اس نے اپنی وحی میں خود کو "وہ" (He) کیوں کہا، "She" یا "It" کیوں نہیں کہا؟ پہلا انسان کیوں مرد تھا، عورت نہیں؟ قرآن میں زیادہ تر تاریخی واقعات کیوں مردوں کے بارے میں ہیں، عورتوں کے بارے میں نہیں؟ اللہ کے آخری نبی ﷺ کیوں مرد تھے، عورت نہیں؟ خدا کی وحی انسانوں تک کیوں ایک مرد کے ذریعے پہنچی، عورت کے ذریعے نہیں؟

یہ سیدھے سادے لیکن پاگل پن والے سوالات انہیں کفر اور ارتداد کی طرف دھکیل دیتے ہیں۔ پھر وہی خیال جو انہیں پہلے اس راستے پر لے آیا تھا، انہیں ایک آخری دھکا دیتا ہے:

"اللہ نے پدر شاہی کو کیوں وجود میں آنے دیا؟ کیا اللہ کو ہزاروں برسوں تک لاکھوں معصوم خواتین کی غلامی اور زیادتی کی پرواہ نہیں تھی؟"

تانیثیت اس مرحلے میں جو واحد جواب دے سکتی ہے بلکہ ہر ایک مرحلے میں جو واحد جواب اس کے پاس ہے وہ یہ کہ: "یہ سب مردوں کی بنائی ہوئی جھوٹی کہانیاں تھیں تاکہ وہ عورتوں کو قابو میں کر سکیں۔"

## اختتام

تانیثیت کا خطرہ یہ ہے کہ یہ ڈومینو اثر کی طرح کام کرتی ہے—ایک چھوٹا قدم بڑی تبدیلیوں کا پیش خیمہ بن سکتا ہے۔ ایک بار جب کوئی شخص "پدر شاہی!" کی اصطلاح میں ہر ظلم کی وضاحت کرنا شروع کرتا ہے تو دھیمے دھیمے باقی تمام چیزیں بھی اس کی زد میں آجاتی ہیں۔ کیونکہ ہر ظلم کی تشریح پدر شاہی کے تناظر میں کرنا ایک نہایت وسیع نظریہ ہے، مگر اتنا ہی غلط، گمراہ کن اور تباہ کن بھی۔ پانچویں مرحلہ کے تانیثیت پسند پہلے، دوسرے، تیسرے اور چوتھے مرحلوں کے تانیثیت پسندوں سے زیادہ ایماندار ہوتے ہیں اور ان کے یہاں فکری تسلسل ہوتا ہے۔ پانچویں مرحلے کے تانیثیت پسند وہ لوگ ہیں جنہوں نے تانیثیت کے اثرات کو اس کے تلخ ترین انجام تک پہنچا دیا ہے۔

## پہلی لہر کے بعد۔۔۔

قارئین یہ سوال کر سکتے ہیں، "تانیثیت کی کون سی شاخ، قسم یا تعریف مسئلہ کی جڑ ہے؟" اس کا جواب یہ ہے کہ در حقیقت تانیثیت بنیادی طور پر پورے کی پوری اپنے آپ میں ایک مسئلہ ہے۔ اس کو ایک مثال سے سمجھتے ہیں۔ ہم میں سے زیادہ تر لوگ یہ تسلیم کرتے ہیں کہ نسل پرستی ایک مسئلہ ہے۔ یعنی کسی خاص جلد کے رنگ یا نسل کے لوگوں کے خلاف نسل پرستی ایمان کے لیے زہر کی طرح ہے۔ تاہم حقیقت یہ ہے کہ کو کلاکس کلان (ک-ک-ک) کے نسل پرستانہ نظریات نیو نازیوں یا "انتہائی دائیں بازو" کے دیگر گروہوں کے نسل پرستانہ نظریات سے مکمل طور پر یکساں نہیں ہیں، بلکہ ان میں باریک فرق موجود ہے۔ لیکن جب نسل پرستی کا بنیادی تصور ان تمام گروہوں میں مشترک ہے، تو پھر یہ فرق کتنی اہمیت رکھتا ہے؟

یعنی میرا مطلب یہ نہیں ہے کہ تانیثیت کی سب سے بڑی خرابی یہ ہے کہ یہ نسل پرستی پر مبنی نظریہ ہے۔ بلکہ تانیثیت کی سب سے بڑی خرابی یہ ہے کہ اس فکر اور نظریہ کو اپنانے سے ایک مسلمان ایمانی بحران کا شکار ہو جاتا ہے اور نتیجتاً اسلام کو ہی خیر اباد کہہ دیتا ہے اور یہ کوئی اتفاقی یا غیر معمولی بات نہیں۔ اگر ہم مسلمانوں کے فکری سفر کو مختلف مراحل میں دیکھیں تو یہ بات واضح ہو جاتی ہے کہ ایسا کیوں اور کیسے ہوتا ہے۔ اور اگر اب بھی ہمیں اس پر شبہ ہو تو ہمیں خود تانیثیت کے ابتدائی نظریات اور اس کے نمایاں ترین علمبرداروں کے بیانات پر نظر ڈالنی چاہیے۔ تانیثیت اپنے آغاز سے ہی مذہب مخالف رہی ہے۔ حقیقت یہ ہے کہ تانیثیت کی ہر لہر کی نمایاں ترین شخصیات مذہب کے خلاف انتہائی جارحانہ تھیں۔

انیسویں صدی میں جب خواتین کے حق رائے دہی کی تحریک کے طور پر تانیثیت کی تحریک شروع ہوئی تو اس نے اپنی "پہلی لہر" میں روایتی مذہب کو خواتین پر ظلم کا سبب قرار دیا۔ ابتدائی تانیثیت پسند مفکرین کا خیال تھا کہ مذہبی ادارے نہ صرف خواتین کے حقوق کو کم کرتے ہیں بلکہ اصل میں وہیں سے عورت مخالف نظریات اور ہتھکنڈوں کا آغاز ہوا۔ سوزن بی اینتھونی(Susan B. Anthony)جو خواتین کے حق رائے دہی کی تحریک کی مرکزی شخصیت تھیں، نے کہا، "خواتین کے لیے سب سے بڑے دشمن منبر پر بیٹھے ہوئے لوگ ہیں۔"[18]

اینٹونی نے روایتی مذہب کے خلاف بار بار آواز اٹھائی جب کہ انہیں ذاتی طور پر جاننے والے انہیں "ایگناسٹک"(agnostic) سمجھتے تھے۔ ان کے مذہب کے بارے میں کئی بیانات میں سے ایک یہ تھا: "جو خدا مسلسل بھوکے پیٹ بھیج رہا ہے اور روٹی فراہم نہیں کرتا، وہ خدا کتنا بھیانک ہو گا[19]" منظم مذہب کے بارے میں اینٹونی کا کہنا تھا: "میں یہ تصور نہیں کر سکتی کہ کائنات کا خدا صرف اس بات سے خوش ہو جائے گا کہ میں گھٹنے ٹیک کر اسے عظیم کہوں"۔[20]

---

[18] MicMillen, Sally as cited in: "Seneca Falls and the Origins of the Women's Rights Movements."

[19] *New York World*, February 2, 1986, quoted in Harper (1898-1908), Vol. pp.858-60.

[20] حوالہ سابق

انیسویں صدی کی پہلی لہر کی ایک اور ابتدائی تانیثیت پسند ہیلن ایچ گارڈنر (Helen H. Gardener) نے بائبل اور عیسائیت میں عورتوں کے ساتھ ہونے والے 'جرائم' اور 'ناانصافیوں' پر تفصیل سے لکھا ہے۔

> یہ مذہب اور بائبل عورت سے سب کچھ مانگتے ہیں جب کہ اُسے دیتے کچھ نہیں۔ یہ اُس سے محبت اور تعاون کی درخواست کرتے ہیں اور اُس کا بدلہ حقارت اور دباؤ کے ساتھ دیتے ہیں [...] ہر وہ زیادتی جو عیسائی ملکوں میں عورتوں پر کی گئی ہے، اس کا جواز 'بائبل کے ذریعے فراہم کیا گیا' اور منبر پر بیٹھے ہوئے لوگوں نے اُس کی تائید کی اور اسے جاری رکھا۔[21]

گارڈنر کی مذہب کے تئیں نفرت عیسائیت تک محدود نہیں رہی۔ اس کا کہنا ہے:

> اگرچہ مذہب اپنے الہامی ہونے کا دعویٰ کرتا ہے —— اور میرا ماننا ہے کہ تمام مذاہب یہی دعویٰ کرتے ہیں —— تب بھی اسے انسانی عقل کی کسوٹی پر پرکھنا ضروری ہے۔ اور اگر ہمارے بلند ترین اخلاقی اصول کسی حکم کو قبول کرنے سے انکار کریں، تو وہ حکم مسترد کر دینا چاہیے۔ کیوں کہ کسی بھی مذہب کی بہترین چیز اس کی اخلاقیات ہے اور اخلاقیات کا عقیدہ سے کوئی تعلق نہیں ہے۔ ایک کا تعلق دنیا میں صحیح اعمال سے ہے اور دوسرے کا اگلی دنیا میں

---

[21] Gardener, Halen Hamilton. Men, Women, and Gods. S.1., Forgotten Books, 2017.

انجان چیزوں سے۔ایک وقت کی ضرورت ہے، دوسرا ابدیت کا خواب۔ اخلاقیات کا انحصار عالمی ارتقاء پر ہے جب کہ ایمان کا انحصار مخصوص 'وحی' پر۔ اور کوئی بھی عورت ایسی 'وحی' کو قبول کرنے کی متحمل نہیں ہو سکتی جو ابھی تک اس دنیا کو پیش کی گئی ہے۔

موسیٰ یا کنفیوشس، محمد یا پال، ابراہیم یا برِگم یانگ کا یہ دعویٰ کہ ان کی خاص تعلیمات براہِ راست خدا سے آئیں اور یہ کہ یہ ایک ذاتی پیغام تھا جو ان خاص افراد کو دیا گیا تھا، ایک ایسی حقیقت ہے جس کا ہم پر کوئی اثر نہیں ہو سکتا جب تک کہ ان کی تعلیمات ہمارے بلند ترین خیالات، ہمارے اعلیٰ مقاصد اور ہماری زندگی کے خالص ترین تصورات کے مطابق نہ ہوں۔ان میں سے کون ان امتحانات کو پاس کر سکتا ہے؟ کوئی بھی نہیں۔دنیا میں موجود کوئی بھی "وحی" آج کے دور میں یہ نہیں کہہ سکتی کہ "میں تمہاری سب سے بڑی ترقی کے ہم پلہ ہوں؛ میں تمہارے بلند ترین خیالات کی رہنمائی کرتی ہوں؛ میری کوئی بھی تعلیم تمہاری انصاف کی حس کو مجروح نہیں کرتی، کوئی ایک بھی نہیں۔[22]

ہم مذہب کے خلاف یہ دشمنی تانیثیت کی پہلی لہر کے بہت سے مشہور مصنفین اور مقررین بشمول الزبتھ کیڈی اسٹینٹن (Elizabeth Cady Stanton)، جو "ویمنز بائبل" کی ادارتی سربراہ تھیں، میں دیکھ سکتے ہیں۔اگر آج تانیثیت پسند مسلمان

---

22 حوالہ سابق

'ویمنز قرآن' لکھیں گی تو وہ دراصل ایک سو سال پہلے کی تانیثیت پسندوں کی پیروی کریں گی، جو پہلی تانیثیت پسند لہر کا حصہ تھیں، جو کہ مبینہ طور پر سب سے کم انتہا پسند اور سب سے کم اعتراض کرنے والی لہر تھی۔

مگر مذہب کے خلاف یہ دشمنی یہاں ختم نہیں ہوتی۔ اگر آپ دوسری لہر کو دیکھیں تو اس تیز و تند لہر کی ابتداء کرنے والی فلسفیہ سیمون ڈی بووائر (Simone de Beauvoir) تھی جس نے مذہب پر کچھ یوں اعتراض کیا:

> انسان کو یہ منفرد فائدہ حاصل ہے کہ اس کا خدا انہی اصولوں کی توثیق کرتا ہے جو وہ خود وضع کرتا ہے۔ مرد خوش قسمت ہے کہ اس کو خدا نے عورتوں پر حکمرانی کا اختیار دیا ہے۔ یہودیوں، مسلمانوں اور عیسائیوں کے عقیدے کے مطابق مرد کو خدائی حق کے طور پر حکمرانی حاصل ہے؛ اس لیے خدا کا خوف عورتوں میں بغاوت کے کسی بھی جذبے کو دبا دیتا ہے۔[23]

دوسری لہر کی مشہور تانیثیت پسند گلوریا سٹینم (Gloria Steinem) کا مذہب کے بارے میں کہنا ہے:

> اگر آپ اس پر غور کریں گے تو پائیں گے کہ یہ ایک حیرت انگیز دھوکہ ہے۔ آپ زندگی کے بدلے موت کے بعد کی زندگی پر یقین رکھتے ہیں۔ حتیٰ کہ

---

[23] Beauvoir, Simone de, and H. M. Parshley. *The Second Sex*. South Yarra, Vic., Louis Braille Productions, 1989.

کمپنیاں اپنے انعامی نظام میں بھی یہ نہیں کرتی ہیں کہ وہ کسی چیز کو بعد از مرگ پیش کریں۔[24]

"ایک حالیہ انٹرویو میں اسٹینم سے سوال کیا گیا کہ 'آج تانیثیت کا سب سے بڑا مسئلہ کیا ہے؟'تو اس پر انہوں نے کہا، 'ہم جس چیز پر زیادہ بات نہیں کرتے وہ مذہب ہے۔ مجھے لگتا ہے کہ روحانیت ایک چیز ہے لیکن مذہب بس آسمان میں سیاست کرنے کے مترادف ہے۔ مجھے لگتا ہے کہ ہمیں اس پر بات کرنی چاہیے، کیوں کہ ہماری خاموشی سے اس کو طاقت ملتی ہے۔"[25]

تیسری لہر میں منظم مذہب کے خلاف دشمنی مزید شدت اختیار کر گئی اور یہ دشمنی مختلف شکلوں میں ظاہر ہوئی جن میں متبادل مذہب اور غیر روایتی روحانیت کا رجحان بھی شامل تھا۔ خواتین، جنس اور جنسیت کی پروفیسر سوزن شا(Susan Shaw) کا کہنا ہے کہ، روایتی مذہبی اداروں جیسے کہ چرچ، مسجد اور عبادت گاہ کے تناظر میں "پدر شاہی اس روئے زمین کا غالب مذہب ہے" ان کے بقول:

---

[24] Gloria Steinem. Freedom From Religion Foundation, ffrf.org/news/day/dayitems/item/14362-gloria-steinem.

[25] Calloway-Hanauer, Jamie. "Is Religion the 'Biggest Problem' Facing Feminism Today?" *Sojourners*, 12 Feb. 2014, http://sojo.net/articles/religion-biggest-problem-facing-feminism -today.

> دنیا کو جنس کے حوالے سے ایک ایسا مسئلہ درپیش ہے جس کی اہمیت مذہب جیسی ہے۔ ہمیں اس میں اصلاحات کی ضرورت ہے، شاید ایک انقلاب کی، تاکہ مردوں کی طاقت کے بتوں کو گرایا جاسکے اور شمولیت، مساوات، انصاف، امن اور محبت کی ایک عالمی پناہ گاہ تعمیر کی جاسکے۔[26]

بنیاد پرست لیسبین تانیثیت پسند فلسفی مری ڈیلے(Mary Daly)کا خیال ہے کہ مذہب بذات خود عورتوں کے لیے جابر ہے۔ اس نے اس بات کو اس طرح بیان کیا ہے: "چرچ میں برابری کے لیے عورت کا مطالبہ بالکل اسی طرح ہے جیسے ایک سیاہ فام شخص کا کو کلک کلاں میں برابری کا مطالبہ کرنا۔[27]"

ڈیلے نے اپنے اشتعال انگیز مضمون "بڑا گناہ کرو" (Sin Big)میں بھی کہا:

> لفظ 'گناہ ('sin') 'قدیم یورپی مادہ '-es' سے نکلا ہے، جس کا مطلب 'ہونا ('to be') 'ہے۔ جب میں نے اس لفظ کی تاریخ دریافت کی تو مجھے

---

[26] Shaw, Susan M. 2016. "Is Patriarchy the Religion of the Planet?" *HuffPost*, October 1, 2016. https://www.huffpost.com/entry/is-patriarchy-the-religio_b_8228710

[27] Mary Daly." *Wikipedia, The Free Encyclopedia*, Wikimedia Foundation, https://en.wikipedia.org/wiki/Mary Daly.Accessed 19 June 2017.

فوراً سمجھ آیا کہ ایک ایسا شخص جو پدر شاہی میں پھنس چکا ہے، جو کہ پورے کرۂ ارض کا مذہب ہے، اُس کے لیے 'ہونا 'کا مطلب 'گناہ ' ہے۔[28]

اس مضمون میں ڈیلے نے عورتوں کو "گناہ کرنے کی جرات کرنے" کی ترغیب دی ہے جہاں گناہ کرنا مذہبی معنوں میں پدر شاہی کے خلاف سب سے بلند احتجاج مانا گیا ہے۔ پدر شاہی کو ناکام بنانا مذہبی اصولوں کو ناکام بنانا ہے۔ در حقیقت دونوں کے درمیان کوئی فرق نہیں ہے کیوں کہ مذہب پدر شاہی ہے اور پدر شاہی مذہب۔ ایک کو تباہ کرنا دوسرے کو تباہ کرنے کے مترادف ہے۔

تانیثیت پسند نظریے میں ایسی متنازع آراء کی بھرمار ہے جنہیں تفصیل سے بیان کرنے کے لیے کئی جلدیں درکار ہوں گی۔ اور یہ بھی واضح ہے کہ مذہب کی مخالفت اور اس کے خلاف گستاخانہ رویہ خود مسلم تانیثیت پسندوں میں بھی پایا جاتا ہے، خاص طور پر وہ جو پانچویں مرحلے میں ہیں۔ ہر شخص اپنے اساتذہ سے سیکھتا ہے چاہے وہ اس بات کو تسلیم نہ کرے۔

پوری تاریخ میں تانیثیت پسند سوچ کے تمام دھاروں میں مذہب کے خلاف زہر کی موجودگی کی وجہ سے ہم یہ کیسے سوچ سکتے ہیں کہ اس طرح کے نظریے کو کسی بھی شکل یا صورت میں اپنانا ایک مسلمان کے ایمان کو نقصان نہیں پہنچائے گا؟

---

[28] Daly, Mary. "SIN BIG." *The New Yorker*, 18 Feb. 1996, https://www.newyorker.com/magazine/1996/02/26/sin-big. Accessed 19 June 2017.

## ایک اور راستہ

ایک وقت تھا جب میں اور میری اہلیہ خود کو تانیثیت پسند سمجھتے تھے لیکن الحمدللہ ہمیں جلد ہی ادراک ہو گیا کہ یہ راستہ کہاں لے جاتا ہے۔ لہذا اپنے تانیثیت پسند خیالات کو ترک کرنا بڑی حد تک تسلی بخش تھا۔ لیکن یہ بھی حقیقت ہے کہ کچھ عورتیں زندگی میں شدید ناانصافی کا سامنا کرتی ہیں۔ ایک اور سوال یہ تھا کہ اسلامی قانون میں مرد اور عورت کے لیے مختلف احکام کی تفصیل کو انصاف اور برابری کے احساس کے ساتھ کیسے ہم آہنگ کیا جا سکتا ہے؟ یہ وہ سوالات تھے جو ہمیں پریشان کرتے تھے، لیکن ہمیں اس وقت جواب ملنا شروع ہوا جب ہمیں یہ احساس ہوا کہ شاید ہمیں اپنے انصاف اور برابری کے احساس کو از سر نو ترتیب دینے کی ضرورت ہے۔ اور اس ترتیب کے لیے اللہ کے کلام جو خود انصاف اور رحم کا منبع ہے، سے بہتر طریقہ اور کیا ہو سکتا ہے۔

﴿رَّبَّنَآ إِنَّنَا سَمِعۡنَا مُنَادِيٗا يُنَادِي لِلۡإِيمَٰنِ أَنۡ ءَامِنُواْ بِرَبِّكُمۡ فَـَٔامَنَّاۚ رَبَّنَا فَٱغۡفِرۡ لَنَا ذُنُوبَنَا وَكَفِّرۡ عَنَّا سَيِّـَٔاتِنَا وَتَوَفَّنَا مَعَ ٱلۡأَبۡرَارِ رَبَّنَا وَءَاتِنَا مَا وَعَدتَّنَا عَلَىٰ رُسُلِكَ وَلَا تُخۡزِنَا يَوۡمَ ٱلۡقِيَٰمَةِۖ إِنَّكَ لَا تُخۡلِفُ ٱلۡمِيعَادَ فَٱسۡتَجَابَ لَهُمۡ رَبُّهُمۡ أَنِّي لَآ أُضِيعُ عَمَلَ عَٰمِلٖ مِّنكُم مِّن ذَكَرٍ أَوۡ أُنثَىٰۖ بَعۡضُكُم مِّنۢ بَعۡضٖۖ فَٱلَّذِينَ هَاجَرُواْ وَأُخۡرِجُواْ مِن دِيَٰرِهِمۡ وَأُوذُواْ فِي سَبِيلِي وَقَٰتَلُواْ وَقُتِلُواْ لَأُكَفِّرَنَّ عَنۡهُمۡ سَيِّـَٔاتِهِمۡ وَلَأُدۡخِلَنَّهُمۡ جَنَّٰتٖ تَجۡرِي مِن تَحۡتِهَا ٱلۡأَنۡهَٰرُ ثَوَابٗا مِّنۡ عِندِ ٱللَّهِۚ وَٱللَّهُ

عِندَهُۥ حُسۡنُ ٱلثَّوَابِ لَا يَغُرَّنَّكَ تَقَلُّبُ ٱلَّذِينَ كَفَرُواْ فِي ٱلۡبِلَٰدِ مَتَٰعٞ قَلِيلٞ ثُمَّ مَأۡوَىٰهُمۡ جَهَنَّمُۖ وَبِئۡسَ ٱلۡمِهَادُ﴾ [آل عمران: ۱۹۳-۱۹۷]

مالک! ہم نے ایک پکارنے والے کی پکار کو سنا جو ایمان کی طرف بلاتا تھا اور کہتا تھا کہ اپنے رب کو مانو۔ ہم نے اس کی دعوت قبول کرلی، پس اے ہمارے آقا! جو قُصور ہم سے ہوئے ہیں ان سے در گزر فرما، جو برائیاں ہم میں ہیں انھیں دور کردے اور ہمارا خاتمہ نیک لوگوں کے ساتھ کر۔ خداوند! جو وعدے تُونے اپنے رسولوں کے ذریعہ سے کیے ہیں ان کو ہمارے ساتھ پورا کر اور قیامت کے دن ہمیں رسوائی میں نہ ڈال، بے شک تُو اپنے وعدے کے خلاف کرنے والا نہیں ہے۔"جواب میں ان کے رب نے فرمایا"میں تم میں سے کسی کا عمل ضائع کرنے والا نہیں ہوں۔ خواہ مرد ہو یا عورت، تم سب ایک دوسرے کے ہم جنس ہو۔ لہٰذا جن لوگوں نے میری خاطر اپنے وطن چھوڑے اور جو میری راہ میں اپنے گھروں سے نکالے گئے اور ستائے گئے اور میرے لیے لڑے اور مارے گئے ان کے سب قصور میں معاف کردوں گا اور انھیں ایسے باغوں میں داخل کردوں گا جن کے نیچے نہریں بہتی ہوں گی۔ یہ ان کی جزا ہے اللہ کے ہاں اور بہترین جزا اللہ ہی کے پاس ہے"۔ اے نبیؐ! دنیا کے ملکوں میں خدا کے نافرمان لوگوں کی چلت پھرت تمہیں کسی دھوکے میں نہ ڈالے۔ یہ محض چند روزہ زندگی کا تھوڑا سا لطف ہے، پھر یہ سب جہنم میں جائیں گے جو بدترین جائے قرار ہے۔(آل عمران: ۱۹۳-۱۹۷)

مزید ارشاد ہے۔

﴿وَأَنزَلْنَآ إِلَيْكَ ٱلْكِتَٰبَ بِٱلْحَقِّ مُصَدِّقًا لِّمَا بَيْنَ يَدَيْهِ مِنَ ٱلْكِتَٰبِ وَمُهَيْمِنًا عَلَيْهِ ۖ فَٱحْكُم بَيْنَهُم بِمَآ أَنزَلَ ٱللَّهُ ۖ وَلَا تَتَّبِعْ أَهْوَآءَهُمْ عَمَّا جَآءَكَ مِنَ ٱلْحَقِّ ۚ لِكُلٍّ جَعَلْنَا مِنكُمْ شِرْعَةً وَمِنْهَاجًا ۚ وَلَوْ شَآءَ ٱللَّهُ لَجَعَلَكُمْ أُمَّةً وَٰحِدَةً وَلَٰكِن لِّيَبْلُوَكُمْ فِى مَآ ءَاتَىٰكُمْ ۖ فَٱسْتَبِقُوا۟ ٱلْخَيْرَٰتِ ۚ إِلَى ٱللَّهِ مَرْجِعُكُمْ جَمِيعًا فَيُنَبِّئُكُم بِمَا كُنتُمْ فِيهِ تَخْتَلِفُونَ﴾ [المائدة: ۴۸]

پھر اے محمدؐ! ہم نے تمہاری طرف یہ کتاب بھیجی جو حق لے کر آئی ہے اور الکتاب میں سے جو کچھ اس کے آگے موجود ہے اُس کی تصدیق کرنے والی ور اس کی محافظ و نگہبان ہے۔ لہٰذا تم خدا کے نازل کردہ قانون کے مطابق لوگوں کے معاملات کا فیصلہ کرو اور جو حق تمہارے پاس آیا ہے اُس سے مُنّہ موڑ کر ان کی خواہشات کی پیروی نہ کرو۔ ہم نے تم میں سے ہر ایک کے لیے ایک شریعت اور ایک راہِ عمل مقرر کی۔ اگرچہ تمہارا خدا چاہتا تو تم سب کو ایک اُمّت بھی بنا سکتا تھا، لیکن اُس نے یہ اِس لیے کیا کہ جو کچھ اُس نے تم لوگوں کو دیا ہے اس میں تمہاری آزمائش کرے۔ لہٰذا بھلائیوں میں ایک دُوسرے سے سبقت لے جانے کی کوشش کرو۔ آخر کار تم سب کو خدا کی طرف پلٹ کر جانا ہے، پھر وہ تمہیں اصل حقیقت بتا دے گا جس میں تم اختلاف کرتے رہے ہو۔ (المائدہ: ٤٨)

اللہ کسی کے عمل کو ضائع نہیں کرتا، چاہے وہ مرد ہو یا عورت، اور اللہ ہمیں صرف اسی چیز پر آزمائے گا جو ہمیں عطا کی گئی ہے——نہ اس سے زیادہ، نہ کم۔ عورتوں سے اس چیز کا حساب نہیں لیا جائے گا جو مردوں کو دی گئی ہے، اور مردوں سے اس چیز کا نہیں جو عورتوں کو دی گئی ہے۔ یہی وہ عدل کا اصول ہے جو اللہ تعالیٰ نے قرآن میں بیان فرمایا ہے۔اس کا یہ مطلب نہیں کہ مرد اور عورت پر ایک ہی قانون لاگو ہوگا۔ نہ ہی انہیں ایک طرح کی ذمہ داری سونپی جائے گی۔ اور نہ ہی ان کے درمیان تمام خصوصیات یکساں ہوں گی۔ جیسے اللہ نے مختلف قسم کی مخلوقات——فرشتے، جن، بادل، پہاڑ، جانور وغیرہ پیدا کی اور ہر مخلوق کو ایک مقام اور کردار دیا، اسی طرح اللہ نے مرد اور عورتوں کو مختلف بنایا، لیکن وہ پھر بھی "ایک دوسرے میں سے ہیں" (بعضکم من بعض)۔ مسلم مردوں اور عورتوں کو ان مشکل اور پیچیدہ حالات میں ایک دوسرے کا ساتھ دینا چاہیے۔

اس کے علاوہ عورتوں کے ساتھ زیادتی اور بدسلوکی کی جو بھی شکایات ہیں جس کا پہلے مرحلے میں ذکر آیا ان سب کا اسلامی اصولوں اور قرآن وسنت کی رہنمائی میں مکمل حل ممکن ہے۔ نبی ﷺ نے ان اصولوں کو اس طرح بیان کیا: "تم میں سب سے بہتر شخص وہ ہے، جو اپنی بیوی سے اچھا سلوک کرتا ہو اور میں تم سب سے زیادہ اپنی بیویوں کے ساتھ حسنِ سلوک کرتا ہوں۔"[29]

---

29 ترمذی جلد اول باب ٤٦، حدیث ٣٨٩٥۔

جہاں تک جسمانی زیادتی کا تعلق ہے، اس بابت نبی ﷺ نے خاص طور پر تاکید کی ہے: "بہت سی عورتیں محمد ﷺ کے پاس اپنے شوہروں کی شکایات لے کر آئیں۔ آپ نے فرمایا پس تم میں سے بہترین لوگ وہ نہیں ہیں جو اپنی بیویوں کو مارتے ہیں"۔ [30]

لیکن عورتوں کو جن زیادتیوں کا سامنا ہے وہ صرف جسمانی تشدد تک محدود نہیں ہے۔ جذباتی زیادتی اور عدم توجہی جسمانی تشدد سے بھی زیادہ نقصان دہ ہو سکتا ہے۔ کچھ مسلم عورتوں کو شکایت رہتی ہے کہ ان کے شوہر ان کی خاطر خواہ عزت نہیں کرتے۔ کچھ کا احساس ہے کہ گویا وہ اپنے گھروں میں محض نوکرانی ہیں۔ جب کہ اللہ تعالیٰ نے سورۃ المجادلہ میں فرمایا:

﴿قَدْ سَمِعَ ٱللَّهُ قَوْلَ ٱلَّتِي تُجَٰدِلُكَ فِي زَوْجِهَا وَتَشْتَكِيٓ إِلَى ٱللَّهِ وَٱللَّهُ يَسْمَعُ تَحَاوُرَكُمَآ ۚ إِنَّ ٱللَّهَ سَمِيعٌۢ بَصِيرٌ﴾ [المجادلة: ١]

اللہ نے سن لی اس عورت کی بات جو اپنے شوہر کے معاملہ میں تم سے تکرار کر رہی ہے۔ اور اللہ سے فریاد کیے جاتی ہے۔ اللہ تم دونوں کی گفتگو سن رہا ہے۔ وہ سب کچھ سننے اور دیکھنے والا ہے۔

(سورہ المجادلہ: ۱)

---

[30] ابوداؤد، حدیث ۲۷۹۔

اللہ تعالیٰ، جو تمام مخلوقات کا خالق و مالک ہے۔ وہ اپنی عنایت اور رحمت کا مظاہرہ کرتے ہوئے ستائی گئی عورتوں کی شکایات سنتا ہے۔ پھر ایک مسلمان شوہر اتنا بے حس کیسے ہو سکتا ہے کہ اپنی بیوی کی جذباتی ضروریات کو نظر انداز کر دے؟

مزید برآں نبی ﷺ اور آپ کے صحابہ کی سیرت پر نظر ڈالنے سے یہ بات سامنے آتی ہے کہ انہوں نے کبھی بھی عورتوں کی تذلیل، توہین یا ان کے ساتھ برا سلوک نہیں کیا، چاہے وہ ان کی بیویاں ہوں، بہنیں ہوں یا بیٹیاں۔ کئی احادیث میں بیان کیا گیا ہے کہ یہ مقدس مرد اپنے گھریلو معاملات میں بیویوں کے حقوق کو ادا کرتے تھے اور ان کے ساتھ حسن سلوک کے حوالے سے بے حد حساس تھے۔[31]

اس پر بہت تفصیل سے بات کی جا سکتی ہے، لیکن فی الحال ناانصافی کا مقابلہ کرنے کے لیے مسلمانوں کو "تانیثیت پسند اسلام" پر نہیں بلکہ اسلام کی قوت پر اعتماد کرنا چاہیے۔ نبی ﷺ کی زندگی اور اسوہ ہمارے لیے جنس پر مبنی انصاف کا معیار ہے، نہ کہ سوسن بی انتھنی، سیمون ڈی بووا، بیٹی فریڈن، گلاڈیا اسٹینم یا بیل ہکس جیسے تانیثیت پسند نظریات کے حامل افراد (جو اکثر مذہب مخالف ہیں)۔

---

31 اُس طویل روایت پر غور کریں جس میں عمر رضی اللہ عنہ نبی کریم ﷺ کے اپنی ازواجِ مطہرات کے ساتھ برتاؤ کا ذکر کرتے ہیں — کہ وہ آپ ﷺ سے کھل کر گفتگو کرتیں اور کبھی کبھی آپ سے بحث بھی کر لیتیں، اور نبی کریم ﷺ اس پر انہیں تنبیہ نہیں فرماتے تھے بلکہ ان کے ساتھ نہایت شفقت، اہتمام اور لحاظ کے ساتھ پیش آتے تھے۔ یہ روایت صحیح بخاری، جلد ۳، کتاب ۴۳، حدیث ۶۴۸ میں موجود ہے۔

## آخری بات

میری ائمہ کرام، علما اور دینی رہنماؤں سے درخواست ہے کہ وہ تانیثیت جیسے موضوعات جن کو عموماً پیچیدہ تصور کیا جاتا ہے اور ایک لمبے عرصے تک جس پر توجہ نہیں دی گئی کو زیادہ سنجیدگی سے زیر بحث لائیں۔ انٹرنیٹ اور سوشل میڈیا کے آنے سے پہلے جب عام مسلمان کسی اسلام مخالف پروپیگنڈے کے بغیر زندگی گزار سکتے تھے تب ان موضوعات کو اہمیت نہ دینا گوارا کیا جاسکتا تھا۔ لیکن اب ان حالات میں ایسے موضوعات کو نظر انداز کرنے سے مسلمانوں میں اسلام اور اسلامی علوم سے عدم اطمینان اور مایوسی بڑھے گی۔

اس کی وجہ یہ ہے کہ آپ "متنازعہ" آیات، حدیث و دیگر اسلامی علوم کو لوگوں سے ہمیشہ نہیں چھپا سکتے۔ لوگ یہ معلومات خود تلاش کرلیں گے کیوں کہ سرگرم ملحدین اور آزاد خیال لوگوں کا اس بات پر زور ہے کہ اسلام کو بے نقاب کیا جائے اور اس طرح کی روایات کو منظر عام پر لایا جائے۔ جب مسلم عوام کو ان معلومات کا علم ہوگا تو وہ شدید الجھن اور دھوکہ کا شکار ہوجائیں گے اور بڑی تعداد میں اسلام چھوڑنے لگیں گے۔ یہ عمل پہلے ہی شروع ہوچکا ہے۔ آپ صرف مسلم تانیثیت پسند سوشل میڈیا پلیٹ فارم اور خواتین کے مسائل پر مخصوص ویب سائٹس پر نظر ڈالیں تو آپ کو اسلام کے خلاف بڑھتی ہوئی مخالفت اور غصہ کا پتہ چل جائے گا۔

تانیثیت کو آزادانہ طور پر امت پر اثر انداز ہونے دینے کے بجائے ہمیں اس کی علمی اور فکری بنیادوں پر تنقید کی کوششوں کو دوگنا کردینا چاہیے۔ آخر کار تانیثیت کو ختم

کرنے سے مسلمانوں کو جنس اور جنسیت کے حوالے سے اسلام کی بہتر سمجھ حاصل ہو گی اور وہ جان لیں گے کہ تانیثیت کے پیش کردہ نظریات کے مقابلے میں اسلام کس قدر انصاف اور رحمت میں برتر ہے۔

## پدر شاہی (Patriarchy) کی منطق

پدر شاہی، جس کی تانیثیت مخالفت کرتی ہے، کی ایک بات جو مجھے کبھی سمجھ نہیں آئی، وہ یہ ہے کہ آخر مردوں نے تاریخ کے مختلف ادوار میں، مختلف پدر شاہی ثقافتوں اور تہذیبوں میں، اپنی بیویوں، بہنوں اور ماؤں کو منظم طریقے سے کیوں دبائے رکھا؟

کسی پر ظلم کرنے کا مطلب اس کی ضرورتوں سے اسے محروم کرنا، اس کا حق مارنا اور اسے نقصان پہنچانا ہوتا ہے۔ میں سمجھ سکتا ہوں کہ یہ کچھ مخصوص حالات میں ہو سکتا ہے، جیسے گھریلو تشدد جہاں شوہر بیوی کو تکلیف دیتا ہے۔ لیکن مجھے یہ بات سمجھ میں نہیں آتی کہ یہ عالمی سطح پر یا پورے معاشرے میں کیسے ہو سکتا ہے۔ کیوں؟ کیوں کہ مرد اور عورت دونوں سمجھ بوجھ والے ہوتے ہیں۔ میرا مطلب ہے کہ مردوں کے لیے اپنے ہی گھروں میں اس قسم کا نظام نافذ کرنا بالکل غیر معقول ہے۔ یہ کیسے ممکن ہے کہ مرد اپنی رَفیقۂ حَیات کو نقصان پہنچائیں اور ان کی ضروریات کو مسلسل نظر انداز کرتے رہیں۔ ایسا مستقل نہیں ہو سکتا۔ کیا آپ نے کبھی ایسا کوئی خاندان دیکھا ہے جہاں شوہر، والد (یا بیوی، والدہ) ظالم ہو، تمام اختیار رکھتے ہوں اور طاقت کے بل بوتے پر گھر چلاتے ہوں؟ ایسی صورت حال کبھی بھی تادیر قائم نہیں رہ سکتی اور اگر ایسا ہوتا ہے تو سب لوگ پریشان رہیں گے اور کسی نہ کسی حل کی تلاش میں ہوں گے۔ کیا ہم نے یہ سمجھ لیا ہے کہ یہ صرف

نئے دور کے لوگوں کو یہ بات سمجھ میں آتی ہے کہ "کسی بھی گھر میں **مسلسل ظلم (ناانصافی)** نہ تو قابل ستائش ہے اور نہ ہی دیر پا؟

اسی طرح یہ تصور کرنا کہ خواتین ہزاروں سالوں سے مردوں کی اس سازش کا شکار رہی ہیں، دراصل ان کی ذہانت اور صلاحیتوں کی توہین ہے۔ کیا یہ سمجھا جائے کہ صرف جدید خواتین ہی اتنی سمجھدار ہیں کہ وہ پدر شاہی نظام کے ظلم کو پہچان سکیں اور اس کے خلاف لڑ سکیں۔ جب کہ ماضی کی خواتین اتنی بیوقوف تھیں کہ وہ اس کا نوٹس نہیں لے سکیں یا اس میں کوئی تبدیلی لانے میں کامیاب نہ ہو سکیں؟ یہ بات منطقی طور پر صحیح نہیں ہے۔

اگر آپ غور کریں کہ کسی گروہ پر مؤثر طریقے سے ظلم کرنے کے لیے کن عناصر کی ضرورت ہوتی ہے، تو آپ دیکھیں گے کہ یہ کوئی آسان کام نہیں۔ اسے عملی تناظر میں دیکھیں — موجودہ عرب دنیا کی حالت پر نظر ڈالیں۔ آمرانہ حکومتوں کو اپنا اقتدار قائم رکھنے کے لیے وسیع وسائل، طاقتور فوج اور پولیس، سخت نگرانی کے نظام، پروپیگنڈا، اور خوف و دھمکی کے اداروں کی ضرورت ہوتی ہے۔ ان میں سے اکثر ممالک گزشتہ ۶۰ سے ۷۰ سالوں سے یہ سب کچھ کر رہے ہیں، پھر بھی انہیں شدید مزاحمت اور بدامنی کا سامنا ہے۔ تاریخ گواہ ہے کہ ہمیشہ ایسا ہی ہوتا آیا ہے۔ ظلم فطری طور پر غیر مستحکم ہوتا ہے اور اسے طویل عرصے تک برقرار رکھنا بے حد وسائل اور توانائی کا متقاضی ہوتا ہے، کیونکہ جبر کا شکار لوگ بالآخر مزاحمت پر آمادہ ہو ہی جاتے ہیں۔

سب سے پہلے تو اس خیال پر سوال اٹھتا ہے کہ مردوں نے ہزاروں سال تک کامیابی سے عورتوں کو دبائے رکھا۔ یہ تصور خود میں بے معنی ہے، کیونکہ اگر واقعی ایسا ہوتا تو مرد کیوں خود کو اس نہ ختم ہونے والی کشمکش میں ڈالتے، جہاں انہیں ہر وقت اپنے ہی خاندان کے افراد کی 'بغاوتوں' سے نمٹنا پڑتا—وہی لوگ جن کے ساتھ وہ ہر رات اپنے بستر پر سوتے ہیں؟ دوسری بات یہ ہے کہ اگر یہ حقیقت ہوتی تو اس سارے نظام کے لیے وسائل کہاں سے آتے؟ ایک ہی گھر میں ایک شوہر کے لیے اس 'ظلم' کے لیے پیسہ اور وسائل کو اپنی بیوی سے چھپانا آسان نہیں ہوتا۔ کچھ ایسے انفرادی واقعات ضرور ہوئے ہیں، لیکن وہ ان کو کسی منظم اور وسیع پیمانے پر پھیلنے والا رجحان قرار نہیں دیا جا سکتا۔

یہ بھی ایک تاریخی حقیقت ہے کہ خواتین اور مرد اپنے گھریلو معاملات میں مختلف کردار ادا کرتے تھے۔ لیکن صرف جدید تانیثیت ہی ان کرداروں کی درجہ بندی کرتی ہے اور دعویٰ کرتی ہے کہ خواتین کے روایتی کردار نے انہیں مردوں کے مقابلے میں پست کر دیا ہے۔ لیکن جیسا کہ میں نے ایک جگہ اور بیان کیا ہے کہ ان دعووں کی کوئی بنیاد نہیں ہے۔ مثال کے طور پر یہ واضح نہیں ہے کہ بچوں کی پرورش اور تعلیم جیسے روایتی خواتین کے کردار کو ایسا کمزور کیوں تصور کیا جاتا ہے جو تجارت وغیرہ جیسے مردوں کے کاموں سے کم اہم ہو۔

مجھے یہ بات اس طرح پیش کرنے دیں۔ تانیثیت چاہتی ہے کہ ہم یہ مان لیں کہ ایک مرد اپنے خاندان، بیوی، بیٹیوں اور ماں کو چھوڑ کر دوسرے مردوں کے ساتھ مل کر طاقت کا نظام قائم کرے گا۔ یہ انسانی تجربے اور اس کی بنیادی خودی کے خلاف ہے۔ اگر آپ ایک عورت ہیں تو اپنے آپ سے پوچھیں: کیا آپ کے والد، شوہر یا بھائی صرف اس

لیے کہ "مرد عورتوں کے خلاف ایک دوسرے کے ساتھ کھڑے ہوتے ہیں" کسی اجنبی مرد کے مفادات کو آپ کے مفادات پر ترجیح دیں گے؟" اگر ایسا ہے تو اس کا مطلب ہے کہ آپ کے والد، شوہر یا بھائی نفسیاتی طور پر پریشان ہیں، نہ کہ وہ کسی عالمی سازش کا حصہ جس میں ایک جنس کو دبا کر رکھا جائے۔ اور اگر آپ ایک مرد ہیں تو خود سے پوچھیں: کیا آپ اجنبی مردوں کے مفادات کو اپنی بیوی، بیٹیوں اور ماں کے مفادات پر ترجیح دیں گے؟ اگر ایسا ہے تو آپ ذہنی طور پر غیر مستحکم ہیں، نہ کہ ایک پدرشاہی کا حصہ جو عورتوں کو دبانے والی اس عالمی برادری کا حصہ ہو۔

## کیا تانیثیت کی وجہ سے عورتیں اسلام چھوڑ رہی ہیں؟

جی ہاں، اس بات میں کوئی شک نہیں ہے۔ اس کی متعدد مثالیں ہمارے سامنے موجود ہے۔

یہ سمجھنا واقعی مشکل نہیں ہے کیوں کہ تانیثیت ایک آزاد خیال سیکولر فلسفہ ہے۔ جس طرح آزاد خیال سیکولرازم روایتی مذہب پر حملہ کرتا ہے، اسی طرح تانیثیت بھی روایتی مذہب پر حملہ کرتی ہے۔ یہ کہا جاسکتا ہے کہ تانیثیت روایتی مذہب پر آزاد خیال سیکولرازم کے حملے میں سب سے بڑا ہتھیار ہے۔ لہذا یہ کوئی تعجب کی بات نہیں ہے کہ وہ مسلمان جو تانیثیت کے نظریہ کو اپناتے ہیں انہیں اسلام جیسے روایتی مذہب کے ساتھ بہت زیادہ مسائل در پیش ہوں گے۔

یہ کہنا کہ تانیثیت پسند افراد کا اسلام چھوڑنے والی خواتین سے کوئی تعلق نہیں ہے، ایسا ہی جیسے کوئی کہے کہ ک۔ک۔ک نامی نسل پرست گروہ کا اس کے اراکین کے

سیاہ فام لوگوں سے نفرت کرنے سے کوئی تعلق نہیں ہے۔اگر کوئی یہ انکار کرے کہ ک-ک-ک اور سیاہ فام لوگوں سے نفرت کا کوئی رشتہ ہے تو اس کا مطلب ہے کہ وہ شخص ک-ک-ک کو نہیں جانتا۔

اور یہی حال ان مسلمانوں کا ہے جو تانیثیت کا دفاع کرتے ہیں۔ وہ مسلمان جو تانیثیت کے ہمارے عقیدہ پر نقصان دہ اثرات سے انکار کرنا چاہتے ہیں وہ تانیثیت اور اس کی اصل تاریخ سے ناواقف ہیں۔ اگر آپ ان سے پوچھیں کہ تانیثیت کسے کہتے ہیں تو وہ آپ کو ایک ترمیم شدہ تاریخ بتائیں گے جو اسکولوں اور دیگر تعلیمی اداروں میں پڑھائی جاتی ہے۔اور جب آپ ان سے اس تاریخ کے بارے میں سوال کریں گے تو وہ مرکزی دھارے کے تانیثیت کے حامی علمی کاموں جیسے No Turning Back: The History of Feminism and the Future of Women کا حوالہ دیں گے۔

اس کی مثال ایسی ہی ہے جیسے امریکی تاریخ کو سمجھنے کے لیے کسی دائیں بازو کے محب وطن کی تاریخ پڑھ لی جائے جو "ملک کے بہادر بانیان" کی تعریف کرتا ہے جنہوں نے آزادی اور ناقابل تنسیخ حقوق کے لیے جدوجہد کی تھی۔اور امریکہ میں نسل کشی، بحر اٹلانٹک کے دونوں طرف غلاموں کی تجارت، نسلی امتیاز کے قوانین(Jim Crow) وغیرہ جیسی چیزوں کو نظر انداز کر دیا جائے۔

حقیقت یہ ہے کہ تانیثیت کا مذہب کو عمومی طور پر اور اسلام کو خاص طور پر نشانہ بنانے میں اہم کردار رہا ہے۔ لیکن یہاں میں کچھ گھسی پٹی تنقیدوں کا جواب دینا چاہوں گا جو

ہم تانیثیت پسندوں اور ان کے کچھ مرد ہم خیالوں (white knights) سے اس ایشو پر سنتے رہتے ہیں۔

آج کل یہ دعویٰ سننے میں آرہا ہے کہ "مسلم خواتین تانیثیت کی وجہ سے اسلام نہیں چھوڑ رہی ہیں بلکہ اس کی وجہ یہ ہے کہ انہیں مسلم مردوں کی بدسلوکی کا سامنا کرنا پڑتا ہے۔" جو لوگ یہ دعویٰ کرتے ہیں وہ عام طور پر تین چیزوں کا حوالہ دیتے ہیں:

1. بدسلوک مسلم مردوں کے ساتھ ذاتی تجربات
2. مساجد میں خواتین کے لیے جگہ / نمائش کی کمی
3. رہنمائی کے عہدوں میں خواتین کی کمی

لوگ جو چیز نوٹ کرنے میں ناکام ہیں وہ یہ ہے کہ ان میں سے کوئی بھی چیز یہ نہیں بتاتی کہ آج ہم زیادہ مسلم خواتین کو روایتی اسلام سے مایوس کیوں دیکھ رہے ہیں۔ بالکل بھی نہیں۔

اگر اسلام سے مایوس مسلم خواتین کی تعداد بڑھ رہی ہے، جن کو اسلام کے بارے میں شک و شبہات ہے، یا وہ حجاب اُتار رہی ہیں، وغیرہ، تو اس کا مطلب یہ ہے کہ درج بالا تین چیزوں میں سے کسی ایک، دو یا تینوں مسئلے میں اضافہ ہو رہا ہے۔ اگر زیادہ خواتین مایوس ہیں تو اس کا مطلب یہ ہے کہ زیادہ مسلم مردوں کا رویہ بدتر ہو رہا ہے، خواتین کی مساجد میں جگہ کم ہو رہی ہے یا خواتین کے رہنمائی کے عہدے کم ہوتے جا رہے ہیں۔ لیکن ان میں سے کوئی بھی بات صحیح نہیں ہے۔

ایسا کوئی ثبوت موجود نہیں ہے کہ مسلم مرد اب پہلے یعنی پانچ، دس، بیس یا پچاس سال کی بہ نسبت زیادہ بدسلوکی کر رہے ہیں۔ در حقیقت تانیثیت پسند منطق کے مطابق موجودہ مسلم مردوں کو ان کی ایک یا دو پچھلی نسلوں کے مقابلہ میں کم زیادتی کرنے والے ہونا چاہیے کیوں کہ اب کم از کم مسلم مردوں کے پاس "انٹر سیکشنل تانیثیت" کی سمجھ ہے جو انہیں "زہریلی مردانگی" اور "مین اسپلیننگ" جیسے تصورات کے بارے میں آگاہ کرتی ہے، یعنی وہ چیزیں جن کے بارے میں ہمارے والدین اور دادا دادی لاعلم تھے۔ کیا تانیثیت پسند یہ سمجھتے ہیں کہ ہمارے والد، دادا اور پردادا اوسطاً موجودہ مسلم مردوں سے کم زیادتی کرنے والے تھے؟ اگر پچھلی نسل کے مرد زیادہ زیادتی کرتے تھے، تو پھر کیا ہماری والدہ، دادی اور پردادی کی نسلوں میں آج کے مقابلے میں زیادہ مایوسی نہیں ہونی چاہیے تھی؟ لیکن اُس وقت اتنی زیادہ مایوسی نہیں تھی۔ لہذا یہ وضاحت بے معنی ہے۔

اسی طرح خواتین کی مساجد میں جگہ / نظر آنے اور قیادت کے حوالے سے جو بات کی گئی ہے، وہ بھی درست نہیں۔ خواتین آج مساجد میں پہلے سے کہیں زیادہ نظر آتی ہیں (یہ اچھا ہے یا نہیں، یہ ایک الگ مسئلہ ہے)۔ قائدانہ عہدوں پر بھی وہ زیادہ تعداد میں موجود ہیں۔ ان حقائق سے کوئی بھی انکار نہیں کرتا۔ پھر بھی مسلم خواتین کے اسلام چھوڑنے کی شرح نہ تو کم ہو رہی ہے اور نہ ہی ختم ہو رہی ہے۔ ظاہر ہے کہ یہ شرح بڑھ رہی ہے۔ تو پھر وجہ کیا ہے؟

مضحکہ خیز بات یہ ہے کہ اگر یہ سارے اعتراضات جیسا کہ تانیثیت پسند کہتے ہیں واقعی مسلم خواتین کے اسلام چھوڑنے کی شرح سے جڑے ہوئے ہیں تو اگر ہم اس رجحان کو الٹنا چاہتے ہیں، تو بنیادی منطق یہ بتاتی ہے کہ ہمیں خواتین کو مسجد میں کم آنے دینا چاہیے

اور ان کو قائدانہ مناصب سے دور رکھنا چاہیے اور مسلم تاریخ کے اس سنہری دور میں واپس جانا چاہیے، یعنی وہ دور جب تانیثیت کا وجود نہیں تھا۔

ایمانداری سے بتایئے کہ آپ کے دوستوں، خاندان، کلاس میٹ اور ساتھ میں کام کرنے والوں میں آپ کتنی مسلم خواتین کو جانتے ہیں جو حالیہ برسوں میں اپنا حجاب مکمل طور پر اُتار چکی ہیں یا جو تانیثیت پسندوں کی پگڑی پہن چکی ہوں؟

ایمانداری سے بتایئے کہ آپ کتنی ایسی مسلم خواتین کو جانتے ہیں جو دو یا تین سال پہلے تک "کافی مذہبی" تھیں لیکن اب وہ ہمیشہ "پدر شاہی" اور روایتی اسلام، اسلامی قانون، اسلامی علم و دانش کے "جنس کی بنیاد پر تفریق" کے بارے میں شکایت کر رہی ہیں؟

ایمانداری سے بتایئے کہ آپ کتنی ایسی مسلم خواتین کو جانتے ہیں جو کبھی سنجیدہ طالباتِ تھیں، خوشی خوشی شیخ الاسلام ابن تیمیہؒ یا امام شافعیؒ کے افکار و تعلیمات سے استفادہ کر رہی تھیں، شاید نقاب پہنتی تھیں اور میک اپ یا غیر ضروری میل جول سے گریز کرتی تھیں لیکن اب وہ لنڈا سارسر (Linda Sarsour) کی سطحی تقلید میں مقامی نائٹ کلب میں 'انٹر سیکشنالٹی' اور 'ٹرانس رائٹس' جیسے موضوعات پر تقاریر کرتی نظر آتی ہیں؟

الحمد للہ بہت ساری بہنیں ہیں جو ایسی تمام چیزوں کا رد کر رہی ہیں اور تانیثیت پسند لہر کے خلاف کھڑی ہیں۔ لیکن ان کے علاوہ مغربی مسلم خواتین کے لیے حالات بگڑتے جا رہے ہیں۔ یہ سوچنا کہ اس کا تانیثیت پسند نظریات کے اپنانے سے کوئی تعلق نہیں ہے، ایک بے وقوفی ہے بلکہ ایک غیر ذمہ دارانہ بے وقوفی۔

تو اگر مسلم عورتوں کے ساتھ زیادتی، مساجد میں جگہ نہ ملنا اور قیادت سے محرومی سے مسلم خواتین کے ایمان اور حجاب کے نقصان کی وضاحت نہیں ہوتی، تو پھر تانیثیت کے اپنانے سے مسلم خواتین کے ارتداد کی وضاحت کیسے ہوتی ہے؟

اچھا آپ چاہے مجھے پاگل سمجھیں لیکن میرے سامنے یہ بات بالکل واضح ہے کہ اگر ایک مسلم عورت تانیثیت کا یہ اصول اپناتی ہے کہ مرد و عورت کے ساتھ بالکل برابر سلوک کرنا چاہیے تو وہ اسلام جیسے دین کی طرف مائل نہیں ہوگی جو ہر جنس کے لیے بالکل مختلف کردار مقرر کرتا ہے۔ اگر ایک مسلم عورت تانیثیت کا یہ اصول اپناتی ہے کہ حیا اور لباس کے ضوابط مردوں کے ذریعے خواتین کو قابو کرنے کا طریقہ ہیں تو وہ ایسے دین کی طرف مائل نہیں ہوگی جو حیا اور خواتین کے سخت لباس کے ضوابط پر زور دیتا ہے۔ اگر ایک مسلم عورت تانیثیت کا یہ اصول اپناتی ہے کہ تاریخ میں مردوں نے خواتین کو ایک ظالمانہ پدرشاہی نظام کے ذریعے محکوم کیا تو وہ ایسے دین کی طرف مائل نہیں ہوگی جو یہ سکھاتا ہے کہ "مرد عورتوں پر حاکم ہیں" (سورہ النساء: ۳٤) اور جس کے بیشتر علماء اور دینی حکام مرد تھے اور آج بھی ہیں، وغیرہ۔ بھائی یہ کوئی معمہ نہیں ہے۔

مجھے یہ بھی کہنے دیجئے کہ اس بحران کا بیشتر الزام وائٹ نائٹس پر آتا ہے۔ وائٹ نائٹس وہ مذہبی مرد ہیں جو تانیثیت پسند خیالات کی حمایت کرتے ہیں۔ یہ وہ مرد ہیں جو خود سے نفرت کرتے ہیں اور ہمیشہ شور مچاتے رہتے ہیں کہ "مسلم مرد بیکار ہیں!" اور کس طرح "ہمیں واقعی طور پر پدرشاہی کے مسئلے کا سامنا ہے۔" یہ مرد خطرناک ہیں کیوں کہ یہ تانیثیت پسند پروجیکٹ کے لیے مذہبی جواز پیدا کرتے ہیں۔ یہ وہ مرد ہیں جو تانیثیت پسند وائرس کو پھلنے پھولنے اور پھیلنے کی اجازت دیتے ہیں۔ اور جب بھی کوئی تانیثیت کے اس

ایجنڈے سے پیدا شدہ مسائل کو اجاگر کرتا ہے تو یہ لوگ زور و شور سے اعتراضات کو فریب اور غلط استدلال سے دبانے کی کوشش کرتے ہیں۔

لہذا اس مسئلہ کی جڑ اصل وائٹ نائٹس ہیں اور یہ اس طرح کے دوسرے تمام گروہوں کے لیڈر ہیں۔ تانیثیت پسند مسلمان بہت جلد ختم ہو جاتے اگر مذہبی رہنما انہیں مستقل طور پر خوش کرنے اور ان کی فضول باتوں کو جائز قرار دینے کی کوشش نہ کرتے اور 'اچھے مسلم مرد' بننے کا دکھاوا نہ کرتے۔ مسلم وائٹ نائٹس کے علاوہ تانیثیت پسند مسلمان سے زیادہ بے وقوف اور خطرناک کچھ نہیں ہے۔

## پدر شاہی پر کون بحث کرنا چاہتا ہے؟

۲۰۱۵ میں مجھے ایک مقامی مسجد میں پدر شاہی اور تانیثیت پر مباحثہ میں شرکت کی دعوت دی گئی۔ تاریخ مقرر ہونے اور سوشل میڈیا پر اعلان ہونے کے ایک مہینے بعد اس پروگرام کو بغیر کوئی وجہ بتائے منسوخ کر دیا گیا۔ سچ کہوں تو یہ ایسا پہلی بار نہیں ہوا تھا اور مجھے یقین ہے کہ یہ آخری بار بھی نہیں ہوگا۔ میں اس مخصوص مسجد کے اس مخصوص پروگرام کو منسوخ کرنے کی وجوہات پر قیاس آرائی نہیں کرنا چاہتا۔ مجھے نہیں معلوم کہ اس پروگرام کو منسوخ کرنے کا ذمہ دار کون تھا اور اس نے یہ کام کیوں کیا۔

مباحثے کی تیاری کے دوران میں نے اپنے موقف کی بنیادی باتوں پر کچھ مختصر نوٹ تیار کیے تھے۔ بظاہر یہ ایک ایسا موقف ہے جسے کچھ لوگ انتہائی ناگوار سمجھتے ہیں — اتنا ناگوار کہ اسے سنسر کرنا پڑے۔ لیکن مجھے لگتا ہے چاہے جس وجہ سے بھی ایسے سوالات کو سیاسی طور پر صحیح نہیں سمجھا جا رہا ہو لیکن ان اہم سوالات کو پوچھنے کا صحیح وقت یہی ہے۔

میں سمجھتا ہوں کہ ہمیں احترام اور علمی طریقے سے خیالات پر مباحثہ کرنے کے لائق ہونا چاہئے، خاص کر وہ خیالات جو مسلم کمیونٹی اور مسلم ذہن پر بڑا اثر رکھتے ہیں اور کئی شکوک و شبہات کا باعث بنتے ہیں۔ بد قسمتی سے کچھ لوگ اس قسم کی بات چیت کو ہونے نہیں دینا چاہتے اور جو بھی اسے کرنے کی کوشش کرتا ہے اسے روک دیتے ہیں۔

بہر حال میرا ارادہ تھا کہ تاریخ اور فلسفیانہ مواد کے ساتھ ساتھ تانیثیت پسندوں کے اپنے کاموں سے دلائل اور ثبوت فراہم کر کے اپنے موقف کا دفاع کرنا۔ میرے پاس قدیم علماء کے دفاع میں بھی دلائل تھے جنہیں مسلم تانیثیت پسندوں نے کئی سالوں سے شدید تنقید کا نشانہ بنا رکھا ہے۔

ایک عام نقطہ نظر جو تانیثیت کی دوسری لہر کے آغاز سے زیادہ اہمیت حاصل کرتا جا رہا ہے وہ ہے کہ ہر معاشرے میں طاقت کے بنیادی تعلقات میں سے ایک مرد اور عورت کے درمیان تعلق بھی ہوتا ہے، اس کے علاوہ مختلف سماجی و اقتصادی طبقات، نسلوں، قبائلی تعلقات وغیرہ کے درمیان بھی طاقت کے تعلقات موجود ہیں۔ جیسے ہر معاشرے میں مختلف سیاسی گروہ اور طبقات طاقت کے لیے جدوجہد کرتے ہیں، ویسے ہی مرد اور عورت بھی آپس میں جدوجہد کرتے ہیں، یعنی مرد عورتوں کے خلاف۔ ہر معاشرے میں اس لحاظ سے طاقت کا فرق موجود ہوتا ہے اور عالمی طور پر یہ بات سچ ثابت ہوئی ہے کہ مرد عورتوں پر غالب ہوتے ہیں — یہی پدرشاہی ہے۔

ہمارے دور میں یہ حکمرانی ضروری نہیں کہ کھلم کھلا اور شعوری ہو، جہاں مرد جان بوجھ کر عورتوں پر تسلط جما رہے ہوں — اگرچہ بعض صورتوں میں ایسا بھی ہوتا ہے۔

بلکہ، ہم نے ایک پدر شاہی نظام وراثت میں پایا ہے، جو ایسے طاقت کے ڈھانچوں پر قائم ہے عورتوں کو زیرِ دست رکھے ہوئے ہیں۔ تانیثیت پسندوں کا کہنا ہے کہ ہمارا اخلاقی فرض ہے کہ ہم ان پدر شاہی ڈھانچوں کے خلاف جدوجہد کریں۔ یہ بات اسلامی تاریخ پر بھی پوری طرح لاگو ہوتی ہے۔ یہاں تانیثیت پسندوں کے درمیان کچھ اختلافات ہیں۔ ان کے اہم اسکالر کا موقف یہ ہے کہ تمام مذاہب بنیادی طور پر پدر شاہی نظام پر مبنی ہیں اور اس لئے عورتوں پر ظلم کرتے ہیں۔

تانیثیت پسند مسلمان اس پر اعتراض کرتے ہیں اور دعویٰ کرتے ہیں کہ خدا پدر شاہی نظام کا حامی نہیں ہے اور نہ ہی وہ عورتوں کو مردوں کے زیر دست لانے کا خواہاں ہے۔ بلکہ خدا کا وحی شدہ دین، اسلام، مکمل طور پر مساوات پر مبنی ہے اور یہ صرف مردوں کے ذریعہ اس دین کی پدر شاہی تشریح ہے جس سے وہ ایسے قوانین اور رسومات بناتے ہیں جس کی وجہ سے مسلمان مرد عورتوں پر ظلم کرتے ہیں۔ اس طور پر مختلف مسلم تانیثیت پسند مختلف انداز میں اپنے دلائل دیتے ہیں۔ مثلاً کثرت ازواج کے قوانین کیا حقیقی اسلام کا حصہ ہیں یا پدر شاہی نے یہ اضافہ کیا ہے؟ کچھ ہاں کہتے ہیں اور کچھ نہیں۔ کیا خواتین کے بارے میں مخصوص احادیث حقیقی اسلام کا حصہ ہیں یا صرف پدر شاہی کی اختراعات ہیں؟ کیا قدیم علماء نے خواتین کے بارے میں ایماندارانہ اور درست فہم پیش کیا ہے یا ان کے خیالات کو پدر شاہی کے تعصب نے ایسا بنایا تھا؟ ایسی سو سے زائد 'متنازعہ' مثالیں ہیں جہاں عام جدید غیر تانیثیت پسند مسلمان کے نقطہ نظر سے، اسلام عورتوں پر ظلم کرتا ہے، یا کم از کم انہیں سیاسی حقوق سے محروم کرتا ہے۔ مختلف مسلم تانیثیت پسند اس نقطہ نظر کے دفاع میں مختلف حکمت عملیاں اپناتے ہیں کہ حقیقی اسلام مساوات پسند ہے۔

میری رائے میں تانیثیت، چاہے وہ سیکولر ہو یا مسلم، بنیادی طور پر ایک غلط نظریہ ہے۔ حقیقت یہ ہے کہ جنس کی بنیاد پر معاشرتی کشمکش کے نظریے میں بڑے نظریاتی اور شواہد کی کمی کے مسائل موجود ہیں۔ یہ خیال کہ مردوں نے پدر شاہی کا ایک عالمی نظام قائم کیا ہے تاکہ خواتین کا استحصال کر سکیں اور مردوں کے مفادات کو خواتین پر ترجیح دیں، تاریخی حقائق یا نظریاتی تجزیے سے ثابت نہیں ہوتا۔ پدر شاہی اس معنی میں موجود ہے کہ مردوں کو تاریخ کے ہر معاشرے میں اقتدار حاصل رہا ہے۔ لیکن یہ اقتدار سب کے فائدے کے لیے تھا، نہ کہ صرف مردوں کے فائدے کے لیے۔

اس گفتگو پر مبنی میرے ذہن میں کچھ اہم سوالات ہیں۔

اگر ہم مسلمانوں کی ۱۴۰۰ سال پر مبنی علمی روایات کو پدر شاہی ظلم کے زیر اثر اور اس سے کسی حد تک رہنمائی حاصل کرنے والی سمجھیں، تو اس کے ہمارے مذہب اور عقیدے پر کیا اثرات مرتب ہوں گے؟ اگر یہ دعویٰ کیا جائے کہ ہر معاشرہ، ماضی اور حال، پدر شاہی ظلم کا شکار رہا ہے، تو اس کا انسان کی فطرت اور اس کے نتیجے میں خدا کے لیے کیا مطلب ہے جس نے انسان کی فطرت اور تاریخ کو تخلیق کیا ہے۔ کیا پدر شاہی خواتین سے متعلق مسلم معاشروں کے مسائل جیسے مرد اور عورت کے تعلقات، گھریلو تشدد وغیرہ کی؟ (یعنی وہ مسائل جو میں یہ نہیں کہتا کہ موجود نہیں ہیں) مناسب یا درست وضاحت ہے؟

جیسا کہ ان سوالات سے واضح ہوتا ہے کہ پدر شاہی کو مردوں کے ذریعے خواتین پر ظلم کرنے والے ایک عالمی نظام کے طور پر دیکھنا مسلم ذہن کے لیے انتہائی نقصان دہ

ہے۔ ایسا اس لیے کہ یہ تصور مذہب اور مذہبی اختیار کو پدر شاہی کا ایک جزو قرار دیتا ہے جس کا مطلب یہ ہے کہ مذہب مکمل طور پر یا بڑی حد تک مردوں کے فائدے کے لیے خواتین کو دبانے کا ایک آلہ ہے۔

پھر کیا یہ کوئی تعجب کی بات ہے کہ مسلم تانیثیت پسند شدت پسند اور انحرافی نظریات اختیار کرتی ہیں اور ان میں سے بہت ساری آخر کار اسلام سے مرتد ہو جاتی ہیں؟ یقیناً یہ افسوس ناک ہے کہ دین دار مسلم خواتین بھی تانیثیت کے بنیادی نظریات بشمول تاریخ میں عالمی سطح پدر شاہی ظلم کو قبول کر رہی ہیں۔ حقیقت یہ ہے کہ تانیثیت کی تمام شاخیں اور اقسام اسلام مخالف ہیں۔ مسلم تانیثیت پسند اس سے اختلاف کر سکتی ہیں لیکن اس سے حقیقت تبدیل نہیں ہوتی۔ ذیل میں اس کو ایک آسان دلیل سے ثابت کیا جا رہا ہے۔

۱. کوئی شخص تانیثیت سے حقیقی وابستگی نہیں رکھ سکتا جب تک کہ وہ پدر شاہی کے مفروضے کو قبول نہ کرے — یعنی یہ کہ ایک سماجی ڈھانچہ موجود ہے، جسے مردوں نے اس مقصد کے تحت قائم رکھا ہے کہ خواتین کو زیرِ تسلط رکھ کر ان پر ظلم و ستم کیا جائے، اور یہ ڈھانچہ تمدن کے آغاز سے اب تک برقرار ہے۔

۲. پدر شاہی کا نظریہ اسلام کے خلاف ہے۔

۳. لہذا، تانیثیت اسلام کے خلاف ہے۔

پدر شاہی کا نظریہ اسلام کے لیے اس قدر ضرر رساں کیوں ہے؟

سب سے پہلی بات یہ ہے کہ پدر شاہی کا نظریہ نبوت کی بنیاد کو نقصان پہنچاتا ہے۔ تمام انبیاء جو انسانیت کو اسلام کی دعوت دینے کے لئے اپنی قوم کے سامنے کھڑے ہوئے وہ سب مرد تھے۔ کیا یہ سب انبیاء پدر شاہی نظام کا حصہ تھے جس کا استعمال عورتوں پر غلبہ حاصل کرنے کے لئے ہوتا رہا ہے؟

پدر شاہی کا نظریہ ہماری علمی روایات کو بھی نقصان پہنچاتا ہے۔ ہماری روایت میں علمائے کرام کی اکثریت مردوں کی تھی اور سب سے زیادہ موثر اور فعال علمائے کرام بھی مرد تھے۔ اور ان میں سے سب نے ایسے کئی خیالات پیش کیے جو موجودہ تانیثیت پسندوں کے نزدیک زہریلی مردانہ عورت دشمن باتیں ہیں، جو کہ انتہائی گھٹیا نوعیت کی ہیں۔ کیا یہ تمام مرد خواتین کو مظلوم بنانے کے لیے پدر شاہی نظام کا حصہ تھے؟

پدر شاہی کا نظریہ اسلامی عقائد کو بھی نقصان پہنچاتا ہے۔ اگر پدر شاہی اتنی عمیق اور تباہ کن طاقت ہے جو انسانیت کو تباہ کر رہی ہے اور اتنی زیادہ تکالیف اور مصائب کا سبب بن رہی ہے، تو قرآن میں اس کا ذکر کیوں نہیں ہے؟ نبی صلی اللہ علیہ وسلم نے اس کا تذکرہ کیوں نہیں کیا؟ کیا قرآن وسنت کو مکمل ہدایت سمجھا جا سکتا ہے جب کہ وہ اس منظم ظلم کے تذکرے سے خالی ہیں؟ تانیثیت پسند یہ دعویٰ کرتے ہیں کہ پدر شاہی انسانی تاریخ میں بدی کی سب سے بڑی قوتوں میں سے ایک ہے پھر بھی عربی میں اس کے لیے کوئی لفظ نہیں ہے نہ کوئی آیت ہے۔ نہ کوئی حدیث موجود ہے جو اس زبردست ظلم کے بارے میں آگاہ کرے اور انسانیت کو خبردار کرے۔ ایسا کیوں ہے؟

یہ وہ کچھ نتائج ہیں جو تانیثیت پسند اسلام کے حوالے سے نکالتے ہیں اور یہی وجہ ہے کہ تانیثیت پسند مسلمان اسلام سے ناامیدی کے مرحلوں سے گزرتے رہتے ہیں اور ان میں سے بہت سے آخر کار اسلام چھوڑ دیتے ہیں۔ وہ ہمارے علماء پر عورتوں کے بارے میں "برے" پدر شاہی خیالات رکھنے کا الزام لگاتے ہیں۔ پھر وہ نبیوں پر حملہ کرنے کی طرف بڑھتے ہیں (یاد رکھیں "مسلم اصلاح پسند" امینہ ودود نے حضرت ابراہیم علیہ السلام کی توہین کی تھی؟)۔ پھر وہ قرآن کی تنقید کرنے کی طرف بڑھتے ہیں۔ اللہ نے اپنے لیے مذکر ضمائر کیوں استعمال کیئے؟ اللہ نے آدم، ایک مرد، کو پہلے کیوں پیدا کیا؟ اللہ نے سورہ نساء کی آیت ٣٤ کیوں نازل کی؟ وغیرہ۔

یہ وہ قدرتی مذہبی کشمکش ہے جو پدر شاہی کے مفروضے سے پیدا ہوتی ہے۔ اور یہ کئی مسلم تانیثیت پسندوں کو بڑھتے ہوئے انحرافی خیالات اختیار کرنے اور حتیٰ کہ ارتداد کی طرف جانے پر مجبور کرتی ہے۔ لہذا جو لوگ یہ دعویٰ کرتے ہیں کہ تانیثیت اور اسلام ایک جیسے ہی ہیں، انہیں درج بالا دلائل کا جواب دینا ہوگا۔ آپ کے پاس محدود آپشن ہیں۔ میں بتاتا ہوں کہ وہ کیا کیا ہیں:

١. آپ یہ دلیل دے سکتے ہیں کہ پدر شاہی کا نظریہ تسلیم کیے بغیر بھی کوئی تانیثیت پسند ہو سکتا ہے۔ یعنی ہر وقت موجود پدر شاہی کا مفروضہ جس کے مطابق عورتیں شروع ہی سے ظلم وجور کا شکار رہی ہیں۔

٢. یا آپ یہ دلیل دے سکتے ہیں کہ پدر شاہی کا نظریہ اسلام کو نقصان نہیں پہنچاتا۔

آپ کون سا آپشن منتخب کریں گے ؟

جو لوگ مردانہ غلبے والی علمی روایت کو نظر انداز کرنا چاہتے ہیں ( جیسے کہ 'اصلاح پسند'، 'ترقی پسند' اور اہل قرآن وغیرہ)، وہ دوسرے نمبر کے آپشن کو منتخب کریں گے۔ لیکن عام مسلمان جن کا عقیدہ صحیح ہے وہ تسلیم کرتے ہیں کہ مردوں کی زیر قیادت علمی روایت کے بغیر نہ تو قرآن ہم تک پہنچتا، نہ سنت ہم تک پہنچتی اور نہ ہی اسلام محفوظ رہتا، وغیرہ۔ اگر آپ علماء کو مسترد کر دیں گے تو پھر آپ اسلام کو بھی مسترد کر دیں گے۔ علماء انبیاء کے وارث ہیں۔ جو کوئی بھی یہ دعویٰ کرتا ہے کہ علماء عالمی سطح پر منظم طریقے سے عورتوں کے بارے میں متعصب تھے اور عورتوں کے ساتھ ظلم کرتے تھے، وہ علماء کی اخلاقیات کو نقصان پہنچاتا ہے اور اس طرح وہ اسلام کو نقصان پہنچاتا ہے۔

میرا ماننا ہے کہ بہر صورت یہ ایک منطقی تجزیہ ہے۔ جن لوگوں کو اس سے اختلاف ہے وہ منطقی جوابی دلائل دینے کے لئے آزاد ہیں۔ لیکن برائے مہربانی جذباتی دلائل، ذاتی تنقید اور بے ضرورت مداخلتوں سے کام نہ لیں۔

یہاں میں بطور خاص کچھ وضاحت کرنا چاہوں گا۔ پدر شاہی یقینا پائی جاتی ہے۔ اسلام ایک پدر شاہی دین ہے۔ اسلامی قانون کے مطابق نسل باپ سے چلتی ہے اور سماجی اور خاندانی ڈھانچے میں اتھارٹی باپ اور دیگر مردوں کے ذریعے منتقل ہوتی ہے۔ لیکن تانیثیت کی لغت میں پدر شاہی مختلف ہے کیوں کہ یہ ان ڈھانچوں کو بدنیتی سے منسلک کرتی ہے۔ تانیثیت پسند کا دعویٰ ہے کہ یہ پدر شاہی ادارے مردوں نے بدنیتی کی نیت سے بنائے ہیں تاکہ عورتوں کے مفادات کو نقصان پہنچا کر مردوں کے فائدے کے لیے کام

کیا جا سکے۔ دوسرے الفاظ میں مردوں کا ایک بدنیتی سے بھرا گروہ مسلسل معصوم، سادہ دل خواتین کو ہر موڑ پر نقصان پہنچانے کی سازش کر رہا ہے اور بہادر تانیثیت پسندوں نے صرف گزشتہ چند دہائیوں میں اس شیطانی سازش کا پردہ فاش کیا ہے اور اسے ختم کرنے کے لئے جدوجہد کر رہے ہیں۔ جی ہاں، یہ پاگل پن کی بات لگتی ہے کیوں کہ یہ ایسی ہی ہے۔ مسلم دانشوروں اور اماموں کے لئے انتہائی اہم ہے کہ اس سے پہلے کہ مسلمانوں کی اگلی نسل اس پدرشاہی نظریے کی زد میں آجائے، اس کو ناکام بنائیں۔ اس کے بہت سے طریقے ہو سکتے ہیں۔

سب سے پہلے، یہ تسلیم کرنا ضروری ہے کہ بعض مرد واقعی عورتوں کے ساتھ بدسلوکی کرتے ہیں۔ اور کچھ بڑے ادارے، بشمول بعض مذہبی ادارے، خواتین کے ساتھ ناانصافی کرتے اور ان کے حقوق غصب کرتے ہیں۔ اسے نظرانداز نہیں کیا جا سکتا —— گھریلو تشدد (جسمانی اور جذباتی)، خواتین کے ساتھ حقارت آمیز رویہ، انہیں اپنے گھر یا وسیع تر معاشرے میں اثر و رسوخ سے محروم رکھنا، اور جنسی استحصال جیسے مسائل کو نظرانداز کرنا، سبھی سنگین حقائق ہیں۔ یہ تمام مسائل ہیں جنہیں دنیا کے تمام معاشروں میں حل کرنے کی ضرورت ہے۔ لیکن کیا یہ مسائل مردوں کے ایک عظیم نظام جس سے فرار ممکن نہ ہو، کے باعث ہیں جو عورتوں پر ظلم کرنے کے لیے کام کرتے ہیں؟ یا یہ مسائل ان چند بدسلوک، خود غرض، جاہل، بدنیت افراد کی وجہ سے ہیں جو مرد (یا عورت) ہوتے ہیں؟

# اسلامی قانون شوہروں کو بیویوں پر ظلم کرنے میں آسانی فراہم کرتا ہے

سوال: اسلامی قانون ایک بدنیت شوہر کو اپنی بیوی پر ظلم کرنے میں آسانی کیوں فراہم کرتا ہے؟

جواب: اس دور میں موجودہ سماجی ڈھانچوں اور مسلم ممالک میں جو پسماندہ ثقافتی روایات پائی جاتی ہیں کو سامنے رکھتے ہوئے یہ کہا جا سکتا ہے کہ ایک بدنیت شوہر کے لئے اپنی بیوی پر ظلم کرنا، اسے طلاق دینا، اس کا فائدہ اٹھانا، اس کے ساتھ بدسلوکی کرنا وغیرہ آسان ہو سکتا ہے۔ لیکن مسلمانوں کی تاریخ کے ایک بڑے حصہ میں یہ اتنا آسان نہیں تھا۔ اس کی وجہ یہ ہے کہ تاریخ کے بیشتر حصوں میں، خاندانی اور سماجی ڈھانچہ رشتہ داری یعنی "وسیع" خاندان پر مبنی تھا۔ آج کل کے دور میں، جہاں خاندان چھوٹے اور الگ تھلگ ہو چکے ہیں اور لوگ اپنے والدین، وسیع خاندان اور رشتہ داروں سے کم تعلق رکھتے ہیں، ایک شوہر کے لئے اپنی بیوی پر ظلم کرنا آسان ہو سکتا ہے۔ ماضی میں بیوی ان نیٹ ورکس کا سہارا لے سکتی تھی تاکہ وہ اپنے ظالم یا غیر معقول شوہر کے خلاف حمایت حاصل کر سکے۔ در حقیقت، خاندان کے مفاد میں یہ تھا کہ وہ اپنی خواتین کے ارکان کو ایسی بدسلوکی سے بچائیں، کیوں کہ غیر فعال خاندان ایسے بچوں کی نشو نما نہیں کر سکتا تھا جو قبیلے یا وسیع خاندان کے مفاد میں مثبت کردار ادا کر سکیں۔ اس قسم کی حمایت کے ساتھ عورتیں کسی بدخواہ شوہر کے سامنے خود بخود کمزوری کی پوزیشن میں نہیں ہوتیں تھیں اور اس صورت حال میں اپنے مفاد کو اولیت دینے کو آسانی سے سمجھا جا سکتا ہے۔

آج کے جدید معاشرے میں عورتوں کے پاس بدسلوک شوہروں کے خلاف زیادہ وسائل دستیاب نہیں ہیں۔ ان کو اپنی حمایت کے لیے ریاستی اداروں پر انحصار کرنا پڑتا ہے ۔ ظاہر ہے کہ ریاستی ادارے ہمیشہ مدد کرنے کی حالت میں نہیں ہوتے۔ بالآخر عورتوں کو ایک منجمد بیوروکریٹک نظام پر انحصار کرنا پڑتا ہے جب کہ ماضی کے خاندانی نیٹ ورک ایک ظالم شوہر کو براہ راست اور فوری طور پر جوابدہ بنا سکتے تھے۔ تاریخ اس بات پر گواہ ہے کہ ہزاروں سالوں تک اسی طرح کام کیا گیا لیکن جدید معاشرے نے وسیع خاندان کو تحلیل کر دیا ہے اور لوگوں کو ریاستی (اور کارپوریٹ) بیوروکریسی پر انحصار کرنے پر مجبور کر دیا ہے۔ وسیع خاندان ایک فعال انسانی زندگی کا ایک اہم ڈھانچہ ہے جو اسلام کے انسانی وجود کے تصور کے مطابق ہے اور شریعت میں بھی اس پر زور دیا گیا ہے۔ یہ حقیقت کہ مشرق و مغرب کے کئی معاشرے ایسے مسائل کا سامنا کر رہے ہیں سے یہ بات سمجھ میں آتی ہے کہ بعض جدید سماجی ڈھانچوں کی پائیداری اور اس وقت وسیع خاندان اور اس کی اتھارٹی کے خاتمے کے اثرات کے بارے میں ہمیں کچھ سوچنا چاہیے۔

تو اصل سوال یہ ہے کہ کیا ہمیں اسلامی قانون کی اصلاح کرکے اس کو جدید معاشرہ، جو ان تمام مسائل کا سامنا کر رہا ہے، کے احکام کے مطابق تشکیل کرنا چاہئے، یا ہمیں ان سماجی ڈھانچوں کی اصلاح کرنی چاہئے اور ان اداروں کو واپس کھڑا کرنا چاہئے جس کو مسلمان اور غیر مسلم دونوں نے ماضی کی تہذیبوں میں ہزاروں سال تک مسلمہ طور پر قبول کیا تھا؟

## تانیثیت پر تنقید کا اصل طریقہ

میں تانیثیت کا ایک بڑا ناقد ہوں، لیکن دوسروں کو تانیثیت پسند کہہ کر انہیں خاموش کرنا یا مسترد کرنا درست نہیں ہے۔ ہمارے ارد گرد اور یہاں تک کہ ہمارے خاندانوں میں عورتوں کے ساتھ بدسلوکی کے متعدد واقعات رونما ہوتے ہیں۔ جب ان بدسلوکیوں پر تنقید کی جائے تو ان کی مدد اور انصاف کی درخواستوں کو صرف تانیثیت کے الزامات لگا کر غیر مؤثر نہیں بنایا جانا چاہیے۔ اگر عورتوں کی فلاح و بہبود کی فکر کرنا تانیثیت ہے، تو میں خود کو بھی تانیثیت پسند شمار کروں گا۔

حقیقت یہ ہے کہ تانیثیت صرف سطحی طور پر عورتوں کی بھلائی کی فکر کرتی ہے۔ جب آپ گہرائی میں دیکھتے ہیں اور تانیثیت کے تصور اور اس کے تاریخی ارتقاء کا مطالعہ کرتے ہیں تو یہ واضح ہوتا ہے کہ اس کا بڑا حصہ عورتوں کے مفادات کے خلاف ہے۔ اس طور پر میں خود کو تانیثیت پسند نہیں سمجھتا۔ لیکن ہمیں ایک فلسفے کی علمی تنقید اور عورتوں کے خلاف بدسلوکی کے اس قسم کے قابل نفرت عمل میں فرق کرنے کے قابل ہونا چاہیے۔ ظاہر ہے کہ بدسلوکی صرف جسمانی تشدد تک محدود نہیں۔ جذباتی استحصال بھی اتنا ہی نقصان دہ ہے، بلکہ بعض اوقات اس سے کہیں زیادہ تباہ کن ثابت ہو سکتا ہے۔

## عورتوں کی بھلائی مقصود ہے، تانیثیت نہیں

میں نے سوچا تھا کہ یہ واضح ہے لیکن بعد میں سمجھ میں آیا کہ ایسا نہیں ہے۔ اس لیے یہاں اس کی وضاحت ضروری ہے۔ تانیثیت کے خلاف ہونے کا مطلب یہ نہیں ہے کہ کوئی عورتوں کے حقوق کے خلاف ہے۔ اور عورتوں کے حقوق کا حامی ہونے کا مطلب یہ

نہیں ہے کہ کوئی تانیثیت پسند ہے۔ تانیثیت کی عورتوں کے مفادات کی نمائندگی پر کوئی اجارہ داری نہیں ہے۔ درحقیقت ان مفادات کو اکثر اس سے نقصان پہنچتا ہے۔

## ماں کی سیاسی اور سماجی طاقت

جدید معاشرے نے ماں کی اہمیت کو اس حد تک کم کر دیا ہے کہ مائیں بھی 'صرف ایک گھریلو خاتون' یا 'صرف ایک گھر میں رہنے والی ماں' ہونے کے خیال پر شدید عدم تحفظ اور افسردگی کا شکار ہو جاتی ہیں۔ 'گھر میں رہنے والی ماں' کا لفظ بذات خود ایک قابل نفرت اصطلاح بن چکا ہے، اور اس کے ساتھ بے اختیاری، نرمی، ہچکچاہٹ، مکمل انحصار، اور مظلومیت کے معانی وابستہ ہیں۔ گھر میں رہنے والی ماں بننے کا مطلب یہ ہے کہ آپ کو یا تو اس بدترین حالت میں مجبور کر دیا گیا ہے یا اس سے بھی بدتر، آپ نے خود اس کا انتخاب کیا ہے۔ اور یقیناً جب تک یہ آپ کا انتخاب تھا، تب تک یہ قابل قبول ہے — معاشرہ اسے صرف آزادیٔ انتخاب کی بنا پر برداشت کر لے گا۔ جدید لوگوں کی نظر میں کسی فیصلے کی واحد قدر یہی ہو سکتی ہے کہ وہ آزادانہ طور پر کیا گیا ہو۔ اگر کوئی شخص اپنی زندگی کسی معمولی اور بے معنی کام کے لیے وقف کرنے کا فیصلہ کرے، تو اسے بھی گھر میں رہنے والی ماں بننے کے انتخاب کے برابر ہی قیمتی سمجھا جائے گا۔

ہمارے زمانے میں دراصل ماں ہونے کی کوئی بڑی اہمیت نہیں ہے۔ لوگ یقیناً اس بات کی اہمیت جانتے ہیں کہ اپنی ماں سے محبت کرنی چاہئے۔ یعنی "مجھے شاید اس شخصیت کے ساتھ بدتمیزی نہیں کرنی چاہئے جو مجھے اس دنیا میں لائی ہے۔ شاید میں اسے

یوم مادر (Mother's Day) پر ایک کارڈ بھیجوں گا۔" لیکن اس کے علاوہ ماں کی جو حقیقی اہمیت اور اثر ہے اور جو ہونا چاہیے کے بارے میں زیادہ سمجھ نہیں ہے۔

ایک عیسائی مصنف کا یہ اقتباس ملاحظہ کریں:

ہاں، میری بیوی محض ایک ماں ہے۔ بس! وہ صرف نئی زندگیاں دنیا میں لاتی ہے، انہیں سنبھالتی، نکھارتی اور پروان چڑھاتی ہے۔ وہ بس گھر کے نظام کو ترتیب دیتی، سنبھالتی اور چلانے کی ذمہ داری اٹھاتی ہے، جبکہ وہ ان بچوں کی پرورش بھی کرتی ہے جو ہر چیز کے لیے اس پر مکمل انحصار کرتے ہیں۔ وہ محض ہمارے جڑواں بچوں کو زندگی کے اصول سکھاتی ہے، اور جیسے جیسے وہ بڑے ہوں گے، انہیں اخلاقیات، آداب، حروفِ تہجی، صفائی ستھرائی اور بے شمار چیزوں کی تعلیم دے گی۔ وہ بس میری روحانی بنیاد ہے، وہ وہ چٹان ہے جس پر ہمارا پورا خاندان قائم ہے۔ وہ سب کے لیے سب کچھ ہے۔ اور اگر وہ یا اس جیسی مائیں ان میں سے کسی ایک کام میں بھی ناکام ہو جائیں، تو پورا معاشرہ بکھر جائے۔ ہاں، وہ محض ایک ماں ہے۔ اور یہ ایسا ہی ہے جیسے آسمان کی طرف دیکھ کر کہنا، 'ارے، یہ تو بس سورج ہے۔

یہ بلاگر ماؤں کی قدردانی کی بات کر رہا ہے۔ اس کا مطلب یہ ہے کہ ہمیں ماؤں کی اہمیت کو تسلیم کرنا چاہیے اور یہ نہیں سوچنا چاہیے کہ اگر وہ ۹ سے ۵ کی نوکری نہیں کرتیں تو اس کا مطلب یہ ہے کہ وہ معاشرے میں کوئی کردار ادا نہیں کر رہیں یا وہ محض سست ہیں، وغیرہ۔

تعریف اور توصیف سے ایک اچھا پیغام جاتا ہے لیکن اس کا دوسرا پہلو یہ ہے کہ ہمیں ماؤں کے اثرات کو مکمل طور پر سمجھنا چاہیے۔ ماؤں کا کردار ایسا ہے کہ جو انسانوں کی آنے والی نسل کو جیسا چاہیں تشکیل دے سکتی ہیں۔ جدیدیت اور تانیثیت اس فطری طاقت کو کیوں نہیں تسلیم کرتیں؟ بظاہر، معاشرے کی ساری طاقت عوامی دائرے — جیسے کاروبار، سیاست وغیرہ — میں سمجھی جاتی ہے اور پدرشاہی نظام میں ان میدانوں پر مردوں کا غلبہ ہوتا ہے۔ لیکن یہ نقطہ نظر نجی دائرے میں طاقت کے کردار کو مکمل طور پر نظرانداز کردیتا ہے (اگر ہم واقعی 'عوامی' اور 'نجی' کے درمیان ایسی صاف لکیر کھینچ سکتے ہیں)۔ اس نقطہ نظر سے گھر میں رہنے والی ماں بن کر خواتین ایک بڑی معاشی، سماجی اور سیاسی طاقت کو دوبارہ حاصل کرسکتی ہیں — وہ طاقت جو معاشرے کے ہر فرد کی پرورش پر گہرے اثرات مرتب کرتی ہے اور یوں دنیا کی تشکیل میں اہم کردار ادا کرتی ہے۔

ماں ہونے کے تصور سے عدم تحفظ یا افسردگی محسوس کرنے کے بجائے آج کی خواتین کو اس موقع کو ایک نعمت سمجھنا چاہیے اور اسے جوش و جذبے اور پختہ عزم کے ساتھ اپنانا چاہیے۔ ہم ذہانت، لگن، بصیرت، وسائل کا استعمال اور مستقل مزاجی جیسی صفات کو پیشہ ورانہ کیریئر کے ساتھ جوڑتے ہیں۔ یعنی اگر آپ کو کسی اسٹارٹ اپ میں کام کرنا ہے یا فورچون ۵۰۰ کمپنی میں شامل ہونا ہے تو آپ کے اندر ان خصوصیات کا پایا جانا ضروری ہے۔ لیکن یہ تمام خصوصیات ماں بننے کے عمل پر بھی مکمل طور پر لاگو ہوتی ہیں۔ تو پھر لوگ اس بات پر بضد کیوں ہیں کہ جو خواتین کالج جاتی ہیں یا اعلیٰ ڈگریاں حاصل کرتی ہیں اور پھر ماں بنتی ہیں وہ اپنا ہنر 'ضائع' کر رہی ہیں اور 'پیشہ ورانہ مواقع کھو رہی ہیں؟' لوگ اتنی الجھن کا شکار کیوں ہیں؟

# تین طلاق کا مسئلہ

بہت سے لوگ تین طلاق کے مسئلے کو سمجھ نہیں پاتے۔ ظاہر ہے کہ اگر کوئی شوہر اپنی بیوی کو بیک وقت تین طلاق دیتا ہے تو اس نے ایک احمقانہ اور ناجائز عمل کیا ہے۔ یہ حقیقت ہے کہ طلاق تمام مسالک کے مطابق قطعی اور حتمی ہے، جس کا مطلب یہ ہے کہ سزا شوہر کو دی جارہی ہے، بیوی کو نہیں۔ شوہر اپنا مہر اور اپنی بیوی دونوں کھو دیتا ہے۔ بیوی کو اس شادی سے نکلنے پر خوشی محسوس ہونی چاہیے جس میں ایک ایسا شخص ہے جو اتنا لاپرواہ اور بے قابو ہے کہ وہ تین بار طلاق کا لفظ ایسے کہہ دیتا ہے جیسے ایک ضدی بچہ۔

لیکن ہندوستان میں ہندوتوادی بی جے پی کے نسل پرست ٹھگوں کے ذریعے پاس کیا گیا نیا قانون طلاق ثلاثہ پر پابندی عائد کرتا ہے تو اس سے مسلم خواتین کی مدد کیسے ہوتی ہے؟ تین طلاق پر پابندی لگانے کا مطلب یہ ہے کہ شوہر کو اپنے لاپرواہ سلوک کی سزا نہیں ملے گی اور بیوی کو ایسے شخص کے ساتھ زندگی گزارنی پڑے گی۔ اگر وہ خلع کے ذریعے شادی سے نکلنا چاہتی ہے تو اسے اپنا مہر چھوڑنا پڑے گا۔ لہٰذا اس کے لیے دونوں طرف نقصان ہی ہے۔ حسب معمول مسلمان تانیثیت پسند اس نئے قانون کا جشن مناتے رہے ہیں لیکن ان کو اس کا ادراک نہیں ہے کہ وہ کیا کر رہے ہیں۔

تین طلاق پر پابندی لگانے پر اتنی توجہ دینے کے بجائے طلاق کے بارے میں جو خراب ثقافتی رویے ہیں جو اسلام کا حصہ نہیں ہیں، ان پر توجہ دینی چاہیے۔ ایک عورت کو صرف اس وجہ سے کہ وہ طلاق شدہ ہے، کیوں ایک غیر پسندیدہ شخصیت کے طور پر دیکھا جاتا ہے؟ اس کا خاندان یا معاشرہ اسے نظرانداز کیوں کرتا ہے یا اسے بدنامی کی نظر سے

کیوں دیکھتا ہے؟ یہ درست رویہ نہیں ہے۔ طلاق ہوتی ہے۔ ایسا نہیں ہونا چاہیے، لیکن زندگی میں اس طرح کی چیزیں بہتر نہ ہوتے ہوئے بھی ہوتی ہیں اور اسی وجہ سے اللہ نے اپنی حکمت سے ان کو جائز قرار دیا ہے۔ کیا لوگوں کو لگتا ہے کہ وہ اللہ سے زیادہ جانتے ہیں؟

اسلامی روایات اور فقہ میں اصلاح کی ضرورت نہیں ہے۔ یہ بات درست ہے کہ تین طلاق شوہر کے طلاق کے حق کا غلط استعمال ہے، لیکن فقہ میں اس کے خلاف ایک بندش ہے، یعنی طلاق کو حتمی بنادینا۔ لیکن شریعت میں دیے گئے کسی بھی حق کا غلط استعمال ممکن ہے۔ مثال کے طور پر عورت کے نفقہ کے حق کا بعض مسلمان عورتیں اپنے شوہروں سے مالی فائدہ اٹھانے کے لیے ناجائز استعمال کرتی ہیں۔ مہر کے حق کا بھی غلط استعمال کیا جا سکتا ہے، جیسے غیر معمولی مہر کا مطالبہ۔ کیا اس کا مطلب یہ ہے کہ ہمیں مسلمان عورت کے نفقہ اور مہر کے حق کو ختم کر دینا چاہیے؟ ایسا کرنا اسلامی شادی کو خود ختم کرنے کے مترادف ہوگا۔ یہی بات مردوں کے طلاق کے حق کے بارے میں اصلاح یا پابندی لگانے کے حوالے سے بھی ہے۔ درحقیقت جس چیز میں اصلاح کی ضرورت ہے وہ طلاق کے بارے میں وہ رویے ہیں جو ہندومت اور عیسائیت سے مستعار لیے گئے ہیں۔

اللہ ہمیں قرآن، سنت اور اس کی علمی روایت کی پیروی کی توفیق دے تاکہ ہم اپنی مسلم ماؤں، بیٹیوں اور بہنوں کے سچے محافظ اور خیر خواہ بنیں، نہ کہ ان الہامی ہدایات میں ترمیم یا انہیں نظرانداز کرنے والے۔

نوٹ: میرے علم میں یہ بات ہے کہ علماء کے ایک چھوٹے گروہ نے ایک وقت میں تین طلاق کو ایک طلاق مانا ہے اور یہ بھی معلوم ہے کہ کچھ معاصر علماء اپنے فتاویٰ کے

لئے اس موقف کو استعمال کرتے ہیں۔ مذکورہ بالا بحث فقہ کے بارے میں نہیں ہے بلکہ اس میں اس بات پر تشویش ہے کہ روایتی فقہ کو کیسے غلط سمجھا گیا ہے اور یہ غلط فہمی کس طرح اسلام کی اصلاح کے غلط مطالبات کا سبب بنتی ہیں۔

# باب چھ: حجاب

## کچھ مسلم ممالک میں حجاب کو لازمی قرار دینے میں جبر یا دباؤ کا کیا مسئلہ ہے؟

سوال: بعض مسلم ممالک میں خواتین کے لئے حجاب کو لازمی قرار دینے میں کیا جبر ہے؟

جواب: یہ جبر ہے کیوں کہ خواتین اپنی مرضی کا لباس نہیں پہن سکتیں۔ان کے پاس انتخاب کی آزادی نہیں ہے۔

سوال: لیکن کیا دنیا میں کوئی ایسا ملک ہے جہاں لوگ جو چاہیں پہن سکیں، یعنی لامحدود انتخاب کی آزادی ہو؟

جواب: جی ہاں، مغربی ممالک!

سوال: ان مغربی ممالک میں کیا کوئی شخص عوامی مقامات پر اپنے جنسی اعضا کو ظاہر کرتے ہوئے گھوم سکتا ہے؟

جواب: جی نہیں۔

سوال: تو کیا آپ کی تعریف کے مطابق عورت پر پردے کی پابندی عائد کرنا جبر ہوگا؟ کیا اس کا مطلب یہ نہیں کہ ان ممالک میں ہر فرد کو ہمیشہ مکمل انتخاب کا حق حاصل نہیں ہے؟

جواب: جی نہیں، کیوں کہ جنسی اعضا ظاہر کرنا شائستگی اور تہذیب کے خلاف ہے۔ یہ سر کے بال کھول کر دکھانے سے مختلف ہے۔

سوال: یہ کون طے کرتا ہے کہ جسم کے ایک حصے (جنسی اعضا) کو ظاہر کرنا شائستگی اور تہذیب کے خلاف ہے اور جسم کے دوسرے حصے (سر کے بال) کو ظاہر کرنا بالکل درست ہے؟

جواب: یہ تو ایک نارمل بات ہے۔

سوال: یہ فیصلہ کس نے کیا؟ کس بنیاد پر کیا؟ یہ خیال کہاں سے آیا؟

جواب: پتہ نہیں...

سوال: کیا آپ ان سینکڑوں ثقافتوں اور معاشروں سے واقف نہیں ہیں جن کا حدود متعین کرنے کا طریقہ مختلف ہے۔ جن کے یہاں برہنگی کے مختلف تصورات موجود ہیں اور شائستگی کے مختلف معیارات پائے جاتے ہیں، وغیرہ؟

جواب: نہیں...

سوال: کیا آپ کے پاس کوئی اصولی بنیاد ہے جس کا آپ حوالہ دے سکیں تاکہ آپ کم از کم یہ ثابت کر سکیں کہ مغربی معیارات کو مسلم ممالک سمیت دنیا بھر میں بنیادی حیثیت کیوں حاصل ہے؟

جواب: نہیں...

دیکھئے لباس کے معاملے میں اسلامی معیارات اللہ کے احکام پر مبنی ہیں۔ کیا ڈھانکنا ہے اور کیا نہیں، یہ اللہ کے حکم سے ہے اور جب تک ہم اللہ پر ایمان رکھتے ہیں، ہم اس ہدایت کی پیروی کرتے ہیں اور ان احکام کی کائنات میں عظیم اہمیت اور حکمت کو سمجھنے کی کوشش کرتے ہیں۔ دوسرے لوگ شاید ان سب پر ایمان نہ رکھتے ہوں، لیکن کم از کم مسلمانوں کے پاس ان اعلیٰ اصولوں کی پیروی کرنے کا جواز موجود ہے۔

لیکن لباس کے حوالے سے مغربی معیارات جو سب پر مسلط کیے جاتے ہیں، وہ محض ثقافت پر مبنی معیارات ہیں اور ثقافتی معیارات کی کوئی اصولی بنیاد نہیں ہوتی۔ بات آخر کار اس پر آکر ختم ہو جاتی ہے کہ ہم بس ایسا ہی کرتے ہیں'، یا 'یہ کہ ہم نے اپنے بزرگوں کو ایسے ہی کرتے دیکھا اور ہم بس ان کی پیروی کرتے ہیں کیوں کہ یہ ہمارے لیے آرام دہ ہے۔' پوری بحث اس کے سوا اور کچھ نہیں ہوتی۔

لیکن پھر بھی وہ اپنے لباس کے نظریات جن کی کوئی بنیاد نہیں کے بارے میں بہت پر اعتماد اور جارحانہ ہیں۔ لیکن ہمارے نظریات سب سے مضبوط بنیاد پر قائم ہیں، پھر بھی ہم آسانی سے ان پر سمجھوتہ کر لیتے ہیں اور انہیں انتخاب کا حق' اور 'آزادی' جیسے 'بے معنی نعروں کے لیے قربان کر دیتے ہیں۔ حال یہ ہے کہ اس طرح کے نعرے ذرا سی ہی تنقید سے بکھر جاتے ہیں۔

نوٹ: اوپر یہ نہیں بتایا جا رہا کہ ایک مسلمان عورت کو حجاب کیوں پہننا چاہیے۔ یہ در حقیقت ایک بہت مخصوص اور عام دلیل کا جواب ہے جو اسلام اور مسلم معاشروں کے

خلاف دی جاتی ہے، یعنی کہ وہ جابرانہ ہیں، غیر معقول ہیں، اور آزادی کے حق کا احترام نہیں کرتے۔

## حجاب پر بحث کے مؤثر اور مثبت طریقے

کیا ہمیں ان ممالک سے کوئی مسئلہ ہے جو عوامی مقامات پر ک-ک-ک کے لباس، نازی یونیفارم، یا کنفیڈریٹ جھنڈے پہننے پر پابندی لگاتے ہیں؟ شاید نہیں۔ لیکن اگر کسی ملک جیسے فرانس، کے لوگ حجاب کو بھی اسی نظر سے دیکھیں جس نظر سے ہم ک-ک-ک، نازی، اور کنفیڈریٹ لباس کو دیکھتے ہیں، تو پھر کیا ہوگا؟

یہ محض خیالی بات نہیں ہے۔ فرانس، جرمنی اور دیگر ممالک میں سیکولر حلقے کم و بیش یہی دلیل دیتے ہیں کہ حجاب ان کے نزدیک بدترین جبر کی علامت ہے۔ ان کے لیے یہ اہم نہیں کہ مسلمان حجاب کو کس نظر سے دیکھتے ہیں، بالکل اسی طرح جیسے نئی نازی تحریک کے حامیوں کی نظر میں سواستیکا (Swastika) کی اپنی کوئی مخصوص تشریح ہو، مگر اسے معاشرہ قبول نہیں کرتا۔ ان کے نزدیک اصل بات یہ ہے کہ حجاب ان کے اور ان کے معاشرے کے لیے کیا معنی رکھتا ہے۔

مسلمانوں کو اس تصور کی مخالفت کرنی چاہیے، لیکن اس کے لیے محض یہ کہنا کافی نہیں ہوگا کہ "مجھے جو چاہوں پہننے کی آزادی ہونی چاہیے۔" یہ دلیل نہ تو کسی پر خاص اثر ڈالے گی اور نہ ہی سیکولر حلقوں کے حجاب سے متعلق منفی رویے کو تبدیل کر سکے گی۔

حجاب "ایک انتخاب ہے" پر اصرار کرنا اتنا ہی غیر موثر ہے کیوں کہ سیکولرزم کے حامی اس سے واقعی متفق نہیں ہیں۔ ان کا ماننا ہے کہ حجاب ایک وسیع نظام کا حصہ ہے

جو پدرانہ جبر پر مبنی ہے اور مسلمان عورتیں اس نظام میں اتنی رچ بس گئی ہیں کہ انہیں اس بات کا احساس بھی نہیں ہوتا کہ وہ پردے کے ذریعے جبر کا شکار ہیں۔

تو مسلمان حجاب کے بارے میں غیر مسلموں سے بامقصد مکالمہ کیسے کر سکتے ہیں؟ عیسائیوں سے بات کرتے وقت حضرت مریمؑ کی مثال دینا ایک مؤثر اور واضح طریقہ ہو سکتا ہے۔

ہمیں دیگر تاریخی مثالوں پر بھی غور کرنا چاہیے، کیونکہ جدید بے پردہ لباس درحقیقت ایک حالیہ انحراف ہے۔ ہمیں اس بات پر گفتگو کرنی چاہیے کہ برہنگی اور عوامی مقامات پر جسم کی نمائشی جنسی کشش لوگوں کے رویے اور ان کی نفسیات (یعنی ان کے دل ودماغ) پر کیا اثر ڈالتی ہے۔

اپنے جسم کو ڈھانپنے اور لباس سے زینت اختیار کرنے کی انسانی زندگی میں کیا اہمیت ہے؟ مسلمان یقیناً حضرت آدمؑ اور حضرت حواؑ کے واقعے سے رہنمائی حاصل کرتے ہیں، لیکن حتیٰ کہ سیکولر افراد کو بھی یہ تسلیم کرنا پڑتا ہے کہ جانور انسانوں کی طرح اپنا جسم نہیں چھپاتے۔ جانور کپڑا استعمال نہیں کرتے تاکہ جسم کے خدوخال کو چھپایا جا سکے۔ سیکولر حلقے انسانی عقل کو ایک نمایاں امتیاز کے طور پر تسلیم کرتے ہیں، جو انسان کو باقی مخلوقات سے ممتاز کرتی ہے۔ اسی طرح جسم کو ڈھانپنا بھی انسانی وقار اور شعور کی ایک علامت ہے جو ہمیں حیوانات کی دنیا سے الگ کرتا ہے۔

لیکن اگر سیکولر لوگ فطرت پسندی کا حوالہ دے کر یہ دعویٰ کریں کہ "برہنگی زیادہ فطری ہے" جیسا کہ جانوروں میں دیکھا جاتا ہے، تو ہمیں غور کرنا چاہیے کہ حقیقت

میں ایسا نہیں ہے۔ اگر ہم جانوروں کے ملاپ کے طریقوں پر نظر ڈالیں، تو دیکھیں گے کہ نر اور مادہ نہ صرف خود کو سجاتے ہیں بلکہ ایک دوسرے کو متوجہ کرنے کے لیے پیچیدہ رقص اور حرکات میں بھی حصہ لیتے ہیں۔

حتیٰ کہ جانوروں کے لیے بھی ملاپ محض دو ننگے جسموں کے آپس میں ملنے اور جنسی تعلق قائم کرنے کا نام نہیں۔ نہیں، جانور بھی ایک دوسرے کی "ظاہری خوبصورتی" کو سنجیدگی سے لیتے ہیں، جیسے کہ رنگ، بالوں کی موٹائی اور رنگوں کے منفرد نمونے۔ یعنی جانور بھی اپنے ظاہر اور جسمانی خصوصیات کو ایک خاص سوچ کے ساتھ اہمیت دیتے ہیں۔

بلکہ کچھ انواع میں مادہ خاص طور پر نر سے خود کو چھپاتی ہے اور اپنی موجودگی کم ظاہر کرتی ہے تاکہ نر کو اسے جیتنے کے لیے زیادہ محنت کرنا پڑے۔ لیکن حیرت کی بات یہ ہے کہ بعض انسان یہ سمجھتے ہیں کہ بس اپنے جسم کو عریاں کر لینا، اس کی تصاویر لینا اور کسی سمارٹ فون ڈیٹنگ ایپ پر "میچنگ" کر لینا ہی کافی ہے، اس سے پہلے کہ وہ قربت اختیار کریں اور اس کی تمام پیچیدگیوں اور حساسیتوں کا سامنا کریں۔

اور مستقبل کے رجحانات (futurism) کے بارے میں کیا خیال ہے؟ اگر آپ جدید تجرباتی فیشن پر نظر ڈالیں تو آپ کو بہت کچھ ایسا نظر آئے گا جو حجاب سے مشابہت رکھتا ہے۔۔ یقیناً خواتین کا چہرہ اور بال ڈھانپنا اس فیشن کا حصہ ہے۔ اگر مغربی ثقافت اور معاشرہ مسلسل ترقی کر رہے ہیں تو بلاشبہ آج کے فیشن کل متروک ہو جائیں گے۔ ہمیں بتایا جاتا ہے کہ 'ترقی' کا یہ نہ ختم ہونے والا سفر ہے۔ اگر آج کی خواتین کم کپڑے پہننے اور

اپنے بالوں کو دکھانے کی طرف مائل ہیں تو یہ سمجھنا ضروری ہے کہ ترجیحات بدلیں گی اور رجحان الٹ جائے گا۔ لہذا مسلم لباس اس وسیع تر سیاق وسباق میں بالکل بھی بے محل نہیں ہے۔

یہ صرف چند مختصر مثالیں ہیں لیکن ہر ایک میں لباس کی اہمیت اور اس کے مفہوم پر غور وفکر کرنے والی گفتگو کی صلاحیت موجود ہے۔ اور جیسا کہ میں بار بار کہتا ہوں کہ بحث اسی سطح پر ہونی چاہیے: یعنی مفہوم اور اقدار کی سطح پر۔ 'انتخاب کی آزادی' جیسے خالی تصورات کا حوالہ دینے سے یہ بحث کمزور پڑ جاتی ہے، اسے سبوتاژ کر دیا جاتا ہے اور مسلمانوں کو ایک کمزور پوزیشن میں لاکر کھڑا کر دیا جاتا ہے۔ اب وقت آگیا ہے کہ ہم اپنی حکمت عملی تبدیل کریں۔

## فرانسیسی لوگ اور حجاب

آپ کو فرانسیسیوں کی داد دینی چاہیے۔ ان کی سوچ اور نظریہ اس بات پر بہت واضح اور مضبوط ہے کہ جسم کے کون سے حصے ڈھانپے جائیں اور کون سے نہیں۔ مسلمانوں کا بھی اس بارے میں ایک پختہ نظریہ تھا۔

فرانسیسی اپنے نظریات کو بعض مبہم اور بے بنیاد مابعد الطبیعی تصورات پر استوار کرتے ہیں، جو انسانی وقار اور بالآخر خدا کے انکار پر مبنی ہوتے ہیں، لیکن ان کی وابستگی اور استقامت بے مثال ہے۔ دوسری جانب، مسلمانوں کے نظریات خدا، اس کے قوانین اور مذہبی وروحانی اخلاقیات پر مبنی ہیں۔ باوجود اس کے، بعض مسلمان اس حوالے سے حقیقی

لگن سے محروم نظر آتے ہیں۔ کم از کم وہ استقامت تو نہیں رکھتے جو فرانسیسیوں میں پائی جاتی ہے۔

بہر حال، فرانسیسی یہ دعویٰ کرنے اور صاف الفاظ میں کہنے کے لیے تیار ہیں کہ "یہی درست ہے۔ یہی مناسب ہے۔"

مسلمان اس کے جواب میں زیادہ سے زیادہ اتنا ہی کہہ پاتے ہیں: "ہاں، شاید آپ صحیح کہہ رہے ہیں۔ لیکن ممکن ہے کہ کچھ خواتین کبھی کبھار نقاب پہننا چاہتی ہوں اور اگر یہ آپ کے لیے قابل قبول ہو تو ان کے انتخاب کا احترام کیا جانا چاہیے۔ اور اگر نہیں، تو افسوس کی بات ہے کہ آپ ان کے انتخاب کا احترام نہیں کرتے... اور پھر رونا دھونا شروع ہو جاتا ہے۔"

ایک فرانسیسی یا کوئی اور اس کا احترام کیوں کرے؟ جب کہ ان کا ماننا ہے کہ نقاب بنیادی طور پر تہذیب کی توہین اور ایک مکروہ چیز ہے۔ جو چیز اخلاقی طور پر ناپسندیدہ ہو اس کا کوئی احترام نہیں کیا جا سکتا۔

اس مسئلے کو اخلاقی سطح پر حل کرنے کے بجائے اس کی جڑ تک پہنچنے والے گہرے دلائل تلاش کرنے اور فرانسیسی اور مغربی رویوں میں انسانی جسم، برہنگی، جنس اور صنف سے متعلقہ مفروضات اور تضادات کو پختہ انداز میں پرکھنے کے بجائے، ہم 'انتخاب کے احترام' اور 'مذہبی آزادی' جیسے خالی تصورات پر بیٹھ کر رونا شروع کر دیتے ہیں، جو نہ تو ہماری لغت کا حصہ ہیں اور نہ ہی ہماری فکری روایت میں شامل ہیں، مگر ہم انہیں استعمال کرتے ہیں کیوں کہ ہمیں لگتا ہے کہ دوسرے انہیں قبول کر لیں گے۔

اچھی طرح جان لیجئے کہ وہ ایسا نہیں کریں گے۔

تو اے فرانسیسیو، تمہیں سلام !کاش ان مسلمانوں میں بھی تمہاری طرح غیر متزلزل یقین کا ادنیٰ سا حصہ ہوتا، تو آج یہی مسلمان تمہارے لیے لباس کے اصول طے کر رہے ہوتے، نہ کہ تم ان کے لیے۔

## حجاب کے بارے میں غلط فہمیاں

کیا حجاب کا جنسی ہراسانی پر کوئی اثر ہوتا ہے؟

یہ ایک عام دلیل ہے جو میں حجاب اور باوقار لباس کی افادیت کے خلاف سنتا ہوں، یعنی "باوقار لباس پہننے والی خواتین، یہاں تک کہ مکمل حجاب والی خواتین، بھی ہراسانی اور جنسی حملے کا شکار ہوتی ہیں۔ لہذا باوقار لباس اور حجاب کا واضح طور پر خواتین کو جنسی ہراسانی سے بچانے میں کوئی کردار نہیں ہے۔"

لیکن یہ ایک غلط دلیل ہے کیوں کہ کوئی بھی یہ دعویٰ نہیں کرتا کہ باوقار لباس پہننے سے منفی توجہ حاصل کرنے کا امکان مکمل طور پر ختم ہو جائے گا۔ بات صرف اتنی ہے کہ سب کچھ ویسا ہی ہونے کے باوجود باوقار لباس مثلاً حجاب سے اس طرح کی ہراسانی کا امکان واضح طور پر کم ہو جاتا ہے۔

لہذا مثال کے طور پر بدقسمتی سے جب قاہرہ کی مصروف سڑکوں پر حجاب میں خواتین ہراسانی کا شکار ہوتی ہیں تو اس حقیقت سے انکار نہیں کیا جا سکتا کہ اگر یہ خواتین یوگا

پینٹس، ٹینک ٹاپ و دیگر عام مغربی طرز کے لباس میں ملبوس ہوتیں تو ہراسانی اور زیادہ بدتر ہوتی۔

اس ضمن میں مندرجہ ذیل آیت رہنمائی کرتی ہے:

﴿يَٰٓأَيُّهَا ٱلنَّبِيُّ قُل لِّأَزۡوَٰجِكَ وَبَنَاتِكَ وَنِسَآءِ ٱلۡمُؤۡمِنِينَ يُدۡنِينَ عَلَيۡهِنَّ مِن جَلَٰبِيبِهِنَّۚ ذَٰلِكَ أَدۡنَىٰٓ أَن يُعۡرَفۡنَ فَلَا يُؤۡذَيۡنَۗ وَكَانَ ٱللَّهُ غَفُورٗا رَّحِيمٗا﴾ [الأحزاب: ۵۹]

اے نبیؐ! اپنی بیویوں اور بیٹیوں اور اہلِ ایمان کی عورتوں سے کہہ دو کہ اپنے اوپر اپنی چادروں کے پلو لٹکا لیا کریں۔ یہ زیادہ مناسب طریقہ ہے تاکہ وہ پہچان لی جائیں اور نہ ستائی جائیں۔ اللہ تعالیٰ غفور و رحیم ہے۔

(سورہ الاحزاب: ۵۹)

## حجاب کا کوئی عملی فائدہ یا مقصد نہیں ہے

شخص ا: میں اب سیٹ بیلٹ نہیں باندھوں گا۔ یہ بالکل فضول ہے۔

شخص ب: کیا؟ کیا تم پاگل ہو گئے ہو؟

شخص ا: نہیں، ایسا بالکل نہیں ہے۔ سیٹ بیلٹ پہننا محض ایک علامتی عمل ہے، ایک خالی رسم، کچھ لوگ اسے "قوانین پر عمل کرنے کا دکھاوا" بھی کہہ سکتے ہیں کہ دنیا کو دکھایا جائے کہ آپ اوپر سے دیے گئے من مانی قوانین کی پاسداری کرتے ہیں۔ اور جب کہ

کچھ لوگ سیٹ بیلٹ لگانے کا فیصلہ اپنی مرضی سے کرتے ہیں—اور میں ان کے انتخاب کا احترام کرتا ہوں—میں اس سے گریز کرنے کا انتخاب کرتا ہوں۔

شخص ب: ٹھیک ہے، ہاں، آپ اسے اس طرح بیان کر سکتے ہیں لیکن اس کا مطلب یہ نہیں کہ سیٹ بیلٹ بیکار ہیں۔اس کا ایک بڑا مقصد ہے۔

شخص ا: کیا مقصد ہے؟

شخص ب: نئ نئ ڈرائیونگ سیکھنے والوں کو یہ کار حادثے میں زخمی ہونے سے بچاتے ہیں۔

شخص ا: یہ مضحکہ خیز ہے۔ کیا آپ جانتے ہیں کہ بعض لوگ سیٹ بیلٹ پہننے کے باوجود کار حادثے میں زخمی ہو جاتے ہیں؟ حتیٰ کہ کچھ لوگ سیٹ بیلٹ باندھنے کے باوجود بھی جان سے ہاتھ دھو بیٹھتے ہیں۔ تو ظاہر ہے کہ سیٹ بیلٹ بیکار ہیں اور یہ آپ کی حفاظت کے لیے بالکل بھی مؤثر نہیں ہیں۔

شخص ب: کیا؟ صرف اس لیے کہ سیٹ بیلٹ ہر قسم کے نقصان سے جادوئی طور پر نہیں بچاتا، اس کا مطلب یہ نہیں کہ یہ بے کار ہے۔

شخص ا: معاف کیجیے، لیکن آپ کی بات غلط ہے۔ میں بہت سے ایسے لوگوں کو جانتا ہوں جو سیٹ بیلٹ پہنے ہوئے تھے اور پھر بھی زخمی ہو گئے۔ ان میں سے کچھ لوگ ان ممالک میں گاڑی چلا رہے تھے جہاں سیٹ بیلٹ پہننا بہت عام ہے۔ کیا آپ کو میری اس بات پر یقین آئے گا؟

شخص ب: آپ ایک منطقی غلطی کر رہے ہیں۔ صرف اس لیے کہ سیٹ بیلٹ آپ کی ۱۰۰ فیصد حفاظت نہیں کرتے اس کا مطلب یہ نہیں کہ اس سے بالکل بھی حفاظت نہیں ہوتی۔ سب کچھ یکساں ہونے کے باوجود سیٹ بیلٹ پہننے سے چوٹ اور موت کے امکانات نمایاں طور پر کم ہو جاتے ہیں۔

شخص ا: بغیر سیٹ بیلٹ پہنے ڈرائیو کرنے والوں کا مذاق اڑانا بند کریں! اگر میں بغیر سیٹ بیلٹ پہنے ڈرائیو کر رہا ہوں اور مجھے نشے میں گاڑی چلا رہے ایک ڈرائیور نے ٹکر مار دی اور مجھے سنگین چوٹ لگی یا میں مر گیا، تو یہ نشے میں گاڑی چلانے والے کی غلطی ہے، میری نہیں۔ متاثرہ فرد کو ایسا گھٹیا الزام دینے سے باز آئیں!

شخص ب: ... کیا؟ ظاہر ہے کہ نشے میں گاڑی چلانے والے ڈرائیور کی غلطی ہے، لیکن اس کا سیٹ بیلٹ پہننے سے کوئی تعلق نہیں ہے۔ حقیقت یہ ہے کہ دنیا میں کچھ پاگل اور غیر ذمہ دار لوگ ہیں، اس سے سیٹ بیلٹ پہننے کی اہمیت کم نہیں ہوتی۔ درحقیقت ان غیر ذمہ دار لوگوں کی موجودگی کی وجہ سے سیٹ بیلٹ پہننا عملاً اور بھی ضروری ہو جاتا ہے۔

شخص ا: اوہ! میں آپ کی سیٹ بیلٹ کی وضاحت سے تنگ آگیا ہوں! آپ کا رویہ ناگوار گزر رہا ہے!

شخص ب: ... ارے ...

شخص ا: یہ سیٹ بیلٹ پہننے والوں کی ایک اور برتری جتانے والی سوچ ہے، جو تکبر سے ہم پر تنقید کر رہے ہیں کیونکہ ہم گاڑی چلاتے وقت اپنی مرضی کے مطابق لباس پہننا چاہتے ہیں۔ یہی وہ مسئلہ ہے جو آج کی دنیا کو درپیش ہے۔

شخص ب : میرا ارادہ آپ کو ناراض کرنا نہیں ہے۔ دراصل، اگر آپ اپنی گاڑی کے ہدایت نامے کو دیکھیں، تو گاڑی بنانے والے خود کہتے ہیں کہ چوٹ سے بچنے کے لیے سیٹ بیلٹ پہننا ضروری ہے۔ کیا گاڑی بنانے والے بھی تکبر اور بے حسی کا مظاہرہ کر رہے ہیں؟

شخص ا: چوں کہ آپ سیٹ بیلٹ پہنے ہوئے ہیں، اس لیے یہ آپ کی گاڑی کے مالک کے ہدایت نامے کی جانبدارانہ تشریح ہے۔ اس ہدایت نامے کی تشریح ایک ایسے شخص کو کرنی چاہیے جو سیٹ بیلٹ نہیں پہنتا۔ یہ نہ سمجھیں کہ آپ کو ان ہدایت ناموں کی تشریح کا خصوصی حق حاصل ہے، کیونکہ ایسا نہیں ہے۔

شخص ب: مجھے نہیں لگتا کہ اس بارے میں مالک کے ہدایت نامے میں کوئی ابہام ہے۔

شخص ا: بہت ہو چکا! آپ کو نہیں پتا کہ میری حالت کیا ہے اور گاڑی چلانے کے دوران میں نے کیا کچھ برداشت کیا ہے، تو آپ کو یہ کہنے کی جرات کیسے ہوئی کہ مجھے سیٹ بیلٹ پہننی چاہیے یا نہیں؟ اور اس سے بھی بدتر یہ کہ آپ کار مالک کے ہدایت نامے کا حوالہ دے کر مجھے خاموش کرنے کی کوشش کر رہے ہیں! کیا آپ کے پاس خود کی گاڑی ہے؟

شخص ب: نہیں، لیکن اس سے کیا فرق پڑتا ہے۔۔۔؟

شخص ا: واہ، آپ کے پاس گاڑی بھی نہیں ہے لیکن آپ مجھے سیٹ بیلٹ پر لیکچر دے رہے ہیں! آپ کے حق میں بہتر یہی ہے کہ خاموش رہیں۔

یوں حجاب اور جنسی ہراسانی پر ایک اور "بامقصد" بحث اپنے اختتام کو پہنچتی ہے۔ویسے، یہاں ہمارے 'مالک کے ہدایت نامے' سے متعلقہ ایک اقتباس پیش خدمت ہے۔:

﴿يَٰٓأَيُّهَا ٱلنَّبِيُّ قُل لِّأَزْوَٰجِكَ وَبَنَاتِكَ وَنِسَآءِ ٱلْمُؤْمِنِينَ يُدْنِينَ عَلَيْهِنَّ مِن جَلَٰبِيبِهِنَّ ذَٰلِكَ أَدْنَىٰٓ أَن يُعْرَفْنَ فَلَا يُؤْذَيْنَ وَكَانَ ٱللَّهُ غَفُورًا رَّحِيمًا﴾ [الأحزاب: ۵۹]

اے نبیؐ! اپنی بیویوں اور بیٹیوں اور اہلِ ایمان کی عورتوں سے کہہ دو کہ اپنے اوپر اپنی چادروں کے پلو لٹکا لیا کریں۔یہ زیادہ مناسب طریقہ ہے تاکہ وہ پہچان لی جائیں اور نہ ستائی جائیں۔ اللہ تعالیٰ غفور ورحیم ہے۔
(سورہ الاحزاب: ۵۹)

## حجاب اور خود مختاری کے فرسودہ دعوے

کیا حجاب پہننے سے کوئی بااختیار بن جاتا ہے؟ جب مسلم تانیثیت پسند یہ کہتیں ہیں، تو وہ اس کی وضاحت انتخاب کے حق کا حوالہ دے کر کرتیں ہیں۔ایک مسلم عورت اس لیے بااختیار ہوتی ہے کہ وہ اپنی مرضی کا لباس پہن سکتی ہے۔انتخاب کی آزادی ہی اس کو طاقت دیتی ہے۔ لیکن اگر بااختیاری کا مطلب یہی ہے تو پھر اگر ایک عورت بکنی یا کچھ اور پہننے کا انتخاب کرتی ہے تو وہ بھی اتنی ہی بااختیار سمجھی جائے گی کیونکہ یہ اس کے انتخاب پر مبنی ہے۔

کیا یہ کوئی تعجب کی بات ہے کہ نوجوان مسلم لڑکیاں، جو اس 'بااختیاری ' کے تصور میں پروان چڑھی ہیں، حجاب کو مکمل طور پر ترک کر دیتی ہیں؟ جب اہم چیز انتخاب اور طاقتور محسوس کرنا ہے تو حجاب کی کیا ضرورت ہے؟ آپ فیشن ایبل کپڑے پہن کر، پر کشش دکھائی دے کر اور مردوں کو اپنی طرف متوجہ کر کے بہت طاقتور محسوس کر سکتی ہیں۔ ہماری سوسائٹی میں اوسط عورت یا نوجوان لڑکی کے لیے یہ حجاب پہننے اور لوگوں کی گھورتی نظروں کا سامنا کرنے کے مقابلے میں کہیں زیادہ بااختیار محسوس ہوتا ہے۔ تو براہ کرم 'طاقتور یا بااختیار بننے 'کی اس رَٹ کو چھوڑ دیں، کیونکہ ہو سکتا ہے کہ اس میں کسی وقت کچھ لوگوں کے لیے کچھ بہتری رہی ہو لیکن بہر حال نقصان اس سے کہیں زیادہ ہو رہا ہے۔

یہ بات حیرت انگیز طور پر دلچسپ ہے کہ اگر ہم واقعی حجاب کے بارے میں طاقت کے حوالے سے بات کرنا چاہیں، تو اس کا ایک بہت واضح اور مؤثر طریقہ موجود ہے۔ حقیقت یہ ہے کہ اپنے آپ کو ڈھانپنا، چھپانا اور عوامی نظر سے خود کو بچانا دنیا بھر میں طاقتور سمجھا جاتا ہے۔ سی آئی اے، ایم آئی سکس اور دیگر خفیہ ایجنسیوں کی طاقت کا بڑا حصہ اس حقیقت میں مضمر ہے کہ وہ عوامی نظر سے دور اور پوشیدہ رہتی ہیں۔

دنیا کے طاقت ور ترین افراد عوامی میل جول سے دور رہتے ہیں، شہرت پر مبنی خبروں اور تصویروں سے بچتے ہیں۔ مثال کے طور پر، امریکہ کی سپریم کورٹ کے جج بہت زیادہ نجی زندگی گزارتے ہیں۔ دنیا کے امیر ترین افراد اور سیاستدانوں کے درمیان بہت سی ملاقاتیں بند دروازوں کے پیچھے ہوتی ہیں۔

اور یہ کوئی نئی بات نہیں ہے۔ ماضی میں سلاطین اور بادشاہوں کے لیے عوام کی نظروں سے بچنا ایک فن رہا ہے۔ ایسا سمجھا جاتا تھا کہ عام لوگوں کے سامنے آنا ان کی حیثیت کو کم کر دیتا ہے۔ اگر انہیں عام سڑکوں سے گزرنا پڑتا تو کچھ عثمانی سلاطین عوام کی نظروں سے بچنے کے لیے نقاب بھی پہن لیتے تھے۔ یہ جدید سیاستدانوں اور حکمرانوں کے طرز عمل سے مشابہت رکھتا ہے جو سیاہ گاڑیوں میں سوار ہوتے ہیں جن کی سیاہ کھڑکیاں ہوتی ہیں۔

لیکن پتہ نہیں آج کے لوگ کیوں یہ سمجھنے لگے ہیں کہ سب کے سامنے خود کو عیاں کر دینا بااختیاری کی علامت ہے۔ یہ کتنی احمقانہ اور عقل کے خلاف بات ہے۔ لوگ نہ صرف اپنے جسموں کی نمائش کرتے ہیں بلکہ اپنی ذاتی زندگی کی انتہائی نجی تفصیلات بھی عام کر دیتے ہیں۔ سوشل میڈیا نے اجنبیوں کے لیے آپ کے گھر میں داخل ہونا آسان بنا دیا ہے۔ یہ طاقتور ہونے کے بجائے خود کو دوسروں کی نظروں کا غلام بنانا ہے۔ ہونا تو یہ چاہیے تھا کہ آپ یہ طے کریں کہ لوگوں کے پاس آپ کی کون سی معلومات ہوں، مگر اس کے برعکس، آپ اپنی ذاتی معلومات انہیں مفت میں دے دیتے ہیں اور یوں اپنی روح کی چابی ان کے حوالے کر دیتے ہیں۔

تمام معاشرے پرائیویسی (رازداری) کی اہمیت کو بخوبی سمجھتے ہیں، لیکن آج کے دور میں تانیثیت جیسے گمراہ کن نظریات کے اثرات نے اس تصور کو بری طرح مجروح کر دیا ہے۔ اسی تناظر میں ہم حجاب کی حکمت پر غور کر سکتے ہیں۔ قدرتی طور پر مردوں کے مقابلے میں عورتوں کو زیادہ پردے اور تحفظ کی ضرورت ہوتی ہے۔ اس کا مطلب یہ ہے کہ عورتیں دوسروں کی لالچی نظروں کا زیادہ نشانہ بن سکتی ہیں، چاہے یہ نظریں مردوں کی

ہوں یا خود عورتوں کی۔ ایسا اس لیے ہے کہ اللہ نے عورتوں کو کچھ منفرد اور قیمتی خصوصیات عطا کیں ہیں۔

اب سوال یہ پیدا ہوتا ہے کہ کیا عورتوں کو اپنی ان خصوصیات کو بلا جھجک، بغیر کسی تحفظ کے سب کے لیے عام کر دینا چاہیے؟ وہ ایسا کر سکتیں ہیں، لیکن یہ عقل و شعور کے سراسر خلاف ہوگا۔ نہ صرف یہ کہ وہ ایک بہت بڑا موقع گنوا دیں گی بلکہ اس کے نتیجے میں ہزاروں طریقوں سے خود کو نقصان اور خطرے میں ڈال لیں گی۔

حقیقت یہ ہے کہ ماضی کی عورتیں جانتی تھیں کہ عوام کی نظروں سے اوجھل رہنا کتنا قیمتی ہے اور انہوں نے اس طاقت کو اپنے ذاتی مقاصد کے لیے بخوبی استعمال کیا— چاہے وہ سماجی ہوں، مالی، خاندانی، یا حتیٰ کہ سیاسی۔

لیکن جدید دانشور اور محققین اسے محض یوں دیکھتے ہیں:

"یہ بے چاری، بے اختیار، بے زبان مسلم عورتیں اور ان کا حجاب... کیسی ذلت! کتنا بڑا جبر! کتنا افسوس ناک المیہ ہے"!

مگر انہیں یہ اندازہ تک نہیں کہ حقیقی المیہ کا شکار تو وہ خود ہیں۔

اور ہمارے علم کے مطابق صحیح بات یہ ہے کہ حجاب پہننے کی حتمی وجہ اللہ کی اطاعت اور اس کے احکام کو عزم اور اخلاص کے ساتھ ماننا ہے۔ اللہ علیم و خبیر ہے۔

## "حجاب ایک ذاتی انتخاب ہے" اور دیگر غلط فہمیاں

مسلم خواتین کا حجاب کے بارے میں بار بار "انتخاب" کے تصور کو دہرانا سراسر بے بنیاد اور بے معنی ہے۔ سوال یہ ہے کہ آخر کوئی اپنے لباس کا "انتخاب" کرتا بھی کس طرح ہے؟

مغربی خواتین یہ سمجھتی ہیں کہ ان کی الماری میں جتنے بھی کپڑے ہیں ان کا انتخاب انہوں نے مکمل طور پر آزادانہ اور اپنی مرضی سے کیا ہے۔ لیکن صحیح بات یہ ہے کہ ان میں سے زیادہ تر لباس "اتفاقاً" فیشن کی مشہور کمپنیوں جیسے ورساچی(Versace) اور چینل(Channel) جیسے برانڈز کی ہدایات کے مطابق ہوتے ہیں۔ ان کمپنیوں کے ذریعہ دی گئی فہرست کو سامنے رکھ کر کپڑہ 'دلکش ہے یا نہیں" کی بنیاد پر فیصلہ کیا جاتا ہے۔ طرفہ تماشہ یہ ہے کہ مغربی خواتین فیشن کے اس ٹرینڈ اور برانڈ کی اس طرح پیروی کرتی ہیں کہ کسی صوفی کے مریدان کے آگے فیل ہو جائیں۔

اگر واقعی لباس کا انتخاب مکمل طور پر آزادانہ ہوتا تو ہمیں بے حد متنوع انداز نظر آتے——یعنی جسم کے مختلف حصے کھلے یا ڈھکے ہوتے، لباس کے مختلف ذرائع ہوتے وغیرہ۔ مگر مغربی معاشرے میں ایسا نہیں ہے۔ وہاں لباس میں ایک خاص حد تک یکسانیت نمایاں ہے۔ خواتین (اور ظاہر ہے کہ مرد بھی) سماجی معیارات کے مطابق لباس پہنتی ہیں، جو برہنگی، شائستگی، فیشن وغیرہ کے بارے میں مشترکہ تصورات پر مبنی ہوتے ہیں۔ اس یکسانیت کی ایک بڑی وجہ یہ بھی ہے کہ زیادہ تر لوگ مشہور برانڈ یا خریداری کے بڑے مراکز سے اپنے کپڑے خریدتے ہیں۔

یقیناً رنگ، ڈیزائن اور کپڑے مختلف ہو سکتے ہیں لیکن بنیادی اسٹائل تمام ملبوسات میں مشترک ہوتے ہیں اور پھر بھی لوگ یہ سمجھتے ہیں کہ جو کچھ وہ پہنتے ہیں وہ "ان کے انتخاب کی آزادی" کے مطابق ہوتا ہے۔ در حقیقت یہ محض انفرادیت کو بڑھا چڑھا کر دکھایا جانے والا تصور ہے۔ ہو سکتا ہے کہ آپ نے بلاؤز کا انتخاب کیا ہو لیکن مجموعی طور پر آپ نے سینے کو ڈھانپنے کا انتخاب نہیں کیا۔ آپ نے اپنے علاقے میں موجود ریٹیل اسٹورز کا انتخاب خود نہیں کیا۔ آپ نے وہ عام طور پر دستیاب ڈیزائنز منتخب نہیں کیے جو ان اسٹورز میں بیچے جاتے ہیں، وغیرہ، وغیرہ۔ چاہے آپ لوگوں کو کتنا ہی محدود انتخاب کا موقع دیں وہ اس محدود دائرے میں اپنے آپ کو آزادی سے فیصلہ کرنے والا سمجھنے لگیں گے۔ چوں کہ مغربی معاشرہ انتخاب اور انفرادیت کے بارے میں بہت زیادہ متفکر ہے اس لیے یہ ہونا ہی ہے۔

ہمارے یہاں ایسی خواتین کی بڑی تعداد ہے جو ایک ہی طرح کے یوگا پینٹس، بدشکل جوتے، سیاہ جیکٹس پہنتی ہیں۔ ایک ہی طرح کے سستے لوازمات استعمال کرتی ہیں، ایک ہی طرح کے کم معیار کا عطر لگاتی ہیں، ایک ہی کیمیکلز سے اپنے چہرے ایک جیسے رنگتی ہیں اور باحجاب مسلم خواتین کے بارے میں ان کا کہنا ہے کہ وہ مظلوم ہیں، ان کے پاس اختیار نہیں، انتخاب کی آزادی نہیں ہے وغیرہ وغیرہ۔

افسوس کی بات ہے کہ وہی مسلم خواتین مضامین لکھ رہی ہیں، انٹرویوز دے رہی ہیں اور یہ کہہ رہی ہیں کہ ان کے پاس بھی انتخاب کی آزادی ہے، بالکل ویسی ہی جیسے غیر مسلم اور بنا حجاب والی خواتین کے پاس ہے۔

## حجاب کے بارے میں بے وقوفی کی باتیں بند کیجیے

یہ بدقسمتی کی بات ہے کہ آج کل مسلمان جب بھی حجاب پر بات کرتے ہیں تو وہ غلط فہمیوں اور الجھی ہوئی تاویلوں میں لپٹی ہوتی ہے جس کی وجہ سے حجاب کا اصل مطلب، مقصد اور اہمیت نظروں سے اوجھل ہو جاتی ہے۔ حقیقت یہ ہے کہ حجاب کو تانیثیت کے نظریہ سے نہیں سمجھا جا سکتا۔ اس کا خواتین کی آزادی، انتخاب، بااختیاری یا ان جدید تصورات سے کوئی تعلق نہیں جو نہ صرف اسلام سے باہر کے خیالات ہیں بلکہ تاریخی طور پر اسلام پر تنقید اور حملے کے لیے کھڑے کیے گئے تھے۔

جب کوئی یہ کہتا ہے کہ ہمیں اسلام کے روایتی اصولوں کو اس لیے چھوڑ دینا چاہیے کیونکہ وہ تانیثیت سے مطابقت نہیں رکھتے تو ہمارا ردعمل یہ نہیں ہونا چاہیے کہ ہم زبردستی یہ ثابت کرنے لگیں کہ اسلام خود تانیثیت کا علمبردار ہے، تمام مسلمان تانیثیت پسند ہیں اور قرآن بھی تانیثیت کی تعلیم دیتا ہے، وغیرہ وغیرہ۔ ہمارا ردعمل یہ ہونا چاہیے کہ ہم سوال کریں کہ آخر تانیثیت کو اہمیت دینے کی ضرورت ہی کیا ہے؟ اس کے بعد اس پر ایک گہری اور منطقی تنقید پیش کی جائے، جس میں یہ واضح کیا جائے کہ یہ نظریہ کتنا کمزور، تباہ کن، غیر متوازن اور خود اپنی ہی باتوں میں الجھا ہوا ہے۔ یہ نظریہ خواتین کے حقوق کے تحفظ کا دعویٰ تو کرتا ہے لیکن حقیقت میں ان کے مفادات کو نقصان پہنچاتا ہے اور آج کے دور میں عورتوں اور مجموعی طور پر انسانیت کے لیے بے شمار مسائل پیدا کر چکا ہے۔

یہی ایک اصولی اور مضبوط جواب ہوگا۔ لیکن شاید یہ "سیاسی طور پر غلط" لگے تو کوئی بات نہیں۔ آخر کسی کو ناراض کرنے کا خوف تو نہیں ہونا چاہیے، ہے نا؟

## غیر مسلم بُر کینی پسند کرتے ہیں، لیکن ایسا کیوں ہے؟

اسلام کو آزاد خیالی کی تعبیرات میں بیان کرنا نہ صرف غیر مؤثر ہے بلکہ بعض اوقات نقصان دہ بھی ثابت ہوتا ہے۔ جب ہم کہتے ہیں کہ کوئی چیز "آزاد کرنے والی" یا "بااختیار بنانے والی" ہے تو یہ ایک مبہم اور غیر معیاری دعویٰ بن جاتا ہے۔ کیونکہ ہر شخص آزادی کو اپنے انداز میں محسوس کرتا ہے۔ کسی کے لیے ایک چیز آزادی کا باعث ہو سکتی ہے تو کسی اور کے لیے وہی چیز پابندی محسوس ہو سکتی ہے۔ اس کا مطلب یہ ہے کہ آزادی کا تصور مکمل طور پر ذاتی اور بدلتا رہنے والا ہے۔ اس لیے اس دلیل کا کوئی مضبوط جواز نہیں بنتا۔

مسلمانوں کے لیے خاص طور پر یہ طرزِ بیان غیر مؤثر ہے کیونکہ آج کل آزادی کا مطلب ثقافتی اور سماجی اثرات کے تحت ایسا بن چکا ہے کہ جب مسلمان حجاب یا کسی اور اسلامی اصول کو "آزادی" یا "طاقت" سے جوڑتے ہیں، تو لوگ اسے شک کی نظر سے دیکھتے ہیں۔ ہمیں اپنی بات سمجھانے کے لیے اسلام کی گہری اور حکیمانہ تعلیمات سے مدد لینی چاہیے۔ ہمارا دین معانی اور حکمت سے بھرا ہوا ہے تو پھر ہم اپنی بات سمجھانے کے لیے آزاد خیالی یا لبرل ازم کی سطحی تعبیرات پر کیوں اصرار کرتے ہیں؟

## بُر کینی پر پابندی کے خلاف اس طرح کی بحث نہ کریں

جب مسلمان 'بر کینی پر پابندی' یا 'حجاب پر پابندی' کے خلاف 'انتخاب کی آزادی' کی بنیاد پر بحث کرتے ہیں تو وہ غیر مستقل رویہ اپناتے ہیں۔ ہر معاشرہ کسی نہ کسی انداز میں لباس کے اصول طے کرتا ہے۔ یہ ہمیشہ واضح قوانین کے ذریعے نہیں ہوتا کہ کون

سا لباس پہننا لازم ہے اور کون سا منع ہے۔ بلکہ اکثر یہ عمل سماجی دباؤ کے ذریعے انجام پاتا ہے۔

مثلاً مغرب میں بعض مسلمان خواتین حجاب اس لیے ترک کر دیتی ہیں کہ وہ سماجی دباؤ محسوس کرتی ہیں۔ حجاب میں وہ خود کو اجنبی محسوس کرتی ہیں۔ لوگ انہیں گھورتے ہیں جس سے وہ پریشان ہو جاتی ہیں۔ ممکن ہے کہ ان کے سیکولر رشتہ دار بھی انہیں حجاب چھوڑنے پر آمادہ کرتے ہوں۔ ایسے چھوٹے چھوٹے عوامل یکجا ہو کر انہیں حجاب ترک کرنے یا اپنے لباس میں تبدیلی پر مجبور کر دیتے ہیں تاکہ وہ سماجی معیارات سے ہم آہنگ ہو سکیں۔

اسی طرح معاشرہ عمومی طور پر بھی لباس پر اثر انداز ہوتا ہے لیکن مسلم لباس کے معاملے میں یہ دباؤ بے حد شدید اور مسلسل ہوتا ہے۔ اس لیے 'انتخاب کی آزادی' کا تصور ان طاقتور سماجی دباؤ کے پیش نظر بے معنی ہو جاتا ہے۔ ہو سکتا ہے کہ کسی فرد کو لگے کہ وہ اپنی مرضی سے فیصلہ کر رہا ہے لیکن حقیقت یہ ہے کہ اکثر لوگ انہی محدود اختیارات میں سے انتخاب کرتے ہیں جو ان کے سماجی حالات انہیں فراہم کرتے ہیں۔

یہاں میرا اصل نکتہ یہ نہیں ہے۔ میں جو بات کہنا چاہتا ہوں وہ یہ ہے کہ مسلمانوں کو بھی سماجی نظم و ضبط قائم کرنے کی خواہش رکھنی چاہیے۔ ایک مثالی مسلم معاشرے میں لباس کا معیار وہ ہونا چاہیے جو اللہ نے مقرر کیا ہے۔ اور چاہے اس مثالی معاشرے میں واضح قانونی ضوابط نہ بھی ہوں جیسے کہ بعض مسلم ممالک میں رائج ہیں۔ پھر بھی وہاں ایک مذہبی نوعیت کا سماجی دباؤ موجود ہوگا۔

اس مثالی معاشرے میں وہ خواتین جو بکنی یا تنگ اسکرٹس پہنیں گی وہ خود کو اجنبی محسوس کریں گی اور باقی خواتین کی طرح لباس پہننے کے لیے دباؤ محسوس کریں گی، چاہے ان کے خلاف کسی قانونی کارروائی کی نوبت نہ آئے۔ اس طرح اسلامی روایات بالکل اسی انداز میں نافذ ہوں گی جیسے آج مغربی دنیا میں مروجہ لباس کے اصول رائج ہیں۔

تو مسلمانوں کے نزدیک مثالی معاشرہ کیا ہے؟ کیا وہی معاشرہ نہیں جو نبی کریم ﷺ کے زمانے میں تھا؟ فرض کریں کہ ابتدائی مسلمانوں نے سخت سیکولرازم اختیار کیا ہوتا اور عوامی سطح پر مسلمانوں اور غیر مسلموں کے لباس کے لیے کوئی واضح ضابطے نہ ہوتے، تب بھی یہ حقیقت ہے کہ اس دور کے بیشتر لوگ اسلامی اصولوں کے مطابق لباس پہنتے۔

یہی اسلامی روایات کا وہ سماجی اثر تھا جو مسلمانوں اور غیر مسلموں دونوں پر یکساں طور پر پڑتا تھا۔ اور کیا ان اصولوں کا عمومی رواج سب پر، چاہے وہ مسلمان ہوں یا غیر مسلم، ایک طرح کا دباؤ پیدا نہیں کرتا تھا کہ وہ بھی اسی طرز کا لباس پہنیں؟ کیا یہ بھی ایک قسم کا سماجی نظم اور مذہبی اثر ورسوخ نہیں تھا؟ بالکل اسی طرح جیسے آج کے سیکولر معاشرے میں لباس کے اصول رائج ہیں۔ اور یہی وہ چیز ہے جسے سیکولرازم اور آزادیِ انتخاب کے علمبردار ناپسند کرتے ہیں۔

اس فکری تضاد سے بچنے کا واحد راستہ یہ ہے کہ یا تو آزادیِ انتخاب کے دلائل کو سرے سے ناقابلِ قبول مان لیا جائے اور موقع پرستی کے تحت ان کا استعمال ترک کر دیا جائے یا پھر یہ مان لیا جائے کہ نبی کریم ﷺ اور صحابہ کرام کا معاشرہ مثالی نہ تھا۔

دوسرے لفظوں میں جس معاشرے کا تصور آزادیِ انتخاب کی بنیاد پر کیا جاتا ہے وہ نہ تو عملی طور پر وجود رکھتا ہے اور نہ ہی نظریاتی طور پر ممکن ہے۔ اور اگر ایسا معاشرہ کسی طرح ممکن بھی ہوتا تب بھی وہ مسلمانوں کے نظریات اور امنگوں سے میل نہ کھاتا۔ لہٰذا جب حجاب یا اسلامی لباس کے دیگر پہلوؤں پر تنقید ہو تو آزادیِ انتخاب کو بطور دلیل پیش نہیں کرنا چاہیے۔ نظریاتی یکسانیت ضروری ہے۔

## حجاب کو نافرمانی کے طور پر پہننا

حال ہی میں بی بی سی کی ایک دستاویزی فلم، جو اسلام اور خواتین سے متعلق تھی، میں ایک نوجوان مسلمان لڑکی (جو حجاب پہنتی ہے) سے پوچھا گیا کہ کیا حجاب ظلم کی ایک شکل ہے؟[32] اس کا جواب واقعی لرزہ خیز تھا۔

> اگر کوئی مجھ سے کہے کہ مجھے حجاب پہننا چاہیے تو میں اپنا حجاب اتار دوں گی۔ اگر کوئی مجھے حجاب پہننے پر مجبور کرے تو میں اسے اتار دوں گی۔ میں یہ محبت سے پہنتی ہوں۔ یہ میری شناخت ہے۔ یہ میرا انتخاب ہے اور میں اسے پسند کرتی ہوں۔ میں یہ نہیں کہوں گی کہ میں صرف اس لیے حجاب پہنتی ہوں کہ میرا خدا مجھے ایسا کرنے کا حکم دیتا ہے۔ جو کچھ بھی میرا خدا مجھ سے چاہتا ہے وہ مجھے انتخاب کا حق دیتا ہے۔ میں یہ اس لیے کرتی ہوں کہ میں خود ایسا کرنا

---

[32] https://www.bbc.co.uk/taster/pilots/my-hijab-and-me

چاہتی ہوں اور مجھے اس سے محبت ہے۔ یہ میرے دین کا حصہ ہے اور یہ میرا انتخاب ہے اور میں اسے دل سے اپناتی ہوں۔

تشویش کی بات یہ ہے کہ بہت سے نوجوان مسلمان یہ نہیں سمجھ پائیں گے کہ یہ بیان کس قدر قابل اعتراض ہے۔ وہ اس میں پوشیدہ کفر کو پہچاننے سے قاصر رہیں گے۔

یہ آزاد خیالی کی وہ لطیف مگر تباہ کن قوت ہے جو لوگوں پر گہرا اثر ڈالتی ہے اور انہیں اس کا احساس تک نہیں ہوتا۔ آخر کوئی یہ کیسے سوچ سکتا ہے کہ اگر خدا مجھے کسی چیز کا حکم دے تب بھی میں اسے نہ کروں؟ 'اگر آپ اس طرح سوچ رہے ہیں، تو اس کا مطلب ہے کہ آپ کے خیالات آزاد خیالی کی تبلیغ سے متاثر ہو چکے ہیں۔ اگر آپ کو کسی چیز پر مجبور کیا جائے تو اسے آپ کی 'خود مختاری ' کی نفی سمجھا جاتا ہے۔ اسے آپ کی 'آزادانہ انتخاب' کی صلاحیت پر حملہ تصور کیا جاتا ہے۔ اور جو چیز آپ کی آزادی اور خود مختاری کو محدود کرے وہ ان نظریات کے مطابق شر ہے۔ کسی سے اس کی انتخاب کی طاقت چھین لینا، در حقیقت، اس کی شناخت اور اس کے وجود کو چھین لینے کے مترادف ہے۔

اور اس سے بڑھ کر بُرا کیا ہو سکتا ہے؟" وہ نوجوان مسلمان سوال کرتا ہے جو اس دور کی سماجی انصاف کے علمبرداروں کی شناختی سیاست میں ڈوبا ہوا ہے، جسے مسلمان اور غیر مسلم، سبھی فروغ دے رہے ہیں۔

مسئلہ کی جڑ یہ ہے:

کیا خدا ہمیں بعض کاموں کا حکم نہیں دیتا اور بعض چیزوں سے منع نہیں کرتا؟ اور کیا ان احکام کی خلاف ورزی پر سخت نتائج کی وعید نہیں دی گئی؟ حقیقت میں یہی تو وہ چیز ہے جسے جبر اور زبردستی کا نام دیا جا رہا ہے!

اسی طرزِ فکر کے نتیجے میں آزاد خیالی (لبرل ازم) سے متاثرہ مسلمان دو راستوں میں سے کسی ایک کا انتخاب کرنے پر مجبور ہو جاتے ہیں : آپشن ۱ : خدا (نعوذ باللہ) ظالم ہے۔

آپشن ۲ : خدا ظالم نہیں ہے لیکن وہ کسی چیز کا حکم بھی نہیں دیتا اور کسی چیز سے منع بھی نہیں کرتا۔

یہ دونوں ہی نظریات صریح کفر ہیں۔ اس فکری الجھن سے نکلنے کا واحد راستہ یہ ہے کہ آزاد خیالی پر تنقید کی جائے اور آزادی، خود مختاری، جبر جیسے تصورات کا باریک بینی سے تجزیہ کیا جائے۔

## تانیثیت اور حجاب

ہم کس طرح کے لباس پہنتے ہیں (یا نہیں پہنتے) اس کا دوسروں پر منفی اثر پڑ سکتا ہے۔ اسلامی اخلاقیات اور سیکولر قوانین دونوں اس حقیقت کو تسلیم کرتے ہیں۔ مثال کے طور پر اسلام ہمیں سکھاتا ہے کہ نظر دل اور دماغ پر اثر انداز ہوتی ہے۔ اگر معاشرہ نیم عریاں تصاویر سے بھرا ہوا اور سڑکوں پر مرد و خواتین اپنے جسموں کی نمائش کر رہے ہوں تو اس سے اخلاقی بگاڑ اور فساد پھیلتا ہے۔ لیکن صرف اسلام ہی نہیں، بلکہ سیکولر دنیا بھی اس برہنگی کے منفی نتائج کو تسلیم کرتی ہے۔ اس کی ایک واضح مثال یہ ہے کہ اسکولوں اور

دیگر اداروں میں سخت ڈریس کوڈ نافذ ہوتے ہیں۔ اسی طرح تقریباً تمام ممالک میں نازیبا نمائش کے خلاف قوانین موجود ہیں۔

اس کے علاوہ کئی سائنسی تحقیقات یہ ثابت کر چکی ہیں کہ فحش مواد ذہنی اور اعصابی صحت پر انتہائی مضر اثرات مرتب کرتا ہے۔

اس تمام گفتگو کا مقصد یہ واضح کرنا ہے کہ ہاں! آپ کے لباس کی اہمیت ہے اور یہ کہنا کہ "خواتین جو چاہیں پہنیں، یہ ان کا ذاتی فیصلہ ہے اور کسی کو یہ حق نہیں کہ وہ انہیں بتائے کہ کیا پہننا چاہیے —" ایک غلط اور نقصان دہ دعویٰ ہے۔

در حقیقت لوگوں کو یہ حق حاصل ہے کہ وہ خواتین کو مناسب لباس پہننے کی تلقین کریں۔ اگر مغربی حکومتیں یہ اختیار رکھتی ہیں کہ وہ خواتین (اور مردوں) کے لباس کے لیے حدود مقرر کریں اور یہ طے کریں کہ "نازیبا نمائش" کس چیز کو کہا جائے — تو پھر اسلامی قانون ایسا کیوں نہیں کر سکتا؟

اصولی طور پر دونوں میں فرق صرف یہی ہے کہ مغربی معاشرے میں غیر موزوں لباس کی تعریف وقت اور بدلتی ہوئی ثقافت کے زیرِ اثر بدلتی رہتی ہے۔ جبکہ اسلامی احکام خالقِ کائنات کی ابدی حکمت پر مبنی ہیں۔ وہ خالق جو انسان کی فطرت کو سب سے بہتر جانتا ہے اور جانتا ہے کہ ہمارے لیے حقیقی فائدہ مند اور نقصان دہ کیا ہے۔

اسی ضمن میں، قرآن کا خواتین کے لباس کے بارے میں فرمان ہے:

﴿يَٰٓأَيُّهَا ٱلنَّبِيُّ قُل لِّأَزْوَٰجِكَ وَبَنَاتِكَ وَنِسَآءِ ٱلْمُؤْمِنِينَ يُدْنِينَ عَلَيْهِنَّ مِن جَلَٰبِيبِهِنَّ ۚ ذَٰلِكَ أَدْنَىٰٓ أَن يُعْرَفْنَ فَلَا يُؤْذَيْنَ ۗ وَكَانَ ٱللَّهُ غَفُورًا رَّحِيمًا﴾ [الأحزاب: ۵۹]

اے نبیؐ! اپنی بیویوں اور بیٹیوں اور اہلِ ایمان کی عورتوں سے کہہ دو کہ اپنے اوپر اپنی چادروں کے پلو لٹکا لیا کریں۔ یہ زیادہ مناسب طریقہ ہے تاکہ وہ پہچان لی جائیں اور نہ ستائی جائیں۔ اللہ تعالیٰ غفور رحیم ہے۔
(سورہ الاحزاب: ۵۹)

اس آیت میں پردے کا مقصد بہت واضح طور پر بیان کیا گیا ہے: یعنی چھیڑ چھاڑ اور ہراسانی سے تحفظ۔

یہاں ہم حجاب کی حکمت کو دیکھتے ہیں کہ یہ کس طرح حقیقت میں فائدہ مند ہے۔ کس طرح عقل و منطق کے مطابق ہے اور کس طرح انفرادی اور اجتماعی سطح پر عدل و انصاف کے حوالے سے سب سے موزوں ہے۔

ماڈرن مسلمانوں کی سمجھ کے برعکس حجاب محض ایک علامتی رسم نہیں ہے بلکہ ایک عملی حقیقت ہے۔ سیکولر سوچ اگر بہت نرم موقف بھی اپنائے تو وہ حجاب کو بس ایک ثقافتی روایت قرار دیتی ہے جس کی کوئی اخلاقی اہمیت نہیں۔ اور اگر وہ زیادہ سخت رویہ اختیار کرے تو حجاب کو محض مردوں کے جبر واستحصال کا ذریعہ سمجھتی ہے، جس کا کوئی عملی فائدہ نہیں۔

یہ سیکولر ذہنیت ہی ہے جو حجاب اور بکنی کو ایک ہی چیز قرار دیتی ہے اور دعویٰ کرتی ہے کہ چونکہ دونوں عورت کے انتخاب کی نمائندگی کرتے ہیں اس لیے دونوں برابری کی سطح پر عورت کی آزادی اور خود مختاری کا اظہار ہیں۔ لیکن حقیقت یہ نہیں! حجاب عملی، عقلی اور اخلاقی لحاظ سے بدرجہا بہتر ہے۔ ہمیں 'انتخاب کی آزادی' جیسے گھسے پٹے نعروں کو دہرانے کے بجائے اس حقیقت پر فخر کرنا چاہیے۔

کیا آپ اس بات پر یقین نہیں رکھتے کہ اللہ نے حجاب کا حکم کسی مقصد، کسی حکمت اور انسانیت کے فائدے کے لیے دیا ہے؟ اگر واقعی آپ اس پر ایمان رکھتے ہیں تو پھر آپ کو اس جدیدیت زدہ نظریے کو مسترد کر دینا چاہیے کہ اپنے جسموں کی نمائش کوئی اچھی چیز ہے۔ آپ کو اس سوچ کو بھی رد کرنا چاہیے کہ ہر شخص کو اپنی مرضی سے اپنے جسم کو نمایاں کرنے کا مکمل حق حاصل ہے۔ آپ کو اس حقیقت کو تسلیم کرنا چاہیے کہ جس طرح شراب، جوا اور سور کے گوشت سے بچنے میں واضح عملی فوائد ہیں اسی طرح حجاب کے بھی بے شمار عملی اور اخلاقی فوائد ہیں۔

یقیناً اگر آپ کسی غیر مسلم معاشرے میں رہتے ہیں تو دوسروں پر ان عقائد کو "مسلط" کرنا شاید ممکن نہ ہو۔ لیکن اس کا یہ مطلب ہرگز نہیں کہ آپ یہ یقین نہ رکھیں کہ اسلامی احکامات ہی سب سے زیادہ درست، منصفانہ اور انسانیت کے لیے فائدہ مند ہیں۔ اور یہ کہ جو کچھ آج ہمارے گرد ہو رہا ہے وہ در حقیقت نقصان، فساد، اور تکلیف کا سبب بن رہا ہے۔

اگر ہم چاہتے ہیں کہ ہماری آئندہ نسلیں صحیح معنوں میں حجاب کو اپنائیں، تو ہمیں اس عقیدے کو مضبوطی سے تھامے رکھنا ہوگا اور اسے پروان چڑھانا ہوگا۔ اگر ہم خود ہی حجاب کے عملی فوائد پر یقین نہیں رکھتے تو آنے والی نسلیں اسے محض ایک بے معنی رسم یا ایک پچھلی "غیر مہذب" نسل کی ثقافتی نشانی سمجھ کر چھوڑ دیں گی۔ در حقیقت ہم آج یہی کچھ دیکھ رہے ہیں کہ نہ صرف نوجوانوں میں بلکہ پچھلی نسلوں میں بھی۔ اگر ہم اپنے حالات پر غور کریں، تو یہ حقیقت عیاں ہو جائے گی کہ مسلم خواتین بڑی تعداد میں حجاب ترک کر رہی ہیں۔ ایسا کیوں ہو رہا ہے؟ اس میں صرف خواتین کا قصور نہیں اور نہ ہی یہاں کسی فرد کو مورد الزام ٹھہرانے کی بات ہو رہی ہے۔ حقیقت یہ ہے کہ ہم سب اس کے ذمہ دار ہیں اور ہم سب کو اس کے لیے جدوجہد کرنی ہوگی۔ لیکن یہ جدوجہد واضح اور پختہ سوچ اور ارادے کے ساتھ ہونی چاہیے۔

اے مسلمانوں، بے معنی باتیں چھوڑو اور اپنی آنکھیں کھولو!

# باب سات: سائنس اور سائنس پرستی

## قرآن میں سائنسی معجزات کے بارے میں عام غلط فہمیاں

اگر آپ گوگل پر "قرآن میں سائنسی معجزات" تلاش کریں تو آپ کو لاکھوں نتائج ملیں گے، جن میں ویب صفحات، ویڈیوز اور تصاویر شامل ہوں گی۔ یہ حیرت کی بات نہیں کہ ہم، بطور مسلمان، اپنی مقدس کتاب کی تصدیق جدید دور کے سب سے مستند ذریعے یعنی سائنس سے کروانا چاہیں گے۔ آج کی دنیا میں، قوم، نسل یا عقیدے سے قطع نظر، زیادہ تر لوگ سائنس کو سچائی کا معیار سمجھتے ہیں۔ اس لیے اگر کوئی کتاب واقعی اللہ کی طرف سے ہو تو اسے سائنسی حقائق سے ہم آہنگ ہونا چاہیے۔

اسی منطقی بنیاد پر قرآن کے من جانب اللہ ہونے کا اس سے زیادہ واضح اور کیا ثبوت ہو سکتا ہے کہ یہ معجزانہ طور پر سائنسی امور کی پیشین گوئی کرتا ہے جنہیں چودہ سو سال پہلے نہیں جانا جا سکتا تھا؟ اگرچہ یہ بات اچھی اور معقول لگتی ہے لیکن ہمیں یہاں ٹھہر کر کچھ غلط فہمیوں کو دور کر لینا چاہیے۔

### غلط فہمی نمبر ایک: "سائنس اور قرآن کبھی بھی متصادم نہیں ہوتے۔"

کچھ مسلمان یہ دعویٰ کرتے ہیں کہ قرآن "سائنسی طور پر سو فیصد درست" ہے۔ یہ سمجھنا آسان ہے کہ مسلمان ایسا کیوں کہتے ہیں۔ سائنس کو حقیقت کا ایک مکمل روپ

سمجھا جاتا ہے اور قرآن اس ہستی کی طرف سے نازل شدہ ہدایات ہیں جس نے حقیقت کو پیدا کیا۔ لٰہذا منطقی طور پر دونوں کے درمیان مکمل ہم آہنگی ہونی چاہیے۔

تاہم، مسئلہ یہ ہے کہ سائنس حقیقت کی مکمل عکاسی نہیں کرتی۔ اس بات کو تسلیم کرنے کے لیے آپ کو مابعد جدیدیت کا حامی یا تھامس کُہن (Thomas Kuhn) جیسا فلسفی ہونے کی ضرورت نہیں۔ خود سائنسی برادری بھی مانتی ہے کہ سائنس کی بہت سی معلومات عارضی نوعیت کی ہوتی ہیں۔ یعنی جیسے جیسے نئے حقائق دریافت ہوتے ہیں ویسے ویسے سائنس خود کو مسلسل بہتر اور ترقی یافتہ بناتی رہتی ہے۔

مثال کے طور پر اس وقت ہمارے پاس سب سے مضبوط سائنسی نظریہ کوانٹم فیلڈ تھیوری (Quantum Field Theory - QFT) ہے۔ تاہم ماہرینِ طبعیات کا ماننا ہے کہ QFT یا تو یکسر غلط ہے یا پھر ایک نامکمل اور ناقص تخمینہ۔ یعنی ایک ایسا نظریہ جو کسی زیادہ جامع اور درست سائنسی فریم ورک کے قریب ہے اور جو کششِ ثقل کی قوت کو بھی مؤثر طور پر شامل کر سکے۔ آج کے دور میں شاید ہی کوئی سائنسداں یہ دعویٰ کرے کہ وہ اپنے تحقیق کے میدان میں حتمی سچائی تک پہنچ چکا ہے۔ (کارل پاپر کے فلسفے کے حامی بعض سائنسداں تو یہاں تک کہیں گے کہ سائنس کبھی حتمی سچائی تک نہیں پہنچ سکتی بلکہ محض مختلف مفروضات کو غلط ثابت کر سکتی ہے۔ مختصر یہ کہ سائنس نامکمل ہے اور اکثر غلط بھی ثابت ہوتی ہے۔ جو کچھ آج ایک سائنسی حقیقت سمجھا جاتا ہے وہ کل غلط ثابت ہو سکتا ہے۔

اسے ایک مثال سے سمجھتے ہیں۔ بیسویں صدی کے اوائل میں ماہرینِ طبیعیات کا ماننا تھا کہ کائنات ہمیشہ سے ایک مستقل حالت میں موجود ہے اور اس کی عمر اور حجم لامحدود ہیں۔ تاہم ۱۹۳۰ کی دہائی میں سائنسدانوں نے پہلی بار کائنات کی تخلیق کے "بگ بینگ" نظریے پر سنجیدگی سے غور کرنا شروع کیا۔ ظاہر ہے کہ ابدی کائنات کا یہ نظریہ قرآن سے متصادم تھا، جو تخلیق کے ایک متعین نقطے کا ذکر کرتا ہے۔

اگر مسلمانوں نے انیسویں صدی کے اوائل میں اُس وقت کے مقبول "مستقل حالت" کے نظریے کے مطابق قرآن کی متعلقہ آیات کی نئی تشریح کی ہوتی تو انہیں تین یا چار دہائیوں بعد جب بگ بینگ کا نظریہ عام ہو گیا، اپنی تشریح سے دستبردار ہونا پڑتا۔

لہذا ہم یہ کیسے مان سکتے ہیں کہ آج جو سائنسی نظریات قرآن اور اسلامی عقائد کی نئی تشریح کے لیے استعمال کیے جا رہے ہیں وہ تین یا چار دہائیوں میں غلط ثابت نہیں ہوں گے؟ سائنس کی غیر مستقل مزاج تاریخ کو دیکھتے ہوئے ایسا ہونا بعید از قیاس نہیں لگتا۔ بلکہ عین ممکن ہے۔

لہذا کچھ لوگ جو غلط فہمی کا شکار ہیں ان کی سمجھ کے برعکس سائنس کم از کم آج کے دور میں حقیقت کی کامل نمائندگی نہیں کرتی۔ اور شاید کبھی بھی مکمل نمائندگی نہیں کر سکے گی۔ اللہ کے کلام کی کاملیت کو مد نظر رکھتے ہوئے یہ مناسب نہیں ہے کہ ہم قرآن کی سائنس سے مطابقت کے بارے میں کوئی بڑا دعویٰ کریں کیوں کہ سائنس خود ایک انسان کی تخلیق ہے جو فطری طور پر غیر مکمل، غیر ثابت شدہ اور مسلسل بدلتی رہتی ہے۔

کیا اس کا مطلب یہ ہے کہ ہمیں قرآن پر غور کرنے اور سائنسی نظریات کے حوالے سے آیات پر غور و فکر سے گریز کرنا چاہیے؟ بالکل نہیں۔ کچھ مسلمان اس عمل کے ذریعے اپنے ایمان میں تقویت پاتے ہیں اور یہ بات قابل قدر ہے۔ تاہم اصل مسئلہ تب پیدا ہوتا ہے جب یہ ذاتی غور و فکر کسی تفسیر کی شکل میں دوسروں تک پہنچایا جانے لگے یا اس سے بڑھ کر "قرآن اور سائنس" کے حوالے سے ایک وسیع نظریہ یا فلسفہ بنا لیا جائے۔ یہ اس لیے بھی خطرناک ہے کہ قرآن کی تفسیر مستند اصولوں اور آداب کے مطابق ہونی چاہیے۔ ہمیں اللہ کے پیغمبر ﷺ کی اس اہم حدیث کو یاد رکھنا چاہیے کہ جس شخص نے اللہ کی کتاب کے متعلق کوئی بات اپنی رائے سے کہی اگرچہ وہ صحیح ہو تب بھی اس نے غلطی کی ہے[33]۔

## غلط فہمی نمبر دو: "قرآن سائنس کی کتاب نہیں ہے۔"

یہ بات یقیناً درست ہے۔ قرآن یقیناً سائنس کی کوئی کتاب نہیں ہے۔ لیکن جب کچھ مسلمان یہ دعویٰ کرتے ہیں تو وہ دراصل کچھ اور کہنا چاہتے ہیں۔

جیسا کہ ہم نے دیکھا کہ کچھ مسلمان سائنس اور قرآن کی مطابقت پر حد سے زیادہ زور دیتے ہیں اور یہ دعویٰ کرتے ہیں کہ سائنس اور قرآن کبھی ایک دوسرے سے متصادم نہیں ہو سکتے۔ دوسری طرف کچھ مسلمان یہ کہتے ہیں کہ "قرآن سائنس کی کتاب نہیں ہے"۔ ان کا مطلب یہ ہوتا ہے کہ قرآن (اور عمومی طور پر دین) کا دنیاوی معاملات سے

---

[33] ابوداؤد، ترمذی

کوئی تعلق نہیں۔اس حوالے سے ماہر حیاتیات اسٹیفن جے گولڈ (Stephen Jay Gould) کی اصطلاح کو اپناتے ہوئے یہ مسلمان سائنس اور مذہب کو "بالکل الگ دائرے" (non-overlapping magisteria) تصور کرتے ہیں۔یعنی دونوں کی اپنی اپنی حدود و قیود ہیں اور ایک دوسرے کے معاملات میں دخل اندازی نہیں کرتے۔ سائنس کا دائرہ کار فطری دنیا کے حقائق اور قوانین کی وضاحت کرنا ہے۔ جبکہ مذہب اخلاقیات، روحانیت اور زندگی کے معنی و مقصد جیسے بنیادی سوالات کا جواب دینے کا اختیار رکھتا ہے۔ان میں سے کسی کو دوسرے کے دائرے میں مداخلت نہیں کرنی چاہیے۔

تاہم یہ قرآن کے حوالے سے ایک غلط تشریح ہے کیوں کہ قرآن ہمارے ارد گرد کی دنیا کے بارے میں تفصیل سے بات کرتا ہے۔ یہ بات صحیح ہے کہ قرآن جدید سائنسی زبان استعمال نہیں کرتا پھر بھی اس بات سے انکار نہیں کیا جا سکتا کہ قرآن دنیا اور تاریخ کے بارے میں بیانات سے بھرا ہوا ہے۔اس کی کچھ مثالیں درج ذیل ہیں۔

1. کائنات کی تخلیق
2. فرشتوں کا وجود اور دنیا میں ان کے کام کاج۔
3. جنات کا وجود اور دنیا میں ان کی سرگرمیاں۔
4. بغیر جسم یا دماغ کے شعور کے موجود رہنے کی صلاحیت (یعنی غیر مادی روح کا وجود)۔
5. موت یعنی جسم کے فنا ہونے کے بعد مخلوقات کا دوبارہ زندہ ہونا۔
6. جنت اور جہنم کا وجود۔

7. شب معراج کا سفر۔
8. مختلف نبوی معجزات (جیسے چاند کا دو ٹکڑے ہونا، سمندر کا پھٹنا، مردوں کا زندہ ہونا وغیرہ)
9. بعض شخصیات کی غیر معمولی طویل عمریں (جیسے حضرت نوحؑ، اصحاب کہف) (سورہ العنکبوت: ۱٤، سورہ کہف: ۱۱)
10. اللہ رب العزت کے عرش اور کرسی کا وجود
11. سات آسمانوں کا وجود (سورہ الطلاق ۱۲ اور دیگر مثالیں)
12. آسمانوں، زمین اور پہاڑوں کا امانت کو رد کرنا۔ (سورہ احزاب: ۷۲)
13. مخلوقات کا اپنے رب کی تسبیح کرنا اور نبیوں سے گفتگو کرنا۔
14. جنت میں آدمؑ کی تخلیق۔
15. حضرت سلیمانؑ کی صلاحیتیں۔
16. جادو اور "نظر بد" کا وجود۔
17. قبر میں زندگی کا وجود۔
18. اللہ تعالیٰ کی طرف سے کچھ قوموں کو ان کے ناقابل معافی جرائم کی وجہ سے نیست ونابود کرنا۔
19. برکت یا تقدس کا حقیقت ہونا۔

ان مثالوں کو جان بوجھ کر جدید سائنس اور تاریخ کے ساتھ موازنہ کرنے کے لیے منتخب کیا گیا ہے۔ یہ بات قابل ذکر ہے کہ قرآن کی کئی آیات میں روزمرہ کے مظاہر

جیسے بارش، انسانی جنین کی نشوونما اور فلکی اجسام کی حرکت جیسے سورج، چاند، اور سیاروں کا بھی ذکر کیا گیا ہے۔

اس سائنسی دور میں رہنے والے مسلمانوں کو اس طرح کی آیات پڑھ کر کیا نتیجہ اخذ کرنا چاہیے؟ کیا یہ تمام آیات — جن کا سیدھا مطالعہ جدید سائنس کے ساتھ متصادم نظر آتا ہے — صرف خوبصورت استعارے اور کہانیاں ہیں جو محض اخلاقی یا روحانی فوائد کے لیے سمجھی جانی چاہئیں؟ (امید ہے کہ زیادہ تر مسلمان ایسا نہیں مانتے) یا شاید یہ تمام آیات معجزات اور غیب سے تعلق رکھتی ہیں اور اس لیے یہ سائنس اور تجرباتی علم کے دائرے سے باہر ہیں؟ یا پھر دونوں میں امتزاج کی کوئی صورت ہے؟

یہ واضح ہے کہ درج بالا تمام چیزوں کو "معجزاتی" نہیں کہا جاتا۔ اور یہ سوال کہ کیا اس طرح کی ہر چیز غیب کے وسیع دائرے میں آتی ہے۔ موجودہ دور کے مسلمانوں میں یہ ایک عام خیال ہے کہ غیب کی حدود بالکل ویسی ہی ہیں جیسی تجرباتی سائنس کی حدود ہیں۔ اور یہ خیال اس لیے آسان معلوم ہوتا ہے کیوں کہ اس میں سائنس اور مذہب کو علیحدہ علیحدہ دائرے سمجھا جاتا ہے جو آپس میں نہیں ملتے۔

دوسرے الفاظ میں یہ ایک غیر معمولی اتفاق ہوگا اگر روایتی اسلامی تصورات، جیسے "غیب" (یعنی پوشیدہ دنیا) اور "حس" (تقریباً "محسوس کی جانے والی دنیا")، جدید مغربی تصورات جیسے "تجرباتی" اور "سائنسی مشاہدے" کے ساتھ مکمل طور پر مطابقت رکھتے ہوں۔

مثال کے طور پر کیا جوہری سطح کے ذرات جیسے ہیگس بوسن[34] (Higgs boson) کو بھی اسی طرح غیب کا حصہ سمجھا جائے گا جس طرح جنات کو غیب میں شمار کیا جاتا ہے؟ بلاشبہ ہیگس بوسن ہماری تمام حسیات سے پوشیدہ ہے اور اس کی موجودگی کے اشارے بھی محض حالیہ ذرّاتی تصادموں (particle colliders) کے ذریعے ملے ہیں۔ لیکن حقیقت یہی ہے کہ کسی آنکھ نے کبھی ہیگس بوسن کو نہیں دیکھا اور نہ ہی کوئی آنکھ اسے کبھی دیکھ سکے گی۔

اس طرح کی چیزوں کی صحیح درجہ بندی میں آنے والی مشکلات سے بنیادی مسئلہ کو سمجھا جا سکتا ہے۔ ہمارے پاس ایسی چیزیوں کی صحیح درجہ بندی کرنے کا ایک مستقل اور اصولی طریقہ نہیں ہے جو کلاسیکی سمجھ کے ساتھ ہم آہنگ بھی ہو اور جدید سائنس کو بھی قبول کرے۔ میں نے "اصولی" لفظ اس لیے استعمال کیا کیوں کہ صرف یہ کہنا کہ "جس چیز کو جدید سائنس دیکھ نہیں سکتی وہ بذات خود غیب ہے" صحیح بات نہیں ہے۔ کیوں کہ سائنس مسلسل بدل رہی ہے۔ جو چیز آج سائنس کے لیے پوشیدہ ہے وہ مستقبل میں ظاہر ہو سکتی ہے۔ ہمیں یقیناً یہ سمجھنا چاہیے کہ کسی چیز کو نہ دیکھے جانے (Unseen) کے طور پر درجہ بندی کرنے کا تعلق اس کی اندرونی نوعیت سے ہے، نہ کہ صرف اس بات سے کہ سائنسداں اس وقت اپنے میدان میں کس طرح کی تحقیق کر رہے ہیں۔

میں خود سے اس طرح کی کوئی درجہ بندی نہیں کرنے جا رہا ہوں اور نہ ہی مجھے اس میں دلچسپی ہے۔ یہ کام سند یافتہ فقہاء اور علماء کا ہے اور انہیں کو کرنا چاہیے۔ تاہم جو چیز میں

---

34 ہیگس بوسون ایک ایسے ذرے کو کہتے ہیں جس کی وجہ سے دوسرے ذرات کا وزن بنتا ہے۔

یہاں اہم سمجھتا ہوں وہ یہ ہے کہ جب ہم قرآن پڑھتے ہیں تو ہم کائنات کی بنیاد کے بارے میں بہت کچھ سیکھتے ہیں۔ حقیقت یہ ہے کہ ہمیں ایسے اہم اور گہرے حقائق کا ادراک ہوتا ہے جو سائنس کبھی فراہم نہیں کر سکتی۔

میرا مشاہدہ ہے کہ جدید دور میں رہتے ہوئے بہت سے مسلمانوں کو اس فہرست میں شامل چیزوں کی حقیقت ویسے محسوس نہیں ہوتی جیسے وہ سائنس کی تسلیم شدہ چیزوں کی حقیقت محسوس کرتے ہیں۔ حالاں کہ یہ چیزیں جنت، دوزخ، معجزات وغیرہ کی طرح ان کے روزمرہ کے تجربات سے اتنی ہی دور ہیں۔

مثال کے طور پر ہمارے یہاں ایسے مسلمان ہیں جن کی سائنس کی کوئی تعلیم نہیں ہوئی ہے۔ انہوں نے کبھی بھی کسی سائنسی تحقیقی مقالہ کا مطالعہ نہیں کیا اور نہ ہی کبھی کسی سائنسی تجربہ گاہ میں گئے پھر بھی انہیں ارتقاء کے نظریے یا ایٹوں کی حقیقت کے بارے میں فرشتوں، جنات، برزخ وغیرہ سے زیادہ یقین ہوتا ہے۔

یہاں مقصد ہرگز یہ نہیں کہ سائنس کی قدر و قیمت کو کم کیا جائے یا اس کی مشروعیت پر سوال اٹھایا جائے۔ تاہم امت میں ایسے رویوں کا بڑھنا اس بات کی علامت ہے کہ جدید مسلم فکر (ontology) اور علمیات (epistemology) میں انتشار اور تضاد موجود ہے۔

تو اس سے ہمیں کیا سبق ملتا ہے؟ اصل بات یہ ہے کہ ہمیں "Non-overlapping magisteria" کے تصور کو ترک کرنا ہوگا — یعنی یہ خیال کہ سائنس اور مذہب دو بالکل الگ دائرے ہیں اور ان میں کوئی ٹکراؤ نہیں ہو

سکتا۔ جیسا کہ ہم دیکھ چکے ہیں قرآن میں کائنات اور اس کے نظام سے متعلق وسیع معلومات موجود ہیں۔ اگر ہم یہ مان لیں کہ دنیا کی حقیقتوں کو بیان کرنے کا حتمی اختیار (epistemological authority) صرف سائنس کے پاس ہے تو قرآن میں بیان کردہ سچائیاں — شعوری یا غیر شعوری طور پر — ہمارے ذہنوں میں پس منظر میں چلی جاتی ہیں اور سائنسی طور پر ثابت شدہ حقائق کے مقابلے میں کم تر نظر آنے لگتی ہیں۔ اس طرزِ فکر کے گہرے اور منفی روحانی اثرات کا مرتب ہونا بعید از قیاس نہیں۔

عملی طور پر ہمیں چاہیے کہ ہم قرآن (اور سنت) کے پیغامات کو اپنی ذات میں اتاریں انہیں دل و جان سے محسوس کریں اور ان پر یقین کو پختہ کریں۔ مثلاً جب ہم یہ پڑھتے ہیں کہ ایک ہستی (ابلیس) مسلسل ہمارے خلاف سازش میں مصروف ہے یا یہ کہ پہاڑ، آسمان، زمین اور ان میں موجود ہر چیز (یعنی ہماری روزمرہ کی زندگی کی تمام اشیاء، چاہے وہ بظاہر بے جان اور بے شعور ہی کیوں نہ ہوں) اللہ کی تسبیح کر رہی ہیں (سورہ سبا: ۱۰ اور سورہ بنی اسرائیل: ۴۴)۔ یا یہ کہ ہماری زندگی میں جو کچھ بھی پیش آتا ہے چاہے وہ کتنا ہی معمولی اور معمولاتِ زندگی کا حصہ کیوں نہ ہو، وہ سب اللہ کے حکم اور ارادے سے ہوتا ہے — تو ہمیں ان حقائق کو محض نظری طور پر نہیں بلکہ دل کی گہرائیوں سے حقیقت سمجھنا چاہیے۔

## کیا اسلام اور سائنس میں کبھی تضاد ہوتا ہے؟ جی ہاں ہوتا ہے

بہت سے ماڈرن مسلمان یہ مانتے ہیں کہ "سائنس اور اسلام کبھی ایک دوسرے سے متصادم نہیں ہو سکتے۔" یعنی وحی (قرآن اور حضرت محمد ﷺ کی تعلیمات) کی کوئی

بھی بات سائنسی طور پر معلوم شدہ حقیقتوں کے خلاف نہیں جاسکتی۔ بظاہر یہ موقف منطقی معلوم ہوتا ہے۔ ہم توقع کر سکتے ہیں کہ انسانی تحریریں، خاص طور پر قدیم ادوار کی کتابیں، قدرتی حقائق سے ٹکرا سکتی ہیں، کیونکہ ماضی کے لوگ سائنسی طریقہ کار سے ناواقف تھے۔ لیکن وحی کا منبع وہ ذات ہے جو خود کائنات کا خالق اور ہر چیز کا علم رکھنے والا ہے، اس لیے کسی تضاد کا امکان ہی نہیں۔

اس منطق میں بنیادی خامی یہ ہے کہ یہ مذہبی کتابوں کی نہیں بلکہ خود سائنس کی غیر یقینی اور بدلتی ہوئی فطرت کو نظر انداز کر دیتی ہے۔ سائنسی اتفاقِ رائے ایک مستقل ارتقائی عمل سے گزرتی ہے — آج جو چیز مسلمہ حقیقت سمجھی جاتی ہے کل اس کا رد ممکن ہے۔ مثال کے طور پر بیسویں صدی کے اوائل میں ماہرینِ طبیعیات کا ماننا تھا کہ کائنات لامحدود حجم اور لامحدود عمر رکھتی ہے۔ لیکن ۱۹۳۰ کی دہائی میں سائنس دانوں نے بگ بینگ کے نظریے کو سنجیدگی سے لینا شروع کیا۔ ظاہر ہے کہ ابدی کائنات کا تصور یہودیت، عیسائیت اور اسلام کی تعلیمات سے متصادم ہے، کیونکہ یہ تینوں مذاہب تخلیق کے ایک محدود نقطے پر ایمان رکھتے ہیں۔ اگر مسلمانوں نے انیسویں صدی کے اوائل میں اُس وقت کے مقبولِ عام "مستقل حالت" کے ماڈل کو اپنی دینی تشریحات میں سمو لیا ہوتا، تو محض تین یا چار دہائیوں بعد انہیں اپنے مؤقف سے پیچھے ہٹنا پڑتا۔

یہ بات دہرانا ضروری ہے کہ سائنس ہمیشہ کائنات کی حقیقت کی درست عکاسی نہیں کرتی۔ بلکہ تاریخ گواہ ہے کہ سائنسی نظریات اکثر غلط ثابت ہوتے رہے ہیں۔ مزید یہ کہ خود سائنس داں بھی اس حقیقت کو تسلیم کرتے ہیں کہ سائنس ایک مسلسل ارتقائی عمل ہے، یعنی ایک "نامکمل کام" (work in progress) جو وقت کے ساتھ

بدلتا رہتا ہے۔ چنانچہ اگر اسلام بعض جدید سائنسی نظریات، جیسے نظریہ ارتقاء، سے ہم آہنگ نہیں ہوتا، تو یہ کوئی مسئلہ نہیں بلکہ ایک فطری بات ہے۔ قرآن ہمیں تخلیق کی حقیقتوں کے بارے میں ابدی اور ناقابلِ تغیر سچائیاں فراہم کرتا ہے۔ یہ وہ سچائیاں ہیں جو خود خالق نے اپنے کامل علم کے ذریعے بیان کی ہیں۔ اس کے برعکس انسانی علم جو سائنسی مباحث کے ذریعے ظاہر ہوتا ہے وہ اپنی محدودیت اور نقص کی بنا پر الٰہی خطاب کے ہم پلہ نہیں ہو سکتا۔ اور اس سے یہی توقع کی جانی چاہیے۔

## سائنس میں "تکثیریت" نہیں ہے

کچھ مخصوص شعبوں میں "تکثیریت" کا کوئی تصور نہیں ہوتا۔ مثلاً سائنس میں یہ مانا جاتا ہے کہ صرف ایک ہی جواب صحیح ہوتا ہے۔ یقیناً مختلف نظریات ہو سکتے ہیں لیکن آخر کار ایک نظریہ ہی درست سمجھا جاتا ہے۔ سائنسدانوں کا کام اس درست جواب تک پہنچنے کے لیے تحقیق کرنا، بحث کرنا، تجزیہ کرنا اور باریکی سے غور کرنا ہوتا ہے۔

اس کے برعکس آج کے دور میں ہمیں یہ نہیں سکھایا جاتا کہ کسی مذہب کو درست یا غلط سمجھا جائے۔ بلکہ مذہب کو ایک ذاتی شناخت، جذبات اور انفرادی احساسات کا معاملہ تصور کیا جاتا ہے۔ یعنی جو کچھ آپ کو ذاتی طور پر سچ محسوس ہو وہی آپ کے لیے مذہب ہے۔ اس نقطۂ نظر کے مطابق چونکہ مذہب کا تعلق حقائق اور علم سے نہیں بلکہ شخصی تجربے سے ہے، اس لیے کوئی بھی مذہب 'صحیح' یا 'سچا' کیسے قرار دیا جا سکتا ہے؟ اگر آپ مذہب کو اسی 'موضوعی (subjectivist)' زاویے سے دیکھیں گے تو ممکن ہے کہ آپ اس نتیجے پر پہنچیں کہ 'تمام مذاہب کسی نہ کسی لحاظ سے سچے ہیں'۔

لیکن تاریخی طور پر لوگ مذہب کو اس طرح نہیں دیکھتے تھے۔ مذہب کو اسی طرح سمجھا جاتا تھا جیسے آج کل لوگ سائنس کو سمجھتے ہیں، یعنی حقیقت کو سمجھنا۔ حقیقت کو سمجھنے کا مطلب اللہ کو سمجھنا ہے اور اللہ کو سمجھنے کا مطلب یہ ہے کہ جو کچھ اللہ نے کہا ہے اُسے سمجھنا۔ یہ کوئی اتفاق نہیں تھا کہ ماضی میں معاشرے میں جو سب سے زیادہ پڑھے لکھے اور تعلیم یافتہ لوگ تھے وہ سب سے زیادہ مذہبی علم والے بھی تھے۔ یہ بھی کوئی اتفاق نہیں ہے کہ ماضی میں مذہبی مباحثے نظریاتی سطح پر ہوتے تھے۔ جیسے عیسائیوں اور مسلمانوں کے درمیان خدا کی ماہیت، اس کی صفات وغیرہ پر مباحثہ۔ جب کہ آج کل جو مذہبی مباحثے ہوتے ہیں ان کا بیشتر حصہ اخلاقی مسائل جیسے انسانی حقوق، خواتین کے حقوق، رواداری وغیرہ پر مرکوز ہوتا ہے۔

یہ بات اہم ہے کہ مذہب کے حوالے سے "معروضی حقیقت پسندانہ " (Objectivist)نقطہ نظر اپنانا بذاتِ خود رواداری کے خلاف نہیں ہے۔ مثال کے طور پر ہمارا موجودہ سیکولر معاشرہ سائنسی امور میں معروضی حقیقت پسند نقطہ نظر اختیار کرتا ہے۔ لیکن پھر بھی ایسے افراد کے لیے رواداری برقرار رکھتا ہے جو سائنسی طور پر لاعلم ہیں یا جن کا سائنسی فہم حقیقت میں غلط ہو سکتا ہے۔ تاہم موجودہ معاشرہ میں یہ بات اس وقت قابل قبول نہیں رہتی جب لوگوں کا غلط سائنسی علم دوسروں کو نقصان پہنچاتا ہے۔ اور یہ نقصان اس بنیاد پر طے کیا جاتا ہے کہ سائنسی اعتبار سے کون سا نقطہ نظر درست سمجھا جاتا ہے۔

ویکسین لگانے کے بارے میں ہونے والا بحث و مباحثہ اسی کی ایک عام مثال ہو سکتی ہے۔ لوگ بچوں پر ویکسین کے اثرات کے بارے میں جو چاہیں سوچیں لیکن ایک

مرحلے پر حکومت کو یہ اختیار دیا گیا کہ وہ مداخلت کرے اور یہ کہے کہ بچوں کو ویکسین لگوانا ضروری ہے۔ اس کی وجہ یہ ہے اگر لوگوں کو اپنے غلط تصورات کو ایک خاص حد تک آگے بڑھانے اجازت دی جاتی تو معاشرتی سطح پر اس کے منفی اثرات مرتب ہوتے ہیں۔

شاید ہمیں اسلامی رواداری کو بھی اسی پس منظر میں سمجھنا چاہیے۔ ماضی کے اسلامی معاشروں میں بھی یہی طرزِ عمل دیکھنے کو ملتا ہے۔ مسلمانوں اور اسلامی قوانین کی جانب سے عیسائیوں، یہودیوں اور ان کے مذہبی عقائد کے لیے رواداری ایک معروف اور مستند حقیقت ہے۔ دوسرے لفظوں میں اس وقت کے غالب نظریے کے مطابق اختلاف کرنے والوں کے لیے ایک مخصوص حد تک گنجائش موجود تھی مگر اس رواداری کی اپنی حدود بھی تھیں۔ یہی بات ہمیں آج کے سیکولر معاشروں میں بھی نظر آتی ہے، اگرچہ اسے اس انداز میں بیان نہیں کیا جاتا۔

## سائنس کی حقیقت

ذرا تصور کریں کہ ایک ایسا شخص جو نہ سن سکتا ہے اور نہ دیکھ سکتا ہے اور اس کے پاس اپنے ماحول کو جانچنے کے لیے صرف چھونے کی حس باقی ہے۔ مگر معاملہ اس سے بھی زیادہ عجیب ہے کیوں کہ یہ شخص اپنے ارد گرد کی چیزوں کو صرف ایک سوئی کے ذریعے محسوس کرتا ہے۔ وہ سوئی کو پکڑ کر اس کی نوک کو مختلف سطحوں پر رگڑتا ہے اور بس! یہی سوئی کی نوک اس کے لیے دنیا کو جاننے کا واحد ذریعہ ہے۔

اب سوچیں اگر یہ شخص ہمیں حقیقت کی ماہیت پر لیکچر دینے لگے تو ہمیں کیسا لگے گا؟ اگر وہ ہمیں کائنات کے معنی و مقصد کے بارے میں سمجھانے کی کوشش کرے تو ہمارا

رد عمل کیا ہوگا؟ اور اگر وہ پورے یقین کے ساتھ یہ دعویٰ کرے کہ دنیا میں صرف وہی چیزیں موجود ہیں جو اس کی سوئی کی نوک محسوس کر سکتی ہے تو ہمیں اس کی بات سن کر کتنی حیرت اور شاید ہنسی آئے گی؟

اب ذرا تصور کریں کہ اگر سوئی کے بجائے آدمی کو ایک باریک دھاگے کا چھوٹا سا ٹکڑا استعمال کرنا پڑے، جسے وہ اپنے گرد و پیش کی اشیاء پر گھسیٹ کر اپنے ماحول کو محسوس کرے۔ یہ سائنسی تحقیق کی وسعت کو سمجھنے کا اور بھی زیادہ مؤثر طریقہ ہوگا۔

ہمیں یہ سمجھنا ہوگا کہ انسان محض برقی مقناطیسی طیف (electromagnetic spectrum) کے ایک نہایت محدود حصے — یعنی نظر آنے والی روشنی — کو اپنی آنکھوں کے ذریعے محسوس کر سکتا ہے۔ البتہ جدید ٹیکنالوجی کی بدولت ہم ایسی برقی مقناطیسی شعاعوں کا بھی سراغ لگا سکتے ہیں جن کے بارے میں ہمارے آباواجداد کو کوئی علم نہیں تھا، جیسے انفراریڈ (infrared)، الٹرا وائلٹ (ultraviolet)، ایکس ریز (x-rays)، گیما ریز (gamma rays) وغیرہ۔ ایسے میں ہمیں یہ سوچنا چاہیے کہ کیا ممکنہ طور پر مزید "معلوماتی ذرائع" یا "وجود کی جہتیں" بھی موجود ہیں جن کا ہمیں اپنی موجودہ سائنسی و تکنیکی محدودیت کی وجہ سے ابھی تک کوئی ادراک نہیں؟

اگر ہم صرف اپنی ادراکی صلاحیتوں پر بھروسا کریں، تو یہ جاننا ممکن نہیں کہ ہم کس چیز سے لاعلم ہیں۔ البتہ، اگر قسمت ساتھ دے، تو شاید ہم کسی نئی حقیقت تک محض اتفاقاً پہنچ جائیں۔ لیکن جب ہم کائنات کی بے پناہ وسعت پر غور کرتے ہیں — جس کا

صرف ایک معمولی حصہ ہمارے علم میں ہے——اور یہ حقیقت سامنے رکھتے ہیں کہ ہمارا اپنا چھوٹا سا سیارہ بھی ابھی تک مکمل طور پر دریافت نہیں ہوا، تو یہ سب ہمیں یہی بتاتا ہے کہ بے شمار حقیقتیں ہماری پہنچ سے باہر ہیں۔

ذرا اپنی ذہنی صلاحیت پر غور کریں۔ ادراک، در حقیقت، دماغ کی اس صلاحیت سے جڑا ہے کہ وہ حسی معلومات کو کیسے سمجھتا اور ترتیب دیتا ہے——اور یہی عمل ہمیں ان معلومات کو شعوری طور پر جاننے کے قابل بناتا ہے۔ لیکن اگر ہمارا دماغ کچھ ایسی چیزیں "دیکھ" ہی نہ سکے، جنہیں ہمارے حسی اعضا پھر بھی محسوس کر رہے ہوں؟ اصل مسئلہ یہ ہے کہ ہم اپنے دماغ کی حدود سے نکل کر یہ جانچ ہی نہیں سکتے کہ ہم کس قدر حقیقت کو نظر انداز کر رہے ہیں۔

دلچسپ بات یہ ہے کہ خود سائنس بھی ان شدید محدودیتوں کا بالواسطہ اعتراف کرتی ہے۔ آخر کار، سائنسی نقطۂ نظر کے مطابق، ہم محض ارتقائی طور پر ترقی یافتہ بندر ہیں۔ ہمیں بتایا جاتا ہے کہ ہماری ادراکی اور ذہنی صلاحیتیں درختوں میں کھانے کے قابل پھل ڈھونڈنے اور بہترین ساتھی کے ساتھ افزائشِ نسل کے لیے موزوں بنائی گئی ہیں۔ لیکن حیرت کی بات یہ ہے کہ انہی روزمرہ کی بنیادی جبلّتوں کے ساتھ ہم نہ صرف کائنات کی گہرائیوں پر غور و فکر کر سکتے ہیں بلکہ اس کے معنی تلاش کرنے، انسانی فطرت کو سمجھنے اور اخلاقیات کی حیاتیاتی ابتداء پر فلسفیانہ و شاعرانہ انداز میں اظہارِ خیال کرنے کے بھی قابل ہو گئے ہیں۔

ایسی اندھی، مضحکہ خیز اور افسوس ناک خود پسندی پر ہنسی آتی ہے۔

## اسلام اور سائنس میں تصادم کی حقیقت

آیئے اب ان آیات اور احادیث پر غور کریں جو یہ بتاتی ہیں کہ زمین چپٹی ہے یا یہ کہ زمین سورج کے گرد نہیں گھومتی۔ مثال کے طور پر سورۃ الکھف کی مندرجہ ذیل آیت ملاحظہ فرمائیں۔

﴿حَتَّىٰٓ إِذَا بَلَغَ مَغْرِبَ ٱلشَّمْسِ وَجَدَهَا تَغْرُبُ فِى عَيْنٍ حَمِئَةٍ وَوَجَدَ عِندَهَا قَوْمًا ۗ قُلْنَا يَٰذَا ٱلْقَرْنَيْنِ إِمَّآ أَن تُعَذِّبَ وَإِمَّآ أَن تَتَّخِذَ فِيهِمْ حُسْنًا﴾ [الکھف: ۸۶]

حتیٰ کہ جب وہ غروب آفتاب کی حد تک پہنچ گیا تو اس نے سورج کو ایک کالے پانی میں ڈوبتے دیکھا اور وہاں اُسے ایک قوم ملی ہم نے کہا "اے ذوالقرنین، تجھے یہ مقدرت بھی حاصل ہے کہ ان کو تکلیف پہنچائے اور یہ بھی کہ اِن کے ساتھ نیک رویّہ اختیار کرے۔

(سورہ الکھف: ۸۶)

ایک حدیث میں آتا ہے کہ:

نبی کریم ﷺ نے ایک دن فرمایا: "کیا تم جانتے ہو کہ سورج کہاں جاتا ہے جب وہ غروب ہوتا ہے؟"

صحابہ نے عرض کیا: "اللہ اور اس کے رسول بہتر جانتے ہیں۔"

آپ ﷺ نے فرمایا: "وہ (سورج) جاتا ہے یہاں تک کہ عرش کے نیچے ایک مقامِ قرار تک پہنچ جاتا ہے۔ پھر وہ گر کر سجدہ کرتا ہے اور اسی حالت میں رہتا ہے، یہاں تک کہ اسے کہا جاتا ہے: "اُٹھ! وہاں سے واپس جا جہاں سے تم آیا تھا"۔

پھر وہ واپس جاتا ہے اور اپنے مقامِ طلوع سے طلوع ہوتا ہے۔ پھر وہ جاتا ہے یہاں تک کہ عرش کے نیچے اپنے مقامِ قرار تک پہنچ جاتا ہے، پھر گر کر سجدہ کرتا ہے اور اسی طرح رہتا ہے، یہاں تک کہ اسے کہا جاتا ہے' :اُٹھ! وہاں سے واپس جا جہاں سے تم آیا تھا'۔

پھر وہ واپس جاتا ہے اور اپنے مقامِ طلوع سے طلوع ہوتا ہے، اور لوگ اس میں کوئی خرابی محسوس نہیں کرتے، یہاں تک کہ وہ دوبارہ اپنے اسی مقامِ قرار تک پہنچتا ہے جو اسے عرش کے نیچے حاصل ہے۔ پھر اسے کہا جائے گا: 'اُٹھ! اپنی شام کو اپنے غروب ہونے کی جگہ سے طلوع ہو جا۔"

پھر رسول اللہ ﷺ نے فرمایا: "کیا تم جانتے ہو کہ یہ کب ہو گا؟ یہ اس وقت ہو گا جب کسی جان کے لیے ایمان فائدہ نہیں دے گا، جس نے پہلے کبھی ایمان نہیں لایا ہو گا، یا اپنے ایمان سے کوئی بھلائی حاصل نہ کی ہو گی"۔[35]

ہم ان سب کو کیسے سمجھیں؟ یہ کہنا تو آسان ہے کہ یہ سب "استعارے" ہیں۔ شاید کسی حد تک ایسا ہو۔ لیکن یہ ایک عجلت پسندانہ نتیجہ ہو گا۔ کیا اسے سمجھنے کا کوئی اور "حل" یا "طریقہ" موجود ہے؟

---

35 صحیح مسلم

تصور کریں کہ دو افراد ایسے ہیں جنہیں کائنات کے بارے میں یکساں درست علم حاصل ہے۔ لیکن وہ اس علم کو مختلف انداز میں بیان کر سکتے ہیں۔ یعنی وہ کائنات کی وضاحت کے لیے الگ زبان، مختلف تشبیہات اور متنوع تصورات استعمال کر سکتے ہیں، جبکہ در حقیقت وہ ایک ہی حقیقت کو بیان کر رہے ہوں گے۔ مزید یہ کہ وہ اپنی ذاتی بصیرت اور نقطۂ نظر سے چیزوں کو بیان کرتے ہوئے بھی الگ اصطلاحات کا استعمال کر سکتے ہیں۔

میں اپنی بات کو ایک سادہ مثال سے واضح کرتا ہوں۔ بدو عربوں کے پاس "شیر" کے لیے مختلف اصطلاحات موجود ہیں۔ اسی طرح قطب شمالی میں رہنے والے ایسکیمو کے پاس "برف" کے لیے کئی الگ الفاظ پائے جاتے ہیں۔ جب ایک عرب شیر کے بارے میں گفتگو کرتا ہے اور ایک ایسکیمو برف کے بارے میں بات کرتا ہے تو ان کے اظہار کا انداز ایک ماہر حیوانات یا ماہر موسمیات کے انداز سے بہت مختلف ہوگا۔ اس کا مطلب یہ نہیں کہ عرب یا ایسکیمو استعارے میں بات کر رہے ہیں اور ماہر حیوانات یا ماہر موسمیات حقیقت بیان کر رہے ہیں۔ حقیقت یہ ہے کہ اس مثال میں سب ہی حقیقت پر مبنی گفتگو کر رہے ہیں۔ مگر عرب اور ایسکیمو کے پاس ایسے مخصوص تصورات اور الفاظ موجود ہیں جو ماہر حیوانات یا ماہر موسمیات کی زبان اور فکری دائرے میں نہیں پائے جاتے۔ اسی طرح ماہر حیوانات اور ماہر موسمیات کے پاس بھی کچھ ایسے مخصوص تصورات اور اصطلاحات ہو سکتی ہیں جو عرب یا ایسکیمو کی زبان اور تصوراتی نظام میں موجود نہ ہوں۔

آج کے دور میں لوگ عام طور پر یہ مفروضہ قائم کر لیتے ہیں کہ سائنسی زبان ہی وہ زبان ہے جو چیزوں کو ٹھیک اسی طرح بیان کرتی ہے جیسے وہ حقیقت میں ہیں۔ لیکن

ہمیں اس مفروضے کو بلا چوں چرا تسلیم نہیں کرنا چاہیے۔ ایسا قطعاً نہیں کرنا چاہیے کیونکہ سائنسی زبان ہمیشہ تبدیل ہوتی رہتی ہے۔ میں آگے اس کی اہمیت کی وضاحت کروں گا۔

اب دوسری جہت کو دیکھیں۔ تصور کریں کہ دو افراد ہیں۔ ایک کے پاس کائنات کے بارے میں درست علم ہے جبکہ دوسرا شخص صرف یہی سمجھتا ہے کہ اسے سب کچھ معلوم ہے، حالانکہ حقیقت میں ایسا نہیں۔ یہ پہلو معاملے کو مزید پیچیدہ بنا دیتا ہے۔ پچھلی مثال پر غور کریں۔ وہ بدو عرب جو صدیوں اور نسلوں کے تجربات پر انحصار کرتے ہوئے شیر کے ماحول میں زندگی گزارتے ہیں۔ ان کا علم ممکنہ طور پر اس غیر ملکی ماہر حیوانات سے زیادہ گہرا ہوگا جو کسی بیرونی دنیا سے آکر صرف چند مہینے وہاں فیلڈ ورک کرتا ہے اور پھر واپس چلا جاتا ہے۔

اور ظاہر ہے کہ حیوانیات خود ایک نیا شعبہ ہے۔ لہذا بدووں کی زبان ان کے بہتر علم کی عکاسی کرے گی۔ لیکن ماہر حیوانات ضروری نہیں کہ یہ تسلیم کرے۔ دراصل ماہر حیوانات یہ سوچے گا کہ یہ بدو کافی جاہل ہیں اور شیر کے بارے میں ان کی سمجھ اس کے علم کے مقابلے میں بہت کم ہے۔ اور اس بات کو ثابت کرنے کے لیے وہ بدوؤں کے کے ذریعہ دی گئی شیر کی تفصیلات پیش کرے گا اور دعویٰ کرے گا کہ یہ تفصیلات غلط ہیں۔ لیکن وہ یہ دعویٰ کس بنیاد پر کر سکتا ہے کہ بدوؤں کے ذریعہ فراہم کی گئی تفصیلات غلط ہیں؟ وہ ایسا صرف اپنے علم کی بنیاد پر کر سکتا ہے، جو اس مثال میں ہم نے فرض کیا ہے کہ غلط ہے اور یقیناً بدووں کے علم سے کمتر ہے۔ اس کے باوجود ماہر حیوانات بہت پُر اعتماد ہے کہ یہ سب بدو بنا سمجھے بوجھے بات کر رہے ہیں۔

یہ جدید سائنسی سوچ کی نادانی اور افسوس ناک غرور ہے۔ پہلی بات یہ کہ سائنسی زبان کو دنیا کی حقیقت بیان کرنے کا نہ صرف واحد بلکہ حتمی اور قابلِ قبول طریقہ سمجھا جاتا ہے۔ دوسری بات یہ کہ سائنس یہ فرض کر لیتی ہے کہ وہ کائنات کی اصل حقیقت کو مکمل طور پر جان چکی ہے۔ حالانکہ یہ دونوں مفروضے سراسر غلط ہیں اور ہم انہیں بآسانی رد کر سکتے ہیں۔

اس کا ایک اندازہ لگانے کے لیے ذرا غور کریں کہ اسکولوں میں سائنس، فلکیات اور زمین و دیگر آسمانی اجسام کی ساخت اور حرکت کے بارے میں جو کچھ پڑھایا جاتا ہے وہ زیادہ تر نیوٹن کے طرزِ بیان میں ہوتا ہے۔ اسحاق نیوٹن کے زمانے سے لے کر انیسویں صدی کے آخر تک اور آج تک ماہرینِ طبیعیات یہ قیاس کرتے آئے ہیں کہ کائنات محض تین نہیں بلکہ اس سے زیادہ جہات (spatial dimensions) پر مشتمل ہو سکتی ہے۔ آئنسٹائن نے کششِ ثقل کو سمجھنے کے لیے غیر اقلیدسی ریاضی (non-Euclidean mathematics)، جیسے کہ ریمانی جیومیٹری (Riemannian geometry)، کو اپنے نظریات میں شامل کر کے طبیعیات کے بارے میں سوچنے کا ایک بالکل نیا زاویہ پیش کیا۔

گزشتہ دہائی میں اسٹرنگ تھیوری کے ماہرین (String Theorists) نے ۲۱ جہتی کائنات کا تصور بھی پیش کیا تھا۔ یقیناً یہ سب محض قیاس آرائیاں ہیں اور حقیقت کا علم صرف اللہ کو ہے۔ تاہم اگر ہم تسلیم شدہ نظریاتی طبیعیات (theoretical physics) کے دائرے میں بھی دیکھیں تو یہ بات واضح ہوتی ہے

کہ دنیا کو "ہموار" یا "آسمانوں کو لپیٹنے" جیسے تصورات کے ذریعے بیان کرنا بالکل موزوں اور برمحل ہے۔

مثال کے طور پر اگر کائنات چار جہتی ہو تو ایک تین جہتی کرہ (sphere) کو لپیٹا جا سکتا ہے، بالکل اسی طرح جیسے تین جہتی کائنات میں ایک دو جہتی دائرے (circle) کو لپیٹا جا سکتا ہے۔ اور یہی سلسلہ آگے بڑھتا جاتا ہے۔ یہ اس بات کی تائید کرتا ہے کہ سائنسی زبان ہمیشہ تغیر پذیر رہتی ہے۔ اس کی ایک وجہ یہ ہے کہ سائنس دانوں کا کائنات کے بارے میں علم — یا جسے وہ علم سمجھتے ہیں — مستقل طور پر بدلتا رہتا ہے، اور پھر ان کی زبان بھی اسی تبدیلی کے ساتھ ارتقا پذیر ہوتی ہے۔ تو ہم آخر اس زبان کو اللہ کے کلام کو پرکھنے کا معیار کیوں سمجھیں؟ ہمیں ایسا ہرگز نہیں کرنا چاہیے۔

روحانی طور پر مجھے قرآن کی وہ آیات اور احادیث سب سے زیادہ عزیز ہیں جو جدید سائنسی تفہیم سے متصادم نظر آتی ہیں۔ یہ میرے لیے قیمتی جواہر کی مانند ہیں۔ یہ مجھے سکون عطا کرتی ہیں اور میرے ایمان میں اضافہ کرتی ہیں۔ کیونکہ یہ وہ مواقع ہیں جہاں اللہ کی وحی مجھے دنیا کے بارے میں ایسے حقائق سے آگاہ کر رہی ہے جن کا جدید سائنس یا انسانوں کو اب تک علم نہیں (کم از کم فی الحال نہیں ہے۔ شاید مستقبل میں ہو جائے)۔

مثلاً سورۃ الکہف میں ذوالقرنین کے بارے میں وہ آیات، سورج کے غروب ہونے کی جگہ کا ذکر، اور اوپر بیان کردہ حدیثیں میرے لیے نہایت خوبصورت اور اثر انگیز ہیں۔ ان کی زبردستی تمثیلی یا کسی اور غیر واضح انداز میں تعبیر کرنے کی کوئی ضرورت

نہیں۔ کیونکہ یہ وہ خالص، واضح اور براہ راست حقیقت ہے جو ہمیں اللہ، تمام حقیقتوں کے خالق ومالک، نے عطا فرمائی ہے۔

اللہ تعالیٰ ہمارے ایمان کو مضبوط کرے، ہمارے دلوں اور ذہنوں کو اپنی آیات کے نور سے منور فرمائے اور ہمیں شیطان کے وسوسوں سے محفوظ رکھے۔ آمین۔

# باب آٹھ: آزاد خیالی اور اس کی منافقت

# (Liberalism, Liberal Hypocrisy)

## آزاد خیالی کے نظریہ (Liberalism) کو قریبی رشتہ داروں سے جنسی تعلقات میں کوئی برائی نظر نہیں آتی

قریبی رشتہ داروں کے ساتھ جنسی تعلقات (incest) ابھی بھی مغربی دنیا میں غیر قانونی ہے۔ لیکن جب بھی اس میں ملوث افراد کو گرفتار کیا جاتا ہے تو سوشل میڈیا پر اس نفرت انگیز عمل کے بارے میں رد عمل سے رویوں میں تبدیلی ظاہر ہوتی ہے۔ مثلاً:

"یہ دونوں بالغ افراد ہیں! وہ ایک دوسرے سے محبت کرتے ہیں۔ بس اتنا کافی ہے! صرف اس وجہ سے کہ یہ ہمیں خراب لگتا ہے اس کا مطلب یہ نہیں کہ اسے غیر اخلاقی اور غیر قانونی سمجھا جائے! وہ تو کسی کو نقصان نہیں پہنچا رہے ہیں!"

لیکن ذرا رک کر یہ سوال کریں کہ کسی چیز کو اخلاقی طور پر جائز سمجھنے کے لیے یہ کیوں ضروری ہے کہ وہ کسی کو نقصان نہ پہنچائے؟ آخر دوسروں کو نقصان پہنچانے میں کیا مسئلہ ہے؟ یقیناً اگر ہم دوسروں کو نقصان پہنچانے کے بارے میں سوچیں گے تو یہ ہمیں ناگوار یا قابل نفرت محسوس ہو سکتا ہے۔ یہ ہمیں غصہ دلا سکتا ہے لیکن اس کا مطلب یہ نہیں کہ یہ اخلاقی طور پر غلط ہے۔

اخلاقی فلسفے کا ایک نظریہ ہے جسے ایموٹیوزم (Emotivism) کے نام سے جانا جاتا ہے۔ جس کے مطابق کہ ہمارے اخلاقی فیصلے دراصل ہمارے جذبات کا اظہار ہوتے ہیں۔ جب ہم کہتے ہیں "فلاں چیز غلط ہے"، تو اس کا اصل مطلب یہ ہوتا ہے وہ فلاں چیز مجھے بری لگتی ہے۔ یقیناً جذبات ذاتی اور انفرادی ہوتے ہیں — مختلف لوگ اس چیز کے بارے میں مختلف احساسات رکھتے ہیں۔ اس لیے اگر کوئی شخص یہ کہے کہ وہ چیز حقیقتاً غلط ہے اور یہ دعویٰ ہر جگہ معروضی طور درست ہو تو وہ دراصل غلط درجہ بندی کی غلطی کر رہا ہوتا ہے۔ مثال کے طور پر صرف اس وجہ سے کہ مجھے ناریل کا ذائقہ پسند نہیں ہے اس کا مطلب یہ نہیں کہ ناریل کھانا بنیادی طور پر غلط ہے۔

ایموٹیوزم کے ساتھ بے شمار مسائل ہیں۔ لیکن یہ دلچسپ ہے کہ آزاد خیال افراد اپنے مقاصد کے لیے اس نظریے کو اپنی سہولت کے مطابق استعمال کرتے ہیں۔ یعنی جن اخلاقی اصولوں سے وہ اتفاق نہیں کرتے وہاں وہ فوراً ایموٹیوزم کا سہارا لیتے ہیں۔ جیسے یہ کہنا کہ "قریبی رشتہ داروں کے درمیان جنسی تعلق (incest) صرف اس لیے غلط نہیں ہو سکتا کہ یہ آپ کو ناگوار لگتا ہے۔" لیکن جن اخلاقی اصولوں پر ان کا پختہ ایمان ہوتا ہے وہاں ایموٹیوزم کو یکسر مسترد کر دیا جاتا ہے۔ جیسے یہ کہنا کہ "دوسروں کو نقصان پہنچانا بدترین غیر اخلاقی عمل ہے، اور ہمیں اسے قانون کے ذریعہ روکنا چاہیے۔"

سادہ سا سوال یہ ہے کہ یہ طرزِ عمل اتنا یک طرفہ کیوں ہے؟ "نقصان" کا یہ تصور اتنا محدود کیوں ہے (جو خود بھی مبہم طور پر بیان کیا جاتا ہے اور اپنی سہولت کے مطابق لاگو کیا جاتا ہے)؟

اگر آپ آزاد خیال افراد سے یہ وضاحت طلب کریں کہ دوسروں کو نقصان پہنچانا غیر اخلاقی کیوں ہے تو وہ ان گہرے اخلاقی اور مابعد الطبیعیاتی مسائل پر بات کرنے لگیں گے جن پر وہ عام طور پر مذہبی افراد پر تنقید کرتے ہیں۔ یا تو انہیں یہی کہنا پڑے گا کہ "یہ غیر اخلاقی ہے کیونکہ بس یہ ایسا ہی ہے، "یا پھر وہ اخلاقیات کو مکمل طور پر رد کرتے ہوئے کسی نہ کسی شکل میں نیہلزم (Nihilism) کو اپنا لیں گے۔ یعنی یہ نظریہ کہ زندگی بے مقصد ہے اور اخلاقی اصولوں کی کوئی حقیقی بنیاد نہیں ہے۔

اس کا جواب دیا جا سکتا ہے لیکن اس سے بھی اہم بات یہ ہے کہ اگر آپ کسی آزاد خیال فرد سے یہ تسلیم کروالیں کہ وہ درحقیقت نیہلسٹ ہے تو یہ بذاتِ خود ایک بڑی جیت ہو گی جسے آپ آگے چل کر اس کے نظریات کے خلاف استدلال میں استعمال کر سکتے ہیں۔

اسی طریقہ سے آپ ان آزاد خیال ہیومنسٹس لوگوں کے ساتھ داؤ پیچ کھیل سکتے ہیں۔ آپ ان کے منافقانہ اور دوہرے رویہ کی نشاندہی کریں پھر وہ خود اپنی چال میں الجھ جائیں گے۔

## آزاد خیالی اور رضامندی

ممتاز ملحدین جیسے لارنس کراؤس (Lawrence Krauss) اور رچرڈ ڈاکنز (Richard Dawkins) نے قریبی رشتہ داروں سے جنسی تعلق قائم کرنے کے عمل کی حمایت کا اظہار کیا ہے۔ ان کی دلیل یہ ہے کہ اگر یہ دو بالغ افراد کے درمیان باہمی رضامندی سے ہو تو اسے جائز سمجھا جانا چاہیے۔ چاہے وہ ماں اور بیٹے، بیٹی اور باپ یا بھائی اور بہن کے درمیان ہی کیوں نہ ہو۔

یہ ملحدانہ اور سیکولر اخلاقیات کا ایک معروف نمونہ ہے یعنی ممنوع کاموں کو انجام دینا۔ زنا ہمیشہ غیر اخلاقی سمجھا جاتا رہا ہے لیکن اب سیکولر اخلاقیات ہمیں بتاتی ہے کہ اس پر امتناع غیر منطقی ہے۔ ہم جنسی ہمیشہ قبیح سمجھی جاتی رہی ہے لیکن یہاں بھی سیکولر اخلاقیات ہمیں بتاتی ہے کہ اس پر بھی پابندی غلط ہے اور یہ پابندی جذباتیت کی بنیاد پر لگائی گئی ہے نہ کہ عقل کی بنیاد پر، اس لیے یہ بے بنیاد ہے۔ اور اب یہی طرزِ فکر قریبی خونی رشتہ داروں کے ساتھ جنسی تعلق پر بھی لاگو ہوتا ہے۔

لیکن یہ حدود پامال کرنے اور ممنوعات کو توڑنے کی ملحدوں کی روش یہیں پر کیوں رک جائے؟ ہمیں رضامندی کے تصور کو محض غیر منطقی اور جذباتی طور پر ممنوع قرار دیا گیا تصور کیوں نہ سمجھنا چاہیے؟ آخر رضامندی ان دیگر ترک کردہ ممنوعات سے کس طرح مختلف ہے؟

ایک ملحد یا سیکولر شخص یہ دلیل دے سکتا ہے کہ جیسے پچھلے زمانے کے لوگ ہم جنس پرستی کو ایک گندا، غیر فطری اور غیر خدائی عمل سمجھتے تھے، اسی طرح آج بھی بعض لوگ بلاوجہ یہ یقین رکھتے ہیں کہ رضامندی کے بغیر جنسی تعلق ایک گھناونا اور ناقابلِ قبول عمل ہے۔ اور دونوں ہی صورتوں میں ان پرانی پابندیوں پر عمل کرنے کے لیے کوئی معقول یا سائنسی جواز موجود نہیں۔

قبل اس کے کہ کوئی مجھ پر زنا بالجبر کی حمایت کا الزام لگائے، میں محض ملحدانہ اخلاقیات کی بنیاد پر استدلال کر رہا ہوں، نہ کہ اپنی ذاتی اخلاقیات کی روشنی میں۔ کیا ملحدانہ یا

سیکولر اخلاقیات رضامندی کی اہمیت کے لیے کوئی منطقی یا سائنسی جواز فراہم کرتی ہیں؟ ہرگز نہیں۔

آج کے دور میں زیادہ تر ملحدین آزاد خیال ہوتے ہیں اور وہ آزاد خیال افادیت پسند (Utilitarian) اخلاقیات پر عمل پیرا ہوتے ہیں۔ افادیت پسندی کے مطابق جو چیز زیادہ سے زیادہ خوشی فراہم کرے اور نقصان کو کم سے کم کرے، وہ اخلاقی طور پر درست ہے۔ اور جو اس کے برعکس ہو وہ اخلاقی طور پر غلط ہے۔ جیسا کہ وہ اکثر کہتے ہیں، "جو دوسروں کو نقصان نہ پہنچائے، وہ قانونی اور اخلاقی طور پر جائز ہونا چاہیے"۔

یہی خوشی اور نقصان کا تصور آزاد خیال افراد کے تمام جنسی اخلاقیات سے متعلق دلائل میں بھی شامل ہوتا ہے۔ افادیت پسندی کے مطابق کوئی بھی سماجی یا اخلاقی پابندی بے معنی ہے کیونکہ اصل معیار خوشی اور نقصان ہے نہ کہ یہ کہ کسی چیز سے لوگ "ناگواری" محسوس کرتے ہیں یا نہیں۔

اس صورت میں کئی ایسی مثالیں ہمارے سامنے ہیں جہاں رضامندی کے بغیر کیے جانے والے اعمال مجموعی لذت میں اضافہ کرتے ہیں اور نقصان کو کم کرتے ہیں۔ شہوت انگیز جنسی اعمال دیکھنے کی لت (voyeurism) کو ہی دیکھ لیں۔ فرض کریں کہ ایک افادیت پسند شخص خواتین کے عوامی غسل خانے میں ایک خفیہ کیمرہ نصب کرتا ہے اور اس کی لائیو ویڈیو دنیا بھر میں اس عمل کے شوقین لاکھوں افراد کو نشر کرتا ہے۔ اس سے ان افراد کی مجموعی لذت میں بے حد اضافہ ہوگا اور چونکہ خواتین کو اس بات کا علم نہیں ہوگا کہ

ان کی ویڈیو بنائی جارہی ہے، اس لیے نقصان نہ ہونے کے برابر ہوگا۔ یہاں تک کہ ان کے چہرے بھی شناخت چھپانے کے لیے دھندلے کیے جاسکتے ہیں۔

اس تناظر میں مجموعی لذت ممکنہ نقصان سے کہیں زیادہ ہوگی اور یہ بات افادیت پسندی کے اصولوں کے مطابق بالکل واضح ہے۔ ایک ملحد یہ کہہ سکتا ہے کہ اس میں کوئی برائی نہیں کیونکہ کسی کو براہِ راست نقصان نہیں پہنچ رہا اور خالص لذت بہت زیادہ ہے۔ اس کے مطابق رضامندی پر اصرار محض ایک قدیم، فرسودہ اور بے بنیاد سماجی رواج ہے جسے ہم سب کو اجتماعی طور پر ترک کردینا چاہیے۔

اگر ملحد اور آزاد خیال سیکولر لوگ اپنے نظریات میں مکمل طور پر مستقل مزاج ہوتے تو انہیں بدنگاہی (voyeurism) کی بھی اتنی ہی حمایت کرنی چاہیے جتنی کہ وہ قریبی رشتہ داروں سے جنسی عمل اور ہم جنس پرستی وغیرہ کی کرتے ہیں۔

یہ ان اسباب میں سے کچھ ہیں جس سے یہ ثابت ہوتا ہے کہ الحاد اور سیکولرازم جیسے نظریات بے مقصد اور اخلاقیات سے عاری ہیں۔ اور ان کی معراج واضح طور پر غیر معقول اور مضحکہ خیز ہے جنہیں ہر عقل مند فرد کو مسترد کردینا چاہیے۔

## آزاد خیالی کی جھوٹی رواداری

آزاد خیالی کا الزام: "آپ میں برداشت کرنے کی قوت نہیں ہیں۔"

وضاحت: "جن چیزوں کو میں برداشت کرتا ہوں آپ ان چیزوں کو برداشت نہیں کرتے ہیں۔"

انگریزی زبان میں "برداشت" کی ایک تعریف یہ ہے: "کسی مخصوص مقدار میں تھوڑی بہت تبدیلی کی اجازت، خاص طور پر مشین یا اس کے کسی حصے کے سائز میں۔"

کسی فیکٹری میں تیار کیے گئے کل پرزے کبھی بھی بالکل یکساں نہیں ہوتے۔ مثلاً اگر ایک فیکٹری ایک لاکھ پسٹن تیار کرتی ہے تو کوئی بھی دو پسٹن بالکل ایک جیسے نہیں ہوں گے۔ ہمیشہ کچھ نہ کچھ فرق ہوگا لیکن اس فرق کا ایک مخصوص حد کے اندر ہونا ضروری ہے۔ اگر کوئی خاص پسٹن اس حد سے باہر ہو تو اسے ناقابل استعمال سمجھا جاتا ہے اور اسے ضائع کرنا پڑتا ہے۔

آزاد خیال لوگ اپنے آپ کو بے حد روادار یا برداشت والا ظاہر کرتے ہیں اور دوسروں پر intolerant (عدم برداشت) کا الزام لگاتے ہیں۔ حالاں کہ حقیقت میں ان کی رواداری کی بھی کچھ حدود ہیں۔ لامحدود رواداری دراصل ایک تضاد ہے۔ کیوں کہ اس کا مفہوم آپس میں متصادم ہے۔ فرق یہ ہے کہ آزاد خیال رواداری آخرکار ذاتی خواہشات اور بے ترتیب ثقافتی عقائد پر مبنی ہوتی ہے جب کہ اسلامی رواداری حکمت اور رہنمائی پر مبنی ہوتی ہے۔

اگر ہم مشینی پرزے کی تیاری کی مثال پر دوبارہ غور کریں تو اگر برداشت (tolerance) کی حدیں درست طریقے سے متعین نہ کی جائیں تو تیار شدہ پرزے ناکارہ اور بے فائدہ ہو سکتے ہیں۔ یہی اصول انسانوں پر بھی لاگو ہوتا ہے۔ کچھ حد تک تنوع قابل قبول ہو سکتا ہے لیکن ہر قسم کی تبدیلی ایک متوازن، صحت مند اور کارآمد انسان کو

تشکیل نہیں دے سکتی۔ اور انسان کی اصل فلاح، صحت اور مقصدیت کے بارے میں بھلا اس کے خالق اور پروردگار سے بہتر کون جان سکتا ہے؟

## آزاد خیالی صرف غیر منطقی نہیں بلکہ بالکل پاگل پن ہے

ایک مشتبہ نظریہ

ابتدائی آزاد خیال سرمایہ دارانہ مفکرین کا ماننا تھا کہ ذاتی مفاد میں عمل کرنا ہی حقیقت میں عقل مندی ہے اور اگر ہر فرد عقل مندی سے کام لے، تو یہی معاشرے کی مجموعی ترقی اور خوشحالی کے لیے کافی ہے۔

واقعی یہ نظریہ مشتبہ ہے

موجودہ آزاد خیالی اس سے بھی آگے بڑھ جاتی ہے: آخر یہ فیصلہ کون کرے گا کہ عقل مندی کی تعریف کیا ہے اور کون سی "خواہشات" واقعی "معقول" ہیں جنہیں اپنانا چاہیے؟ معاشرے کی حقیقی فلاح اسی میں ہے کہ لوگ جو کچھ انہیں اچھا محسوس کرائے وہی اختیار کریں (بشرطیکہ وہ "نقصان دہ" نہ ہو اور "رضامندی" پر مبنی ہو)۔

اور پھر لوگ حیران ہوتے ہیں کہ دنیا اتنے انتشار کا شکار کیوں ہے!

## آزاد خیال سیکولرازم کا سب سے بڑا فریب ہے

اہم بات یہ نہیں کہ آپ کس چیز کا انتخاب کرتے ہیں بلکہ یہ اہم ہے کہ آپ کے پاس انتخاب کرنے کا اختیار موجود ہے۔

اسی طرح آزاد خیال سیکولرازم خدائی رہنمائی کو بے اثر کرنے کی کوشش کرتا ہے۔ اگر محض انتخاب کا حق ہی اصل اہمیت رکھتا ہو اور یہ سرے سے غیر متعلق ہو کہ آپ کیا منتخب کرتے ہیں تو پھر ہدایت کی ضرورت ہی کیا باقی رہ جاتی ہے؟ آپ کو اس روشنی کی کیا حاجت جو آپ کو راہ راست راستہ دکھائے اور ایسے فیصلوں کی طرف رہنمائی کرے جو حقیقی خوشی اور کامیابی کا سبب بنیں؟

کیا آزاد خیال سیکولرازم اتنا کھوکھلا کوئی اور بھی فلسفیانہ یا اخلاقی نظام ہو سکتا ہے؟ دیگر انسانی ساختہ نظریات کم از کم اس کوشش میں نظر آتے ہیں کہ وہ انسانیت کی عملی رہنمائی کریں اور کچھ ایسے اصول وضوابط فراہم کریں جو انفرادی اور اجتماعی بھلائی کی طرف رہنمائی کریں۔ لیکن آزاد خیال سیکولرازم کو اس کی کوئی پروا نہیں ہے۔

اس کے مطابق بس انتخاب کا حق ہی سب کچھ ہے — کوئی بھی انتخاب! چاہے وہ انتہائی تباہ کن، بے معنی یا سراسر بیہودہ ہی کیوں نہ ہو۔ بس شرط یہ ہے کہ وہ انتخاب "آزادانہ" کیا گیا ہو۔ اور اسی آزادی کو ہر چیز سے افضل سمجھا جاتا ہے۔ چاہے اس کا نتیجہ بربادی ہی کیوں نہ ہو۔ اس سے بھی زیادہ بدترین صورت حال وہ ہے جب خدا آپ کو درست اور غلط کا فرق بتائے یا غلط انتخاب پر آپ کو پشیمانی ہو۔

اس سے بیکار کوئی اور سوچ نہیں ہو سکتی۔ لیکن یہی سوچ ہے آج کے انسانوں کے دلوں پر راج کر رہی ہے۔

## آزاد خیالوں کا جعلی مذہبی نظریہ

آزاد خیالی کے ماننے والوں کا عقیدہ یہ ہے کہ کوئی خدا نہیں سوائے اس کے کہ جو مختلف ثقافتوں نے اپنی خواہشات کے مطابق تخلیق کیا ہے۔ پھر ہر گروہ اپنی مخصوص تشریح کو دوسروں پر مسلط کرنے کی کوشش کرتا ہے کیونکہ انسان خود غرض، سنگدل اور متعصب ہوتے ہیں۔ "اگر لوگ سمجھ جائیں کہ خدا کسی حقیقی، معروضی (یعنی بامعنی) شکل میں موجود نہیں اور وہ زیادہ سے زیادہ محض ایک غیر شخصی دیوتا ہے تو پھر ہم سب زیادہ "اہم" مسائل پر توجہ دے سکتے تھے— جیسے بورژوا طبقے کے مردوں کے ایک دوسرے کے ساتھ بدفعلی کرنے کے "حق "کا جشن منانا"۔

اگر آپ آزاد خیال سیکولرازم کے نظریے کا الحاد سے موازنہ کریں تو یہ حقیقت میں ایک ہی سکے کے دو رخ نظر آئیں گے۔ اس فکر کے مطابق خدا محض انسان کی تخلیق ہے اور مذہب محض ایک ثقافتی اظہار۔ اس نظریے میں کسی خود مختار خدا یا کسی مطلق اخلاقیات کی کوئی گنجائش نہیں۔ سوائے اُس 'آزاد خیال اخلاقیات' کے، جو محض شمال مغربی یورپی اور امریکی معاشروں کے بدلتے ہوئے رجحانات سے میل کھاتی ہے۔

# باب نو: ترقی پسندیت (Progressivism) اور اخلاقیات

## ترقی پسندیت اور فرعونوں کے وارثین

قرآن تاریخ کے بارے میں ترقی پسندانہ نظریہ نہیں اپناتا۔ جب آپ قرآن میں انبیاء کے واقعات پڑھتے ہیں جیسے حضرت موسیٰؑ، حضرت عیسیٰؑ، حضرت یوسفؑ، حضرت ابراہیمؑ تو آپ کو یہ نہیں سوچنا چاہیے کہ "یہ تو ماضی کی کہانیاں ہیں اور ہم جدید دور میں زندگی گزار رہے ہیں۔ ہماری دنیا مختلف ہے، ہمارے معاشرے، ہمارے ادارے اور ہماری حکومتیں زیادہ ترقی یافتہ اور پیچیدہ ہیں۔" نہیں، ایسا کبھی نہ سوچیں کیوں کہ یہ کافروں جیسے خیالات ہیں اور اس کا ذکر اللہ تعالیٰ نے خود قرآن میں کیا ہے "جو لوگ کافر ہیں، وہ کہتے ہیں کہ یہ تو بس پہلے کے لوگوں کی کہانیاں ہیں۔"

اللہ تعالیٰ نے ہمیں انبیاء کی جدوجہد اور ان کے دشمنوں کے بارے میں تفصیل سے آگاہ کرنے کی ایک خاص حکمت بیان کی ہے۔ کیونکہ یہی آزمائشیں اور چیلنجز آج ہمیں بھی درپیش ہیں۔ جس طرح آج بھی "انبیاء کے وارث "یعنی وہ نیک علماء موجود ہیں جو حق کی دعوت دے رہے ہیں، اسی طرح ابلیس کے بھی وارث ہیں، فرعون کے بھی وارث ہیں اور ابو جہل و ابو لہب کے بھی وارث پائے جاتے ہیں۔ ہمیں اس حقیقت سے غافل نہیں رہنا چاہیے، کہیں ایسا نہ ہو کہ ہم اپنے رب کی واضح تنبیہوں کو نظر انداز کر دیں اور بے خبری میں کسی آزمائش کا شکار ہو جائیں۔

## اخلاقی ترقی کا تضاد

لبرل سیکولر ترقی پسند (بشمول ہیومنسٹ، دہریے، اصلاح پسند وغیرہ) سمجھتے ہیں کہ اخلاقیات کا وقت کے ساتھ بدلنا کوئی غلط بات نہیں اور یہ ایک قدرتی اور ناگزیر عمل ہے جسے ہم سب کو تسلیم کرنا چاہیے۔ افسوس کی بات یہ ہے کہ وہ اخلاقیات کی اصل نوعیت کے بارے میں گہری غلط فہمی میں مبتلا ہیں۔

یہ لوگ مذہبی اخلاقیات کے بتدریج ختم ہونے پر کوئی اعتراض نہیں کرتے۔ کیونکہ وہ مذہبی اصولوں کو اخلاقی طور پر لازم یا واجب التعمیل نہیں سمجھتے۔ وہ کہتے ہیں "ماضی میں مذہبی حساسیت کی بنا پر شادی سے باہر جنسی تعلقات کو غلط تصور کیا جاتا تھا لیکن اب زمانہ بدل چکا ہے اور ہم اسے اتنا برا نہیں سمجھتے کیونکہ ہم نے ترقی کرلی ہے۔"

اس طرزِ فکر کی الجھن کو واضح کرنا نہایت آسان ہے۔ بس ایک ایسی قدر پر غور کریں جسے یہ لوگ واقعی اخلاقی طور پر لازم سمجھتے ہیں۔ مثلاً نسلی مساوات۔ ان سے پوچھیں کہ کیا وہ اس بات کو قبول کریں گے کہ ایک دن سفید فام بالادستی کو اخلاقی طور پر درست سمجھا جانے لگے؟ کیا یہ منطقی ہوگا کہ اخلاقیات اتنی بدل جائے کہ ایک دن سفید فام بالادستی وہ معیار بن جائے جس کی پیروی سب پر لازم ہو؟ ایسا کیوں نہیں ہو سکتا؟

اگر یہ فرض کرلیا جائے کہ سفید فام بالادستی میں فی الحقیقت کوئی برائی نہیں اور ہم بس فی الحال اسے سمجھنے سے قاصر ہیں اور مستقبل کے لوگ آکر دریافت کریں گے کہ یہ درحقیقت قابلِ قبول ہے—— بالکل اسی طرح جیسے کبھی بدکاری کو غلط سمجھا جاتا تھا لیکن

بعد میں لوگوں نے "دریافت" کرلیا کہ یہ اتنی بری نہیں——تو پھر اس میں کیا فرق ہے؟ اخلاقیات اس طرح کیوں نہیں بدل سکتی؟

اس کا جواب یہ ہو سکتا ہے: "اخلاقیات بے ترتیب انداز میں نہیں بدلتی بلکہ یہ ایک خاص سمت میں ترقی کرتی ہے۔ ہماری اخلاقیات وقت کے ساتھ مزید بہتر ہوتی جاتی ہے کیوں کہ یہ توہمات کو ختم کرتی ہے اور نقصان کو پہچانتی ہے۔ اصل برائی وہ ہے جو کسی دوسرے شخص کو نقصان پہنچائے اور اس اصول کو "نقصان کا اصول" (Harm Principle) کہا جاتا ہے۔"

لبرل سیکولرازم سے متاثر افراد عموماً اس نقطہ نظر کو اپناتے ہیں کہ واحد اور سچا اخلاقی اصول "نقصان کا اصول" ہے۔ اس منطق پر آگے چل کر وہ دعویٰ کرتے ہیں (حالانکہ اس کے خلاف کافی شواہد موجود ہیں) کہ ہم نے یہ دریافت کیا ہے کہ زناکاری سے درحقیقت لوگوں کو کوئی نقصان نہیں پہنچتا اس لیے اسے غیر اخلاقی نہیں سمجھا جانا چاہیے۔ مزید برآں ہم نے یہ دریافت کیا ہے کہ سفید فام بالادستی نقصان دہ ہے لہٰذا اسے غیر اخلاقی سمجھا جانا چاہیے۔

لیکن ذرا سوچیے، پہلی بات یہ کہ اگر "نقصان کا اصول" لبرل سیکولرازم کے پیروکاروں کے مطابق تمام اخلاقیات کا بنیادی اصول ہے تو کیا وہ یہ تسلیم کریں گے کہ یہ اصول بھی ترقی کر سکتا ہے؟ اگر اخلاقیات واقعی وقت کے ساتھ بدلتی اور ترقی کرتی ہے، تو کیا ہم ایک دن یہ دریافت کر سکتے ہیں کہ لوگوں کو نقصان پہنچانا اخلاقی طور پر جائز ہے اور "نقصان کا اصول" صرف ماضی کی ایک غیر متعلقہ بات بن جائے؟ اگر لبرل سیکولر ترقی

پسند یہ مانتے ہیں کہ ایسا ممکن نہیں اور ''نقصان کا اصول'' ہمیشہ اخلاقی طور پر معتبر رہنا چاہیے تو پھر وہ اخلاقیات کے معاملے میں حقیقتاً ترقی پسند نہیں ہیں۔ وہ دراصل یہ مانتے ہیں کہ کچھ اخلاقی اصول ہمیشہ کے لیے ثابت اور مطلق ہیں۔ تو پھر وہ ان مخلص مسلمانوں کو کیسے موردِ الزام ٹھہرا سکتے ہیں جو اسی طرح اخلاقی اصولوں کو وقت کے ساتھ تبدیل نہ ہونے والی حقیقت مانتے ہیں؟

اب ''نقصان کے اصول'' کا رد بہت آسان ہے (صرف اس بات پر سوال اٹھائیں کہ حقیقت میں نقصان کیا ہے اور اسے طے کون کرتا ہے؛ اور یہ بھی ثابت کریں کہ نقصان خود ایک اقداری تصور ہے جو آپ کے وسیع تر اخلاقی اور وجودی عقائد پر منحصر ہے، وغیرہ)۔ لیکن میں اخلاقیات کے ارتقائی عمل کے تصور پر توجہ مرکوز کرنا چاہتا ہوں۔ جو لوگ ''نقصان کے اصول'' کو مطلق اخلاق کے طور پر تسلیم کرتے ہیں وہی لوگ وقت کے ساتھ اخلاقی رویوں میں تبدیلی کو اس بنیاد پر سمجھاتے ہیں کہ ہم نے یہ دریافت کیا ہے کہ کیا چیز واقعی نقصان دہ ہے اور کیا نہیں۔ لیکن یہ دریافت کا عمل دراصل کیا چیز ہے؟

علمی طور پر بات کریں تو کیا نقصانات کا پتا لگانا نئے سیاروں یا نئے کیمیکل کی دریافت کے مترادف ہے؟ کیا یہ ایک تجرباتی عمل ہے؟ ہم نقصانات کو کہاں دیکھ سکتے ہیں؟ اور اس سے بھی اہم بات یہ ہے کہ وقت کے ساتھ ہماری صلاحیت میں کس طرح ترقی ہو رہی ہے تاکہ ہم ان نقصانات کو بہتر طریقے سے پہچان سکیں؟ ہم یہ سمجھ سکتے ہیں کہ کائنات میں نئے سیاروں کو دریافت کرنا جدید دوربینوں کی ٹیکنالوجی کی وجہ سے آسان ہو گیا ہے۔ لیکن وقت کے ساتھ نئے نقصانات کو دریافت کرنے کے عمل میں ہمیں کس چیز سے ترقی ملی ہے؟

واضح ہے کہ لبرل سیکولر ترقی پسند کے پاس اس کا کوئی معقول اور قابلِ قبول جواب نہیں ہوگا۔اس لیے وہ یہ دلیل دے گا کہ "نقصانات کے بارے ہمیشہ سے لوگوں کو معلوم ہے لیکن طاقتور، شریر اور خود غرض افراد نے اخلاقی جذبات میں تبدیلی کی راہ روک رکھی تھی تاکہ ان نقصانات کا تدارک نہ کیا جاسکے۔"

اس پر کچھ اہم نکات غور طلب ہیں۔ پہلی بات یہ کہ اس بات کا کیا ثبوت ہے کہ کچھ نقصانات ہمیشہ سے معلوم تھے؟ اگر ہم تاریخ پر نظر ڈالیں تو کئی چیزیں، جو آج "نقصان دہ" سمجھی جاتی ہیں، ماضی میں ان کا تصور بھی موجود نہیں تھا۔ مثال کے طور پر ہم جنس پرستی یا ٹرانس جینڈر افراد سے نفرت، ثقافتی نقب زنی (Cultural Appropriation)، معمولی باتوں پر توہین (Microaggression) اور ضمائر کے غلط استعمال کو جبر کہنا - یہ سب حالیہ دور کی اصطلاحات ہیں۔

اگر آپ کسی یونیورسٹی میں جینڈر اسٹڈیز کی کلاس میں جائیں، تو آپ کو وہاں جو کچھ "جبر"، "محرومی" اور "صنفی امتیاز" کے نام پر پڑھایا جائے گا وہ پہلے کبھی موجود ہی نہیں تھا۔ حقیقت یہ ہے کہ جن چیزوں کو آج بہت بڑا ظلم یا نقصان سمجھا جارہا ہے وہ چند دہائیاں پہلے کسی کے وہم و گمان میں بھی نہیں تھیں۔ تو کیا یہ بات واقعی قابلِ یقین ہے کہ آج کے لبرل ترقی پسند جن "سنگین نقصانات" پہچانتے ہیں وہ ہمیشہ سے معلوم تھے؟

دوسری بات یہ ہے کہ یہ جواب اخلاقی ارتقا کے پورے تصور کو متزلزل کرتا ہے۔ اگر "نقصان کا اصول" ایک ناقابلِ تغیر اور مسلمہ اصول ہے اور یہ حتمی طور پر طے

شدہ ہے کہ کون سی چیز نقصان دہ ہے اور کون سی نہیں، اور اگر لوگوں کا اس بارے میں علم بھی کبھی تبدیل نہیں ہوتا، تو پھر وہ اخلاقی ارتقا کہاں گیا جس کے بارے میں ہم مسلسل سنتے رہتے ہیں؟

سامنے والا شاید یہ کہے کہ ترقی تب ہوتی ہے جب برے لوگ ہار جاتے ہیں اور انصاف کی جیت ہوتی ہے۔ لیکن یہ اخلاقی ترقی کا ایک بہت سادہ اور کمزور تصور ہے۔ ہر کوئی یہی مانتا ہے کہ اچھائی اور برائی کے درمیان جنگ ہمیشہ چلتی رہتی ہے، کبھی اچھے لوگ جیتتے ہیں اور کبھی برے۔ یہاں تک کہ دیندار اور غیر سیکولر لوگ بھی اسی پر یقین رکھتے ہیں !تو پھر یہ وہ "مسلسل اخلاقی ترقی" کیسے ہوئی جس کا لبرل سیکولر افراد دعویٰ کرتے ہیں؟

لہٰذا جب اخلاقی ارتقا کے اس تصور کو جانچا اور پرکھا جاتا ہے تو یہ تنقید کے دباؤ کا سامنا نہیں کر پاتا۔ یہ نظریہ سنگین علمی مسائل سے دوچار ہے اور اس کی ایک بڑی وجہ "نقصان کے اصول" میں پائی جانے والی بنیادی خامیاں ہیں۔ جب لبرل سیکولر ترقی پسند اخلاقی ارتقا کی بات کرتے ہیں تو مسلمانوں کو، جو اسلامی اخلاقیات کو وحی کے وقت سے لے کر آج تک ناقابل تغیر سمجھتے ہیں، اس پر سنجیدہ سوالات اٹھانے چاہییں۔ مسلمانوں کو ان مسائل کی واضح نشاندہی کرنی چاہیے اور اپنے مخالفین سے مطالبہ کرنا چاہیے کہ وہ اپنے نظریات میں پائی جانے والی نمایاں کمزوریوں کا تسلی بخش جواب دیں۔

## ہم سب سے بہتر ہیں

### جدیدیت اور قرآن

اخلاقی ترقی پسندیت کا ایک اہم محرک سائنٹفک ترقی پر ایمان ہے۔ اگر ہماری سائنسی اور تکنیکی معلومات جدید دور میں اتنی بڑھ چکی ہیں تو یہ منطقی بات ہے کہ ہم ایک تہذیب کے طور پر اخلاقی لحاظ سے بھی ترقی کر چکے ہیں اور ہمارا اخلاقی علم پچھلی اقوام کے مقابلے میں بہتر ہے۔ یہ دلیل نئی نہیں ہے۔ یہ وہ سوچ ہے جو تمام بڑی تہذیبوں نے اپنے بارے میں اپنائی ہے۔ لیکن یہ ذہنیت قرآن کے پیغام کے بالکل برعکس ہے کیوں کہ اللہ تعالیٰ نے ہمیں ماضی کی تہذیبوں کے آثار اور کھنڈرات دیکھنے کی ہدایت کی ہے جو اپنی عظیم تکنیکی کامیابیوں کے باوجود اللہ اور اس کے پیغمبروں کے خلاف بغاوت اور تکبر کی وجہ سے تباہ ہو گئیں۔ دراصل قرآن اس سے بھی آگے بڑھ کر یہ کہتا ہے کہ تم صرف اس لیے غلط نہیں ہو کہ تم یہ سوچ کر مغرور ہو کہ تمہاری طاقت اور تکنیکی کامیابیاں راستبازی اور اخلاقی برتری کی علامت ہیں بلکہ تمہارا یہ گمان بھی غلط ہے کہ تم تاریخ کی سب سے طاقتور اور تکنیکی طور پر سب سے ترقی یافتہ تہذیب ہو۔ تم سے پہلے ایسی تہذیبیں بھی تھیں جو طاقت، تعداد اور اثر و رسوخ میں تم سے کہیں زیادہ تھیں۔

﴿أَوَلَمْ يَسِيرُوا فِي الْأَرْضِ فَيَنظُرُوا كَيْفَ كَانَ عَاقِبَةُ الَّذِينَ مِن قَبْلِهِمْ وَكَانُوا أَشَدَّ مِنْهُمْ قُوَّةً ۚ وَمَا كَانَ اللَّهُ لِيُعْجِزَهُ مِن شَيْءٍ فِي السَّمَاوَاتِ وَلَا فِي الْأَرْضِ ۚ إِنَّهُ كَانَ عَلِيمًا قَدِيرًا﴾ [فاطر: ۴۴]

کیا یہ لوگ زمین میں کبھی چلے پھرے نہیں ہیں کہ انہیں اُن لوگوں کا انجام نظر آتا جو اِن سے پہلے گزر چکے ہیں اور ان سے بہت زیادہ طاقت ور تھے؟ اللہ کو کوئی چیز عاجز کرنے والی نہیں ہے، نہ آسمانوں میں اور نہ زمین میں وہ سب کچھ جانتا ہے اور ہر چیز پر قدرت رکھتا ہے۔

(سورہ فاطر: ٤٤)

﴿أَوَلَمْ يَسِيرُوا۟ فِى ٱلْأَرْضِ فَيَنظُرُوا۟ كَيْفَ كَانَ عَـٰقِبَةُ ٱلَّذِينَ كَانُوا۟ مِن قَبْلِهِمْ ۚ كَانُوا۟ هُمْ أَشَدَّ مِنْهُمْ قُوَّةً وَءَاثَارًا فِى ٱلْأَرْضِ فَأَخَذَهُمُ ٱللَّهُ بِذُنُوبِهِمْ وَمَا كَانَ لَهُم مِّنَ ٱللَّهِ مِن وَاقٍ﴾ [غافر: ۲۱]

کیا یہ لوگ کبھی زمین میں چلے پھرے نہیں ہیں کہ انہیں اُن لوگوں کا انجام نظر آتا جو اِن سے پہلے گزر چکے ہیں؟ وہ اِن سے زیادہ طاقت ور تھے اور ان سے زیادہ زبردست آثار زمین میں چھوڑ گئے ہیں مگر اللہ نے ان کے گناہوں پر انہیں پکڑ لیا اور اُن کو اللہ سے بچانے والا کوئی نہ تھا۔

(سور غافر: ۲۱)

﴿أَفَلَمْ يَسِيرُوا۟ فِى ٱلْأَرْضِ فَيَنظُرُوا۟ كَيْفَ كَانَ عَـٰقِبَةُ ٱلَّذِينَ مِن قَبْلِهِمْ ۚ كَانُوٓا۟ أَكْثَرَ مِنْهُمْ وَأَشَدَّ قُوَّةً وَءَاثَارًا فِى ٱلْأَرْضِ فَمَآ أَغْنَىٰ عَنْهُم مَّا كَانُوا۟ يَكْسِبُونَ﴾ [غافر: ۸۲]

پھر کیا یہ زمین میں چلے پھرے نہیں ہیں کہ اِن کو اُن لوگوں کا انجام نظر آتا جو اِن سے پہلے گزر چکے ہیں؟ وہ اِن سے تعداد میں زیادہ تھے، اِن سے بڑھ کر طاقتور تھے، اور زمین میں اِن سے زیادہ شاندار آثار چھوڑ گئے ہیں جو کچھ کمائی اُنہوں نے کی تھی، آخر وہ اُن کے کس کام آئی؟

(سورہ غافر: ۸۲)

﴿أَوَ لَمْ يَسِيرُواْ فِى ٱلْأَرْضِ فَيَنظُرُواْ كَيْفَ كَانَ عَـٰقِبَةُ ٱلَّذِينَ مِن قَبْلِهِمْ ۚ كَانُوٓاْ أَشَدَّ مِنْهُمْ قُوَّةً وَأَثَارُواْ ٱلْأَرْضَ وَعَمَرُوهَآ أَكْثَرَ مِمَّا عَمَرُوهَا وَجَآءَتْهُمْ رُسُلُهُم بِٱلْبَيِّنَـٰتِ ۖ فَمَا كَانَ ٱللَّهُ لِيَظْلِمَهُمْ وَلَـٰكِن كَانُوٓاْ أَنفُسَهُمْ يَظْلِمُونَ﴾ [الروم:۹]

اور کیا یہ لوگ کبھی زمین میں چلے پھرے نہیں ہیں کہ اِنہیں اُن لوگوں کا انجام نظر آتا جو اِن سے پہلے گزر چکے ہیں؟ وہ اِن سے زیادہ طاقت رکھتے تھے، اُنہوں نے زمین کو خوب ادھیڑا تھا اور اُسے اتنا آباد کیا تھا جتنا اِنہوں نے نہیں کیا ہے اُن کے پاس ان کے رسول روشن نشانیاں لے کر آئے پھر اللہ ان پر ظلم کرنے والا نہ تھا، مگر وہ خود ہی اپنے اوپر ظلم کر رہے تھے۔

(سورہ روم: ۹)

﴿نَرْفَعُ دَرَجَـٰتٍ مَّن نَّشَآءُ ۗ وَفَوْقَ كُلِّ ذِى عِلْمٍ عَلِيمٌ﴾ [یوسف: ۷۶]

ہم جس کے درجے چاہتے ہیں بلند کر دیتے ہیں، اور ایک علم رکھنے والا ایسا ہے
جو ہر صاحب علم سے بالاتر ہے۔
(سورہ یوسف: ۷٦)

آپ سوچ رہے ہوں گے کہ کیا ماضی میں کوئی ایسی بھی تہذیب تھی جو آج کی تہذیب سے زیادہ تکنیکی طور پر ترقی یافتہ تھی؟ صحیح بات یہ ہے کہ اس کا علم صرف اللہ کو ہے۔ ہمیں یہ خود بخود فرض نہیں کر لینا چاہیے کہ ایسی کسی تہذیب کا وجود نہیں تھا۔ اس سے بھی اہم بات یہ ہے کہ ہمیں کسی قوم کے اقدار کا اندازہ ان کی "جدیدیت" سے نہیں لگانا چاہیے بلکہ ہمیں ان کے اقدار کو اس پر پرکھنا چاہیے کہ وہ آخری پیغمبر حضرت محمد صلی اللہ علیہ وآلہ وسلم کے لائے ہوئے اصولوں سے کتنی ہم آہنگ ہیں۔

## تصور علم-جدید بمقابلہ قدیم

علم کا جدید تصور ایک غیر معمولی بات ہے۔ یہ خیال کہ علم صرف کاغذ پر لکھی تحریر، کتاب، ہارڈ ڈرائیو یا ڈیجیٹل کلاؤڈ میں پایا جا سکتا ہے، یہ وہ علم نہیں ہے جس پر اسلامی روایت کی بنیاد ہے۔

حقیقی علم کو زندہ تجربے اور عملی مشاہدے رکھنے والے انسانوں سے الگ نہیں کیا جا سکتا۔ مثال کے طور پر، اللہ تعالیٰ نے وحی کو جبرائیل علیہ السلام کے ذریعے رسول اللہ ﷺ تک پہنچایا اور نبی کریم ﷺ نے اپنا علم اپنے صحابہ کرام کو محض الفاظ کے ذریعے نہیں بلکہ قربت، صحبت، اور عملی نمونہ کے ذریعے منتقل کیا۔ صحابہ کرام نے نہ صرف آپ کے فرامین سے سیکھا بلکہ آپ کے اعمال، طرزِ زندگی، اور بابرکت آداب سے بھی فیض حاصل

کیا۔ اس طرح، انسان ہی علم کے اصل امین ہیں اور اسلامی روایت نے اس تصور کو "اسناد" یعنی سلسلۂ روایت کی شکل میں مستحکم بنیادوں پر قائم کیا۔

کسی چیز کا حقیقی علم حاصل کرنے کا دعویٰ کرنے کے لیے — یعنی وہ علم جو اللہ نے وحی کے ذریعے نازل فرمایا — یہ ضروری ہے کہ آپ کو ان تمام واسطوں کا مکمل ادراک ہو جن کے ذریعے یہ علم صدیوں تک منتقل ہوتا ہوا آپ تک پہنچا ہے، یہاں تک کہ آپ کے استاد تک۔ محض کتاب یا انٹرنیٹ سے پڑھ لینا اس کا متبادل نہیں ہو سکتا۔ زیادہ سے زیادہ، آپ متن سے واقفیت حاصل کر سکتے ہیں جو اگر صحیح طریقے سے حاصل کی جائے تو مفید ضرور ہے۔ لیکن حقیقی عالم بننے کے لیے یا کسی مذہبی مسئلے پر مستند اور باوزن رائے دینے کے لیے اکثر اسناد کی ضرورت ہوتی ہے۔ یہی وہ الٰہی طریقہ ہے جس کے ذریعے اللہ نے دین کو محفوظ رکھا ہے۔

اسی لیے آپ ﷺ نے فرمایا:

> اللہ علم کو اس طرح نہیں اٹھاتا کہ بندوں (کے سینوں) سے نکال لے، بلکہ علماء کو موت دے کر علم کو اٹھاتا ہے۔ یہاں تک کہ جب کوئی عالم باقی نہ رہے گا تو لوگ جاہلوں کو سردار (مفتی و پیشوا) بنالیں گے اور ان سے (دینی مسائل) پوچھے جائیں گے اور وہ بغیر علم کے فتویٰ دیں گے۔ (خود بھی) گمراہ ہوں گے اور (دوسروں کو بھی) گمراہ کریں گے۔[36]

---

36 صحيح البخاري

ہم اس کا موازنہ جدید "علم" کے تصور سے کر سکتے ہیں جو عموماً اخلاقی پہلو سے خالی ہوتا ہے اور جسے افراد سے جدا کر کے سمجھا جاتا ہے۔ اگر آپ کسی یونیورسٹی کی فزکس کلاس میں جائیں تو دیکھیں کہ کیا پروفیسر تاریخ کا ذکر کرتا ہے؟ یہ فارمولے کہاں سے آئے، کس نے کس کو سکھایا، وغیرہ؟ شاید سائنس میں تاریخ سے یہ لاتعلقی کوئی بڑی بات نہ ہو لیکن دین میں معاملہ بالکل مختلف ہے۔ تمام دینی علم کا سرچشمہ ماضی میں ہے اور اگر ہم ماضی سے خود کو کاٹ لیں گے تو ہم اصل علم سے بھی کٹ جائیں گے۔ مسلمانوں کو دھیان رکھنا چاہیے کہ وہ جدید سائنسی علم کے تصور کو حقیقی دینی علم کے ساتھ خلط ملط نہ کریں۔

## مسلمان وحشی ہوتے ہیں کیوں کہ وہ سماجی ترقی کا ساتھ نہیں دے سکتے

کیا یہ جدید مسلم مصلحین واقعی یہ سمجھتے ہیں کہ انہوں نے پہلی بار یہ "دریافت" کیا کہ اسلام میں جنس کی بنیاد پر تفریق موجود ہے؟ جب معاملہ شادی، گواہی، وراثت وغیرہ کا ہو، تو کیا ماضی کے مسلمان ان تفریقوں سے بے خبر تھے؟ یا پھر وہ اتنے ناسمجھ تھے کہ یہ جان ہی نہ سکے — جیسے کہ جدید مصلحین تصور کرتے ہیں — کہ جنس کی تفریق ظلم، ناانصافی، اور استحصال کے مترادف ہے؟ اور کیا وہ واقعی اتنے بے بس اور نااہل تھے کہ اس کے خلاف کچھ کر ہی نہ سکے؟

ایک ہی بات درست ہو سکتی ہے : یا تو ماضی کے لوگ واقعی بے وقوف اور بداخلاق تھے، یا پھر جدید مصلحین ایک ایسے "ظلم" کا الزام لگا رہے ہیں جو کبھی ہوا ہی نہیں۔

اس سے متعلق ایک مثال ٹرانس جینڈر افراد کی قبولیت کا بڑھتا ہوا تصور ہو سکتی ہے۔ جیسے ہی یہ خاص سماجی انصاف کا مسئلہ اصولی طور پر موجودہ سماجی حقیقت بن جائے گا، تو فوراً ماضی کے تمام معاشرے غیر منصفانہ اور عدم برداشت والے قرار پائیں گے، کیونکہ اس وقت کے لوگوں نے اس "حقیقت" کو تسلیم نہیں کیا جو آج کے جدید روشن خیال افراد ٹرانس جینڈر کے بارے میں سمجھ رہے ہیں۔ اور پھر جب اگلے ۵ — ۱۰ سالوں میں کوئی نیا سماجی انصاف کا مسئلہ سامنے آئے گا، تو اسی پرانے طریقے سے ماضی کے معاشروں کو رجعت پسند، غیر منصفانہ، اور ظالم قرار دے دیا جائے گا۔ یوں یہ سلسلہ مستقل جاری رہے گا، اور ہر نئی نسل اپنے پیشروؤں کو جاہل اور غیر مہذب سمجھتی رہے گی۔

اگر اخلاقیات مسلسل بدلتی رہیں اور لوگ بے ترتیب ثقافتی تبدیلیوں کے تابع ہوں تو وہ افراد جو مضبوط اصولوں پر قائم رہتے ہیں اور ہمیشہ سچائی کو مانتے ہیں، ہر دور میں وحشی اور پسماندہ سمجھے جائیں گے۔ اگر یہی پیمانہ ہے، تو میں خوشی سے اپنے 'وحشی پن' کو قبول کرتا ہوں۔

بہت سے لوگ یہ نہیں سمجھتے کہ آج کے معتبر سمجھے جانے والے کئی عقائد درحقیقت کتنے سطحی اور محدود ہیں۔ اگر ہم اسلامی قانون اور اخلاقیات کے ان "وحشیانہ" پہلوؤں کا موازنہ کریں، جن پر آج سب سے زیادہ اعتراض کیا جاتا ہے، تو پوری انسانی تاریخ میں رائج قوانین سے ان میں کوئی بڑا فرق نظر نہیں آتا۔ لیکن جدید ذہنیت ماضی کو محض ظلم وجبر کا ایک سیاہ باب سمجھنے پر بضد ہے۔

اسلامی نقطۂ نظر اس سے بالکل مختلف ہے۔ ہم ماضی کو بہترین زمانہ سمجھتے ہیں، اور یہی بنیادی فرق تنازعات اور غلط فہمیوں کو جنم دیتا ہے۔ ہم اپنے ماضی کو جھٹلانے کے لیے تیار نہیں، کیونکہ ہم کسی مغالطے میں مبتلا نہیں۔ اور ہماری یہی ثابت قدمی بہت سے لوگوں کو اتنا مشتعل کر دیتی ہے کہ وہ تشدد پر آمادہ ہو جاتے ہیں۔

## کیا اسلام اس دور کے لیے موزوں ہے؟

کیا اسلام آج بھی موزوں ہے؟ اسلام میری زندگی میں کیا کردار ادا کرتا ہے؟

یہ وہ سوالات تھے جو حال ہی میں مجھ سے پوچھے گئے۔ میں نے جواب دیا کہ اسلام زندگی کو ایک مقصد اور معنویت دیتا ہے، جبکہ لادین اور مادی نظریۂ زندگی میں ایسا کوئی تصور موجود نہیں۔ اس مقصد کی کمی کے منفی اثرات آج کے سیکولر اور مذہب سے آزاد معاشروں میں افسردگی اور خودکشی کی بڑھتی ہوئی شرح میں واضح طور پر دیکھے جا سکتے ہیں۔

لیکن یہ جواب سوال پوچھنے والے کو مطمئن نہیں کر سکا۔ تھوڑی دیر سوچنے کے بعد مجھے احساس ہوا کہ مسئلہ اصل میں سوال کے اندر ہی تھا۔ (کیونکہ بعض اوقات اگر سوال ہی غلط ہو تو کوئی بھی جواب تسلی بخش نہیں ہو سکتا۔)

لہٰذا اسلام کو آپ کے لیے موزوں ہونے کی ضرورت نہیں۔ سچ کو کسی کی ذاتی اور انفرادی زندگی کی افادیت سے اپنے آپ کو ثابت کرنے کی ضرورت نہیں ہے۔ سچ بذاتِ خود موزوں ہے —— حقیقت میں، یہی واحد چیز ہے جو واقعی موزوں ہے۔

اگر ہم ایمانداری سے غور کریں تو ہم موزونیت کا معیار کس بنیاد پر طے کر رہے ہیں؟ کیا پیشہ ورانہ کھیل، مقبول ثقافت، موسیقی اور فلمیں واقعی موزوں ہیں؟ کیا سیاسی مباحثے اور عالمی حالات ہماری زندگی کے لیے واقعی اہم ہیں؟ کیوں؟

اگر یہی ہمارا معیارِ موزونیت ہے، تو یقیناً اسلام کم موزوں محسوس ہوگا، کیونکہ دیگر چیزوں کے برعکس، اسلام محض وقتی دلچسپی یا تفریح کا نام نہیں، بلکہ ایک حقیقی، بامقصد اور دائمی حقیقت رکھتا ہے۔

لہٰذا ہمارے لیے یہ مسئلہ دو پہلوؤں پر مشتمل ہے۔ ایک طرف ہمارے پاس موزونیت کا ایک غلط معیار ہے، اور دوسری طرف ہم اہمیت کا تعین ذاتی فائدے کی بنیاد پر کرتے ہیں۔ ہم دنیا کو اپنے ذاتی فریم ورک کے مطابق ترتیب دیتے ہیں، جہاں سب سے اہم سوال یہ ہوتا ہے:

"مجھے کیا اچھا لگتا ہے؟ کیا یہ چیز مجھے خوشی دیتی ہے؟ کیا یہ میری پسند کے مطابق ہے؟"

دوسرے الفاظ میں، ہم نے اپنی انا کو مرکز بنا لیا ہے۔ یہی وہ واحد تناظر ہے جس میں یہ سوال "—کیا یہ موزوں ہے؟—" معنی رکھتا ہے۔

کوئی یہ نہیں پوچھتا کہ بائیولوجی موزوں ہے یا نیوکلیئر فزکس، یا اکنامکس، یا سائنس یا علم کی تحقیق سے متعلق کوئی اور چیز۔ ان شعبوں میں موزونیت کا سوال معنی

نہیں رکھتا۔ یقیناً یہ وہ موضوعات ہیں جنہیں ہم سچائی سے جڑا ہوا سمجھتے ہیں اور اسی لیے یہ کسی فرد کے ذاتی جذبات سے آزاد ہوتے ہیں۔

سب سے بڑی سچائی یہ ہے کہ آپ کا پیدا کرنے والا ہی الحق ہے۔اسی کے سامنے سر تسلیم خم کرنا—یعنی اسلام—ہماری سوچ کا مرکز ہونا چاہیے۔ اسی بنیادی نقطۂ نظر سے ہم باقی تمام چیزوں کی موزونیت یا غیر موزونیت کا فیصلہ کر سکتے ہیں۔

اصل آزاد سوچ کا مالک کون ہے؟

## اصل آزاد خیال کون ہے؟

### وہ ملحد جو:

١. ایک سیکولر دنیا میں رہتا ہے۔

٢. ایسے تعلیمی اداروں میں پڑھتا ہے جہاں سیکولر نصاب پر مبنی سیکولر فلسفوں کا راج ہے، جہاں ایمان کو "تنقیدی سوچ" کے نام پر مسلسل سوالات اور تنقید کا نشانہ بنایا جاتا ہے۔

٣. ایک ایسی سیکولر ثقافت سے وابستہ ہے جو نہ تو خدا کو پہچانتی ہے اور نہ ہی مذہب کو۔

٤. روزانہ ایسے میڈیا، فلموں اور موسیقی کے زیر اثر رہتا ہے جو یا تو خدا کے وجود کو نظر انداز کرتے ہیں یا اس پر شک وشبہ پیدا کرتے ہیں۔

۵. ایک مجموعی طور پر سیکولر ذہنی ماحول میں رہتا ہے جہاں "مذہبی" ہونا ناپختگی کے مترادف سمجھا جاتا ہے اور مذہب پر شک کرنا "انسانی بصیرت" کی علامت سمجھا جاتا ہے اور پھر اس کے بعد تکبر کے ساتھ اعلان کرتا ہے جیسے اس نے صدی کی دریافت کر لی ہو کہ "خدا کا کوئی وجود نہیں ہے۔"

**یا وہ مسلمان جو:**

۱. سیکولر دنیا میں رہتا ہے۔

۲. ایسے اسکولوں میں پڑھتا ہے جن کا نصاب سیکولر فلسفوں پر مبنی ہوتا ہے جو ایمان کو "تنقیدی سوچ" کی بنیاد پر مسلسل سوالات اور تنقید کا نشانہ بناتے ہیں۔

۳. اشرافیہ پر مبنی ایک ایسی سیکولر ثقافت میں ڈوبا ہوتا ہے جو اسلام کو رجعت پسند اور دہشت گرد سمجھتی ہے۔

۴. ہر روز ایسے میڈیا، فلموں اور موسیقی کا سامنا کرتا ہے جو خدا کے وجود کو نظر انداز کرتے ہیں یا اس پر سوالات اٹھاتے ہیں اور اسلام پر خاص طور پر حملہ کرتے ہیں۔

۵. ایک عمومی سیکولر علمی ماحول میں رہتا ہے جہاں 'مذہبی' ہونا نادانی، مذہب پر شک کرنا روشن خیالی اور مسلمان ہونا کم از کم سادہ لوحی اور زیادہ سے زیادہ قرونِ وسطیٰ کی بربریت کے مترادف سمجھا جاتا ہے۔

اور پھر اس سب کے باوجود، وہ اپنے اسلامی عقائد پر یقین اور اعتماد برقرار رکھتا ہے، اور ہر طرف سے شدید دباؤ سہنے کے باوجود یوں ثابت قدم رہتا ہے جیسے جلتے انگارے کو

مٹھی میں تھامے ہوئے ہو۔ تو پھر حقیقی معنوں میں کس نے لہروں کے مخالف چل کر، کڑی آزمائشوں کے باوجود سچائی کو تھامے رکھا؟

## اخلاقیات کا منطقی رخ

ہم اکثر سنتے ہیں کہ اسلامی قانون کو وقت کے ساتھ ہم آہنگ ہونا چاہیے۔ یہ بات بھی اکثر سننے میں آتی ہے کہ ہمارے دور اور ساتویں صدی کے عرب، جب اسلام کا آغاز ہوا، کے زمانے میں فرق ہے۔ لہٰذا اگر وقت بدل چکا ہے تو قانون اور اخلاقیات کو بھی بدل جانا چاہیے۔ سب سے پہلے تو یہ سمجھنا ضروری ہے کہ حالات اتنے زیادہ تبدیل نہیں ہوئے جتنا لوگ سمجھتے ہیں۔ انسان آج بھی وہی انسان ہیں۔ ہماری بنیادی فطرت میں کوئی ایسی انتہائی بڑی تبدیلی نہیں آئی جو ان اصلاحات کو لازمی بنادے جن کا مطالبہ بعض مسلم جدت پسندوں اور مصلحین کر رہے ہیں۔

دوسری بات یہ کہ اس سوچ میں قانون اور اخلاقیات کی منطقی نوعیت اور سمت کے بارے میں ایک بنیادی غلط فہمی پائی جاتی ہے۔ اخلاقیات کا تعلق اس بات سے نہیں ہے کہ دنیا کیسی ہے، بلکہ اس بات سے ہے کہ دنیا کو کیسا ہونا چاہیے۔ دنیا میں ہونے والے واقعات کی بنیاد پر اپنے اخلاقی اصولوں میں رد و بدل کرنا منطقی طور پر غلط ہے۔ ہاں، ہم نئی چیزیں سیکھ سکتے ہیں جو ہمارے اخلاقی معیارات کے نفاذ کو متاثر کر سکتی ہیں، مگر یہ نئی معلومات اصل اخلاقی اصول کو نہیں بدل سکتیں۔

مثال کے طور پر بحیثیت مسلمان ہم جانتے ہیں کہ سود (ربا) ایک غیر اخلاقی چیز ہے۔ آج کی دنیا میں سود ہر طرف رائج ہے۔ کچھ لوگ یہ استدلال کریں گے کہ اس 'نئی

حقیقت' کو مد نظر رکھتے ہوئے، مسلمانوں کو سود کے معاملے میں اپنی سختی پر نظر ثانی کرنی چاہیے۔ وہ کہیں گے کہ اسلام کو ایک 'معاشی اصلاح' کی ضرورت ہے۔ لیکن حقیقت یہ ہے کہ ایسا کوئی نیا انقلاب برپا نہیں ہوا جو ایسی اصلاحات کو ناگزیر بنادے۔ انسانی تاریخ میں خرید و فروخت اور منافع کے حصول کے بنیادی اصول ہمیشہ یکساں رہے ہیں۔ یہ درست ہے کہ ہر دور کے مخصوص حالات کو سمجھنا ضروری ہوتا ہے اور روایتی اسلامی فقہ ہمیشہ بدلتے زمانے کی نزاکتوں کے مطابق اپنے اطلاق میں لچکدار رہی ہے۔ لیکن بنیادی اخلاقی اصول مستقل اور غیر تبدیل شدہ رہتے ہیں۔ اگر آج کی دنیا سود میں ڈوب چکی ہے تو مسلمانوں کو اس 'نئے معمول' کے خلاف پہلے سے کہیں زیادہ چوکنا اور مضبوط موقف اختیار کرنا چاہیے۔ اصل اصول یہ ہے کہ ہم اپنی اخلاقی اقدار کی بنیاد پر دنیا کو بہتر بنانے کی کوشش کریں، نہ کہ دنیا کے بدلتے رجحانات کے مطابق اپنی اخلاقی اقدار کو تبدیل کرلیں۔

کبھی کبھی دنیا واقعی جامد محسوس ہوتی ہے۔ بعض اوقات ہم اس بات پر مایوس ہو جاتے ہیں کہ دنیا حقیقت اور انصاف کے اصولوں سے کتنی دور ہوگئی ہے۔ لیکن ہمیں نہ تو کبھی امید چھوڑنی چاہیے اور نہ ہی اپنے بھائیوں اور بہنوں سے بدگمانی رکھنی چاہیے۔ اس حوالے سے سب سے حوصلہ بخش حدیث یہ ہے:

"اگر قیامت قائم ہونے لگے اور تم میں سے کسی کے ہاتھ میں کھجور کا پودا ہو تو اگر وہ قیامت برپا ہونے سے پہلے پہلے اسے لگا سکتا ہے تو لگا دے۔"[37]

---

37 مسند احمد

حالات چاہے کتنے ہی سنگین اور مایوس کن کیوں نہ ہوں ہمارا اخلاقی فرض ہے کہ ہم اپنی طرف سے جو بھی کر سکتے ہیں وہ کریں۔

## خدا کے بغیر اچھا فرد بننا۔ کیا ہمیں "اچھا" بننے کے لیے مذہب کی ضرورت ہے؟

کیا ہمیں "اچھا" بننے کے لیے مذہب کی ضرورت ہے؟

نہیں، ایسا نہیں ہے۔

حقیقت یہ ہے کہ ہمیں اچھا بننے کے لیے اسلام کی بطور خاص ضرورت ہے۔

اس میں کوئی شک نہیں کہ یقیناً دوسرے مذاہب کے لوگ بھی اچھے ہو سکتے ہیں۔

لیکن یہاں "اچھا" سے مراد وہ شخص ہے جو تمام بنیادی اخلاقی ذمہ داریوں کو پورا کرتا ہے یا کم از کم ان کو پورا نہ کرنے پر اسے افسوس ہوتا ہے۔ یہ کہنا کہ صرف مسلمان ہی تمام بنیادی اخلاقی ذمہ داریوں کو پورا کرنے کے اہل ہیں اور دیگر مذاہب کے پیروکار ان سے محروم رہتے ہیں، در حقیقت ان عالمگیر اصولوں کی نفی ہے جو آج کے دور میں عام طور پر قابل قبول سمجھے جاتے ہیں۔ آج کے انسان کے لیے یہ تقریباً ایک واضح حقیقت بن چکی ہے کہ بغیر کسی مذہب کے بھی کوئی شخص اخلاقی طور پر درست رویہ اپنا سکتا ہے۔ لیکن کیا واقعی ایسا ہے؟ جو لوگ یہ دعویٰ کرتے ہیں، وہ اپنی دلیل کو محض چند مخصوص اخلاقی اقدار ان تک محدود رکھتے ہیں۔

یقیناً یہ جاننے کے لیے کہ قتل غلط ہے، مجھے خدا کی ضرورت نہیں ہے! (یعنی خدا کے بغیر بھی میں اس کو جان اور سمجھ سکتا ہوں)

یقیناً یہ جاننے کے لیے کہ زیادتی غلط ہے، مجھے خدا کی ضرورت نہیں ہے!

اگر آپ صرف اس وجہ سے قتل اور جنسی زیادتی سے بچتے ہیں کہ خدا نے ایسا کہا ہے تو اس سے آپ کی اخلاقی بے حسی ظاہر ہوتی ہے!

درج بالا مکالمہ یہ ظاہر کرتا ہے کہ ان لوگوں کی اخلاقیات کی سمجھ کتنی محدود ہے۔ ان کی اخلاقیات صرف دو اصولوں پر مبنی ہوتی ہے : قتل نہ کرو اور جنسی زیادتی نہ کرو۔

عام طور پر یہ بھی کہا جاتا ہے "میں کسی کو نقصان نہیں پہنچاتا۔ میری اخلاقیات اسی پر مبنی ہے اور اس کے لیے خدا پر ایمان کی ضرورت نہیں اور نہ ہی اسلام کی۔"

یہ ایک سہل پسندانہ جواب ہے کیونکہ "نقصان" کو بہت وسیع اور مبہم انداز میں بیان کیا جا سکتا ہے اور اس کا انحصار حالات اور سیاق و سباق پر ہوتا ہے۔ جو چیز ایک شخص کے لیے نقصان دہ سمجھی جاتی ہے وہ وقت، ثقافت اور یہاں تک کہ ایک ہی دور اور معاشرے میں مختلف افراد کے لیے مختلف معنی رکھ سکتی ہے۔

لٰہذا، چاہے ہم سب اس بات پر متفق ہوں کہ اخلاقیات کا تعلق صرف نقصان سے بچنے سے ہے، تب بھی مختلف افراد کے درمیان نقصان کی تشریح میں بڑا فرق ہو سکتا ہے۔ اس کے علاوہ، یہ طے کرنا بھی آسان نہیں کہ کون سی چیز حقیقتاً نقصان پہنچاتی ہے یا کسی مخصوص صورتِ حال میں سب سے زیادہ یا کم نقصان کس چیز سے ہوتا ہے۔ اور جب

ہم حقیقی زندگی میں لوگوں کے طرزِ عمل کو دیکھتے ہیں، تو ایسا نہیں لگتا کہ وہ گہرے تجزیے اور نقصان کے تناسب کو مد نظر رکھتے ہوئے فیصلے کر رہے ہیں۔ زیادہ تر ایسا محسوس ہوتا ہے کہ لوگ سماجی اور ثقافتی روایات کے مطابق عمل کرتے ہیں، جو قابل قبول رویے کا تعین کرتی ہیں۔ جو کچھ بھی معاشرے میں ناپسندیدہ سمجھا جاتا ہے، لوگ اُسے ہی "نقصان دہ" تصور کر لیتے ہیں۔

یہ وہ چند اعتراضات ہیں جو مغربی اخلاقیات میں "نقصان کے اصول" کے خلاف اٹھائے جاتے ہیں۔

لیکن اسلامی اخلاقیات کہیں زیادہ گہری، زیادہ واضح اور ہاں مغربی لبرل سوچ کے "نقصان کے اصول" کے مبہم اور غیر یقینی خیالات سے کہیں زیادہ بہتر ہے (جو کہ بس عارضی معاشرتی رجحانات کا ایک نقاب ہے)۔

اسلامی اخلاقیات کے مرکزی اصولوں میں ادب اور خلق شامل ہیں، یعنی آداب اور کردار۔ جیسا کہ پیغمبر ﷺ نے فرمایا: "تم میں سے بہترین وہ ہیں جو اخلاق میں سب سے بہتر ہیں"۔ 38

اللہ نے پیغمبر ﷺ کو خلق عظیم کا حامل قرار دیتے ہوئے فرمایا کہ آپ کا کردار بے حد عالی شان ہے۔

---

38 صحیح بخاری

جب ہم اسلامی اخلاقیات یعنی آداب اور خلق پر غور کرتے ہیں تو ہمیں ایسی بہت سی چیزیں ملتی ہیں جو مغرب کی لبرل ثقافتی حساسیتوں کے حوالے سے غیر فطری محسوس ہوتی ہیں۔ ذیل میں کچھ اہم اور نمایاں مثالیں دی جا رہی ہیں:

- والدین کی عزت اور ان کی دیکھ بھال کرنے پر بہت زیادہ توجہ دینا۔
- ہمسایوں کی مدد کرنا ایک اخلاقی ذمہ داری ہے۔
- بیماروں کی عیادت کرنے کی اخلاقی اہمیت ہے۔
- یتیموں اور غریبوں کی مدد پر خاص زور دیا جاتا ہے۔
- خاندان سے روابط برقرار رکھنا ایک اخلاقی ضرورت ہے۔

یقیناً آپ دوسرے مذاہب اور غیر اسلامی ثقافتوں میں بھی ان اقدار کا کوئی نہ کوئی ادنیٰ سا نمونہ دیکھ سکتے ہیں۔ لیکن اسلام میں ان کی حیثیت صرف اچھے آداب کی نہیں بلکہ یہ لازمی ہیں۔ آپ ان اعمال کے ذریعہ اخلاقی طور پر قابلِ تعریف شخص نہیں بن جاتے بلکہ آپ صرف اپنے بنیادی اخلاقی فرائض ادا کر رہے ہوتے ہیں۔ اگر آپ ان میں ناکام ہوتے ہیں، تو آپ اخلاقی طور پر جوابدہ ہوتے ہیں۔ یہ ایک بڑا فرق ہے۔

لیکن اس کے علاوہ اور بھی اہم فرائض ہیں:

- کیا کوئی شخص اگر حسد میں مبتلا ہو تو اسے اخلاقی طور پر اچھا کہا جا سکتا ہے؟
- کیا اگر کسی شخص کی غیبت کی عادت ہو تو اسے اخلاقی طور پر بہتر کہا جا سکتا ہے؟
- کیا کوئی شخص اگر لوگوں کے بارے میں بدگمان رہتا ہو تو اسے اخلاقی طور پر اچھا کہا جا سکتا ہے؟

- کیا تصدیق کیے بغیر افواہیں پھیلانے والے کسی شخص کو اخلاقی طور پر اعلیٰ کہا جا سکتا ہے؟
- کیا سودی کاروبار میں ملوث کسی شخص کو اخلاقی طور پر صحیح کہا جا سکتا ہے؟

ان تمام سوالات کا جواب واضح طور پر "نفی" میں ہے۔ اگر کسی شخص میں یہ خصوصیات ہوں اور وہ اس پر ندامت اور شرمندگی محسوس نہ کرے اور خود کو درست کرنے کی کوشش نہ کرے تو اسے بااخلاق شخص نہیں کہا جا سکتا۔ تو پھر یہ کیسے ممکن ہو سکتا ہے کہ کوئی ایسا شخص جو یہ بھی نہیں جانتا کہ یہ اخلاقی ذمہ داریاں کیا ہیں، جن پر عمل کرنا ضروری ہے؟ ظاہر ہے کہ وہ ایسا نہیں کر سکتا۔ مثلاً آپ ملحد کو غیبت، حسد یا والدین کا احترام جیسے مسائل پر زور دیتے ہوئے نہیں دیکھتے۔ ان کے لیے اخلاقیات صرف زنا بالجبر اور قتل تک محدود ہوتی ہے۔

حقیقت یہ ہے کہ درج بالا دس نکات اسلامی اخلاقی ذمہ داریوں کا محض ایک چھوٹا سا حصہ ہیں۔ مثال کے طور پر، یہ تمام نکات دوسروں کے ساتھ سلوک سے متعلق اخلاقی فرائض پر مشتمل ہیں۔ تو پھر اپنے خالق کے ساتھ اخلاقی فرائض کا کیا ہوگا؟ یقیناً یہاں بھی بنیادی اخلاقی ذمہ داریاں موجود ہیں، جو بذاتِ خود یہ ثابت کرتی ہیں کہ اللہ کے انکار کرنے والے اخلاقی کمی کا شکار ہیں۔ لیکن اگر ہم اپنی بحث کو صرف دوسروں کے ساتھ برتاؤ تک محدود رکھیں، تب بھی ملحدین اور وہ لوگ جو خود کو لبرل سیکولر اخلاقیات کا پیروکار سمجھتے ہیں، ان کے اخلاقی نظریات میں واضح کمی نظر آتی ہے۔

کچھ لوگ یہ کہہ سکتے ہیں کہ والدین کا احترام کرنا وغیرہ کوئی اخلاقی ذمہ داری نہیں ہے۔ ان کا جواب ہمیں اخلاقیات کی اصل نوعیت اور بنیادوں پر بحث کی طرف لے جاتا ہے۔ ہم یہ کیسے طے کرتے ہیں کہ کیا چیز اخلاقی ہے اور کیا نہیں؟

ہم تمام اخلاقی ذمہ داریوں کے بارے میں مکمل طور پر شک کا رویہ اختیار کرتے ہوئے سوال کا آغاز کر سکتے ہیں۔ اس صورت میں ہم ایک ایسے نقطہ نظر کو اپناتے ہیں جو اخلاقی ذمہ داریوں کی حقیقت ہی پر سوال اٹھا دیتا ہے۔ اگر ہم یہ پوچھ سکتے ہیں کہ والدین کا احترام کرنا اخلاقی ذمہ داری کیوں ہے تو ہم یہ سوال بھی کر سکتے ہیں کہ دوسروں کو نقصان نہ پہنچانا اخلاقی فرض کیوں سمجھا جاتا ہے؟ ملحد اور سیکولر افراد کے پاس اس کا کوئی مستقل یا تسلی بخش جواب نہیں ہے۔ اگر آپ مغربی تعلیمی اداروں میں اخلاقی فلسفے کی صورت حال دیکھیں تو وہاں سب کچھ غیر یقینی اور متنازعہ نظر آئے گا۔ کوئی بھی بات حتمی طور پر طے نہیں ہوتی اور اس انتشار کو واضح طور پر محسوس کیا جا سکتا ہے۔

ملحد اور سیکولر افراد اس بحث میں کہیں بھی ٹھہر نہیں پاتے۔

البتہ، اس معاملے میں مذہبی افراد کہیں بہتر حالت میں ہیں۔ مسلمان، عیسائی اور یہودی — تمام آسمانی مذاہب کے پیروکار — ایک خدا، کائنات اور انسانیت کے بارے میں ایک مربوط اور جامع نظریہ پیش کرتے ہیں۔

یہ نظریات اخلاقی ذمہ داریوں کو ایک حقیقی بنیاد سے جوڑتے ہیں اور انہیں بامعنی بناتے ہیں۔ مزید برآں، ان نظریات کا نہ صرف آپس میں موازنہ کیا جا سکتا ہے بلکہ ان کا

تنقیدی جائزہ بھی لیا جا سکتا ہے کہکون سا نظریہ سب سے زیادہ منطقی ہم آہنگی رکھتا ہے اور کون سا نظریہ سب سے زیادہ قائل کرنے والا ہے؟

جب ہم عیسائی اور یہودی اخلاقیات پر نظر ڈالتے ہیں تو ہمیں معلوم ہوتا ہے کہ گزشتہ ۱۰۰ یا ۵۰ سالوں میں ان میں نمایاں تبدیلیاں آئی ہیں۔ مثال کے طور پر کئی عیسائی اور یہودی فرقے اب ہم جنس پرستی کو کوئی اخلاقی مسئلہ نہیں سمجھتے۔ اسی طرح ان کے خاندانی تعلقات اور خاندان کے تصور سے متعلق نظریات میں بھی واضح تبدیلیاں آئی ہیں تاکہ وہ جدید سیکولرازم، لبرلزم اور سرمایہ داری کے غالب سماجی اثرات کے مطابق ہو سکیں۔ ان تبدیلیوں کا جواز کیا ہے؟ کیا یہ ترقی کے عقیدے پر مبنی ہے؟ یعنی، کیا اخلاقیات کو تہذیب کی ترقی کے ساتھ بدلنا چاہیے؟

تو پھر تہذیبی ترقی سے مراد کیا ہے؟ اور اخلاقیات میں ترقی کا مطلب کیا ہے؟ یعنی، جو چیز ۱۰۰ سال پہلے اخلاقی طور پر ناپسندیدہ سمجھی جاتی تھی، وہ اب قابلِ قبول یا قابلِ ستائش کیسے بن گئی؟ یہ وہ سوالات ہیں جن کے اکثر عیسائی اور یہودی فرقے کوئی ٹھوس اور یکساں جواب نہیں دے پاتے۔ وہ بھی جدید ثقافتی غلبے کے دباؤ کے سامنے جھک چکے ہیں۔ اس کے برعکس، اسلام نے ان دباؤ کا ڈٹ کر مقابلہ کیا ہے۔ یہی وجہ ہے کہ اسلام کو 'اخلاقی طور پر پسماندہ' یا 'رجعت پسند' کہا جاتا ہے۔ لیکن اسلام کو 'رجعت پسند' صرف اسی صورت میں کہا جا سکتا ہے جب ہم مغربی ثقافت کے گزشتہ ۱۰ یا ۲۰ سالوں کو مذاہب کو جانچنے کا واحد معیار بنا لیں۔ اس منطق کے تحت، سال ۲۰۰۰ یا ۲۰۱۰ سے پہلے کی پوری انسانیت ایک اخلاقی تاریکی میں تھی! یہ درحقیقت دنیا کی تاریخ کو دیکھنے کا ایک متکبرانہ اور سطحی نقطۂ نظر ہے، جو کسی گہرے تجزیے پر مبنی نہیں ہے۔ اسلام اس پوری

پیچیدہ صورتِ حال سے محفوظ رہتا ہے، جبکہ زیادہ تر عیسائی اور یہودی مذاہب اس کے براہِ راست اثرات میں الجھ کر رہ گئے ہیں۔

ہم عیسائیت اور یہودیت کے جامع نظریات کا بھی جائزہ لے سکتے ہیں۔ ان پر مکمل تنقید کرنا اس مختصر باب کے دائرہ کار سے باہر ہے، لیکن تثلیث کے نظریے پر کچھ سوالات کیے جا سکتے ہیں۔ جہاں تک یہودیت کا تعلق ہے، ان کا عقیدہ تاریخی طور پر اسلام کے کلامی مباحثے سے بہت کچھ مستعار لے چکا ہے، خاص طور پر بارہویں صدی ہی میں مائیمونائیڈز (Maimonides) ایک مشہور مثال ہیں، جو ایک یہودی مفکر تھے اور اسلامی اسپین کے کلامی مباحثوں میں سرگرم تھے)۔

آج کل جو لوگ اسلام پر اعتراضات کرتے ہیں، وہ یہ کہتے ہیں کہ قرآن اور سنت میں ایسی عملی ہدایات ہیں جو مغربی لبرل ثقافتی حساسیت رکھنے والوں کے لیے مسائل پیدا کرتی ہیں۔ تاہم یہ اعتراضات کافی کمزور ہیں۔ جن باتوں کو آج کے لوگ اسلامی قانون اور اخلاقیات کے حوالے سے ناپسندیدہ سمجھتے ہیں، وہ ۱۰، ۲۰، یا ۱۰۰ سال پہلے بالکل قابلِ قبول تھیں اور اس وقت ان پر کوئی سوال نہیں اٹھایا جاتا تھا۔ لیکن پھر بھی، "اخلاقی ترقی" کے مبہم اور متضاد تصور کا بار بار حوالہ دیا جاتا ہے تاکہ اس واضح تنقید کو نظر انداز کیا جا سکے۔ جب تک "اخلاقی ترقی" کے اصل مفہوم اور اس مفروضے کو ثابت نہیں کیا جاتا کہ انسان کی فطرت سے متعلق اخلاقی سچائیاں وقت کے ساتھ بدل سکتی ہیں، یہ اعتراضات سنجیدگی سے نہیں لیے جا سکتے۔

بہر حال مسلمانوں کے پاس سب سے زیادہ قائل کرنے والا اور جامع نظریہ موجود ہے۔ اور صحیح عقل اور سلیم فطرت رکھنے والے لوگ اسلامی اخلاقیات کی گہرائی کو سمجھنے کے لیے ان اصولوں —بشمول درج بالا دس نکات —کا جائزہ لے سکتے ہیں تاکہ یہ دیکھ سکیں کہ اسلامی تعلیمات کس قدر خوبصورت، متوازن اور بامقصد ہیں۔ لہذا مسلمان اس دین کی پیروی کی برکات نہ صرف اس دنیا میں بلکہ ان شاءاللہ آخرت میں بھی حاصل کریں گے۔ اور غیر مسلموں کے لیے اس دین کے دروازے ہمیشہ کھلے ہیں۔ وہ جب چاہیں اسلام کو قبول کر کے ان برکات اور سچائی کا براہِ راست تجربہ کر سکتے ہیں۔ اور اگر وہ دلچسپی نہیں رکھتے تو ہم بس اتنا کہہ سکتے ہیں: "لکم دینکم ولی دین" (تمہارے لیے تمہارا دین ہے اور میرے لیے میرا دین)۔ (سورہ کافرون: ٦)۔

# باب دس: اصلاح پسند اور جدیدیت پسند

## "روایت پسند" مسلمان بمقابلہ جدیدیت پسند مسلمان

"روایتی" مسلمان ہونا ایک رد عمل کی ذہنیت والی اصطلاح ہے۔ یہ اصطلاح اس لیے وضع کی گئی تھی تاکہ "جدیدیت پسند" اور "اصلاح پسند" مسلمانوں کے درمیان ضروری امتیاز قائم کیا جاسکے۔

روایتی مسلمان کی خاصیت یہ ہے کہ وہ ماضی کے مسلمانوں کی عقل اور سمجھ کا احترام کرتا ہے اور جدیدت پسند دور کی استثنائی حیثیت پر شک کرتا ہے۔ اس کے برعکس جدیدت پسند مسلمان ماضی کے مسلمانوں کی عقل و سمجھ پر شک کرتا ہے اور جدیدت پسند دور کی استثنائی حیثیت پر پختہ یقین رکھتا ہے۔

دوسرے الفاظ میں جدیدت پسند یہ سمجھتے ہیں کہ وہ ایک غیر معمولی دور میں زندگی گزار رہے ہیں جس کا لازمی تقاضا یہ ہے کہ اسلام پر اس طرح عمل کیا جائے جیسے پہلے کبھی نہیں کیا گیا تھا۔ جدیدت پسند یہ بھی مانتے ہیں کہ اس دور میں ہمارے پاس ایسا علم ہے جس تک ماضی کے مسلمانوں کو رسائی نہیں تھی۔ اور یہ علم ہمیں جواز فراہم کرتا ہے کہ ہم اسلام پر ایک بالکل نئے طریقے سے عمل کریں۔

دوسری طرف روایتی مسلمان اس استدلال کو نہ صرف غیر منطقی بلکہ اسے بے وقعت بھی سمجھتا ہے۔ جدید دور میں ایسا کیا خاص ہے جو عجیب و غریب عقائد اور طریقوں

کو اپنانے کا جواز فراہم کرتا ہو؟ پچھلے چودہ سو سالوں میں ہم وہی انسان ہیں، جن کی ضروریات، ذہنی ساخت، رجحانات اور کمزوریاں ویسی ہی رہی ہیں۔ اس کا مطلب یہ نہیں کہ شریعت وقت اور مقام کے لحاظ سے بعض تبدیلیوں اور فرق کو تسلیم نہیں کرتی، مگر ہمارا دور اتنا منفرد اور استثنائی نہیں ہے کہ جدیدیت پسند جو تبدیلیاں چاہتے ہیں، ان کا جواز فراہم کیا جاسکے۔

روایتی مسلمان پچھلے چودہ سو سالوں میں مسلمانوں کے علمی اور روحانی فہم کا احترام بھی کرتے ہیں۔ اگر کچھ عقائد اور طریقے ایسے ہیں جنہیں سارے علماء نے نہ سہی لیکن غالب اکثریت نے اپنایا ہے، تو یہ خود ہی ان عقائد اور طریقوں کی صحت اور درستگی کی دلیل ہے۔ امت کبھی بھی غلطی پر متفق نہیں ہوئی۔ ہمارے اندر ایسی کیا خاص بات ہے یا ہم میں کون سی ایسی منفرد صلاحیت ہے کہ ہم اس اتفاق رائے کی مخالفت کر سکیں جن پر پوری تاریخ میں عمومی اتفاق رہا ہے؟

## کمیونسٹ اسلام—ہم اس تماشے سے کیا سیکھ سکتے ہیں؟

بیسویں صدی میں کمیونزم مسلمانوں کے بعض علمی حلقوں میں بہت مقبول تھا۔ وہ سمجھتے تھے کہ کمیونزم انصاف کا اعلیٰ ترین نمونہ ہے اور یہ دنیاوی تہذیب کی معراج تھا۔ کیوں کہ اُس وقت سوویت یونین کا طوطی بولتی تھی۔ اس لیے ان مسلمانوں نے بڑے زور شور سے لکھا کہ مسلمانوں کو کمیونزم اپنالینا چاہیے اور یہ کہ اصل اسلام اپنے جوہر کے لحاظ سے کمیونسٹ ہے۔ انہوں نے قرآن اور حدیث کی تشریحات بھی اسی نقطہ نظر سے کیں

اور زکاۃ و صدقات سے متعلق آیات کو ذاتی ملکیت (private property) کے خلاف خدائی ہدایات کے طور پر پیش کیا۔

یقیناً اسلامی قانون کے کئی پہلو ایسے ہیں جو چند متعین ملکیت کے تعلقات کو ایک مسلمہ حقیقت کے طور پر تسلیم کرتے ہیں، مگر چونکہ یہ کمیونزم سے متصادم تھے، اس لیے مسلم کمیونسٹ فقہ پر پل پڑے۔ انہوں نے اسے قدامت پسند، غیر منصفانہ اور اللہ کے حقیقی دین کی سرمایہ دارانہ تحریف قرار دیا۔ ان کے مطابق قدیم علما محض اپنے ذاتی مفادات کا تحفظ کر رہے تھے، کیونکہ وہ خود جاگیردار تھے، لہٰذا انہوں نے فقہ کو اپنے سرمایہ دارانہ یا بورژوا ایجنڈے کو فروغ دینے اور محنت کش طبقے کو دبانے کے لیے تشکیل دیا۔

اس زمانے کے دیگر مسلمانوں نے اس نظریے کی مخالفت کی، ان کے دلائل میں جھول کو بے نقاب کیا اور علما کا بھرپور دفاع کیا۔ علمی اور سماجی سطح پر رد کیے جانے کے بعد یہ مسلم کمیونسٹ آہستہ آہستہ مزید انتہا پسندی کی طرف مائل ہوتے گئے۔ یہاں تک کہ انہوں نے بالآخر اسلام کو مکمل طور پر ترک کرنے کا فیصلہ کر لیا۔ وہ کہنے لگے کہ کیا مارکس نے نہیں کہا تھا کہ مذہب عوام کے لیے افیون ہے؟ کیا یہ روایتی مسلمان کمیونزم کے واضح عدل اور تاریخی مادیت (Historical materialism) کی گہری بصیرتوں کو رد نہیں کر رہے ہیں؟! اگر ایسا ہے تو پھر خود اسلام ہی اصل مسئلہ ہے!

چنانچہ وہ مرتد ہو گئے اور اسلام کے ساتھ ساتھ ان عام مسلمانوں کو بھی کوسنے لگے جو ان کے بقول کالی بھیڑوں کی طرح اندھا دھند اسلام کی پیروی کر رہے تھے۔ اس سب کے باوجود انہیں پوری امید تھی کہ جلد ہی کمیونزم کی روشنی اسلامی روایات کے

اندھیروں کو مٹا دے گی اور پوری مسلم دنیا اس کی پیروی کرے گی۔ مگر زیادہ دیر نہ گزری کہ کمیونزم کا جادو اتر گیا، سوویت یونین کا سورج غروب ہو گیا اور بیسویں صدی کے اختتام تک ان کی تحریریں، باتیں اور نظریات قصہ پارینہ بن گئے۔ ان کی تحریک تاریخ کے گٹر میں بہہ گئی۔

آج کے سوشل جسٹس اور لبرل مسلمان جو کھلم کھلا اور جارحانہ انداز میں لوگوں کو فحاشی اور نافرمانی کی طرف بلاتے ہیں، بے شرمی سے علما کو بدنام کرتے ہیں اور مسلمانوں کے دلوں میں شک و شبہات کے بیج بوتے ہیں وہ بھی بالکل اسی راہ پر گامزن ہیں۔ اللہ ان کو جلد از جلد اپنے انجام تک پہنچائے!

## کیا اسلام کی وجہ سے ہی مسلم دنیا "پسماندہ" ہے؟ لاطینی امریکہ کی مثال

ہمیشہ یہی ایک سوال کیا جاتا ہے: مسلم دنیا پسماندہ کیوں ہے؟ ایک ہی جواب: ایسا اسلام کی وجہ سے ہے۔

ایسے تجزیہ کی توقع ہم مستشرقین، نئے قدامت پسند (Neoconservatives) اور براک اوباما جیسے لوگوں سے کرتے ہیں۔ لیکن افسوس کہ بعض مسلمان بھی ایسے خیالات رکھتے ہیں۔ استعمار کے آغاز سے ہی اسلام سے نفرت کرنے والے مسلمانوں نے اپنے استعماری آقاؤں کے سُر میں سُر ملا کر یہ کہنا شروع کیا کہ اسلام ہی مسئلہ ہے اور ترقی کرنے کا واحد طریقہ یہ ہے کہ اسلام کو چھوڑ دیا جائے۔

دراصل اسلام سے یا خود نفرت کرنے والے مسلمان کھل کر یہ نہیں کہتے کہ "اسلام ہی مسئلہ ہے"۔ اس کے بجائے وہ یہ کہتے ہیں کہ "اسلام کو اصلاح کی ضرورت

ہے" یا "ہمیں قدیم فقہ پر دوبارہ غور کرنا چاہیے اور ضرورت کے مطابق اجتہاد کو اپنانا چاہیے"، یا "قدیم علم میں عورتوں کے بارے میں متعصبانہ عناصر پائے جاتے ہیں۔"

یہ مسلم جدیدیت پسندوں کا وہ غیر واضح طریقہ ہے جو اکثر خود بھی قدیم طرز پر تربیت یافتہ ہوتے ہیں اور روایتی علما کے تمام لوازمات اپناتے ہیں۔ سارے جدیدیت پسند سوٹ اور ٹائی نہیں پہنتے۔ کچھ کا لباس زیادہ روایتی ہے۔

تین عظیم مصلحین: جمال الدین افغانی، محمد عبدہ، سید احمد خان۔

جی ہاں۔

مذہبی اختیار کا استعمال کر کے اور مذہبی زبان کو اختیار کر کے یہ جدیدیت پسند مسلمان زیادہ مؤثر طریقے سے عام مسلمان جن کے دل میں علماء اور اسلامی علوم کا بہت احترام ہے، پر اثر انداز ہوتے ہیں۔ استعماری طاقتوں نے اس بات کو بخوبی سمجھا اور اس سے فائدہ اٹھایا اور کچھ علماء کو یورپی مفادات کے حق میں بات کرنے کے لیے استعمال کیا۔ یہ طریقہ آج بھی بھرپور طریقے سے جاری ہے۔

اب آیئے اس سوال پر مزید گہرائی سے سوچتے ہیں کہ "پسماندہ ہونے" کا کیا مطلب ہے؟ جب مسلمان اپنے بدتر معاشی حالات کو اپنی مذہبی روایات کی وجہ سمجھتے ہیں تو کس کا فائدہ ہوتا ہے؟

اگر یہ سوال مشکل لگے تو آیئے دنیا کے دوسرے پسماندہ رہ جانے والے علاقوں کو دیکھتے ہیں۔ حال ہی میں وینزویلا خبروں میں بہت زیادہ رہا ہے۔

وینزویلا جیسے ممالک پسماندہ کیوں رہ جاتے ہیں؟ مغربی لبرل تجزیہ کاروں، جیسے نیویارک ٹائمز اور حال ہی میں ڈونالڈ ٹرمپ کے مطابق اس کا جواب بہت سادہ ہے:

> جناب میڈورو [وینزویلا کے صدر] کا اقتدار چھوڑنا اب ناگزیر ہو چکا ہے۔ ۲۰۱۳ میں بائیں بازو کے طاقتور رہنما ہیوگو شاویز کے جانشین بننے کے بعد، ان کی بدانتظامی، اقربا پروری اور کرپشن — جو تیل کی قیمتوں میں کمی سے مزید سنگین ہو گئی — نے وینزویلا کو تباہی کے دہانے پر پہنچا دیا ہے۔ شدید افراطِ زر نے تنخواہوں کو تقریباً بے وقعت کر دیا ہے۔ لوگ بھوک اور طبّی سہولیات کی عدم دستیابی کے باعث مر رہے ہیں، اور لاکھوں افراد پڑوسی ممالک میں پناہ لینے پر مجبور ہو چکے ہیں۔[39]

آپ نے دیکھا؟ صرف مغربی طاقتیں ہی وینزویلا کے عوام کے بہترین مفاد کا خیال رکھتی ہیں! یہ بے چارے وینزویلی بھوک سے مر رہے ہیں! ان کے پاس دوائیں نہیں! وہ شدید مہنگائی اور اقتصادی بحران کا شکار ہیں! ہمیں کچھ کرنا ہوگا! ہمیں 'حکومت کی تبدیلی' کی حمایت کرنی ہوگی! شاید، ہمیں فوجی مداخلت کرنی چاہیے! اس وقت 'انسانی ہمدردی' کا یہی واحد راستہ بچا ہے"!

39 https://www.nytimes.com/2019/01/24/opinion/venezuela-maduro-trump.html

"ظاہر ہے کہ اس کا کہیں ذکر نہیں ہو گا کہ وینزویلا میں بھوک، دواؤں کی قلت اور مہنگائی دراصل برسوں کی سخت اقتصادی پابندیوں کا نتیجہ ہیں۔ یہ تو واضح بات ہے کہ جب کسی ملک پر سخت معاشی پابندیاں لگائی جائیں گی تو اس کی معیشت تباہ ہو جائے گی۔ پھر آسانی سے اس تباہی کا الزام کسی بھی ناپسندیدہ سیاسی گروہ پر ڈال کر فوجی بغاوت یا براہِ راست حملے کا جواز پیدا کیا جا سکتا ہے۔ یہی وہ گھن چکر والی منطق ہے جو نیویارک ٹائمز اور دیگر مغربی میڈیا ادارے بغیر کسی خود احتسابی کے بار بار دہراتے رہتے ہیں۔

بے چارہ وینزویلا اس حربے کا واحد شکار نہیں ہے۔ کئی دیگر لاطینی امریکی ممالک کو امریکی "انسانی امداد" کے ذریعے گھٹنے ٹیکنے پر مجبور کیا گیا ہے۔ امریکہ، جو دنیا کا نجات دہندہ ہے، کو ان پسماندہ ممالک کو اپنی ہی نااہلی سے بچانا ہے۔ یہی واحد راستہ ہے۔

TruthDig کی رپورٹ ہے:

> نیویارک ٹائمز کے آرکائیوز کا جائزہ لینے سے پتہ چلتا ہے کہ اس کے ادارتی بورڈ نے لاطینی امریکہ میں امریکی حمایت یافتہ ۱۲ بغاوتوں میں سے ۱۰ کی حمایت کی ہے، جبکہ دو اداریے — جن کا تعلق ۱۹۸۳ کے گریناڈا حملے اور ۲۰۰۹ کے ہونڈوراس فوجی بغاوت سے ہے — غیر واضح ہیں یا ان میں نپی تلی مخالفت پائی جاتی ہے۔

سی آئی اے اور امریکی فوج اپنے کارپوریٹ حامیوں کے ساتھ مل کر لاطینی امریکہ میں حکومتوں کو اس لیے نشانہ نہیں بناتیں کہ وہ غیر جمہوری ہوتی ہیں

> بلکہ اس لیے کہ وہ حکومتیں امریکی سرمایہ داری اور اسٹریٹجک مفادات کی مخالف ہوتی ہیں۔ اس لیے جب نیویارک ٹائمز آمریت یا غیر جمہوریت کی بات کرتا ہے تو یہ بات بعض اوقات درست ہو سکتی ہے، لیکن زیادہ تر یہ ایک غیر متعلقہ دلیل ہوتی ہے جو اصل صورتِ حال کے تجزیے میں کوئی خاص وزن نہیں رکھتی۔[40]

مختصر یہ کہ امریکہ کا طریقہ کار یہی ہے۔ اس کی اولین ترجیح اپنے اقتصادی مفادات کا تحفظ ہے۔ سوال یہ ہے کہ کون تعاون کرے گا؟ کون امریکہ اور امریکی کمپنیوں کو یہ اختیار دے گا کہ وہ دنیا کے وسائل کو معمولی قیمت پر اپنے فائدے کے لیے استعمال کریں؟ زیادہ تر ممالک فوراً اپنے دروازے کھول دیتے ہیں، کیونکہ بھلا امریکہ سے محبت نہ کرنے والا کون ہو گا؟

"مغرب ہر لحاظ سے برتر ہے—آزادی، جمہوریت، انسانی حقوق۔ براہ کرم ہمیں اپنے طریقے سکھائیں، بس ہمیں گولی نہ ماریں"!

"لیکن ظاہر ہے کہ ہمیشہ کچھ سرکش لوگ ہوتے ہیں جو اس نظام کے مطابق چلنے سے انکار کر دیتے ہیں۔ تو پھر امریکہ کیا کرتا ہے؟ وہ کمر توڑ دینے والی پابندیاں عائد کرتا ہے، ایسی بے رحمانہ پابندیاں جو بالآخر عوام کو بھوک سے مار ڈالتی ہیں۔ کیا یہ بات کوئی بھول سکتا

---

[40] https://www.truthdig.com/articles/your-complete-guide-to-the-n-y-times-support-of-u-s-backed-coups-in-latin-america/

ہے کہ امریکی وزیر خارجہ میڈلین اولبرائٹ(Madeleine Albright)نے کہا تھا کہ پانچ لاکھ عراقی بچے جو بھوک سے مر گئے، وہ "اسی لائق تھے؟"

پھر امریکی میڈیا فرض شناسی کے جذبے کے ساتھ انسانوں کی مصیبتوں کی رپورٹنگ کرتا ہے اور کہتا ہے، "دیکھئے! یہ غریب لوگ مر رہے ہیں! ہمیں ان بھوکے بچوں کے لیے کچھ کرنا ہوگا "! یقیناً وہ انسانی مصیبت جو امریکی حمایت یافتہ آمرانہ حکومتوں کی ظلم وزیادتی کی وجہ سے ہوتی ہے اس پر کوئی تبصرہ نہیں کیا جاتا یا اسے کسی اقدام کے لیے کافی نہیں سمجھا جاتا۔ لہذا مسلم دنیا اپنی "پسماندگی" میں منفرد نہیں ہے، بالکل نہیں۔ شمالی امریکہ اور مغربی یورپ کے علاوہ بہت سے علاقے اقتصادی طور پر اسی جیسے پسماندہ ہیں۔ تو پھر سارا الزام اسلام کو کیوں دیا جاتا ہے؟ اسلامی روایات اور روایتی اسلامی علم کو کیوں موردالزام ٹھہرایا جاتا ہے؟

مسلم مردوں کی قوامیت پر الزام کیوں لگایا جاتا ہے؟ یہ بات تو سمجھ میں ہی نہیں آتی۔

درحقیقت، جو کچھ ہو رہا ہے، اسے گہرائی سے سمجھنا ضروری ہے۔ یہ بالکل یرغمال بنانے جیسی صورت حال ہے — جہاں ان ممالک کے سر پر بندوق رکھی گئی ہے، اور مسلسل دباؤ کے نتیجے میں، کچھ عرصے بعد اسٹاک ہوم سنڈروم اپنا اثر دکھانے لگتا ہے۔ یعنی ایک ایسی نفسیاتی کیفیت جس میں یرغمالی اپنے اغواکار کے ساتھ ہمدردی اور انس محسوس کرنے لگتا ہے، حتیٰ کہ اس کی حمایت بھی کرنے لگتا ہے۔

جب بھی کوئی شخص مسلم دنیا کی پسماندگی کی بات کرے اور یہ دعویٰ کرے کہ ایسا اسلام کی وجہ سے ہے، تو اسے ان دوسرے غیر مسلم ممالک کے بارے میں بتائیں۔ ان کی بدحالی کی کیا توجیہ ہوگی؟ کیا یہ مان لیا جائے کہ مغرب کے صرف چند ممالک نے بھوک سے بچنے اور بدحالی سے نکلنے کا کوئی جادوئی فارمولا دریافت کیا ہے جبکہ باقی دنیا کے ۹۰ فیصد لوگ اس سے بالکل بے خبر ہیں؟ مغربی یورپ نے یہ جادوئی فارمولا کیسے دریافت کیا اور باقی دنیا اس میں کیوں ناکام رہی؟ کیا یورپی لوگ کسی نسلی برتری کی وجہ سے یہ سب کر پائے؟ کیا سفید آریائی نسل میں کچھ ایسا خاص ہے؟ کیا نیویارک ٹائمز اور ڈونالڈ ٹرمپ چاہتے ہیں کہ ہم اسی پر یقین کرلیں؟

## اسلام کی اصلاح کا منافقانہ بیانیہ

کبھی کبھار مسلم اصلاح پسند یا وہ مسلمان جو اصلاح پسند موقف اپناتے ہیں، اپنی بات کی حمایت کے لیے کسی نایاب اور غیر روایتی قدیم رائے کا حوالہ دیتے ہیں۔ یہ دراصل "چُنندہ دلائل کا انتخاب" ہے، جو علمی دیانت کے خلاف ہے۔ یہی تنقید ہم داعش جیسے دہشت گرد گروپوں کے اسلامی نصوص کے استعمال پر بھی کرتے ہیں۔ داعش اور یہ اصلاح پسند دونوں جو کر رہے ہیں، وہ "بعد از واقعہ جواز تراشنا" (post hoc justification) ہے۔ دراصل ان کے پاس پہلے سے ہی ایک طے شدہ مقصد ہوتا ہے، چاہے وہ سیاسی دہشت گردی کو فروغ دینا ہو یا کسی لبرل نظریے کو آگے بڑھانا۔ پھر وہ اسلامی علوم کے وسیع سمندر میں سے ایسے دلائل تلاش کرتے ہیں جو ان کے مخصوص ایجنڈے کی حمایت کرتے ہوں۔

ان کا قدیم کتابوں کا مطالعہ بھی اکثر غلط ہوتا ہے یا اسے سیاق و سباق سے ہٹا کر پیش کیا جاتا ہے۔ لیکن فی الحال اسے نظر انداز کرتے ہیں۔ ہم جانتے ہیں کہ اعمال نیتوں پر مبنی ہوتے ہیں۔ لہذا جب اس طرح کے اصلاح پسند حضرات سے سامنا ہو تو ان سے یہی سوال کیا جانا چاہیے کہ ان کے پیچھے ان کی اصل نیت کیا ہے؟ یہ اصلاح پسند یہ دعویٰ کریں گے، "فلاں رائے روایت میں معروف ہے۔" اور یہ بات سچ بھی ہو سکتی ہے۔ لیکن ہمارا سوال یہ ہونا چاہیے کہ ہم کسی شاذ رائے کو ہی کیوں نقل کر رہے ہیں؟ اس کے پیچھے اصل مقصد کیا ہے؟ کیا یہ کسی خاص لبرل نظریے کو فروغ دینے کی کوشش ہے، جو خود علمی اور اخلاقی طور پر مشکوک ہے؟

اسلامی علوم کو مسخ کرنے کے بجائے کیوں نہ تھوڑی سی تنقیدی سوچ اپنائی جائے اور اس لبرل موقف پر سوال اٹھایا جائے؟ دوسرے الفاظ میں نیک نیتی کا تقاضا ہے کہ سچائی کی تلاش میں ہم سب سے پہلے اکثریتی اور مستند رائے پر توجہ دیں (چاہے ہم ہمیشہ اسے قبول نہ کریں یا اس پر عمل نہ کریں)، کیونکہ اکثریتی رائے کے درست ہونے کے امکانات زیادہ ہوتے ہیں۔ لیکن اگر کسی کا اصل مقصد صرف اپنے نظریات کے لیے جواز گھڑنا ہو تو کوئی بھی رائے، چاہے وہ کتنی ہی شاذ اور غیر معروف ہو، اس کے لیے کافی ہوتی ہے۔

## ترقی پسند اور ماڈرنسٹ مسلم ریفارم

جب آپ مختلف فقہی مکاتب فکر کا موازنہ کریں گے تو آپ دیکھیں گے کہ ان میں سے بعض کچھ امور میں سخت ہوتے ہیں جبکہ بعض دوسرے معاملات میں نسبتاً آسانی فراہم کرتے ہیں۔ مثلاً کسی ایک مکتب فکر میں وضو کے تقاضے کسی دوسرے کے مقابلے

میں زیادہ سخت ہو سکتے ہیں۔اسی طرح دوسرا مکتب فکر سفر کے احکام میں زیادہ نرمی برت سکتا ہے۔

لیکن جب آپ جدید اصلاح پسندوں کی فقہی آراء کا جائزہ لیتے ہیں، تو آپ دیکھیں گے کہ یہ سب ایک ہی رخ پر چلتے ہیں۔ان کے تمام خیالات ایک جیسے ہوتے ہیں اور سب سے نمایاں بات یہ ہے کہ یہ خیالات جدید مغربی اشرافیہ کی حساسیت، تعصبات اور خواہشات کے مطابق ہوتے ہیں۔کوئی بھی سمجھدار شخص آسانی سے دیکھ سکتا ہے کہ یہ محض اتفاق نہیں، بلکہ ایک واضح اشارہ ہے کہ ان اصلاح پسندوں کے پاس اپنی رائے قائم کرنے کے لیے کوئی مضبوط اصول (اصولِ فقہ) موجود نہیں۔ بلکہ، ان کی آراء کی بنیاد یہ ہوتی ہے کہ جو کچھ موجودہ سماجی رجحانات کے مطابق ہو، اسے "عقل" کے نام پر پیش کر دیا جائے۔اس کے بعد، وہ قرآن اور حدیث کے منتخب اقتباسات سے اس کے لیے جواز گھڑنے کی کوشش کرتے ہیں اور شاید کوئی نادر (شاذ) فتویٰ بھی ڈھونڈ نکالتے ہیں، جو انہیں کسی جلیل القدر عالم کی طرف منسوب مل جائے۔اس کے باوجود، یہ اصلاح پسند اصرار کرتے ہیں کہ انہیں باقی مسلمانوں کی طرف سے سنجیدگی سے لیا جائے۔

## فرضی "روایتی" مفکر کی بصیرت

اگر آپ اسلامی علمی ورثے سے کسی ایسی نادر یا شاذ رائے کا حوالہ دیتے ہیں جو جدیدیت پسند، لبرل یا نسوانیت نواز رجحانات کے مطابق ہو تو آپ ایک ایسے دانا روایتی مفکر سمجھے جائیں گے جو حکمت و بصیرت سے بھرپور ہے۔

لیکن اگر آپ اسلامی فکر کے غالب یا اکثریتی موقف کو اپناتے ہیں جو ان جدیدیت پسند نظریات سے متصادم ہو تو آپ کو ایک ایسا غیر روادار، دور از عقل اور انتہاپسند سمجھا جاتا ہے جسے حقائق کی سمجھ نہیں ہے اور جو امت کو بڑی گمراہی کی طرف لے جارہا ہے۔

## جدیدیت پسندوں کا طریقہ کار

اس کارآمد گائیڈ کو استعمال کر کے آپ ہر اس بنیادی دعوے کو چیلنج کر سکتے ہیں جو اسلام جدید لبرل سیکولر اقدار سے متصادم کرتا ہے۔ ان دلائل کا استعمال کر کے آپ تقریباً کسی بھی چیز کا جواز تراش سکتے ہیں اور یوں اسلامی علمی روایت کو اپنے حق میں پیش کر سکتے ہیں۔ اس گائیڈ کے ذریعے آپ ان قدامت پسند مسلمانوں کو پسپا کر سکتے ہیں اور اپنے اصلاحی اسلام کا دفاع کرتے ہوئے خود کو ایک گہری بصیرت رکھنے والے اور علمی اسکالر کے طور پر پیش کر سکتے ہیں۔

**روایت پسند مسلمان:** "اس موضوع پر امت کا اتفاق (اجماع) ہے۔"

**جدیدیت پسند کا جواب:** "در حقیقت، اجماع ایک متنازعہ مسئلہ ہے۔"

**روایت پسند مسلمان:** "یہ احادیث متواتر ہیں (یعنی بڑے پیمانے پر نقل کی گئی ہیں)۔"

**جدیدیت پسند کا جواب:** "در حقیقت، تواتر بھی ایک متنازعہ مسئلہ ہے۔"

**روایت پسند مسلمان:** "یہ چاروں سنی مسالک کا متفقہ موقف ہے۔"

**جدیدیت پسند کا جواب:** "ہمیں خود کو ان مسالک تک محدود نہیں کرنا چاہیے کیوں کہ ہم اس وقت بالکل مختلف ماحول میں رہ رہے ہیں۔"

**روایت پسند مسلمان:** "یہ ایک مسلک کی مستند رائے ہے۔"

**دیدیت پسند کا جواب:** "لیکن اگر جمہور علماء کی رائے مختلف ہے، تو ہم شاذ رائے کو نظر انداز کر سکتے ہیں۔"

**روایت پسند مسلمان:** "یہ جمہور کا موقف ہے۔"

**جدیدیت پسند کا جواب:** "لیکن ایک شاذ رائے ہے جو اس کے برعکس ہے، تو ہم جمہور کی رائے کو نظر انداز کر سکتے ہیں۔"

**روایت پسند مسلمان:** "یہ آیت قطعی ہے (یعنی واضح ہے)۔"

**جدیدیت پسند کا جواب:** "نہیں، یہ واضح نہیں ہے۔"

**روایت پسند مسلمان:** "یہ حدیث قطعی ہے۔"

**جدیدیت پسند کا جواب:** "لیکن یہ خبر آحاد ہے، تو ہم اسے نظر انداز کر سکتے ہیں۔"

**روایت پسند مسلمان:** "یہ مسلک میں سب سے مضبوط موقف ہے۔"

**جدیدیت پسند کا جواب:** "لیکن ایک واحد روایت ہے جو صحابی کے بیان کے خلاف ہے، تو ہم اسے نظر انداز کر سکتے ہیں۔"

**روایت پسند مسلمان:** "ان آیات پر بیشتر تفاسیر میں ایک ہی تفصیل درج ہے۔"

**جدیدیت پسند کا جواب:** "ہاں، مگر ایک تفسیر تھوڑا مختلف ہے، تو اس سے ثابت ہوتا ہے کہ باقی تفاسیر ثقافتی تعصب کا نتیجہ ہیں۔"

**روایت پسند مسلمان:** "فقہاء اس پر متفق ہیں۔"

**جدیدیت پسند کا جواب:** "فقہاء کا حدیث کا علم محدود ہے۔ ہمیں محدثین کی رائے دیکھنی چاہیے۔"

**روایت پسند مسلمان:** "محدثین اس پر متفق ہیں۔"

**جدیدیت پسند کا جواب:** "محدثین کا فقہ کے بارے میں علم محدود ہے۔ ہمیں فقہاء کی رائے دیکھنی چاہیے۔"

**روایت پسند مسلمان:** "فقہاء اور محدثین دونوں اس پر متفق ہیں۔"

**جدیدیت پسند کا جواب:** "لیکن ہم مختلف ماحول میں رہ رہے ہیں اس لیے ہمارا خود اجتہاد کرنا ضروری ہے۔ اسلام ایک زندہ روایت ہے، وغیرہ۔"

دیکھیے یہ کتنا آسان ہے کہ آپ ہر بات سے بچ کر نکل سکتے ہیں۔ جب آپ تسلسل اور بنیادی علمی دیانت داری کے اصولوں سے بے پرواہوں تو آپ کسی بھی چیز کا جواز پیدا کر سکتے ہیں اور اس کو اچھے طریقے سے پیش کر سکتے ہیں۔

## مرد اور عورت کو الگ الگ کرنے پر منافقت

اصلاح پسند، آزاد خیال اور ترقی پسند مسلم جو مرد و عورت کو الگ الگ کرنے کے مخالف ہیں اکثر بہت جارحانہ رویہ اختیار کرتے ہیں۔ اس کا سبب ان کا وہ غصہ ہوتا ہے کہ ان دو مخالف جنسوں میں اختلاط کیوں نہیں ہونا چاہیے۔ لیکن یہ مسئلہ کیوں بن گیا ہے؟ حتیٰ کہ سب سے سیکولر معاشرے بھی کسی نہ کسی حد تک جنس کی علیحدگی پر عمل کرتے ہیں۔ بیت الخلاء جنس کے لحاظ سے علیحدہ ہوتے ہیں۔ لاکر روم بھی جنس کے لحاظ سے علیحدہ ہوتے ہیں اور کھیل بھی عموماً جنس کے لحاظ سے علیحدہ ہوتے ہیں۔ سیکولر معاشرے مرد اور عورت کو تسلیم کرتے ہیں اور جنسوں کے فرق کو متعدد طریقوں سے عملی طور پر نافذ کرتے ہیں۔

مسلمان عملی طور پر اس کو تھوڑا مختلف طریقے سے نافذ کرتے ہیں۔ لیکن چونکہ مسلمان یہ کام مغربی ماڈل سے مختلف طریقے سے کرتے ہیں اس لیے یہ ایک مسئلہ بن جاتا ہے۔ اس کے بجائے کہ یہ تسلیم کیا جائے کہ اس ضمن میں مسلمانوں کا طریقہ مختلف ہے، یہ اصلاح پسند اور اسلام کے ناقدین اس بات کو اس طرح پیش کرتے ہیں جیسے اسلام واحد مذہب اور نظریہ ہے جو جنس کی علیحدگی کو فروغ دیتا ہے اور اس لیے یہ پسماندہ اور وحشیانہ ہے۔

## علم اور اس کی ظاہری صورت

﴿وَإِذَا قِيلَ لَهُمْ ءَامِنُوا۟ كَمَآ ءَامَنَ ٱلنَّاسُ قَالُوٓا۟ أَنُؤْمِنُ كَمَآ ءَامَنَ ٱلسُّفَهَآءُ ۗ أَلَآ إِنَّهُمْ هُمُ ٱلسُّفَهَآءُ وَلَـٰكِن لَّا يَعْلَمُونَ﴾ [البقرة: ۱۳]

اور جب ان سے کہا گیا جس طرح دوسرے لوگ ایمان لائے ہیں اسی طرح تم بھی ایمان لاؤ تو انہوں نے یہی جواب دیا "کیا ہم بیوقوفوں کی طرح ایمان لائیں؟" خبردار! حقیقت میں تو یہ خود بیوقوف ہیں، مگر یہ جانتے نہیں ہیں۔

(سورہ البقرہ: ۱۳)

آج کے دور میں بہت سے لوگ ایمان والوں کو بیوقوف کہتے ہیں مگر اللہ نے ہمیں بتایا ہے کہ درحقیقت اصل بیوقوف یہی لوگ خود ہیں، اور وہ اس حقیقت سے بے خبر ہیں کیونکہ وہ سچائی کو پہچاننے سے قاصر ہیں۔ بدقسمتی سے بہت سے مسلمان بھی اس حقیقت کو نہیں سمجھتے۔ وہ انکار کرنے والوں اور جھٹلانے والوں کو بیوقوف سمجھنے کے بجائے انہیں قابلِ عزت ماہرین، دانشوروں اور علما کے طور پر دیکھتے ہیں۔ ان کے خیالات مسلمانوں میں اس حد تک سرایت کر جاتے ہیں کہ وہ اپنے عقائد کو ان نظریات کے مطابق ڈھالنے لگتے ہیں، جنہیں پیش کرنے والے ایمان کو کھلے عام اور شدت سے رد کر چکے ہوتے ہیں۔ اور حیرت کی بات یہ ہے کہ بہت سے مسلمان اس میں کوئی تضاد محسوس ہی نہیں کرتے۔

یہ معاملہ اس وقت اور بھی زیادہ افسوس ناک اور شرم ناک ہو جاتا ہے جب مسلمان ایسے لوگوں کو اپنا آئیڈیل بنا لیتے ہیں۔ ان کے لیے عزت و احترام اس قدر بڑھ جاتا ہے کہ وہ اپنے ہی علماء کو بیوقوف سمجھنے لگتے ہیں اور یہ گمان کرنے لگتے ہیں کہ وہ محدود عقل کے مالک تھے، محض خواہشات اور نفس کی پیروی میں بولتے تھے، اور قرآن و سنت کے حقیقی معانی کو سمجھنے سے قاصر تھے، وغیرہ۔

اس کی کیا وجہ ہے؟ اس کا ایک بنیادی سبب یہ ہے کہ یہ مسلمان ایسے نظریات سے مرعوب ہو گئے ہیں جنہیں وہ مکمل طور پر نہیں سمجھتے تھے۔ جب آپ کسی چیز کو مکمل طور پر نہیں سمجھ پاتے تو آپ کے پاس دو راستے ہوتے ہیں۔ آپ یا تو بغیر کسی واضح وجہ کے اسے فوراً رد کر دیتے ہیں یا پھر آپ اس کی اہمیت کو محض اس کی ظاہری صورت کے مطابق پرکھتے ہیں۔ کیا یہ واقعی کوئی مستند اور معتبر بات لگتی ہے؟ کیا یہ کسی علمی مقام سے آرہی ہے؟ کیا اسے تسلیم کرنے والے لوگ بااعتماد اور معتبر ہیں؟ کیا عوام اسے قبول کرتے ہیں؟ کیا یہ محض اپنی مقبولیت کی وجہ سے درست سمجھا جارہا ہے؟

بنیادی طور پر اگر کسی چیز کی ظاہری شکل علم جیسی ہو تو اسے قبول کر لیا جاتا ہے۔ آج کے بہت سے مسلمان اسی بنیاد پر مختلف جدید نظریات کو قبول کر لیتے ہیں۔ ہمارے یہاں کچھ ایسے لوگ بھی ہیں جو بس ہر چیز کو بلا کسی وجہ کے رد کر دیتے ہیں۔ یہ ایک محفوظ راستہ ہے، لیکن اس سے ہمیں بحیثیت امت کوئی فائدہ نہیں ہوتا۔ اس لیے ضروری ہے کہ ہم ان نظریات کو مکمل طور پر سمجھیں۔ میرا ذاتی تجربہ اور دعویٰ یہ ہے کہ اگر ایسا کیا جائے تو یہ واضح ہو جائے گا کہ یہ نظریات کتنے احمقانہ اور حقیر ہیں۔ اور ہم یقینی طور پر جان لیں گے کہ واقعی بے وقوف کون لوگ ہیں۔

## امریکی اسلام

اگر "امریکی اسلام" کا مطلب صرف جمعہ کی نماز کے بعد بریانی کے بجائے چیز برگر کھانا ہو، تو اس پر کسی کو کوئی اعتراض نہیں۔ لیکن جس "امریکی اسلام" سے لوگوں کو

مسئلہ ہے وہ دین کو محض امریکی ثقافت اور اقدار سے ہم آہنگ کرنے کے لیے کمزور کرنا ہے۔

اس کی کچھ مثالیں درج ذیل ہیں: امریکہ میں کچھ ثقافتی وجوہات کی بنا پر مسلم خواتین کا غیر مسلم مردوں سے شادی کرنا ٹھیک سمجھا جاتا ہے۔ امریکہ میں کچھ ثقافتی وجوہات کی بنا پر مرد اور خواتین کا ایک ساتھ نماز پڑھنا صحیح سمجھا جاتا ہے۔ امریکہ میں کچھ ثقافتی وجوہات کی بنا پر غیر محرم کا ایک دوسرے کے ساتھ ملاقات کرنا اور جنسی و رومانی ایپس (hook-up apps) کا استعمال کرنا ٹھیک سمجھا جاتا ہے۔ امریکہ میں کچھ ثقافتی وجوہات کی بنا پر تفریحی مقاصد کے لیے گانجا پینا صحیح سمجھا جاتا ہے۔ امریکہ میں کچھ ثقافتی وجوہات کی بنا پر مسلمانوں کا عیسائیوں اور یہودیوں وغیرہ کی مذہبی رسومات میں شریک ہونا درست سمجھا جاتا ہے۔ امریکہ میں کچھ ثقافتی وجوہات کی بنا پر مسلمان بچوں کا اسکول کی اختتامی رقص و سرور کی محفل (prom) میں جانا ٹھیک سمجھا جاتا ہے۔ امریکہ میں کچھ ثقافتی وجوہات کی بنا پر سود کا استعمال جائز سمجھا جاتا ہے۔ امریکہ میں کچھ ثقافتی وجوہات کی بنا پر مسلمان خواتین اگر وہ مالی طور پر مستحکم نہیں ہیں کو اسقاط حمل کی اجازت دینا درست سمجھا جاتا ہے۔ امریکہ میں کچھ ثقافتی وجوہات کی بنا پر ایل جی بی ٹی کیو کی کسی بھی صورت میں حمایت کرنا صحیح سمجھا جاتا ہے۔ امریکہ میں کچھ ثقافتی وجوہات کی بنا پر مساجد یا دیگر مذہبی اجتماعات میں مرد و عورت کی علیحدگی کے اصولوں کو نظر انداز کرنا ٹھیک سمجھا جاتا ہے۔ اور یہ سلسلہ جاری رہتا ہے۔

اگر یہی "امریکی اسلام" ہے تو میں اس کا حصہ نہیں ہوں، لیکن میں آپ کے ساتھ ایک برگر یا بریانی بخوشی کھا سکتا ہوں۔

## مغرب کی مسلم دنیا پر غلبہ حاصل کرنے کی حکمتِ عملی

> ایک افشا شدہ یادداشت سے معلوم ہوتا ہے کہ ٹرمپ حکومت کو اسٹیٹ ڈیپارٹمنٹ نے مشورہ دیا تھا کہ وہ 'اسلامی اصلاحات' کو فروغ دے اور اس مقصد کے لیے مسلم اکثریتی ممالک میں خواتین اور نوجوانوں کو آگے لائے۔ [...] اسلامی دنیا میں خواتین کے حقوق کو بنیادی پیغام کے طور پر اجاگر کرنے سے امریکہ کو اپنی طاقت کے اخلاقی جواز کو برقرار رکھنے اور آزادی کے بیانیے کو تقویت دینے کا موقع ملے گا۔[41]

خواتین اور نوجوانوں پر توجہ مرکوز کر کے مسلم دنیا پر قابو پانا اور اسلام کو مسخ کرنا کوئی نئی بات نہیں ہے۔ مسلم دنیا کے علاوہ پچھلی کئی صدیوں سے مقامی امریکہ، مقامی آسٹریلیا(aboriginal Australia)، چین اور دیگر جگہوں پر یہ ہمیشہ سے استعماری طاقتوں کی مرکزی حکمت عملی رہی ہے۔

استعماری افراد جیسے لارڈ کرومر (Lord Cromer) وغیرہ نے خاص طور پر یہ دعویٰ کیا کہ یورپی اقدار اور یورپی مرد مسلم خواتین کو بااختیار بنانے کے لیے آئے ہیں، کیوں کہ اسلامی اقدار اور مسلم مرد خواتین کو مقید کرتے ہیں، ان کا استحصال کرتے ہیں اور

---

انہیں غلام بناتے ہیں۔ اس کا کہنا تھا کہ اسلامی قانون میں اصلاحات کی ضرورت ہے تاکہ خواتین کے حقوق کو تسلیم کیا جاسکے۔ مسلم خواتین کو سب سے پہلے حجاب اُتار کر یورپی خواتین کی طرح لباس پہننا چاہیے تاکہ وہ "آزاد" ہوسکیں۔ دوسرے، خواتین کو ہر قسم کی مردانہ اتھارٹی کو چیلنج کرنا چاہیے، چاہے وہ شوہر کی ہو، والد کی ہو یا مرد عالم کی ہو۔ مزید یہ کہ "وحشیانہ" طرزِ زندگی کو ختم کرنا ضروری ہے اور مسلم خواتین کو گھریلو کاموں سے باہر نکل کر ورک فورس کا حصہ بننا چاہیے، جس سے استعمار پسندوں کو سستے مزدور مل جاتے ہیں۔ اس کے علاوہ بہت کچھ جو مختلف علمی کاموں میں تفصیل سے درج ہے۔

اس حملے کا اصل مقصد مسلم خاندان کو تباہ کرنا تھا۔ استعمار پسندوں کا مقصد اسلام اور امت کا وہ اہم ترین ادارہ، یعنی مضبوط اور متحد مسلم خاندان، تباہ کرنا تھا تاکہ بیویوں کو شوہروں کے خلاف، بیٹیوں کو والد کے خلاف اور بہنوں کو بھائیوں کے خلاف کھڑا کیا جا سکے اور آہستہ آہستہ مسلمانوں کی اکثریت پر مکمل کنٹرول حاصل کیا جاسکے۔ یہ ہمیشہ سے ان کا منصوبہ رہا ہے۔

یہ سب کچھ "خواتین کو بااختیار" بنانے کے نام پر کیا گیا۔ یہی وہ طریقہ تھا جس کے ذریعہ پچھلے دو سو سالوں میں اس حکمتِ عملی کو پیش کیا گیا۔ یہی وجہ ہے کہ مسلم تانیثیت پسند جو شریعت میں تبدیلی اور اصلاحات کی بات کرتے ہیں، وہ دراصل استعماری طاقتوں کا ایجنڈا آگے بڑھا رہے ہیں۔ لہذا بیک وقت "تانیثیت پسند" ہونا اور "نوآبادیاتی تسلط کا مخالف" (Decolonial) یا "سامراج مخالف" (Anti-imperialist) ہونا ایک متضاد بات ہے۔

میرے اکثر مخالفین کا مجھ پر الزام ہے کہ میں تانیثیت اور اس کی سر گرمیوں کے بارے میں "کچھ زیادہ ہی سوچتا" ہوں۔ لیکن اسلام پر حملے کا بڑا راستہ خواتین کے مسائل سے جڑا ہوا ہے، جیسا کہ ٹرمپ کے اسٹیٹ ڈیپارٹمنٹ کی لیک شدہ یادداشت میں واضح کیا گیا تھا اور اس میں میری کوئی غلطی نہیں ہے۔ میں اس اہم مسئلے کو نظر انداز نہیں کر سکتا کہ دشمنوں کے حملے کو بے روک ٹوک امت پر ہونے دوں گا۔

میں نے امریکہ میں مسلم اصلاح پسند گروپوں کی ناپاک سر گرمیوں کے بارے میں کئی بار تفصیل سے بتایا ہے کہ وہ "مسلم خواتین کو بااختیار" بنانے کے نام پر امریکی حکومت سے لاکھوں ڈالر وصول کر رہے ہیں۔ بہت سے لوگ یہ سوال کرتے ہیں کہ امریکی حکومت اتنی بڑی رقم چھوٹے مسلم اداروں کو کیوں دے رہی ہے۔ تو اس کا جواب یہ ہے کہ یہ سب کچھ سامراجیوں کے ویژن کے مطابق اسلام میں اصلاحات لانے کے بڑے منصوبے کا حصہ ہے۔ یہ اصلاح پسند اور تانیثیت پسند تنظیمیں صرف ان کے پر جوش ایجنٹ ہیں جو ہماری مساجد اور اسلامی اسکولوں وغیرہ میں دخل اندازی کی کوشش کر رہی ہیں۔

## حدیث کی علمی حیثیت اور آدم علیہ السلام کی لمبائی

کچھ مسلمان جب یہ حدیث پڑھتے ہیں تو شدید شک وشبہے کا اظہار کرتے ہیں۔

اللہ نے آدم علیہ السلام کو پیدا کیا تو ان کو ساٹھ ہاتھ لمبا بنایا۔ پھر فرمایا کہ جا اور ان ملائکہ کو سلام کر، دیکھنا کن لفظوں میں وہ تمہارے سلام کا جواب دیتے ہیں کیونکہ وہی تمہارا اور تمہاری اولاد کا طریقہ سلام ہو گا۔ آدم علیہ السلام (

گئے اور) کہا، السلام علیکم۔ فرشتوں نے جواب دیا، السلام علیک ورحمۃ اللہ۔ انہوں نے ورحمۃ اللہ کا جملہ بڑھا دیا، پس جو کوئی بھی جنت میں داخل ہوگا وہ آدم علیہ السلام کی شکل اور قامت پر داخل ہوگا، آدم علیہ السلام کے بعد انسانوں میں اب تک قد چھوٹے ہوتے رہے۔[42]

مسلمان سوال کرتے ہیں کہ آدم علیہ السلام اور انسانوں کی اس لمبائی کا ثبوت کیا ہے؟ یہ ایک دلچسپ سوال ہے کیوں کہ اگر آپ مسلمان ہیں تو اس کا جواب یہ ہے کہ یہ صحیح حدیث میں موجود ہے۔ اور یہی اس کا ثبوت ہے۔ یہ بات آپ کو اسی وقت شک میں ڈالے گی اگر آپ عمومی طور پر احادیث کے بارے میں شک کرتے ہوں۔ اور ایسی صورت میں آپ صرف ایک الجھن میں مبتلا شخص ہیں اور آپ کو آدمؑ کی لمبائی سے کہیں زیادہ اہم مسائل پر توجہ دینی چاہیے۔ یا اگر آپ موجودہ سائنسی اتفاق رائے کو آدمؑ کی لمبائی کے بارے میں زیادہ معتبر سمجھتے ہیں، تو اس صورت میں آپ کا یہ ماننا ہے کہ یا تو نبی ﷺ سے ان کی لمبائی بیان کرنے میں غلطی ہوئی یا حدیث کے راویوں نے کوئی غلطی کی ہے۔ چوں کہ یہ بات کئی صحیح احادیث میں مروی ہے اور ان میں آدمؑ کی لمبائی کا ذکر موجود ہے، لہذا تب تو یہ بہت بڑی غلطی مانی جائے گی۔

ہم ان تمام امور کا تجزیہ کر سکتے ہیں۔ سب سے پہلے ہمیں یہ سمجھنا ہوگا کہ ہم حدیث میں بیان کردہ بہت سی چیزوں کے بارے میں موجودہ سائنٹفک اتفاقِ رائے کو فیصلہ

---

42 صحیح بخاری

کن حیثیت نہیں دیتے۔ مثال کے طور پر الاسراء والمعراج یا کسی بھی نبی کے معجزات پر غور کریں۔ قیامت کی نشانیوں کو دیکھیں، جیسے یاجوج وماجوج وغیرہ۔ اور اگر آپ کو حدیث پر کوئی اعتراض ہے تو قرآن میں بیان کردہ کسی بھی واقعے یا حقیقت پر غور کریں۔ اگر موجودہ سائنٹفک اتفاقِ رائے ان تمام امور کے لیے غیر متعلق ہے تو پھر یہ اچانک آدم علیہ السلام کے قد کے معاملے میں فیصلہ کن حیثیت کیوں اختیار کر گیا؟

اس کے علاوہ مجھے اندیشہ ہے کہ جو لوگ موجودہ سائنٹفک اتفاقِ رائے کو حد سے زیادہ سنجیدگی سے لیتے ہیں، وہ اکثر سائنس کی نوعیت اور تاریخ سے گہری ناواقفیت رکھتے ہیں۔ مجھے اس کا ذاتی تجربہ ہے، کیونکہ میں نے ہارورڈ یونیورسٹی میں فزکس کے طالب علم کے طور پر تعلیم حاصل کی ہے اور وہیں، نیز ٹفٹس یونیورسٹی میں، فلسفہ اور سائنس کی تاریخ کا مطالعہ بھی کیا ہے۔ میرے بعض پروفیسر نوبل انعام جیت چکے تھے یا جیتنے کے قریب تھے، اور اس کے باوجود سائنس کی تاریخ کے کچھ بنیادی پہلوؤں سے ان کی لاعلمی حیران کن تھی۔ وہ یہ بھی نہیں سمجھتے تھے کہ سائنس کی تاریخ جاننا کیوں ضروری ہے۔ نتیجتاً، اس بے توجہی اور علمی کمی نے ان کی سائنسی فہم کو نہایت محدود اور تنگ نظر بنا دیا تھا۔ یہ بات حیرت انگیز ہے کہ سائنسی دنیا میں غیر معمولی کامیابی کے باوجود ان کا نقطۂ نظر اس قدر سطحی تھا۔

ایک پہلو جو سائنسی تاریخ میں اس بحث سے خاص طور پر متعلق ہے، وہ یہ ہے کہ ماضی کے ماہرینِ آثارِ قدیمہ دیو قامت انسانوں کے وجود پر یقین رکھتے تھے۔ ان کا یہ یقین دریافت شدہ فوسلز اور ہڈیوں کے ٹکڑوں پر مبنی تھا۔ Meganthropus نامی نوع کے فوسلز پر غور کریں۔ کیا یہ حیران کن نہیں کہ موجودہ سائنس داں اس سے ناآشنا ہیں؟

نہیں، در حقیقت مسئلہ یہ ہے کہ وہ اپنی ہی فیلڈ کی تاریخ سے نابلد ہیں۔ لیکن ان کی اس لاعلمی سے ان کے پیش روؤں کے کام اور تاریخی شواہد کو مٹایا نہیں جا سکتا۔

جہاں تک ایک مسلمان کے طور پر میرا تعلق ہے، میں مفروضوں کو قطعیت پر فوقیت نہیں دیتا۔ اور مجھے اس صحیح حدیث کو بغیر کسی جھجک کے قبول کرنے میں کوئی عار نہیں، بلکہ میں اس سے مکمل ذہنی اطمینان اور اعتماد محسوس کرتا ہوں۔ در حقیقت ایسی احادیث میرے لیے قیمتی موتیوں کی مانند ہیں، کیونکہ یہ مجھے دنیا اور تاریخ کی ان حقیقتوں سے روشناس کراتی ہیں، جن سے میں بصورتِ دیگر لاعلم رہتا، کیونکہ موجودہ سائنٹفک اتفاقِ رائے اس بارے میں کچھ اور کہتا ہے۔

(ویسے، ہڈی کی مضبوطی اور قد کے بارے میں فضول بحث کو ختم کریں۔ اگر ہڈیاں مناسب حد تک گھنی اور مضبوط ہوں، تو وہ کسی بھی مخلوق کو مخصوص قد تک سہارا دے سکتی ہیں۔ اس حدیث کے خلاف ہڈی کی ساخت کی بنیاد پر بحث کرنا ایسے ہی ہے جیسے الإسراء والمعراج کے امکان کو صرف اس بنیاد پر رد کر دیا جائے کہ براق اتنی زیادہ ہوا کے دباؤ سے مطابقت رکھنے والا (aerodynamic) نہیں ہو سکتا تھا کہ وہ اتنے کم وقت میں یہ سفر مکمل کر سکے۔)

نوٹ: عالمِ اسلام کے سرکردہ علماء میں سے ایک مفتی تقی عثمانی اس حدیث کی ایک تفسیر شیخ انور شاہ کشمیری کے حوالے سے نقل کرتے ہیں، جس کے مطابق آدمؑ جنت میں بہت بلند قامت تھے، لیکن جب زمین پر بھیجے گئے تو ان کا قد چھوٹا ہو گیا۔ انہوں نے اپنی رائے حدیث کی زبان کے تجزیے کی بنیاد پر دی ہے۔ اللہ بہتر جانتا ہے کہ یہ تفسیر

درست ہے یا نہیں، مگر اصل بات یہ ہے کہ دونوں تفسیریں موجودہ سائنٹفک "حقائق" پر منحصر نہیں ہیں۔

## ترقی پسند بمقابلہ فرضی روایتی علماء

امت کے لیے زیادہ خطرناک کون ہے؟ وہ "ترقی پسند مسلمان" جو اسلام میں اصلاحات کا مطالبہ کرتے ہیں، جن میں سے ایک یہ بھی ہے کہ تمام احادیث کو رد کر دیا جائے کیونکہ صحیح احادیث میں "عورت دشمن" روایات پائی جاتی ہیں؟ یا وہ "عالمِ دین" جو الازہر یا کسی اور ادارے سے تعلیم یافتہ ہے، اور جو جدید نظریات جیسے سیکولرازم، لبرلزم اور فیمینزم سے متاثر ہے، لیکن دین میں مکمل تبدیلی کی کھلے عام حمایت کرنے کے بجائے، شاذ آراء کو غلط طریقے سے پیش کرتا ہے، مقاصدِ شریعت کے تصور کو مسخ کرتا ہے، صحیح احادیث کو مشکوک وجوہات کی بنا پر رد کرتا ہے، عربی کے پیچیدہ لغوی مباحث کے ذریعے عرف عام کے مفہوم کو بدل دیتا ہے اور غزالیؒ، ابنِ تیمیہؒ اور ائمہ اربعہ جیسے عظیم علماء و فقہاء کی بصیرت کو کم کر کے ایک "نرم" اور "جدید دور کے مطابق" رائے پیش کرتا ہے؟

## اصلاح پسندی کا بھوت

کیا ان اصلاح پسندوں یا ترقی پسند مسلمانوں کا جواب دینا ضروری ہے؟ میرا جواب نفی میں ہے۔ اگر آپ ان سے بحث کرنے کی کوشش کریں گے، تو یہ لاحاصل ہوگا کیونکہ ان کے پاس کوئی اصول نہیں ہے۔ ان کے پاس کوئی واضح اور صریح بنیاد نہیں بلکہ ان کے ذہن میں جو کچھ آتا ہے اس پر مبنی وہ عجیب و غریب اور مختلف آراء پیش کرتے ہیں۔ اگر آپ ان کے سامنے کوئی دلیل پیش کریں تو وہ فوراً کسی اور بحث میں الجھ جائیں گے اور بات کا

کوئی نتیجہ نہیں نکلے گا۔ میں یہ بات اپنے ذاتی تجربے کی بنیاد پر بہت سی ایسی بے کار کوششوں کے بعد کہہ رہا ہوں۔

لیکن آپ کو اصلاح پسند/ترقی پسند مسلمانوں کے تمام موقف کو مکمل طور پر غلط ثابت کرنے کے لیے ان سے بحث کرنے کی ضرورت نہیں ہے۔ آپ یہی کام ان کے نظریے کی اصل جڑ—یعنی لبرل اور جدیدیت پر مبنی خیالات—کو نشانہ بنا کر کر سکتے ہیں۔ اس پر وقت لگانا زیادہ مفید ہے۔ ذیل کی مثال پر غور کریں۔

اصلاح پسند حضرات حجاب اور جنس کی تفریق کو بہت اہمیت دیتے ہیں اور اسے جابرانہ، پدرشاہی وغیرہ قرار دیتے ہیں۔ زیادہ چالاک اصلاح پسند مختلف تاریخی اسلامی کتابوں سے اپنی پسند کی چیزیں چن کر "مقاصد پر مبنی دلائل" پیش کرتے ہیں تاکہ اپنی بات ثابت کر سکیں۔

بعض لوگ یقیناً ان کی غلط فہمیوں اور مقاصد، مصلحت اور دیگر فقہی اصولوں کی تحریف کو واضح کرنے کی کوشش کرتے ہیں جو کہ ایک قابلِ ستائش کام ہے۔ لیکن بدقسمتی سے اصلاح پسند بحث کا رخ بدل کر دوسری کتابوں اور نئے دلائل کا سہارا لے لیتے ہیں۔ یہ ایسے ہے جیسے ایک کئی سر والا افسانوی جن جس کا ایک سر کاٹیں تو دو نئے سر اُگ آتے ہیں۔

ایک زیادہ مؤثر طریقہ یہ ہے کہ آپ اس جانور کے دل میں خنجر ماریں—یعنی جدیدیت کے ان اصولوں پر براہِ راست تنقید کریں جو لباس، جبر، پدرشاہی، جنس کے کردار وغیرہ سے متعلق ہیں۔ ان تصورات کو غلط ثابت کرنے سے اصلاح پسندوں کی امیدوں پر پانی پھر جائے گا۔

اور چوں کہ اصلاح پسندوں کی اکثریت کی سوچ انتہائی سطحی ہے، وہ اپنے نظریات کی جڑوں پر غور ہی نہیں کرتے، اور یہ نہیں دیکھ پاتے کہ آیا ان کے خیالات واقعی درست ہیں یا کم از کم کسی حد تک تنقید کا مقابلہ کر سکتے ہیں۔

یہ حقیقتاً افسوس ناک بات ہے کہ لوگ اپنے ایمان کو تباہ کر لیتے ہیں اور ایسے کمزور فلسفے جو محض وقتی رجحانات کی بنا پر اہم سمجھے جاتے ہیں کی بنیاد پر دین میں تبدیلی لانے کی کوشش کرتے ہیں۔ ورنہ ان میں کوئی حقیقی فکری یا اخلاقی معیار موجود نہیں ہے۔

## گوہ کے بل میں داخل ہونا

قرآن میں اللہ نے بنی اسرائیل کی تفصیل بیان کی ہے اور ان کے جرائم اور روحانی کمیوں کا تفصیل سے ذکر کیا ہے تاکہ مسلمان اس کو سامنے رکھ اپنی اصلاح کر سکیں۔ مشہور حدیث ہے کہ مسلمان وہی راستہ اختیار کریں گے جو ان سے پہلے والوں نے اختیار کیا:

> تم ضرور ان لوگوں کے طریقوں پر بالشت بر بالشت اور ہاتھ بر ہاتھ چلتے جاؤ گے جو تم سے پہلے تھے ) بعینہ ان کے طریقے اختیار کرو گے، ان سے ذرہ برابر آگے پیچھے نہ ہو گے ( حتی کہ اگر وہ سانڈے کے بل میں گھسے تو تم بھی ان کے پیچھے گھسو گے۔ "ہم نے عرض کی: اللہ کے رسول! کیا یہود اور نصاریٰ ) کے پیچھے چلیں گے؟ (آپ نے فرمایا: تو )اور ( کن کے؟

جب ہم اپنے ارد گرد نظر ڈالتے ہیں تو یہ بات روز روشن کی طرح واضح ہو جاتی ہے کہ رسول اللہ ﷺ کی بات سچ تھی۔ ان آیات پر غور کریں اور آپ کو وہی رویے اور اعمال نظر آئیں گے — یہ صرف چند لوگوں تک محدود نہیں بلکہ امت کی اکثریت اور اس کے رہنما بھی تیزی سے اسی راستے پر چل رہے ہیں۔

جو لوگ اپنے دین سے خوش نہیں اور اسے اپنی خواہش کے مطابق "اصلاح" کے نام پر بدلنا چاہتے ہیں، ان کے لیے قرآن کا یہ پیغام ہے:

﴿وَإِن تَتَوَلَّوْا۟ يَسْتَبْدِلْ قَوْمًا غَيْرَكُمْ ثُمَّ لَا يَكُونُوٓا۟ أَمْثَٰلَكُم﴾ [محمد: ٣٨]

اگر تم منہ موڑو گے تو اللہ تمہاری جگہ کسی اور قوم کو لے آئے گا اور وہ تم جیسے نہ ہوں گے۔

(سورہ محمد: ۳۸)

# باب گیارہ: جنسیت اور زنا

## منشیات کی طرح جنسیت بھی بکتی ہے

موسیقی اور فلم کی صنعت سیکس پر اتنی زیادہ کیوں مرکوز ہے؟ ہمیں بتایا جاتا ہے کہ اس کی وجہ یہ ہے کہ "سیکس بِکتا ہے"، یعنی عوام اسے دیکھنا اور پسند کرنا چاہتے ہیں۔ لہٰذا یہ صنعتیں محض پہلے سے موجود ایک طلب کو پورا کر رہی ہیں۔

حقیقت یہ ہے کہ یہ صنعتیں خود ہی اس طلب کو پیدا کر رہی ہیں۔ وہ لوگوں پر بے حیائی مسلط کر رہی ہیں، یہاں تک کہ یہ ان کی عادت بن جائے۔ یہی طریقہ منشیات کے پھیلاؤ میں بھی کام آتا ہے۔ کوئی بھی فطری طور پر دھواں نہیں نگلنا چاہتا، کوئی بھی صبح اٹھ کر اپنی رگوں میں زہریلے کیمیکل نہیں اتارنا چاہتا اور کوئی بھی فطری طور پر سڑے گلے پھلوں اور سبزیوں کی بدبودار خمیر سے بنی شراب پینے کی خواہش نہیں رکھتا۔ یہ سب مصنوعی خواہشات ہیں، جنہیں یہ صنعتیں سالانہ اربوں ڈالر کی اشتہاری مہموں اور ثقافتی انجینیئرنگ کے ذریعے لوگوں کے دلوں میں بٹھاتی ہیں۔ یہاں تک کہ لوگ یہ سمجھنے لگتے ہیں کہ یہ خواہشات قدرتی طور پر پیدا ہو رہی ہیں اور انہیں لازمی طور پر پورا کرنا چاہیے۔

یہی وجہ ہے کہ مغربی اخلاقیات کو فطری (Naturalistic) سمجھا جاتا ہے۔ اس کے مطابق سب سے زیادہ اخلاقی بات یہ ہے کہ انسان کے فطری حقوق اور مفادات کے مطابق عمل کیا جائے۔ یہی وہ بنیاد ہے جس پر لبرل انسانی حقوق کا نظام قائم

ہے۔ لیکن کوئی یہ سوال نہیں کرتا کہ یہ حقوق اور مفادات واقعی کتنے فطری ہیں؟اور اگر یہ واقعی فطری ہیں بھی تو یہ کس نے طے کیا کہ ہمیں ہر "فطری" چیز کے مطابق اخلاقی طور پر عمل کرنا ضروری ہے؟

## مغربی دنیا کی جنسی بدحالی

ووڈاسٹاک (۱۹۶۹ میں ہونے والا مشہور موسیقی کا تہوار) کے بعد یونیورسٹی کیمپسوں میں جنسی حملوں پر سروے کیے جانے لگے۔ سینہ بند (bra) جلانے کے احتجاج کے بعد "ڈیٹ ریپ" کا مسئلہ سامنے آیا۔ ۱۹۶۰ کی دہائی کے جنسی انقلاب نے ابتدا میں بے حد جوش و خروش پیدا کیا، لیکن وقت گزرنے کے ساتھ یہ جذبہ مدھم پڑ گیا۔ اب یہ تحریکیں ادھوری بلکہ متنازعہ نظر آنے لگی ہیں۔ اس کی ایک وجہ یہ ہے کہ یہ کبھی بھی گہرے معنی، مقصد یا حقیقی تکمیل تک نہیں پہنچ سکیں، خاص طور پر وہ تکمیل جو جنسی تعلق سے جڑی ہو۔ یعنی، ہر انقلاب مثبت تبدیلی نہیں لاتا۔

حال ہی میں یہ انکشاف ہوا ہے کہ مغربی دنیا میں ہر چار میں سے ایک خاتون کو مردوں کے ہاتھوں جنسی حملے کا سامنا کرنا پڑتا ہے۔ اور یہی تناسب گھریلو تشدد کا شکار ہونے والی خواتین کا بھی ہے۔ یہ افسوس ناک اعداد و شمار مغربی معاشرے کو یہ سوچنے پر مجبور کر رہے ہیں کہ نام نہاد ترقی یافتہ دنیا اور عمومی طور پر لبرل سیکولر سماج ایک سنگین بحران کا شکار ہے — اور وہ ہے خواتین اور لڑکیوں کے ساتھ اس کا بگڑا ہوا رویہ۔ اگر یہ لڑکیاں پانچ سال کی عمر میں غیر اخلاقی حسن کے مقابلوں میں پیش نہیں کی جا رہیں، یا جنسی آزادی کی حامی تانیثیت پسندوں کی جانب سے اپنی "اندرونی جنسی دیوی" کو قبول نہ کرنے

پر تنقید کا نشانہ نہیں بن رہیں — چاہے وہ جنسی زیادتی یا گھریلو تشدد کا شکار نہ بھی ہوں — تب بھی وہ دائمی ڈپریشن اور تنہائی کی زندگی گزارنے پر مجبور ہوتی ہیں۔ اس مسئلے کے حل کے لیے مغربی یونیورسٹیوں اور دفاتر میں مرد طلبہ اور ملازمین کے لیے تفصیلی ضابطۂ اخلاق متعارف کرایا جا رہا ہے، کیونکہ وہاں خواتین کے خلاف جنسی ہراسانی اور "ڈیٹ ریپ" جیسے جرائم ایک عام رویے کے طور پر دیکھے جاتے ہیں۔

## سیکس بحیثیت مال تجارت

جنسی تعلق ایک پیچیدہ چیز ہے، جسے نیویارک، لندن، پیرس اور ایمسٹرڈم جیسے شہروں میں تجارت کا حصہ بنا دیا گیا ہے۔ اس کے پس پردہ آزاد خیالی کی جنسی آزادی پر مبنی ثقافت، سوشل میڈیا پر بدنگاہی کی عادت اور مغربی دنیا میں خواتین (یا ان کے جسمانی حصے) کی نامناسب تصاویر سے بھرے ہوئے اشتہارات شامل ہیں۔ یہ سب مل کر ایک خطرناک ماحول پیدا کرتے ہیں، جہاں حد سے زیادہ جنسی نمائش اور بے حسی عام ہو چکی ہے۔ لوگ بالکل نشے کے عادی افراد کی طرح زیادہ شدید محرکات کے عادی ہو جاتے ہیں، جس کے نتیجے میں وہ جنسی اطمینان کے لیے مزید انتہا پسند افعال اور غیر معمولی جنسی رجحانات اختیار کرنے پر مجبور ہو جاتے ہیں تاکہ وہی پہلے جیسی تحریک اور لذت محسوس کر سکیں۔ یہ کوئی تعجب کی بات نہیں کہ اس شدت نے جنسی بگاڑ اور ناجائز رویوں کی وبا کو جنم دیا ہے، جو جانوروں سے جنسی تعلق (زوفیلیا) سے لے کر بچوں کے استحصال (پیڈوفیلیا) تک پھیل چکی ہے۔ ہر جنسی بگاڑ کے حامیوں کا اپنا گروہ، اپنی سماجی تحریک اور اپنے "سوشل جسٹس کے علمبردار" ہیں، جو اس کی قبولیت اور جشن منانے کے لیے سرگرم ہیں۔

آج مغربی دنیا میں جنس ایک بہت بڑا تضاد بن چکا ہے۔ ایک طرف ایسا محسوس ہوتا ہے کہ یہی سب کچھ ہے۔ اور دوسری طرف اس کی کوئی اہمیت ہی نہیں۔ لوگ ٹنڈر اور دیگر ملاقات ایپس کے ذریعے اتفاقی اور بے تکلف جنسی تعلقات میں مگن ہو جاتے ہیں۔ یہاں تک کہ ان تعلقات کی بے معنویت خود ان کے ذہن پر بوجھ بننے لگتی ہے۔ مغربی خواتین کو ایک طرف بلا ناغہ اسکول کے فٹ بال کھلاڑیوں سے لے کر معزز کانگریس ممبران تک کے "ناپسندیدہ" جنسی پیغامات اور تصاویر موصول ہوتی ہیں۔ وہیں دوسری طرف انہیں سوشل میڈیا جیسے انسٹا گرام اور اسنیپ چیٹ پر اپنے جسمانی حسن کی نمائش کی ترغیب دی جاتی ہے، تاکہ وہ خود نمائی اور توجہ حاصل کر سکیں۔

## خواتین کے خلاف جنگ

خواتین روزمرہ کی گفتگو میں اکثر زیر بحث آتی ہیں کیونکہ انہیں مغربی برتری، ترقی اور انفرادیت کے تصورات کے لیے ایک اہم علامت تصور کیا جاتا ہے۔ کچھ ممالک میں انہیں عوامی زندگی میں صرف اسی شرط پر جگہ دی جاتی ہے کہ وہ اپنی مادری فطرت اور ذمہ داریوں سے دستبردار ہو جائیں۔ خواتین کو صرف ماں اور "گھر سنبھالنے والی" کے روایتی کردار تک محدود رکھنا ایک ایسے سچ کو بے نقاب کر دے گا جسے تانیثیت پسند اور ترقی پسند حلقے ہر قیمت پر جھٹلانا چاہتے ہیں۔ شاید مغربی عورت واقعی "سب کچھ" حاصل نہیں کر سکتی۔

ماؤں کو اکثر معاشی عدم استحکام کا باعث سمجھا جاتا ہے — کچھ لوگوں کا کہنا ہے کہ طویل زچگی کی چھٹیاں کاروباری منافع میں کمی کا سبب بنتی ہیں — اور انہیں صرف اسی

وقت عزت دی جاتی ہے جب وہ کسی کارپوریٹ ادارے سے منسلک ہوں، جیسے کہ "فلاں کمپنی کی سینئر وائس پریزیڈنٹ" یا "فلاں کمپنی کی ابھرتی ہوئی منیجر"۔

یہ تضادات سماجی اور نفسیاتی سطح پر شدید تناؤ پیدا کرتے ہیں۔ عورت کی زندگی کا کوئی واضح مقصد باقی نہیں رہا۔ خاندان قائم کرنا اب محبت، سہارے اور تکمیل کا ذریعہ نہیں رہا، بلکہ ایک ایسا بوجھ بن چکا ہے جسے جتنا ممکن ہو ٹال دیا جاتا ہے۔ اس کے نتیجے میں شدید جنسی اور نفسیاتی اضطراب جنم لیتے ہیں جو بعض اوقات مضحکہ خیز حد تک مضطرب اور ہیجانی کیفیت اختیار کر لیتے ہیں۔

یہاں بھی لوگ خاندانی محبت کے متلاشی ہیں، لیکن اس محبت کے فطری ذرائع — شادی، بچوں کی پرورش اور خاندانی استحکام — ان کے لیے تقریباً ناممکن بنا دیے گئے ہیں۔ مغربی ممالک میں پیدا ہونے والے ہر دو میں سے ایک بچہ غیر شادی شدہ ماں کے ہاں پیدا ہوتا ہے، جو ایک نہایت پریشان کن حقیقت ہے۔ کیونکہ غیر مستحکم خاندانی پس منظر اور جرائم کی شرح کے درمیان ایک واضح اور ناقابل تردید تعلق پایا جاتا ہے۔ شاید یہی وجہ ہے کہ کچھ مغربی ممالک قتل و غارت اور پرتشدد جرائم میں دنیا میں سرِ فہرست ہیں۔

اور جو چند مغربی لوگ شادی شدہ ہیں، وہ بھی بے وفائی اور دھوکہ دہی کے خطرے سے دوچار رہتے ہیں، کیونکہ زناکاری کو بھی ایک کاروبار میں بدل دیا گیا ہے۔ AshleyMadison جیسی ویب سائٹس، جو خاص طور پر شادی شدہ افراد کو بے وفائی پر اکسانے کے لیے بنائی گئی ہیں، لاکھوں رجسٹرڈ صارفین کو اپنی سہولتیں فراہم کر رہی ہیں۔

کچھ مغربی ممالک میں خواتین کے خلاف جنگ ایک تھیٹر کی مضحکہ خیز تمثیل کی صورت اختیار کر چکی ہے۔ مغربی خواتین ہر سال کاسمیٹکس اور خوشبوؤں پر ۲۰ ارب ڈالر سے زیادہ خرچ کرتی ہیں اور مزید ۱۲ ارب ڈالر حسن میں تبدیلی کی سرجری پر صرف کرتی ہیں (جب کہ پوری دنیا کے غریبوں کو کھانا، کپڑا اور بنیادی صحت کی سہولیات فراہم کرنے کے لیے صرف ۲۲ ارب ڈالر درکار ہیں)۔ یہ تمام اخراجات مصنوعی فیشن اور حسن کے ان معیارات پر پورا اترنے کے لیے کیے جاتے ہیں، جو کارپوریٹ اداروں کے مسلط کردہ ہیں اور جن سے وہ مغربی خواتین کی "پُرکشش" دکھنے کی لاشعوری مجبوری کو منافع میں بدلتے ہیں۔ درحقیقت یہ خواہش اس لیے پیدا ہوتی ہے کہ خواتین کو جان بوجھ کر ایسے سماجی دباؤ کا شکار بنایا جائے تاکہ وہ اپنے جسم کی ہر باریکی کے بارے میں حد سے زیادہ پریشان رہیں، جس کے نتیجے میں لاکھوں خواتین، جن میں کچھ محض ۱۱ سال کی بچیاں بھی شامل ہیں، خوراک کی بے ترتیبی اور جسمانی ساخت سے متعلق شدید اضطراب جیسے عوارض میں مبتلا ہو جاتی ہیں۔

بدقسمتی سے وہ مغربی خواتین جو ہر حال میں توجہ حاصل کرنا چاہتی ہیں، ایک مشکل صورت حال کا سامنا کر رہی ہیں۔ مغربی مرد اپنی مردانگی کے بحران میں اتنے الجھے ہوئے ہیں کہ انہیں ان خواتین میں کوئی خاص دلچسپی نہیں رہی۔ انٹرنیٹ پر بے حد و حساب فحش مواد نے انہیں بے حس بنا دیا ہے۔ جب یہ مرد، جو اکثر توجہ کی کمی اور بے چینی جیسے مسائل (ADHD) سے متاثر ہوتے ہیں، مشت زنی میں مصروف نہیں ہوتے، تو وہ یا تو ویڈیو گیمز کھیل رہے ہوتے ہیں یا خودکشی کے بارے میں سوچ رہے ہوتے ہیں۔

افسوس ناک حقیقت یہ ہے کہ کچھ مغربی ممالک میں ۲۰ سے ٤۹ سال کے مردوں میں موت کی سب سے عام وجہ خودکشی ہے۔

## مفروضہ یا حقیقت؟

اس کا ایک نتیجہ یہ ہے کہ لوگ خیالی دنیاؤں کے خواب دیکھنے لگتے ہیں۔ ایک وہ دنیا جو مقبول ثقافت اور ڈزنی فلموں میں دکھائی جاتی ہے، جہاں رومانس اور سچے ساتھی کے درمیان خلوص پر مبنی محبت ہوتی ہے اور سب ہمیشہ خوش رہتے ہیں۔ یا وہ دنیا جہاں جنسی بے راہ روی عام ہے اور عارضی تعلقات اور بے مقصد جنسی روابط معمول بن چکے ہیں—جو حقیقت کے بجائے فحش فلموں کے مناظر سے زیادہ مشابہت رکھتے ہیں۔

مغربی میڈیا نے اس انتخاب کو واضح طور پر پیش کر دیا ہے۔ میلی سائرس (Miley Cyrus) اور دیگر سابقہ ماؤسکیٹیرز (Mousketeers)، جو "بغاوت" کے راستے پر چل پڑے ہیں، ٹیلی ویژن پر بے حد مقبول ہیں۔ اسی طرح نوجوان لڑکیوں اور نو عمر بچیوں کی جنسیت کو ابھارنا بھی ایک عام رجحان بن چکا ہے۔ انہیں یہ باور کرایا جاتا ہے کہ "اپنی جنسیت پر اختیار" حاصل کرنے اور بااختیار نظر آنے کا واحد راستہ یہ ہے کہ وہ پورن اسٹارز کی طرح لباس پہنیں اور ویسا ہی برتاؤ کریں۔ یہ سب کچھ اس سے پہلے ہی شروع ہو جاتا ہے، جب وہ بلوغت کی عمر کو پہنچتی بھی نہیں۔

لباس کے معاملے میں بھی انتہا پسندی عام ہے۔ مغربی خواتین یہ سمجھتی ہیں کہ ان کے ملبوسات ان کی "آزاد اور خود مختار" پسند کا نتیجہ ہیں، لیکن حقیقت یہ ہے کہ، اس یقین کے باوجود، وہ سب تقریباً ایک جیسے انداز کے لباس پہنتی ہیں۔

مغربی دنیا میں آج کل جنسی ماہرین کی بھرمار ہے، اور ان کے مشورے، چاہے وہ کتنے ہی متضاد یا مضحکہ خیز کیوں نہ ہوں، بے حد شوق سے سنے اور اپنائے جاتے ہیں۔ جسم، جنس اور محبت پر بات کرنے میں ان خودساختہ "گروؤں" کی تقریباً اجارہ داری ہے۔ انٹرنیٹ، دن بھر چلنے والے ٹی وی شوز اور گپ شپ میگزینوں کی بھرمار نے ان کے کچھ "مشوروں" کو ایسی شکل دے دی ہے کہ وہ ایک قسم کی "فحش نفسیات" میں بدل چکے ہیں۔ مغربی سپر مارکیٹوں میں خواتین کے میگزین کی سرخیاں اس کی ایک واضح مثال ہیں، جیسے "Help your lover shop for an escort.": (اپنے پارٹنر کو کسی جسم فروش کی تلاش میں مدد دیں۔) اور اسی طرح کے دیگر حیران کن اور غیر روایتی مشورے۔

## چاروں طرف سیکس ہی سیکس ہے

خاص طور پر اسکولوں میں۔

بلوغت کے قریب پہنچتے ہی جنسی تعلقات اور جسمانی تسکین کو لازمی ضرورت سمجھا جانے لگتا ہے۔ اور اگر کوئی جوان جسم دستیاب ہو تو اسے فوری طور پر حاصل کرنے پر زور دیا جاتا ہے۔ ایک خاص عمر کے بعد کنوارہ پن کو معاشرتی طور پر پسماندگی یا غیر معمولی سمجھا جاتا ہے۔ یہ دباؤ میڈیا میں ہر طرف پھیلے جنسی رجحانات اور معاشرتی ماحول میں موجود حد سے زیادہ جنسی مواد کے ساتھ مل کر ایک خطرناک صورت حال پیدا کر دیتا ہے۔ مغربی شہروں میں ایسے واقعات میں اضافہ ہو رہا ہے، جہاں کم عمر اسکولی لڑکے اپنی ہم جماعت لڑکیوں کے ساتھ اجتماعی زیادتی کرتے ہیں۔ لیکن لڑکیوں کو صرف اپنے ہم جماعت

لڑکوں سے ہی خطرہ نہیں ہوتا۔ مغرب میں جنسی جرائم میں ملوث مجرم، خاص طور پر وہ جو پکڑے جاتے ہیں اور سزا پاتے ہیں، اکثر انتہائی کم مدت کی سزائیں بھگتنے کے بعد "اصلاح شدہ" قرار دے کر دوبارہ معاشرے میں چھوڑ دیے جاتے ہیں۔ کچھ مغربی ممالک میں بچوں کے خلاف جنسی جرائم کے مرتکب افراد کو بالغوں کے خلاف انہی جرائم کا ارتکاب کرنے والوں کی نسبت اوسطاً کم سزا دی جاتی ہے۔

یہ معاملہ صرف بچوں کے ساتھ زیادتی کرنے والے بدکار لوگوں تک محدود نہیں ہے۔ بچوں کی فحش تصاویر بنانے، انہیں پھیلانے اور ان کا استعمال کرنے والوں میں معروف فلم ساز، مشہور شخصیات اور امیر ہیج فنڈ بینکر شامل ہیں۔ یہ لوگ بچوں میں جنسی غلامی پیدا کرنے کے بھی ذمہ دار ہیں۔ ہارورڈ لا اسکول کے نامور پروفیسر جیسے ایلن ڈرشوٹز (Alan Dershowitz) بھی مبینہ طور پر ہفتے کی چھٹیوں میں بچوں سے جنسی زیادتی اور انسانوں کی اسمگلنگ کے کام کر رہے ہیں۔ معصوم اور بے گناہ بچوں کی کشش مغرب کے امیر اور مشہور لوگوں کے لیے ناگزیر لگتی ہے۔ جنسی استحصال سے بھرپور معاشروں میں کامیابی حاصل کرنے والوں کے لیے یہ ایک خفیہ "انعام" ہے۔ اس میں درحقیقت ایک غیر فطری اور عجیب لذت ہے۔ ایسے خواب دیکھتے ہوئے، بچوں سے جنسی رغبت رکھنے والے طاقتور افراد ایک خوفناک اور غیر حقیقی منطق کے تابع ہو جاتے ہیں۔ ان کے مطابق جنسی تسکین کا راستہ محبت سے نہیں بلکہ دوسروں پر ظلم اور تسلط قائم کرنے سے ہو گا۔

مغرب مدتوں سے اجنبی ثقافتوں میں دلچسپی لیتا آیا ہے کیونکہ یہ اختلافات کو نظرانداز کرنے کا جواز فراہم کرتا ہے۔ سیٹلائٹ ٹی وی اور انٹرنیٹ نے ثقافتی فرق کو معمول بنادیا ہے اور ہر طرح کے استحصال کو قابل قبول بنانے میں کردار ادا کیا ہے۔ بیونسے (Beyoncé)، پلے بوائے (Playboy) اور ٹوئرکنگ (Twerking) جیسی تفریحات نے بعض مشرقی افراد کو مغربی خواتین کے حقیقی مسائل پر غور کرنے سے غافل کردیا ہے۔ ہندوستان اور زمبابوے کے علاوہ دنیا میں جنسی زیادتی کے سب سے زیادہ واقعات زیادہ تر مغربی ممالک میں پیش آتے ہیں۔

اس تشویش ناک صورتِ حال کے باوجود مغربی طاقتوں نے اپنے منفرد "جنسی آزادی" کے تصور کو پوری دنیا میں پھیلانے کا بیڑا اٹھار کھا ہے۔ وہ "ترقی پذیر" ممالک کی خواتین کو "تحفظ" دینے کے نام پر فوجی مداخلت اور غیر سرکاری تنظیموں (NGOs) کے ذریعے اپنی نام نہاد تہذیب سکھانے کی کوشش کرتے ہیں۔ یہ تنظیمیں مغربی دنیا کے مخصوص جنسی نظریات سے ناواقف معاشروں کو درس دینے کے لیے ہر وقت تیار رہتی ہیں تاکہ انہیں اخلاقی برتری کے مغربی اصولوں کے مطابق ڈھالا جاسکے۔

پہلے جو چیزیں دور دراز خطوں کی اجنبی روایات لگتی تھیں اب وہ پوری دنیا میں تہذیبی تصادم کی شکل اختیار کر چکی ہیں۔ وہ فرق جو کبھی فاصلے اور تنہائی کے احساس سے کمزور پڑ جاتے تھے، اب ایک سنگین خطرہ بن چکے ہیں۔ دنیا بھر کے لوگ جو طویل عرصے سے مغربی استعمار کی لوٹ مار اور استحصال کا شکار رہے ہیں، بے چینی اور خوف کے ساتھ یہ

ادراک کر رہے ہیں کہ مغربی دنیا کا جنسی رویہ گہرے انحطاط کا شکار ہے، اور وہاں سے جنم لینے والی اخلاقی اور جسمانی بیماریاں پہلے سے باقی دنیا کو اپنی لپیٹ میں لے چکی ہیں۔

## محفوظ سیکس کی صرف ایک ہی صورت ہے

چاہے آپ مذہبی ہوں یا نہ ہوں، آپ کو خدا پر یقین ہو یا نہ ہو، اگر آپ شادی شدہ نہیں ہیں تو "محفوظ جنسی تعلقات" (safe sex) جیسی کوئی چیز نہیں ہے۔ اگر آپ اور جس کے ساتھ آپ کے جنسی تعلقات ہیں اس کے درمیان کوئی قانونی بندھن (شادی) نہیں ہے تو پھر آپ اُس شخص کے رحم و کرم پر ہیں۔ اگر آپ کو کچھ ہو جاتا ہے، خواہ وہ حادثاتی ہو، جان بوجھ کر ہو یا بدنیتی سے ہو تو کوئی آپ کی زیادہ مدد نہیں کر سکتا۔ یہ معاملہ واقعتاً زندگی اور موت کا ہے۔ خواہ اس کا تعلق نئی زندگی (یعنی ایک انسان) کے پیدا ہونے سے ہو، جان لیوا بیماریوں کا خطرہ ہو یا کسی بھی قسم کا جذباتی، جسمانی یا جنسی استحصال۔ یا یہ سب کچھ ایک ساتھ۔

یہ پہلے ایک عام سی حقیقت تھی، یعنی بالکل سادہ بات۔ لیکن اب، اگر آپ اس کا ذکر بھی کریں تو لوگ سمجھتے ہیں کہ آپ مذہبی انتہا پسند ہیں، جس نے سوچنا سمجھنا چھوڑ دیا ہے اور جو نہ انسانی حقوق کو جانتا ہے، نہ جنسی آزادی کی اہمیت کو۔ وغیرہ، وغیرہ ... آخر لوگ کب تک آنکھیں بند رکھ سکتے ہیں؟ کیا یہ سمجھنا واقعی اتنا مشکل ہے؟

جی ہاں ایک مسلمان کے طور پر ہم اسلامی قانون کی پیروی کرتے ہیں جب بات غیر شادی شدہ تعلقات اور شادی وغیرہ کی آتی ہے۔ سب سے پہلے ہم اپنے خالق کی بات مانتے ہیں اور اس کی رضا کے مطابق چلتے ہیں، اور اس میں کوئی شک نہیں ہونا چاہیے۔ لیکن

جب ہم اس کے احکام میں موجود واضح فائدہ اور حکمت کو پہچانتے ہیں اور اس پیچیدہ اور اُلجھی ہوئی دنیا میں اس کا ادراک کرتے ہیں، تو کیا اس کا مطلب یہ ہے کہ ہم "عقلیت پسند" ہیں اور معتزلہ کے فلسفے کو زندہ کرنے کی کوشش کر رہے ہیں؟ ایسی بے بنیاد باتوں کو واضح کرنے کے لیے آپ کو کوئی انتہائی سخت گیر دینی عقل پسند ہونے کی ضرورت نہیں۔

## شادی کے بغیر جنسی تعلقات اور اس کا اثر

کبھی کبھی مذاق میں لوگ سوال کرتے ہیں کہ گاڑی چلانے کے لیے لائسنس کی ضرورت کیوں ہے، لیکن بچے پیدا کرنے کے لیے کوئی لائسنس یا تصدیق کیوں نہیں چاہیے؟ یہ عموماً ہنسی مزاق میں کہا جاتا ہے۔ لیکن جب آپ اس پر غور کریں گے تو آپ کو محسوس ہوگا یہ ایک اہم سوال ہے۔ اگر گاڑی چلانے، اسکول میں پڑھانے، طب یا قانون کی پریکٹس کرنے، حتیٰ کہ پلمبنگ کرنے کے لیے سرٹیفکٹ ضروری ہے تو پھر بچے پیدا کرنے اور ان کی پرورش کرنے کے لیے کیوں نہیں؟ آخر کار بچے ہمارا مستقبل ہیں اور ہمارے معاشرے کا انحصار اس بات پر ہے کہ بچوں کی پروورش کس طرح کی جارہی ہے، یعنی ان کا اخلاق، ان میں ذمہ داری کا احساس، ان کا کردار وغیرہ کیسے پروان چڑھ رہے ہیں۔ یہ بات کوئی راز نہیں کہ جو بچے مناسب والدین کی رہنمائی کے بغیر بڑے ہوتے ہیں، ان کے منشیات اور جرائم میں ملوث ہونے کا امکان زیادہ ہوتا ہے۔ بے روزگار ہونے کا خطرہ زیادہ ہوتا ہے۔ وہ معاشرتی طور پر فعال اور اچھے انسان بننے میں ناکام رہتے ہیں۔ اور اس سب کچھ کا پھر ہم سب پر یعنی پورے معاشرے کے ہر فرد پر اثر پڑتا ہے۔

ان خطرات کو دیکھتے ہوئے یہ سوال اٹھتا ہے کہ کوئی مہذب ملک اپنے شہریوں کو اس بات کو یقینی بنائے بغیر کہ ہر بچے کے والدین اہل اور ذمہ دار ہوں، بچے پیدا کرنے کی اجازت کیسے دے سکتا ہے۔ کیا یہ بچے کا حق نہیں ہے کہ اسے ایک مستحکم گھر اور ایسے والدین ملیں جو اس کی صحیح پرورش کر سکیں؟ کیا ہمارا معاشرے کے ایک رکن کے طور پر یہ حق نہیں ہے کہ ہم اس بات کو یقینی بنائیں کہ ہمارے درمیان نااہل اور غیر ذمہ دار لوگ ایسے بچے پیدا نہ کریں جنہیں وہ نظرانداز کر دیں اور وہ بچے بعد میں معاشرے پر بوجھ بن جائیں؟

بلاشبہ اسلام ایسے ہی ایک لائسنس کا تقاضا کرتا ہے یعنی نکاح۔ اگر اسے صحیح طریقے سے اور پیغمبرانہ ہدایات کے مطابق کیا جائے تو نکاح یہ یقینی بناتا ہے کہ جوڑا خاندان اور معاشرے کے تعاون سے اہل خانہ کی بہترین طریقے سے پرورش کرنے کے قابل ہو۔

لیکن اسلامی جنسی اخلاقیات مسلسل کئی دہائیوں سے جدیدیت پسندوں اور آزاد خیالوں کی تنقید کا نشانہ بنی ہوئی ہیں۔ ان کا کہنا ہے کہ اسلامی قانون شادی سے پہلے جنسی تعلقات پر پابندی لگا کر افراد کی جنسی آزادی اور خود مختاری کو محدود کرتا ہے۔ لیکن حقیقت اس کے بالکل برعکس ہے۔ یہ پابندی درحقیقت لوگوں کی آزادی اور خود مختاری کی حفاظت کرتی ہے۔ کیوں کہ اس سے ان بچوں کی تعداد کم ہوتی ہے جو اکیلی ماں یا ایسے جوڑوں کے ہاں پیدا ہوتے ہیں جو ان کی صحیح دیکھ بھال کرنے کے قابل نہیں ہوتے۔ اس سے بچوں اور پورے معاشرے کے مفادات کا بہتر تحفظ ہوتا ہے۔ لہٰذا اگرچہ کوئی شخص مذہبی نہ بھی ہو تب بھی شادی سے پہلے جنسی تعلقات پر پابندی کے عقلی فوائد بالکل واضح ہیں۔ اور تمام سماجی شواہد بھی اس کی تائید کرتے ہیں۔

دوسرے الفاظ میں شادی سے پہلے جنسی تعلقات کوئی ایسا جرم نہیں ہے جس کا کسی کو "نقصان" نہ ہو، جیسا کہ بعض لوگ سمجھتے ہیں[43]۔ یہ ایک سنگین جرم ہے جو جدید ممالک میں بے قابو انداز میں پھیل چکا ہے۔ اس کے نتیجے میں جرائم کی شرح بڑھ رہی ہے اور ایسے افراد کی تعداد میں اضافہ ہو رہا ہے جو سرکاری امداد، بے روزگاری الاؤنس وغیرہ پر انحصار کرتے ہیں۔ درحقیقت یہ لوگوں کو ریاست کا مزید محتاج بنا دیتا ہے، جس کے نتیجے میں ریاستی طاقت بے حد بڑھ جاتی ہے۔ یہی وجہ ہے کہ جدید ممالک نے ان جنسی اخلاقیات کو برقرار رکھنے میں کوئی دلچسپی نہیں لی جن پر تمام مذاہب کے انسانی معاشرے ہزاروں سالوں سے قائم رہے ہیں۔

خلاصہ یہ کہ ہم بآسانی ثابت کر سکتے ہیں کہ اسلامی جنسی اخلاقیات عقلی اور اخلاقی لحاظ سے سیکولر لبرل متبادل سے زیادہ مستحکم اور برتر ہیں۔ اگر ڈیٹنگ اور عارضی تعلقات وغیرہ کے خلاف مذہبی دلائل کسی کے لیے کافی نہیں، تو عقلی استدلال ہی اس اخلاقی مؤقف کو واضح کرنے کے لیے کافی ہے۔ اگر کوئی شخص اس دلیل سے مکمل اتفاق نہ بھی

---

[43] اس نکتے پر عام طور پر یہ اعتراض کیا جاتا ہے کہ مانعِ حمل (contraception) کیا ہوگا؟ اگر حمل ٹھہرنے کا امکان ہی نہیں، تو پھر متاثرہ کون ہے؟ اس کے دو آسان جوابات ہیں: اول، دیگر اقسام کی سرٹیفیکیشن اور لائسنسنگ سے قیاس کرتے ہوئے — جہازوں میں دہائیوں سے آٹو پائلٹ موجود ہے، مگر اس کا یہ مطلب نہیں کہ پائلٹس کو کمرشیل جیٹ اڑانے سے پہلے سرٹیفائی کرنے کی ضرورت نہیں۔ دوم، اگر مانعِ حمل کے وجود کے ساتھ وسیع پیمانے پر جنسی تعلیم (sex education) ناخواستہ حمل کو روکنے کے لیے کافی ہوتی، تو پھر گزشتہ پچاس برسوں میں واحد والدین (single-motherhood) کے گھروں میں مسلسل اضافہ کیوں ہوا — یہاں تک کہ آج تقریباً نصف بچے ایسے گھروں میں رہتے ہیں؟ تمام اعداد و شمار واضح طور پر ثابت کرتے ہیں کہ ایسے بچے ان بچوں سے بدتر حالت میں ہوتے ہیں جن کے والدان کی زندگی میں موجود ہوتے ہیں۔

کرے تب بھی کم از کم وہ اس کی معقولیت کو تسلیم کر سکتا ہے۔ اور یہی کافی ہے کہ اسلام کی جنسی اخلاقیات، خاص طور پر زنا سے متعلق احکام، کو "رجعت پسند"، "تنگ نظر"، "پسماندہ"، "ظالمانہ" جیسے سطحی الزامات کے بجائے عقل و منطق پر مبنی، معقول اور مبنی بر حکمت تسلیم کیا جائے۔

## "اسلام میں سیکس کے بارے میں بات کرنا ممنوع ہے"

کیا یہ حقیقت کہ مسلمان جنسی موضوعات پر کھل کر اور براہ راست گفتگو نہیں کرتے، اس بات کا ثبوت ہے کہ "اسلام میں جنسیات ایک ممنوعہ موضوع ہے"؟ اور کیا یہ کہ مسلمان جنسی تعلیم اور اظہار کے بارے میں جدید "جنسی مثبت" (Sex-Positive) نظریات رکھنے والے تانیثیت پسندوں اور ماہرینِ نفسیات کے طریقے نہیں اپناتے، یہ ثابت کرتا ہے کہ ان کا رویہ غیر صحت مند ہے؟

یہ بات دلچسپ ہے کہ جو بھی چیز جدید جنسیات کے ماہرین کے طے کردہ معیار پر پوری نہیں اترتی، اسے فوراً "غیر صحت مند" قرار دے دیا جاتا ہے۔ درحقیقت مسلمانوں کے حساب سے جدید معاشرے میں جنسی رویوں کی موجودہ حالت خود غیر صحت مند، پسماندہ اور تباہ کن ہے۔ لہٰذا، اگر ہم اس معاملے میں آپ کی رہنمائی لینے کے زیادہ خواہشمند نہیں، لہذا ہمیں معاف کیجیے۔

## "جنسی تعلیم" کا مقصد

آج کل بچوں کو اسکول میں چھوٹی عمر میں ہی جنسی تعلیم دی جا رہی ہے۔ جب میں اسکول میں تھا تو جنسی تعلیم دسویں جماعت سے پہلے نہیں دی جاتی تھی۔ لیکن اب مڈل

اسکول اور کبھی کبھی پرائمری اسکول میں بھی ایسے پروگرام ہوتے ہیں۔ اس کا بچوں کے ذہن اور ان کی نشوونما پر کیا اثر پڑتا ہے؟ اور معاشرے پر مجموعی طور پر اس کے کیا نتائج ہوں گے؟

میرے والد نے مجھے بتایا کہ پہلے مسلم معاشروں میں والدین بلوغت سے پہلے بچوں سے ایسے موضوعات پر بات نہیں کرتے تھے اور بلوغت کے بعد بھی بہت محتاط انداز اختیار کرتے تھے۔ وہ جانتے تھے کہ انسانی تجسس ایک طاقتور محرک ہے۔ اگر آپ بچوں سے اس بارے میں گفتگو کریں گے تو ان میں مزید جاننے اور اسے آزمانے کا تجسس بڑھے گا۔ اور یہ کسی بھی لحاظ سے مثبت نتیجہ نہیں ہوگا۔ چاہے جدید ماہرینِ نفسیات "جنسی مثبت " (Sex-Positive) ہونے کے بارے میں کچھ بھی کہتے رہیں۔

جنسی تعلیم کے نصاب میں نمایاں تبدیلیاں کی جا رہی ہیں۔ اب پرائمری اسکول کے بچوں کو جنسی لچک (Sexual Fluidity)، جنسی رجحان (Sexual Orientation) اور یہ سکھایا جا رہا ہے کہ وہ اپنی جنسی شناخت (Gender Identity) خود منتخب کر سکتے ہیں۔ انہیں بتایا جاتا ہے کہ وہ لڑکوں یا لڑکیوں یا دونوں کو پسند کر سکتے ہیں۔ چاہے تو کسی کو بھی نہ پسند کریں یا کسی اور متبادل کو پسند کر لیں۔ یہ سمجھنے کے لیے کسی نجومی کی ضرورت نہیں کہ اس کا ہمارے بچوں اور مستقبل پر کیا اثر پڑے گا۔

لیکن اس کے پیچھے موجود آزاد خیال فلسفے پر غور کریں تو حیرت ہوتی ہے۔ ان کا مؤقف ہے: "چھوٹے بچوں کو جنسیات کے بارے میں جاننے سے روکنے کی کیا ضرورت

ہے؟آخر یہ تو زندگی کا ایک فطری اور صحت مند پہلو ہے۔ ہے نا؟انسانی جسم کے افعال کو سمجھنے میں بھلا شرم کیسی؟ پھر بچوں کو یہ سب کچھ سکھانے میں حرج ہی کیا ہے؟ وہ ویسے بھی ٹی وی اور انٹرنیٹ سے سب کچھ جان چکے ہوں گے!" وغیرہ وغیرہ۔

اس کا موازنہ اس شیطانی گفتگو سے کیا جا سکتا ہے جب ابلیس نے آدم اور حوا کو درخت کے قریب جانے کے لیے دھوکہ دیا اور ان کی شرمگاہ ان پر ظاہر ہو گئی۔ اسی طرح شیطانی نقطہ نظر سے بچے جب زبان سمجھنے لگیں تو ان کا جنسی تعلقات کے بارے میں جاننا اور اس کے بارے میں بات کرنا ایک بہترین چیز سمجھی جائے گی۔ اور اسے مثبت، ترقی پسند اور صحت مند رویے کے طور پر پیش کیا جائے گا۔ حقیقت یہ ہے کہ جنسی تعلقات بذات خود ایک قابلِ شرم عمل ہے۔ یہ صرف اسی وقت کسی قدر مثبت، فائدہ مند، صحت مند اور بلند درجے کا عمل بن جاتا ہے جب یہ اللہ کے احکام کے مطابق ہو۔ یہاں تک کہ اللہ اس عمل کو اس کے ذریعہ جائز ٹھہرائے گئے طریقے سے کرنے پر انعام دیتا ہے۔ لیکن یہ وہ نقطہ نظر اور منطق نہیں ہے جو ہمارے بچوں کو سکھائی جا رہی ہے۔ للہٰذا اس میں کوئی تعجب کی بات نہیں ہونی چاہیے کہ ہمارے بچے روایتی مذہب کو بے ربط اور غیر متعلق سمجھنے لگتے ہیں۔ اگر آپ اسکول میں یہ سیکھیں کہ سیکس بذات خود سب سے زیادہ صحت مند چیز ہے، تو صرف کوئی "غیر عملی یا بری چیز" (یعنی بہتر اخلاقیات، جسے یہ لوگ غیر عملی اور بری کہتے ہیں) ہی اس میں رکاوٹ ڈال سکتی ہے۔

## بنگلہ دیش میں کم عمری کی شادی

بنگلہ دیش جیسے ممالک میں کم عمری یا بچپن میں ہونے والی شادی کا موازنہ امریکہ یا مغربی یورپ کی شادی سے کرنا، جہاں شادی کی اوسط عمر تیس کے لگ بھگ ہوتی ہے، ایسا ہی ہے جیسے سیب اور سنترے کا موازنہ کرنا۔ مغربی میڈیا یہ ثابت کرنے کی پوری کوشش کرتا ہے کہ مسلم ممالک میں چودہ، پندرہ یا سولہ سال کی لڑکیاں معصوم بچیاں ہیں جنہیں زبردستی شادی کے بندھن میں باندھا جاتا ہے۔ درحقیقت مناسب موازنہ مغرب کی ان چودہ، پندرہ اور سولہ سالہ لڑکیوں سے کرنا چاہیے جو سماجی دباؤ، پاپ کلچر، فیشن، جنسی تعلیم اور دیگر اثرات کے نتیجے میں جنسی طور پر زیادہ متحرک ہو چکی ہوتی ہیں۔ "جنسی پیغامات کے تبادلہ (sexting) کے بڑھتے ہوئے رجحان پر غور کریں اور دیکھیں کہ انٹرنیٹ اور موبائل فون ٹیکنالوجی نے مغرب میں نوجوانوں کی جنسی رویّوں میں کس قدر تبدیلی پیدا کر دی ہے۔

اب بارہ اور تیرہ سالہ بچوں کا جنسی طور پر فعال ہونا عام بات ہے اور مغرب میں اسے کوئی مسئلہ نہیں سمجھا جاتا۔ بچوں کو ان سب سے پرہیز کی تعلیم دینے کے بجائے اساتذہ نے فیصلہ کیا ہے کہ پرائمری اور مڈل اسکول کے بچوں کو "محفوظ جنسی تعلقات" کے بارے میں تعلیم دی جائے۔ ۱۸ سال سے کم عمر کے دو نوجوانوں کا جنسی تعلقات قائم کرنا (بشرطیکہ "حفاظتی اقدامات" ہوں)، اپنی ننگی تصویریں سنیپ چیٹ کے ذریعے شیئر کرنا (بشرطیکہ صرف دوسرے نوجوان ہی انہیں دیکھیں)، وغیرہ، کوئی قابل اعتراض بات نہیں سمجھی جاتی۔ بلکہ یہ صحت مند اور بااختیار بنانے والی چیز ہے جس کی والدین، اسکول اور

معاشرے کی طرف سے نہ صرف حوصلہ افزائی کی جاتی ہے بلکہ ترغیب بھی دی جاتی ہے۔ لیکن اگر بنگلہ دیش میں پندرہ سال کی لڑکی کی شادی ہو جائے، تو اسے لڑکی کی عزت نفس کی "دل دوز" اور "تشویش ناک" خلاف ورزی قرار دیا جاتا ہے۔

لٰہذا مسئلہ یہ نہیں ہے کہ کم عمر دلہنوں کو جنسی طور پر نمایاں (sexualized) کیا جارہا ہے۔

اگر مسئلہ یہ ہے کہ کم عمری میں شادی کرنے سے بچیوں کی تعلیم متاثر ہوتی ہے تو یہ بات مغرب میں جنسی طور پر فعال بچیوں پر بھی لاگو ہوتی ہے۔ ہمارے بچے ڈیٹنگ، ہک اپ، جنسی مواد کے تبادلہ، سالانہ محفل رقص اور دیگر ثقافتی سرگرمیوں میں کتنا وقت، ذہنی توانائی اور وسائل صرف کرتے ہیں؟ پھر بھی کوئی اس پر غور نہیں کرتا کہ ان سب سے تعلیم کا کتنا نقصان ہوتا ہے۔

لہذا اگر مسئلہ زبردستی اور رضامندی کا ہے اور یہ کہ کم عمر دلہنیں واقعی شادی نہیں کرنا چاہتیں، تو میرا موقف یہ ہے کہ "زبردستی" ایک حالات پر منحصر تصور ہے۔ مجھے یقین ہے کہ آج کل بنگلہ دیش جیسے ممالک میں بہت سی دلہنیں واقعی ۱۵ سال کی عمر میں شادی کرنے پر افسردہ اور مجبور محسوس کرتی ہیں۔ لیکن ایسے احساسات کسی خلا میں پیدا نہیں ہوتے بلکہ ایک مخصوص سماجی پس منظر میں جنم لیتے ہیں۔ یہ وہ معاشرتی سیاق وسباق ہے جو سیٹلائٹ ٹی وی اور انٹرنیٹ کے اثرات کے تحت مغربی ثقافتی اقدار کو اپنا چکا ہے — ایسی اقدار جو نوجوانی کو ڈیٹنگ، بوائے فرینڈ/ گرل فرینڈ تعلقات اور دیگر آزادانہ رویّوں سے جوڑتی ہیں۔ اگر کوئی یہی سوچ کر پروان چڑھے کہ "نارمل"، "آزاد"، اور

"خود مختار" ہونے کا مطلب یہی طرزِ زندگی ہے، تو ظاہر ہے کہ اس سے ہٹ کر کسی بھی راستے کو اختیار کرنا اسے زبردستی محسوس ہوگا۔ لیکن اگر یہ مغربی سیاق وسباق موجود نہ ہو تو کم عمری میں شادی کرنے میں بنیادی طور پر کیا برائی ہے؟ آخر وہ کون سی خصوصیت ہے جو مغربی اقدار کو فطری طور پر برتر بناتی ہے؟ ستم ظریفی یہ ہے کہ یہی مغربی ثقافتی اثرات روایتی خاندانوں کو اس بات پر مجبور کر رہے ہیں کہ وہ اپنے بچوں، خاص طور پر بیٹیوں، کی کم عمری میں شادی کریں۔ جبکہ ماضی میں تعلیم کے مواقع نسبتاً زیادہ میسر تھے۔

قابل غور بات یہ ہے کہ یہ ایک انتہائی پیچیدہ مسئلہ ہے۔ لیکن مغربی میڈیا انتہائی نسلی برتری پر مبنی، سادہ اور یک طرفہ بیانیہ پیش کرنے کو ترجیح دیتا ہے، جس میں "اداس" دلہنوں کی جذباتی تصاویر شامل کی جاتی ہیں۔ عام طور پر میڈیا رپورٹنگ میں ایسی دلہنوں کے اصل بیانات یا انٹرویوز شامل نہیں ہوتے۔ جو کچھ ہمیں ملتا ہے وہ مغربی رپورٹر کے نقطہ نظر اور نظریاتی تعصب سے گزر کر ہم تک پہنچتا ہے۔

مزید برآں یہ واضح رہے کہ میں بنگلہ دیش یا کسی اور معاشرے میں شادی سے جُڑی تمام ثقافتی روایات کا دفاع نہیں کر رہا ہوں۔ میرا مقصد صرف یہ ہے کہ مغربی میڈیا کے دوہرے معیارات اور غیر منصفانہ تصویر کشی کو اجاگر کیا جائے، جس کے تحت وہ ان ثقافتوں کو کمتر ظاہر کرنے کی کوشش کرتے ہیں۔

## اختلاط مرد وزن

یہ دیکھ کر بے حد افسوس ہوتا ہے کہ مسلمان، بشمول وہ جو خود کو پڑھا لکھا سمجھتے ہیں، اسلام کے ایک بنیادی اصول، یعنی "اختلاط" (مرد وزن کے ناجائز میل جول) سے

اجتناب پر شکایت اور ناپسندیدگی کا اظہار کرتے ہیں۔ اختلاط چھیڑ چھاڑ کی راہ ہموار کرتا ہے۔ چھیڑ چھاڑ لمس (touching) تک لے جاتی ہے۔ لمس زنا کا پیش خیمہ بنتا ہے۔ زنا شادی کے بندھن کو تباہ کر دیتا ہے۔ شادی کا بگاڑ خاندان کی تباہی کا سبب بنتا ہے، اور خاندان کا زوال بالآخر انسانیت کے خاتمے پر منتج ہوتا ہے۔ لہٰذا پردے اور حدود کا احترام قائم رکھیں۔

کیا یہ مبالغہ آرائی ہے؟ ہر گز نہیں۔ جو کوئی آنکھیں رکھتا ہے، علم رکھتا ہے اور دیانت دار ہے، وہ جانتا ہے کہ ناجائز اختلاط نہ صرف ان تمام برے نتائج کا باعث بنتا ہے بلکہ اس سے بھی بدتر انجام کی طرف لے جاتا ہے——یعنی جہنم۔ مجھے معلوم ہے کہ اس معاملے پر آزاد خیال تانیثیت پسندوں کا متوقع ردعمل کیا ہوگا۔ لیکن بعض ایسے افراد بھی ہیں جو بظاہر "شیخ" کہلاتے ہیں، مگر اختلاط کے حق میں ایسے عجیب و غریب بیانات دیتے ہیں جن سے محض ان کی کم علمی اور سطحیت ظاہر ہوتی ہے۔ اگر آپ اختلاط کے نتائج سے اختلاف رکھتے ہیں تو براہ کرم مندرجہ ذیل سوالوں کے تسلی بخش جوابات دیں:

کیا ناجائز اختلاط——جیسا کہ آج کل مسلم اور غیر مسلم معاشروں میں دوستانہ میل جول کے نام پر عام ہے——چھیڑ چھاڑ کا سبب بنتا ہے؟ (اور اس کے ساتھ ساتھ دیگر مسائل جیسے جنسی ہراسانی، ناپسندیدہ توجہ، وغیرہ بھی جنم لیتے ہیں؟)

کیا یہ میل جول اکثر واضح طور پر حرام چیزوں کی طرف لے جاتا ہے؟ جیسے غیر محرم کو گھورنا، چھونا یا ان کی خوشبو محسوس کرنا؟

کیا معاشرے میں زنا کے عام ہونے سے شادیاں متاثر ہو رہی ہیں اور برباد ہو رہی ہیں؟ کیا اسی وجہ سے مغرب میں ۵۰ فیصد سے زائد بچے ایسے گھرانوں میں پیدا ہو رہے ہیں جہاں صرف ماں کی پرورش دستیاب ہوتی ہے؟ (اور ایسے بچوں میں جرائم، منشیات، اسکول چھوڑنے، بے روزگاری اور ڈپریشن جیسے مسائل میں مبتلا ہونے کے امکانات نمایاں طور پر زیادہ ہوتے ہیں۔)

کیا آج کے معاشرے میں شادی کا نظام مکمل تباہی کا شکار نہیں ہو چکا ہے؟ ۵۰ فیصد سے زائد شادیاں طلاق پر ختم ہو جاتی ہیں۔ ۲۵ فیصد شوہر اور ۱۵ فیصد بیویاں دھوکہ دہی کا اعتراف کرتی ہیں۔ زناکاری کی سائٹس جیسے Ashley Madison کے لاکھوں صارفین موجود ہیں؟

یہ سمجھنا واقعی مشکل ہے کہ کوئی مسلمان ان تمام حقائق سے واقف ہو کر بھی کیسے بے فکر رہ سکتا ہے۔ یہ بھی حیران کن ہے کہ کوئی مسلمان یہ جانتے ہوئے بھی پریشان نہ ہو کہ قیامت کی نشانیوں میں سے ایک زنا کا عام ہونا ہے، یہاں تک کہ گلیوں میں علانیہ زنا کیا جانے لگے۔ اگر آپ اختلاط کو اس کا بنیادی سبب نہیں سمجھتے تو براہ کرم اپنی وضاحت پیش کریں۔

اور براہ کرم "مسلمانوں کو بس تقویٰ کی ضرورت ہے" جیسی سطحی دلیل نہ دیں۔ یہ دیکھ کر حیرت ہوتی ہے کہ یہ جدیدیت پسند نقطہ نظر کس طرح شریعت کی ان واضح حدود کو کمزور کرنے کے لیے استعمال ہو رہا ہے، جن پر اکثر علماء کا اتفاق ہے۔ چاہے تقویٰ

جتنا بھی زیادہ ہو، مرد اور عورت کا خلوت (تنہائی) میں اکٹھے ہونا حرام ہے۔ (خلوت کی شرعی تفصیلات الگ سے بیان کی گئی ہیں۔)

محض تفریح، گپ شپ یا مذاق کے لیے غیر محرم کے ساتھ وقت گزارنا ممنوع ہے۔ ہاں، کچھ معاملات مبہم ہو سکتے ہیں۔ لیکن ہم یہ نہیں کہہ سکتے کہ اسلامی قانون کسی بھی طرح مغربی آزاد خیال تہذیبی معیارات کی حمایت کرتا ہے۔

مسجد میں پردے کے معاملے پر بھی تفصیلی بحث کی ضرورت ہے۔ لیکن یہ دیکھ کر حیرت ہوتی ہے کہ کس طرح کچھ لوگ مسجد میں پردے کو غیر ضروری قرار دیتے ہیں۔ وہ جانتے ہیں کہ وہ پردے کو حرام یا بدعت نہیں کہہ سکتے، اس لیے وہ یہ کہتے ہیں کہ نبی کریم ﷺ کے زمانے میں مسجد میں پردہ نہیں تھا۔ لیکن وہ ان ساری احادیث کے بارے میں نہیں بتاتے جن میں یہ مذکور ہے صحابیات کس طرح کے لباس پہنتی تھیں، کس وقت مسجد آتی تھیں، مسجد میں کہاں کھڑی ہوتی تھیں اور کن حالات میں نبی ﷺ نے انہیں مسجد آنے سے منع کیا تھا۔

اختلاط پر پابندی کوئی ایسی چیز نہیں جس پر مسلمان شرمندہ ہوں۔ یہ نہ صرف تقویٰ اور خدا خوفی کا تقاضا ہے بلکہ اعلیٰ تہذیب، ثقافت اور شائستگی کی علامت بھی ہے کہ غیر شادی شدہ مرد اور عورت آزادانہ میل جول نہ رکھیں، چھیڑ چھاڑ نہ کریں اور جانوروں کی طرح بے لگام نہ ہوں۔ یہ اسلامی اخلاقیات ہے جو صدیوں سے مسلم دنیا میں رائج ہے۔ آج کے وہ مسلمان جو اس پابندی پر شرمندہ ہیں اور لبرل نظریات کے حق میں جواز

تراشنے کے لیے مخصوص احادیث کا سہارا لیتے ہیں انہیں اپنی اس شرمندگی پر قابو پانا چاہیے۔

**نوٹ**: امام غزالی (رحمہ اللہ) رقمطراز ہیں: "اگر دل میں آنے والے پہلے خیال کو روکا نہ جائے تو یہ خواہش پیدا کرے گا، پھر خواہش ارادہ بن جائے گی، ارادہ عمل بن جائے گا اور عمل تباہی اور اللہ کے غضب کا باعث بنے گا۔ لہٰذا برائی کو جڑ سے کاٹنا چاہیے، جب یہ صرف ایک خیال کی شکل میں ہو، جس سے باقی سب کچھ جنم لیتا ہے۔"[44]

کیا امام غزالیؒ انتہا پسند ہیں؟ وہ تو یہ فرماتے ہیں کہ دل میں پیدا ہونے والا ایک خیال بھی تباہی اور اللہ کے غضب کا سبب بن سکتا ہے! تو پھر وہ صورتِ حال کتنی زیادہ خطرناک ہوگی جب پہلا قدم محض خیال نہیں بلکہ حقیقی میل جول ہو؟

---

44 احیاء العلوم الدین

# باب بارہ: ہم جنس پرستی اور ایل جی بی ٹی

## ہم جنس پرستی پر مبنی مساوات

کیا اسلام ہم جنس پرستی پر پابندی لگا کر اور مخالف جنس کے ساتھ جنسی تعلقات کی اجازت دے کر مساوات کا انکار کرتا ہے؟ بہت سے مغربی مسلمان، چاہے جوان ہوں یا بوڑھے، ایسا ہی سمجھتے ہیں۔ اور وہ یہ دلیل دیتے ہیں کہ اسی لیے اسلامی قانون میں اصلاح ضروری ہے—تاکہ اس نام نہاد امتیاز کو ختم کیا جا سکے۔ لیکن کیا واقعی یہاں کوئی امتیاز موجود ہے؟ کیا اسلام لوگوں پر ظلم کر رہا ہے؟ اس کا مختصر جواب یہ ہے : نہیں، ہر گز نہیں۔ اسلام کسی خاص جنسی رویے پر پابندی لگا کر لوگوں پر منظم ظلم نہیں کر رہا۔ بلکہ حقیقت یہ ہے کہ ہم جنس پرستی کو معمول بنانا ہی دراصل ظلم ہے، کیونکہ یہ لوگوں کو یہ باور کراتا ہے کہ جنسی تسکین کے لیے انہیں خود تباہ کن ہم جنس پرستانہ رویہ اپنانا ضروری ہے۔

## کیا اسلام کا ہم جنس پرستی پر پابندی لگانا امتیازی سلوک ہے؟

کیا اسلام "ہم جنس پرستوں" کے لیے مساوات سے انکار کرتا ہے؟ کیا یہ "مخالف جنس" میں کشش رکھنے والوں کو غلط طور پر فائدہ پہنچاتا ہے؟

اس کا جواب اس بات پر منحصر ہے کہ آپ "مساوات" کے اس مبہم تصور کو کیسے سمجھتے ہیں۔

اسے یوں سمجھیں کہ اسلام جنسی تسکین پر پابندی نہیں لگاتا۔ ہر شخص کے پاس جنسی تسکین کا ایک ممکنہ ذریعہ (مخالف جنس کے ساتھ) موجود ہے۔ کیونکہ بالآخر جنسی لذت کسی حد تک ایک 'میکانکی' عمل ہے۔ اگر درست جسمانی اعضا کو درست طریقے سے استعمال کیا جائے تو اکثر مطلوبہ نتیجہ حاصل ہو جاتا ہے، قطع نظر اس کے کہ کسی کی جنس (gender) کیا ہے۔ لہٰذا ہر فرد مخالف جنس سے شادی کر کے یہ تجربہ حاصل کر سکتا ہے۔ یہ مساوات کی بہترین مثال ہے۔ یہاں کسی قسم کے امتیاز کی گنجائش نہیں ہے۔

اب جدید ایل جی بی ٹی تحریک کا اعتراض یہ ہے کہ نہیں، ہم جنس پرست مرد و خواتین مخالف جنس کے ساتھ جنسی تسکین حاصل نہیں کر سکتے، بلکہ وہ صرف اپنی ہی جنس کے ساتھی کے ساتھ یہ تجربہ کر سکتے ہیں۔ تو سوال یہ ہے کہ ایسا کیوں ہے؟ اصولی طور پر یہ بات درست نہیں ہے۔

اگر کوئی مرد کہے کہ وہ صرف حسین ماڈلز کے ساتھ جنسی تسکین حاصل کر سکتا ہے۔ یا کوئی عورت کہے کہ وہ صرف امیر ترین افراد کے ساتھ ہی جنسی تسکین حاصل کر سکتی ہے تو کیا ہم یہ سمجھیں گے کہ وہ مرد اور عورت واقعی جنسی طور پر محروم ہیں اگر وہ اپنی پوری زندگی ایسے مثالی ساتھی کے بغیر گزار دیں؟ اگر نہیں، تو کیوں نہیں؟ کیا اس لیے کہ ہم ان کے دعووں کو سنجیدگی سے نہیں لیتے کہ انہیں جنسی تسکین کے لیے یہ مخصوص معیار چاہیے؟ اگر ہم ان کے دعووں کو سنجیدگی سے نہیں لیتے تو پھر ہم خود کو ہم جنس پرست کہنے والوں کے دعووں کو سنجیدگی سے کیوں غور کریں؟

ہو سکتا ہے آپ کہیں کہ میری مثالیں بے تکی ہیں۔ لیکن کیوں؟ کیا اس لیے کہ خود کو ہم جنس پرست سمجھنے والے لوگ آبادی کا تین فیصد ہیں لیکن نسبتاً ایسے لوگ بہت کم ہیں جو یہ دعویٰ کرتے ہیں کہ وہ صرف سپر ماڈلز یا کروڑ پتیوں کے ساتھ ہی جنسی تسکین حاصل کر سکتے ہیں؟

یہ کوئی بنیادی فرق نہیں ہے۔ لوگ جنسی تسکین کے لیے کیا چاہتے ہیں، اس پر پرورش اور سماجی اثرات کا گہرا اثر ہوتا ہے۔ "جنسی تسکین" در حقیقت ہے کیا؟ یہ ایک مصنوعی تصور لگتا ہے۔ کون یقینی طور پر جان سکتا ہے کہ اسے "جنسی تسکین" کے لیے کن عوامل کی ضرورت ہے؟ کیا یہ کوئی ایسی چیز ہے جس کا آپ پہلے سے صحیح اندازہ لگا سکتے ہیں؟ اگر آپ کو "جنسی تسکین" کے لیے ایک خاص آسٹریلوی دفتری کارکن درکار ہو جس کی عمر آپ سے پانچ سال زیادہ ہو اور جسے ہیمبرگر کھانے اور ساحل سمندر پر لمبی سیر کا شوق ہو تو کیا ہوگا؟ اگر آپ کو زندگی بھر اس کا علم ہی نہ ہو، تو کیا ہوگا؟ افسوس! لگتا ہے آپ کبھی جنسی تسکین کا تجربہ نہیں کر پائیں گے! آپ غلط فہمی میں یہ سمجھ سکتے ہیں کہ آپ مطمئن ہیں، مگر حقیقت میں آپ بے چارے اور لاعلم رہ گئے۔ آپ کو واقعی کچھ بھی حاصل نہیں ہوا۔

جنسی تکمیل کا خیال مکمل طور پر ایک جدید تصور معلوم ہوتا ہے جو بیسویں صدی کی نفسیات سے آیا ہے۔ ایسا لگتا ہے جیسے انسان کی پوری شخصیت اور خوشی کا انحصار اس بات پر ہو کہ آیا حالات سازگار ہوتے ہیں اور وہ اس مبہم تکمیل تک پہنچتا ہے یا نہیں۔ مقبول نفسیات (pop psychology) میں محبت کے تصورات بھی اس میں شامل ہو جاتے ہیں۔ حقیقت میں یہ سب ایک جدید دور کا بے ترتیب مرکب ہے جو ثقافتی رویوں

کو جواز فراہم کرنے کے لیے تخلیق کیا گیا ہے اور حالیہ برسوں میں اس میں ہم جنس پرستی پر مبنی تعلقات کو بھی شامل کر لیا گیا ہے۔

ان ثقافتی ڈھانچوں کے ذریعے انتہائی مؤثر ذہن سازی (conditioning) ہوتی ہے۔ یہ لوگوں کی توقعات طے کرتی ہے کہ انہیں خوش رہنے کے لیے کس چیز کی ضرورت ہے۔ اگر میڈیا پر مکمل کنٹرول حاصل ہو تو آبادی کے ایک بڑے حصے کو یہ یقین دلایا جا سکتا ہے کہ جنسی اطمینان اور تسکین کے لیے انہیں واقعی سپر ماڈلز کی ضرورت ہے۔ درحقیقت فحش نگاری کے اثرات کی بدولت یہ عمل کسی حد تک پہلے ہی وقوع پذیر ہو چکا ہے۔ تحقیقات سے معلوم ہوتا ہے کہ نوجوان مرد "روایتی" جنسی تعلقات سے کم مطمئن ہوتے جا رہے ہیں کیونکہ فحش مواد نے ان کی جنسی توقعات کو مکمل طور پر بگاڑ دیا ہے۔ آن لائن محرکات کے مستقل اثرات کے نتیجے میں ان کے ذہنی رجحانات (neural patterns) بدل چکے ہیں۔

لیکن خواتین بھی اس سے مستثنیٰ نہیں ہیں۔ خواتین کی ایک مثالی شوہر کے بارے میں توقعات بھی ڈزنی کی فلموں میں نظر آنے والے "پرنس چارمنگ"، میگزینوں، رومانوی ناولوں، سوشل میڈیا پر صرف خوشگوار لمحے نمایاں کرنے کے رجحان وغیرہ جیسی چیزوں سے مسخ ہو چکی ہیں۔ اس سب کا اثر ہوتا ہے۔ مطالعات سے پتہ چلتا ہے کہ یہ رجحانات خواتین میں ازدواجی زندگی سے عدم اطمینان کو بڑھا سکتے ہیں۔ اوسط مرد کے لیے کچھ خواتین کے ذہن میں بنے غیر حقیقی اور حد سے زیادہ رومانوی تصورات کے معیارات پر پورا اترنا مشکل ہوتا ہے۔ نتیجتاً بہت سی خواتین عدم تسکین کا شکار ہو جاتی ہیں۔

لٰہذا حقیقت میں جنسی تسکین ایک بڑھتی ہوئی تعداد کے لیے مزید مشکل بنتی جا رہی ہے (اس تعداد سے کہیں زیادہ جو یہ مانتی ہے کہ صرف ہم جنس ہی انہیں جنسی تسکین دے سکتے ہیں)۔

لیکن کیا ہم سمجھتے ہیں کہ لوگ واقعی محروم ہیں؟ کیا ہمیں یقین ہے کہ یہ سب لوگ ظلم یا نظام کے عدم مساوات کا شکار ہیں جو کچھ لوگوں کو جنسی تسکین کا تجربہ کرنے دیتا ہے لیکن دوسروں کو نہیں؟ کیا واقعی امتیازی سلوک ہوتا ہے اور اس پر کوئی قابو نہیں ہے؟

ایسا بالکل بھی نہیں ہے۔ لوگوں کی توقعات کو محض درست کرنے کی ضرورت ہے۔

اسلامی تصور میں ہم جنس پرستی کی ممانعت کو امتیازی سلوک نہیں سمجھا جاتا۔ اسلامی تصور میں یہ سمجھا جاتا ہے کہ لوگوں کے دل میں ہر قسم کی خواہشات (شہوات) ابھر سکتی ہیں۔ لیکن زیادہ تر معاملات میں ان خواہشات کو پورا کرنا ممکن نہیں ہوتا یا انہیں پورا کرنا مناسب نہیں ہوتا۔ اس میں ہم جنس پرستی، محرمات سے تعلق، حیوانوں کے ساتھ جنسی تعلقات وغیرہ شامل ہیں۔ ایسی متنوع خواہشات کے تناظر میں کسی ایک خاص خواہش یا خواہشات کے مجموعے پر توجہ مرکوز کرنا اور یہ دعویٰ کرنا کہ انسان صرف اسی وقت "جنسی طور پر مطمئن" ہو سکتا ہے جب وہ خاص خواہش پوری ہو، عجیب ہوگا۔ ایسا کون کہتا ہے؟

چاہے وہ خواہش سپر ماڈل کی ہو یا کروڑپتیوں کی۔ یہ توقع رکھنا ضروری ہے کہ انسان کو اس خواہش پر قابو پانا ہے۔ اگر یہ پوری ہوسکتی ہے اور یہ شرعاً جائز ہو تو ٹھیک ہے۔ اگر نہیں تو پھر انسان کو خود پر قابو رکھنا ہوگا۔ خود پر قابو پانے کی یہ ضرورت صرف اس صورت میں "ظالمانہ" اور "امتیازی" ہوگی اگر کوئی شخص پہلے سے یہ فرض کرلے کہ مذکورہ خواہش کو پورا کرنا" جنسی تسکین" کے لیے ایک "بنیادی ضرورت" ہے، وغیرہ وغیرہ۔ یہ فیصلہ کرنے کا اختیار آخر کس کے پاس ہے؟ جیسا کہ ہم نے دیکھا ہے، ایسا دعویٰ بہت سی وجوہات کی بنا پر کمزور ہے۔

کیا وہ افراد جو ہم جنس پرستی کی خواہش رکھتے ہیں، اپنی توقعات اور طرزِ فکر میں تبدیلی لا سکتے ہیں؟

میرا مطلب یہ ہے کہ کیا وہ افراد جو ہم جنس پرستی کی خواہش رکھتے ہیں اس توقع سے چھٹکارا حاصل کر سکتے ہیں کہ وہ صرف اسی صورت میں " جنسی تسکین" کا تجربہ کر سکتے ہیں جب وہ اپنے ہم جنس کے ساتھ قریبی تعلقات قائم کریں؟ یہ مشکل ہو سکتا ہے، لیکن ناممکن نہیں ہے۔ ہم جنس پرستی کی کشش ہمیشہ ختم نہیں کی جا سکتی— لیکن یہ بحث کا اصل نقطہ نہیں ہے۔ اصل نقطہ یہ ہے کہ اپنے ایمان کے لحاظ سے یہ سوچنا زیادہ بہتر ہے کہ اللہ نے ایسی دنیا نہیں بنائی جہاں آبادی کا ایک طبقہ اس مخصوص، زندگی کو بہتر بنانے والی، زندگی بدل دینے والی، خوشی سے بھر دینے والی " جنسی تسکین" کی کیفیت تک پہنچنے سے قطعی طور پر محروم ہو۔ اگر آپ اس طرح سوچیں گے تو پھر یہ سمجھنا مشکل ہو جائے گا کہ

اللہ منصف ہے اور اسلام غیر امتیازی مذہب ہے۔ یہ سب جنسی تسکین کی تعریف اور اس کی حدود پر منحصر ہے۔

زندگی بھر کی تربیت اور رویوں کو تبدیل کرنا یقیناً مشکل ہے۔ لیکن ایسے وسائل موجود ہیں جو اس ضمن میں معاون ہو سکتے ہیں۔ لہذا یہ کہنا درست نہیں کہ اسلام کچھ مخصوص جنسی رویوں کو ممنوع قرار دے کر لوگوں پر ظلم کر رہا ہے۔ بلکہ حقیقت یہ ہے کہ ایل جی بی ٹی کو معمول بنانے سے لوگوں پر ظلم ہو رہا ہے کیونکہ یہ نظریہ افراد کو یہ یقین دلانے کی کوشش کرتا ہے کہ انہیں خود کو تباہ کرنے والے ہم جنس پرستی کے رویوں میں ملوث ہونا چاہئے تاکہ وہ مطمئن ہو سکیں۔

ویسے یہ افسوس ناک بات ہے کہ امریکی سپریم کورٹ نے ۲۰۱۶ میں ہم جنس شادی کے بارے میں اپنے فیصلے میں اس بنیادی استدلال کو نظر انداز کیا ہے۔ اوبرگفیل کیس (Obergefell) میں اختلاف کرنے والے ججوں نے بھی یہ بنیادی سوال نہیں اٹھایا کہ آیا ہم جنس شادی پر پابندی واقعی امتیازی سلوک ہے اور اس لیے چودھویں ترمیم کی خلاف ورزی ہوتی ہے۔ اگر تکنیکی لحاظ سے دیکھا جائے تو یہ امتیاز کہلا سکتا ہے لیکن اسی طرح کے قوانین بھی موجود ہیں جو ۱۶ سالہ بچوں کو ڈرائیونگ کی اجازت دیتے ہیں لیکن ۱۵ سالہ بچوں کو نہیں دیتے۔ سوال یہ ہے کہ کیا یہ اس قسم کا امتیاز ہے جو غیر ضروری نقصان پہنچاتا ہے اور افراد کو سنگین مشکلات میں ڈال دیتا ہے، جبکہ یہ فرد اور معاشرے کے لیے کسی بڑے فائدے کا ذریعہ نہیں بنتا؟ اس کا جواب واضح طور پر اس بات پر منحصر ہے کہ ہم نقصان اور فائدے کو کیسے سمجھتے ہیں۔ لیکن اگر ہم مذہبی نقطۂ نظر سے جنسی تعلقات کو

دیکھیں تو ان امور کو سمجھنا زیادہ آسان ہو جاتا ہے۔ اور اس سوال کا جواب صاف طور پر "نہیں" ہوتا ہے۔

## کیا مسلمانوں کے حقوق ایل جی بی ٹی کی حمایت سے مشروط ہیں؟

یہ موازنہ غلط ہے۔ چوں کہ ایل جی بی ٹی گروپ کے لوگ مسلمانوں کے حقوق کی وکالت کرتے ہیں اس لیے مسلمان اجتماعی طور پر ہم جنس شادی، ٹرانسجینڈر باتھروم بل، جنس کے انتخاب وغیرہ کی حمایت کریں۔ یہ موازنہ غلط کیوں ہے؟ کیوں کہ مسلمانوں کے حوالے سے وہ خاص حقوق جن کی ایل جی بی ٹی کے لوگ حمایت کرتے ہیں وہ ان کے نظریے کے خلاف نہیں ہیں۔ مسلمانوں کو مساجد بنانے کی اجازت دینا ایل جی بی ٹی نظریے کے خلاف نہیں ہے۔ مسلمانوں پر امریکہ میں سفر کرنے پر پابندی نہ لگانا ایل جی بی ٹی نظریے کے خلاف نہیں ہے، وغیرہ۔

لیکن ہم جنس شادی، صنفی اصولوں کے خاتمے اور "ایل جی بی ٹی طرز زندگی" کا فروغ اسلام کے خلاف ہے۔ لہٰذا یہ کسی طور بھی منصفانہ معاہدہ نہیں ہو سکتا۔

اگر ہم واقعی برابری چاہتے ہیں تو ہمیں دیکھنا ہوگا کہ کیا ایل جی بی ٹی گروپس مسلمانوں کے ان مقاصد اور اسلامی اصولوں کی حمایت کرنے پر تیار ہیں جو ان کے نظریات سے متصادم ہیں۔ مثال کے طور پر کیا ایل جی بی ٹی "حمایتی" ان تقریبات اور سرگرمیوں کا ساتھ دینے پر راضی ہوں گے جو اسلامی صنفی اصولوں کو مضبوط کرتی ہیں؟ مثلاً کیا وہ مسلم کمیونٹی میں روایتی اسلامی خاندانی نظام —— جس میں عورت کو ماں اور مرد کو نان نفقہ فراہم کرنے والا سمجھا جاتا ہے —— کو فروغ دینے والے پروگرام، تعلیمی مواد یا مہمات کی مالی یا

اخلاقی سرپرستی کریں گے؟ کیا وہ مسلم ممالک میں ایسی پالیسیوں کی حمایت کریں گے جو لبرل نظریات سے متصادم ہیں؟ جیسے وہ قوانین جو مسلم عورتوں کو غیر مسلم مردوں سے شادی کرنے سے روکتے ہیں یا وہ قوانین جو شریعت کے مطابق مرد و عورت کے درمیان وراثت کی تقسیم کو برقرار رکھتے ہیں؟ بلکہ اگر واقعی برابری کا اصول اپنانا ہے تو ایل جی بی ٹی گروپس کو مسلمانوں کے اسلامی اخلاقی اصولوں کی حمایت کرنی چاہیے، بشمول ہم جنس پرستی کی ممانعت۔ اس طرح یہ ایک حقیقی دو طرفہ تعاون ہوگا۔ مسلمان اگر ایل جی بی ٹی کے نظریات کو تسلیم کرتے ہیں تو ایل جی بی ٹی گروپس بھی مسلمانوں کے جنسی و خاندانی اخلاقیات کو قبول کریں۔

اگر اور صرف اسی صورت میں ایل جی بی ٹی گروپس پرجوش حمایت، معاونت اور سرپرستی کریں کہ مسلمان اپنے اسلامی اصولوں کو برقرار رکھ سکیں تب ہی یہ مطالبہ مناسب ہوگا کہ مسلمان ہم جنس شادی اور دیگر ایل جی بی ٹی نظریات کی حمایت کریں۔ لیکن ایسا کبھی ہونے والا نہیں ہے۔ اس لیے بے بنیاد دلائل دے کر بے راہ روی کے پھیلاؤ میں اپنا کردار جائز قرار دینے کی کوشش بند کریں۔

## ایکسٹرا اسیکشوئل رائٹس (Extrasexual Rights)

ایکسٹرا اسیکشوئل کیا ہے؟ یہ دراصل ایک اصطلاح ہے جو میں نے خود وضع کی ہے۔ لیکن اس کا تعلق آج کے دور میں ایل جی بی ٹی کے پیدا کردہ ابہام سے ہے۔ حالیہ سائنسی تحقیقات میں دعویٰ کیا گیا ہے کہ لوگوں کے اندر بے وفائی کا رجحان یا اس سے اجتناب، فطری اور حیاتیاتی طور پر موجود ہوتا ہے۔ اگر یہ سچ ہے تو کیا بے وفائی کی رغبت

بھی لوگوں کے فطری اور ناقابل تبدیل جنسی رجحان کا حصہ سمجھی جائے گی؟ اگر ایسا ہے تو کیا ہمیں لوگوں کو الگ الگ شناختی گروہوں میں تقسیم کرنا ہوگا؟ مثلاً وہ لوگ جو بے وفائی کی طرف زیادہ مائل ہیں۔ کیا وہ خود کو "ایکسٹرا اسیکشوئل" کہلائیں گے، جب کہ باقی لوگ "انٹرا اسیکشوئل" کے طور پر جانے جائیں گے؟ کیا ہمیں جلد ہی "ایکسٹرا اسیکشوئل پرائیڈ پریڈز" دیکھنے کو ملیں گی؟ یا پھر "ایکسٹرا اسیکشوئل رائٹس مومنٹ" ابھرے گی جو اسلامی اور کیتھولک اسکولوں سے مطالبہ کرے گی کہ وہ "متبادل (یعنی 'زناکار') طرزِ زندگی" کو قبول کریں اور بے وفائی کرنے والوں کو فخریہ طور پر اظہار کا موقع دیں؟ اگر ان تعلیمی اداروں نے اس مطالبے کو تسلیم کرنے سے انکار کر دیا تو کیا انہیں "ایکسٹرا فوبیا" کا الزام دے کر بدنام کیا جائے گا؟

ہم یہی طریقہ کسی بھی جنسی رجحان یا رویے کے لیے اپنا سکتے ہیں اور اس بنیاد پر مذہبی اداروں پر کنٹرول حاصل کر سکتے ہیں۔ بس "امتیازی سلوک کے خلاف" کا نعرہ لگانا ہوگا۔ درحقیقت، حالیہ دور میں "ورچوئس پیڈوفائلز" جیسے گروہ بالکل انہی دلائل کا سہارا لے چکے ہیں، جو ثابت کرتا ہے کہ ایل جی بی ٹی شناخت کو تسلیم کرنے اور اس کے لیے جگہ بنانے کی اپیل کتنی غیر مستقل اور ذاتی پسند پر مبنی ہوتی ہے۔

فی الحال تو کوئی "ایکسٹرا اسیکشوئل رائٹس مومنٹ" موجود نہیں، لیکن آنے والے دنوں میں ایسا ہو بھی ہو سکتا ہے۔ کیوں نہیں؟ اگر خود کو ایل جی بی ٹی کے طور پر شناخت کرنے والے افراد کا یہ حق ہے کہ ان کو قبول کیا جائے تو انہیں کیوں نہیں؟ پھر یہ نیا شناختی گروہ یہ دعویٰ کرے گا کہ چونکہ تقریباً تمام مذاہب اور حتیٰ کہ زیادہ تر سیکولر اخلاقی

ضابطے بھی بے وفائی کو غلط سمجھتے ہیں، اس لیے وہ سب "ایکسٹرا فوبک" ہیں۔ ان پر لازم ہوگا کہ وہ اپنی "نفرت" پر غور کریں اور اسے ختم کرنے کے لیے خود احتسابی کریں۔ حکومت کو بھی مداخلت کرنی چاہیے تاکہ اس بات کو یقینی بنایا جاسکے کہ تمام ادارے ایکسٹرا اسیکشوئل افراد کی آواز کو جگہ دیں اور ان کے نقطۂ نظر کو قبول کریں۔

"ان مسلمانوں اور عیسائیوں کو میری زندگی کے فیصلے کرنے کا حق کس نے دیا؟! کیا انہیں نہیں معلوم کہ میں ایسا ہی ہوں اور مجھے خوش رہنے کا حق حاصل ہے؟! کیا انہیں اندازہ ہے کہ وہ بے وفائی کو گناہ کہہ کر میرے ذہنی سکون کو کس قدر نقصان پہنچا رہے ہیں؟! آخر یہ زخم کب بھر پائیں گے؟"!

جی ہاں، کچھ لوگ ہم جنس کشش کا شکار ہوتے ہیں اور بالکل اسی طرح جیسے کچھ لوگ بے وفائی کی خواہش محسوس کرتے ہیں۔ میں اس حقیقت سے انکار نہیں کر رہا اور نہ ہی یہ کہہ رہا ہوں کہ ان کے پاس ان جذبات کے پیدا ہونے پر کوئی اختیار نہیں۔ لیکن ان کے پاس یہ اختیار ضرور ہے کہ وہ ان جذبات کو اپنی شناخت نہ بنائیں اور اپنی پوری ذات کو اسی کی بنیاد پر متعین نہ کریں۔ ہمیں ایسے افراد کی مدد کرنی چاہیے کہ وہ اپنی خواہشات پر قابو پائیں اور ان کا سامنا کرنے کا صحیح طریقہ سیکھیں۔ اور حقیقت تو یہ ہے کہ ہم سب کو اپنی خواہشات کو قابو میں رکھنے کی ضرورت ہوتی ہے کیونکہ یہ ایک ایسا معاملہ ہے جو ہر انسان کو متاثر کرتا ہے۔ یہی ہماری فطرت ہے اور یہ اس زندگی کے بڑے امتحانات میں سے ایک ہے۔

## کیا اسلام میں "ہم جنس پرست" (Gay) ہوتے ہیں؟

### کیا اسلام میں "ہم جنس پرست ہونے" کا کوئی تصور موجود ہے؟

اسلامی روایت میں "ہم جنس پرست (Homosexual) کے لیے کوئی مماثل اصطلاح موجود نہیں ہے۔ یعنی ایسا شخص جو مستقل اور مخصوص طور پر اپنے ہی جنس کی طرف جنسی کشش محسوس کرے اور مخالف جنس میں کوئی دل چسپی نہ رکھتا ہو۔ اسی طرح "ہیٹروسیکشوئل" (Heterosexual) یعنی مخالف جنس کی طرف کشش رکھنے والے افراد کے لیے بھی کوئی مخصوص اصطلاح نہیں ملتی۔ علماء نے ان افراد کے لیے مختلف اصطلاحات استعمال کی ہیں جو قومِ لوط کے عمل میں ملوث ہوں۔ مگر یہ اصطلاحات وہ معنی نہیں رکھتیں جو آج مغربی دنیا میں "ہم جنس پرست" کے لیے سمجھے جاتے ہیں۔

مغربی سیاق وسباق میں، "gay" یا ہم جنس پرست وہ شخص ہوتا ہے جس کی پوری شناخت ہی اس کی ہم جنسوں کی طرف کشش پر قائم ہو۔ جدید مغربی نظریات کے مطابق کسی شخص کی "جنسی شناخت" (Sexual Orientation) اس کی ایک بنیادی اور ناقابلِ تبدیل خصوصیت سمجھی جاتی ہے۔ جیسے عمومی تصور یہ ہے کہ کوئی شخص ایک خاص رنگت کے ساتھ پیدا ہوتا ہے اور اس وجہ سے کسی خاص نسل سے تعلق رکھتا ہے۔ اسی طرح یہ بھی مانا جاتا ہے کہ ایک شخص کسی مخصوص جنسی رجحان کے ساتھ پیدا ہوتا ہے اور اسی بنیاد پر کسی جنسی شناختی گروہ کا حصہ بنتا ہے، جیسے "gay"، "straight"، "bi" وغیرہ۔

اسلامی روایت میں اس کے برعکس جنسی شناخت (Sexual Identity) کا کوئی تصور موجود نہیں۔ اگرچہ یہ ممکن ہے کہ کوئی شخص اپنے ہی جنس کی طرف زیادہ کشش محسوس کرے (یا حتیٰ کہ مقعد میں دخول کی خواہش رکھے، جیسا کہ "ma'bun" کے معاملے میں ہے، جس پر قدیم علماء نے تفصیل سے بحث کی ہے)۔ لیکن اسلامی نقطہ نظر سے یہ چیز کسی فرد کو "ہم جنس پرست" یا "gay" نہیں بناتی۔ اس کی وجہ یہ ہے کہ کسی شخص کی اصل شناخت اس کی محض خواہشات یا ذہن میں آنے والے خیالات پر مبنی نہیں ہوتی۔ اسلامی جنسی زمرہ جات ہمیشہ عمل پر مبنی ہوتے ہیں، محض خیالات یا رجحانات پر نہیں۔ جیسے کہ زانی وغیرہ۔ جب تک کوئی شخص کوئی قابلِ تعزیر جنسی عمل نہ کرے اور اسلامی عدالت میں اس پر سزا نہ دی جائے تب تک اسے کسی مخصوص اصطلاح سے موسوم کرنا درست نہیں۔ اس کا "ہم جنس پرستی" کے جدید تصور سے کوئی تعلق نہیں ہے۔ کیونکہ یہ اصطلاح بذاتِ خود ایک نسبتاً نئی مغربی اصطلاح ہے جو انیسویں صدی عیسوی (تیرہویں صدی ہجری) میں وضع کی گئی۔

## تاریخ کا فیصلہ کن لمحہ

ہر ثقافت کی تاریخ میں کچھ اہم لمحات ہوتے ہیں جو اس کے مستقبل کی سمت کا تعین کرتے ہیں۔ جہاں تک امریکی ثقافت کا تعلق ہے تو ہم ایک عبوری دور سے گزر رہے ہیں اور ایک نئے دور میں داخل ہو رہے ہیں۔ ایک ایسا دور تھا جب ہم جنس پرستی کو عمومی طور پر مذمت کا سامنا تھا اور اب یہ وسیع پیمانے پر قبول کی جا رہی ہے۔ میری تمنا ہے کہ مستقبل میں میں جب اپنی زندگی پر نظر ڈالوں تو یہ کہہ سکوں کہ میں نے اس تاریخی لمحے میں اپنی ذمہ داری پوری کی۔ میں نے اس موقع کو خاموش رہ کر یا بے حسی کا مظاہرہ کرتے

ہوئے ضائع نہیں ہونے دیا بلکہ سچائی کا دفاع کیا۔ اگر میں ۱۹۶۰ کی دہائی میں "جنسی انقلاب" کے دوران زندہ ہوتا تو مجھے امید تھی کہ بطور مسلمان میں اُن ثقافتی تبدیلیوں کے خلاف آواز بلند کرتا جو انسانیت کو مادی، اقتصادی اور روحانی لحاظ سے ہر سطح پر منفی اثرات سے دوچار کر رہی تھیں۔

آج مسلمان اس قدر شکست خوردگی کا شکار ہیں کہ وہ اختلاف کی معمولی سی آواز بلند کرنے سے بھی خوفزدہ ہیں (یعنی وہ مسلمان جو پہلے ہی LGBT جشن میں شامل نہیں ہو چکے ہیں)۔ یقیناً لوگ کہتے ہیں کہ اس ثقافتی انقلاب کی مخالفت اور "ہم جنس پرستی سے نفرت" کرنا بے حسی کی علامت ہے۔ لیکن ہمیں یہ بیانیہ قبول کرنے کی ضرورت نہیں ہے اور نہ ہی ہمیں اسے اپنی شناخت پر مسلط ہونے دینا چاہیے۔ ہمیں واضح اور دوٹوک انداز میں اس کی مخالفت کرنی چاہیے اور ثابت کرنا چاہیے کہ مسلمان اس مسئلے پر ایک اصولی موقف رکھتے ہیں اور اس پر ڈٹ کر کھڑے ہو سکتے ہیں۔

جو لوگ مسلسل "امریکی اسلام" کی اہمیت پر زور دیتے ہیں اور اس بات کی تبلیغ کرتے ہیں کہ اسلام کو امریکی ثقافتی مکالمے کا حصہ ہونا چاہیے اور مسلمانوں کو ایک نبوی آواز کے طور پر سب کے لیے کھڑا ہونا چاہیے، ان کے لیے یہ ایک سنہری موقع اور ایک انتہائی اہم تاریخی لمحہ ہے۔ مگر وہ ہر کمزور بہانے کا سہارا لے کر خاموش اور غیر فعال رہنے کی کوشش کرتے ہیں۔ سب سے عام بہانے یہ ہیں کہ ہم ایک اقلیت ہیں اور یہاں زیادہ تر لوگ مسلمان نہیں ہیں۔ ہم دوسروں سے اپنی اخلاقی اقدار تسلیم کرانے کی توقع نہیں کر

سکتے۔ اگر ہم آواز اٹھائیں گے تو شدید رد عمل آئے گا۔ یہ مسئلہ ہماری ترجیحات میں شامل نہیں، وغیرہ وغیرہ۔

جیسا کہ میں نے بارہا کہا ہے کہ مسلمانوں نے صرف ایک ہی عوامی مسئلے پر واقعی توجہ دی ہے اور وہ ہے "اسلاموفوبیا" اور نسل پرستی۔ اس کی وجہ یہ ہے کہ یہی وہ سماجی مسئلہ ہے جو براہ راست مسلمانوں کے آرام اور تحفظ سے جڑا ہوا ہے اور یہ ایک مقبول قومی بیانیے میں بھی بخوبی فٹ بیٹھتا ہے۔ میں یہ نہیں کہہ رہا ہوں کہ یہ ایک غیر اہم مسئلہ ہے۔ لیکن ایسے کئی دیگر مسائل ہیں جو لاکھوں لوگوں، مسلم اور غیر مسلم دونوں کی زندگیاں تباہ کر رہے ہیں۔ جن پر زیادہ تر مسلمان نہ تو آواز اٹھاتے ہیں نہ ان کے حق میں مہم چلاتے ہیں اور بعض اوقات تو ان پر غور تک نہیں کرتے۔

آپ نے آخری بار امریکی مسلمانوں کو ملکی سطح پر بحیثیت مسلمان زنا اور بے دینی، نگرانی پر مبنی ریاستی نظام اور گھریلو جاسوسی کے خلاف احتجاج کرتے کب دیکھا تھا؟ وال اسٹریٹ کے کرپشن کے بارے میں کیا خیال ہے؟ شراب نوشی اور منشیات کے بڑھتے ہوئے استعمال کے بارے میں آپ کیا کہیں گے؟ اکیلے والدین کی پرورش اور اسقاط حمل کے بارے میں آپ کیا سوچتے ہیں؟ سود پر مبنی بینکاری اور مالیاتی ڈھانچوں، پولیس فورس کے عسکری انداز اختیار کرنے؟ مستحکم خاندانوں کے ٹوٹنے اور ادارہ جاتی نگہداشت (Institutionalization) کی وبا اور بے لگام صارفیت (Consumerism) کے بارے میں آپ کا کیا خیال ہے؟ کیا ان میں سے کوئی بھی مسئلہ اتنا "اہم" ہے کہ مسلمان یہ اعلان کریں: "ہم بطور مسلمان اس کے خلاف ہیں"؟ یا کیا ہماری اجتماعی آواز صرف اسی وقت سنائی دیتی ہے جب ہم کسی بڑے فائرنگ کے واقعے

پر معذرت خواہ ہوتے ہیں اور تعزیت پیش کرتے ہیں اور وہ بھی صرف اس خوف سے کہ ہم پر کوئی رد عمل نہ ہو؟

لٰہذا یہ کوئی حیرت کی بات نہیں کہ کچھ مسلمانوں نے ایک بار پھر خاموشی اختیار کر کے ساحل پر بیٹھ کر تماشائی بننے کا فیصلہ کیا ہے۔ لیکن اگلی بار جب کوئی مسلم "لیڈر" مجھے اصولوں پر قائم رہنے اور میلکم ایکس یا محمد علی کے نقشِ قدم پر چلنے کی اہمیت پر لیکچر دے گا تو میں سمجھ جاؤں گا کہ یہ تمام دعوے حقیقت میں کس قدر کھوکھلے ہیں۔ آپ میلکم ایکس اور محمد علی کو اپنانا تو چاہتے ہیں مگر ان کی طرح غیر مقبولیت، مشکلات اور سخت رد عمل کا سامنا کرنے کے لیے تیار نہیں؟ ٹھیک ہے۔

# باب تیرہ: اضطراب

## آپ کو غلط معلومات دیناہی ان کا کام ہے

میڈیا کا بنیادی مقصد زیادہ سے زیادہ لوگوں تک پہنچنا ہے کیونکہ جب زیادہ لوگ اسے دیکھیں گے تو اس کی آمدنی زیادہ ہو گی۔ اس کا ایک واضح نتیجہ سچائی کے بارے میں ایک قسم کا لاابالی پن یا بے اعتباری کا رویہ ہے۔

حقیقت یہ ہے کہ سی این این، فاکس نیوز یا نیویارک ٹائمز جیسے اداروں کے ادارتی بورڈ سچائی میں زیادہ دلچسپی نہیں رکھتے۔ یہ میڈیا ادارے صرف "بحث ومباحثہ کو فروغ دینے" اور "ہر مسئلے کے تمام پہلوؤں کو پیش کرنے" تک محدود ہو گئے ہیں۔ لیکن ہر مسئلے کے بہت سارے پہلو نہیں ہوتے اور ہر معاملے پر لامتناہی بحث کی ضرورت نہیں ہوتی۔ کچھ مسائل آسانی سے حل ہو سکتے ہیں یا کچھ معیاری تحقیق اور تجزیے کے ذریعے ان کا تسلی بخش جواب دیا جا سکتا ہے۔ لیکن چند متفقہ موضوعات کے علاوہ میڈیا حل تلاش کرنے سے گریز کرتا ہے۔ بلکہ وہ غلط معلومات، تعصب اور غیر معقول آراء کو بڑھا چڑھا کر پیش کرتا ہے۔

مثال کے طور پر امریکہ میں ہر چند ہفتوں بعد بندوقوں کے موضوع پر بحث چھڑ جاتی ہے۔ ظاہری طور پر کچھ بھی لگے، لیکن بندوقوں کے ذریعہ ہونے والے تشدد، قتل کی شرح اور بڑے پیمانے پر فائرنگ جیسے اہم سوالات کے کچھ واضح جوابات موجود ہیں۔

اگرچہ ہمارے پاس ابھی تمام جوابات نہیں ہیں پھر بھی کم از کم ایسے تحقیقی طریقے موجود ہیں جنہیں معقول اور سائنسی انداز میں اپنا کر ان سوالات کا جواب تلاش کیا جا سکتا ہے۔ جو کوئی بھی معاملے کی سچائی میں حقیقی دلچسپی رکھتا ہو گا وہ ٹھوس اور درست جوابات تلاش کرنے کے لیے ان تحقیقی طریقوں کو اپنانا چاہے گا۔ میڈیا کو چاہیے کہ وہ اپنے تمام وسائل کے ساتھ ایسی تحقیق کرے یا ایسے لوگوں کو مدد فراہم کرے جو یہ کام کر سکتے ہیں اور پھر حاصل شدہ نتائج کو وسیع پیمانے پر پھیلائے۔ اور اگر نتائج ابھی واضح نہیں ہیں تو بھی بحث کم از کم معلومات پر مبنی ہو گی۔

لیکن میڈیا کی دلچسپی اس میں نہیں ہے۔ کیوں کہ اسے سچائی سے کوئی سروکار نہیں۔ اس کی دلچسپی صرف ناظرین اور قارئین میں ہے۔ اس کا مطلب ہے کہ سب سے سادہ یا عام پسند چیز کو ترجیح دینا۔ اور امریکہ میں تعلیم اور منطقی سوچ کی حالت نہایت ابتر ہو چکی ہے۔ خاص طور پر سائنس اور تجزیاتی مہارتوں کے لحاظ سے تو یہ کم ترین معیار واقعی بہت نیچے جا چکا ہے۔

## میڈیا کا ہمارے دل و دماغ پر اثر

میڈیا کا زیادہ تر مواد اس بنیاد پر طے کیا جاتا ہے کہ کس چیز کی سب سے زیادہ مانگ ہو گی۔ مواد بنانے والے یہ طے کرتے ہیں کہ لوگ کس چیز کو سب سے زیادہ دیکھیں گے یا پڑھیں گے اور پھر اسی بنیاد پر اپنا مواد تیار کرتے ہیں۔ یہ علم، فن اور تخلیقیت کے بالکل برعکس ہے۔ یہی وجہ ہے کہ اسے "مواد" کہا جاتا ہے نہ کہ تقریر، تحریر، مکالمہ، جمالیات

یا فنی اظہار۔ سچائی، خوبصورتی اور معنی کی تلاش کے بجائے یہ مواد صرف اور صرف پیسے کمانے کا ایک کھوکھلا مقصد ہے۔

مغربی فلسفیوں (جیسے مارکسیوں مفکرین) کو انیسویں صدی میں فنون کی اس تجارتی شکل کا خیال آیا تھا لیکن آج میڈیا جتنا گر چکا ہے اس کا تصور ان کے خواب و خیال میں نہیں ہوگا۔

آج کے میڈیا مواد کی سب سے بڑی خطرناک بات یہ ہے کہ یہ اکثر خود کو گہرائی رکھنے والا، بامعنی، جذباتی اور خلوص پر مبنی ظاہر کرتا ہے۔ حقیقت یہ ہے کہ یہ مواد اس احتیاط سے تیار کیے جاتے ہیں کہ صارف میں مصنوعی طور پر وہ جذبات پیدا کیے جائیں کیوں کہ اس رد عمل کا تعلق زیادہ استعمال، زیادہ پیسے اور زیادہ منافع سے ہوتا ہے۔ یہ ایک سرد اور بے روح مشین ہے جو خود کو محبت، سچائی اور حتیٰ کہ انصاف کے لبادے میں لپیٹ لیتی ہے۔ بلاشبہ یہ منافقت ہے۔ اور ہمارے لیے اس منافقانہ ماحول میں جینے کا سب سے بڑا خطرہ یہ ہے کہ ہم نادانستہ طور پر اپنے اظہار میں بھی اسی رویے کو اپنا لیں گے — شکل کو اصل سے زیادہ اہمیت دیں گے، حقیقت (حق) کی بجائے محض رد عمل حاصل کرنے کی کوشش کریں گے اور خالق کی بجائے مخلوق کی رضا کے پیچھے بھاگیں گے۔ نتیجتاً ہم سنگدل ہو جائیں گے۔ کیونکہ ہم حقیقت کے بجائے مصنوعی جذبات کے عادی ہو جائیں گے اور ایک جعلی دنیا میں بے معنی اہمیت کے سراب میں گم ہو جائیں گے۔

# جدید سیاست کا اصل مطمح نظر

اگر آپ سوچ رہے ہوں کہ دجال، جس کے بارے میں پیشین گوئی کی گئی ہے، کے جسمانی عیوب، اس کے ظلم، اور اس کے چہرے پر لفظ "کافر" لکھے ہونے کے باوجود مسلمانوں سمیت لوگوں کی اتنی بڑی تعداد اس کی پیروی کیوں کرے گی، تو پھر جدید سیاست پر نظر ڈالیں۔

یہ سوال ہمیشہ میرے ذہن میں رہا کہ کوئی اتنے واضح طور برے شخص کی پیروی کیوں کرے گا؟ لیکن اس کا جواب تو ہمارے ارد گرد بکھرا ہوا ہے۔ ہم مشرق و مغرب میں اس کی جھلکیاں روز آنہ دیکھ رہے ہیں۔ سیاستدان کھلم کھلا انسانیت کے خلاف مظالم ڈھا رہے ہیں جس میں قتلِ عام، ڈرون حملے، چوری، بد عنوانی، زہر پھیلانا شامل ہے۔ اور یہ سب کچھ عوام کے سامنے ہوتا ہے لیکن کسی کو پرواہ نہیں۔ اگر صرف صدر اوباما کی ایک جذباتی اور خوشامدانہ تقریر لوگوں کی بے پناہ تعریف اور اندھی عقیدت حاصل کرنے کے لیے کافی ہو تو کیا کوئی ان کے دور میں کیے گئے قتل و ظلم کی پرواہ کرے گا؟

کتنے ہی جرائم لوگوں کی نظروں میں ڈھل جاتے ہیں۔ بمباری، جارحیت، قبضہ — یہ سب "جیو پولیٹکس" اور "جارحانہ خارجہ پالیسی" کے خوشنما لبادے میں چھپا دیے جاتے ہیں۔ معصوموں کا قتل "غیر ارادی نقصان" (collateral damage) کہلاتا ہے۔ پولیس فورس کو فوج میں بدل دینا، جو پھر معاشرے میں دہشت پھیلائے اور ظلم و بربریت کا نہ ختم ہونے والا سلسلہ شروع کر دے، محض "جرائم کے خلاف سختی" اور "سیکیورٹی کو یقینی بنانے" کا نام دیا جاتا ہے۔

کیا محض چالاکی سے تراشے گئے الفاظ کافی ہیں کہ لوگ سب کچھ بھول کر اطاعت کرنے لگیں؟ کیا چند سوچ سمجھ کر چنے گئے الفاظ آپ کی آنکھوں پر ایسا پردہ ڈال دیتے ہیں کہ آپ قصائی کے چاقو کو لاش چیرتے دیکھ ہی نہیں سکتے؟ کیا یہ خوشنما الفاظ واقعی جادو کا اثر رکھتے ہیں، جس سے آپ کا ذہن بچ نہیں سکتا؟ اگر ایسا ہے تو بس ایک بات یاد رکھیں کہ اللہ علیم و خبیر ہے۔

## سرمایہ داری قناعت کو کیسے تباہ کرتی ہے

قناعت ایک ایسی خوبی ہے جو ہمارے زمانے سے ناپید ہو چکی ہے۔ لیکن ایسا کیوں ہے؟

جدید سرمایہ دارانہ دنیا ہمیں مسلسل یہ باور کراتی ہے کہ اپنی تقدیر کے مالک ہم خود ہیں۔ ہمیں بتایا جاتا ہے کہ کامیابی اور دولت حاصل کرنے کے لیے محض محنت، جوش اور لگن ہی کافی ہیں۔ اس تصور میں اللہ کے فیصلے اور تقسیم کا کوئی ذکر نہیں۔ اسی لیے لوگ کبھی بھی قناعت اختیار نہیں کر سکتے۔ کیونکہ ان کا بھروسہ صرف اپنے آپ پر ہوتا ہے۔ حالانکہ حقیقت یہ ہے کہ ہم سب بے بس ہیں اور فیصلہ صرف اللہ کے ہاتھ میں ہے۔

یہ سب دل کے معاملات ہیں۔ اگر زندگی میں آپ خود کو بے چین اور بے سکون محسوس کر رہے ہیں تو قناعت پر غور کریں اور اپنے خالق کی قدرت اور اس کے اختیار پر اپنے یقین کو مضبوط کریں۔

## کارپوریٹ وائرس

اگر آپ ترقی نہیں کر رہے تو آپ زوال پذیر ہیں۔ یہ وہ کارپوریٹ مفروضہ ہے جو ہماری سرمایہ دارانہ معیشت کی بنیاد ہے۔ یعنی کسی کاروبار کی بقا کے لیے ضروری ہے کہ اس کی آمدنی اور منافع ہر سال بڑھتا رہے۔

دوسرے تناظر میں توازن اور پائیداری کو سب سے معقول تصور کیا جاتا ہے۔ ماحولیاتی تحفظ کی بیشتر کوششیں اسی اصول پر مبنی ہیں۔ ایک صحت مند دنیا وہی ہے جہاں لوگ اپنی ضروریات طویل مدتی پائیدار ذرائع سے پوری کریں اور اس کا دوسروں کی ضروریات پر کوئی منفی اثر نہ ہو۔

لیکن اگر آپ یہ مانتے ہیں کہ ترقی نہ ہونا موت کے برابر ہے تو پھر یہ توازن ممکن نہیں۔ مسلسل ترقی کا تصور خود ہی لامحدود وسائل کا مفروضہ قائم کرتا ہے۔ مثال کے طور پر ایک وقت ایسا آئے گا جب ہر شخص کے پاس ایک آئی فون ہوگا۔ اس کے بعد مزید ترقی ممکن نظر نہیں آتی۔ لیکن یہ بات صحیح نہیں ہے۔ اس کے بعد ہر شخص کے پاس میک بک بھی ہو سکتا ہے، پھر آئی پیڈ اور اس کے بعد اپیل (Apple) دوسرے شعبوں میں بھی قدم رکھ سکتا ہے، جیسے کپڑوں کی صنعت وغیرہ۔ جب تک کوئی برانڈ ہر شخص کے زیر استعمال ہر چیز پر قابض نہیں ہو جاتا اس وقت تک ترقی کی گنجائش باقی رہتی ہے۔ جب تک برانڈ صارف کو مکمل طور پر نگل نہ لے، "بہتری" کی گنجائش باقی رہتی ہے۔ بالکل ایک وائرس کی طرح۔

نبی صلی اللہ علیہ وسلم نے اس کا خوب نقشہ کھینچا ہے: "اگر انسان کے پاس سونے کی ایک وادی ہو تو دوسری کا خواہش مند ہو گا اور انسان کا پیٹ مٹی کے سوا اور کوئی چیز نہیں بھر سکتی اور اللہ اس شخص کی توبہ قبول کرتا ہے جو (دل سے) سچی توبہ کرتا ہے۔[45]"

## مثبت نفسیات، اپنی مدد آپ اور خوشی کا سائنسی مطالعہ

میں نے حال ہی میں ایک دستاویزی فلم "ہیپی" (Happy) دیکھی۔ اس فلم میں یہ بتایا گیا ہے کہ کس چیز سے لوگوں کو حقیقی خوشی حاصل ہوتی ہے۔ اس میں ماہرین نفسیات، اعصابیات اور دیگر "خوشی کے ماہرین" کے انٹرویو شامل ہیں اور دنیا بھر کی مختلف ثقافتوں کا جائزہ لیا گیا ہے۔ لیکن حیرت کی بات یہ ہے کہ کسی مسلم ملک یا ثقافت کو شامل نہیں کیا گیا۔ ڈیڑھ گھنٹے کی اس دستاویزی فلم میں صرف ۱۰ سیکنڈ میں یہ ذکر کیا گیا کہ مذہب کچھ لوگوں کو خوشی دیتا ہے۔ جبکہ ۳۰ سیکنڈز میں یہ دکھایا گیا کہ مذہب درحقیقت دنیا میں تکلیف اور درد کا ذریعہ ہے۔

بالآخر دستاویزی فلم کا نتیجہ یہ نکلا کہ خوشی دوسروں کی خدمت کرنے، دوسروں کی مدد کرنے، شکر گزار ہونے، قناعت اختیار کرنے، معنی خیز مقاصد کی تلاش کرنے، خاندان اور پڑوسیوں سے جڑنے، پیسے اور مادی چیزوں کو زیادہ اہمیت نہ دینے، مراقبہ کرنے، خاموش غور و فکر اور قدرتی مناظر و مظاہر میں وقت گزارنے سے حاصل کی جاسکتی ہے۔

---

45 صحیح بخاری

میں نے سوچا کہ ان تمام چیزوں کی جھلک اسلام اور دیگر منظم مذاہب میں پہلے سے موجود ہے۔ کیا یہ لوگ اس واضح تعلق کو محسوس نہیں کر سکے؟ اگر خوشی ہی مقصد ہے اور یہ وہ عوامل ہیں جو خوشی کا ذریعہ بنتے ہیں، تو اسلام —— جو ان تمام عوامل کو ہم آہنگ اور متوازن طور پر پیش کرتا ہے —— ہی حقیقی خوشی کی راہ دکھاتا ہے۔

اس حقیقی خوشی کی واحد قیمت اللہ پر ایمان لانا ہے۔ لیکن جدید خودپرست سوچ کسی اعلیٰ اختیار کے آگے جھکنے سے بچنے کے لیے خوشی کو قربان کر دیتی ہے۔ یہ خوشی کو کھوکھلی اور بے روح "سچائیوں" کے مجموعے میں محدود کر دیتی ہے، جو ظاہری طور پر خوشی کا تاثر تو دیتی ہیں لیکن حقیقت اور اصل سرچشمے سے بہت دور ہیں۔

## برکت کی حقیقت

برکت ایک حقیقت ہے۔

جدید دنیا کی مادی سوچ کو اپنے خیالات اور روزمرہ زندگی پر اثر انداز نہ ہونے دیں۔ اس اہم غیبی حقیقت کے بارے میں بے حسی یا بدظنی کا شکار نہ ہوں۔ اللہ کی دی ہوئی برکتیں حقیقت ہیں اور ہماری زندگی پر واضح اثر ڈالتی ہیں۔ ہاں یہ الگ بات ہے کہ بعض اوقات یہ اثرات اس مادی سوچ جس میں ہم نے خود کو محدود کر لیا ہے، کے پیمانوں سے نہیں سمجھے جا سکتے۔ برکت کو صرف ایک نظریاتی تصور نہ سمجھیں بلکہ اس کا ادراک کریں اور دنیا کو اسی نظر سے دیکھیں۔ ایک مسلمان کی حیثیت سے برکت کا شعور آپ کے سوچنے اور جینے کے انداز کا حصہ ہونا چاہیے۔ اس سے آپ کو روحانی فائدہ ہوگا۔ کیوں کہ آپ برکت تلاش کریں گے اور اس سے اپنے رب کی قربت کا احساس بڑھے گا۔ آپ کا ایمان

بھی مضبوط ہو گا۔ کیوں کہ آپ اپنی زندگی میں برکت ہونے یا اس کی کمی کو پہچاننے لگیں گے۔ آپ دیکھیں گے کہ اللہ کا ذکر اور نیک اعمال برکت لاتے ہیں جب کہ ان سے دوری برکت کو ختم کر دیتی ہے۔ اس کے مثبت اثرات آپ کے دل ودماغ پر بھی پڑیں گے۔ کیوں کہ اس کے بعد آپ دنیا اور اللہ کی قدرت کے درمیان تعلق کو خود محسوس کریں گے۔ یہ ان نشانیوں میں سے چند ایک ہیں جو ہمارے ارد گرد موجود ہیں۔

﴿سَنُرِيهِمْ ءَايَٰتِنَا فِى ٱلْءَافَاقِ وَفِىٓ أَنفُسِهِمْ حَتَّىٰ يَتَبَيَّنَ لَهُمْ أَنَّهُ ٱلْحَقُّ ۗ أَوَلَمْ يَكْفِ بِرَبِّكَ أَنَّهُۥ عَلَىٰ كُلِّ شَىْءٍ شَهِيدٌ﴾ [فصلت: ۵۳]

عنقریب ہم اِن کو اپنی نشانیاں آفاق میں بھی دکھائیں گے اور ان کے اپنے نفس میں بھی یہاں تک کہ اِن پر یہ بات کھل جائے گی کہ یہ قرآن واقعی برحق ہے کیا یہ بات کافی نہیں ہے کہ تیرا رب ہر چیز کا شاہد ہے؟

(سورہ فصلت: ۵۳)

برکت کے مادی فوائد بھی ہوں گے۔ جیسے مال، وقت، کارکردگی اور زندگی میں برکت۔ آپ محسوس کریں گے کہ معاملات خود بخود سنورنے لگے ہیں۔

اس کے علاوہ آپ کے فہم و بصیرت میں بھی اضافہ ہو گا کیوں کہ آپ محض نظریاتی نہیں بلکہ عملی طور پر بھی اس حقیقت کو جانیں گے کہ دنیا کس طرح چل رہی ہے۔ یہاں بھی صرف نظریاتی نہیں بلکہ یہ علم ایسا ہو گا جو کہ آپ نے اپنے تجربے سے سیکھا ہو گا اور انہیں اپنی آنکھوں سے دیکھا ہو گا۔

لہٰذا ان تمام چیزوں میں برکت تلاش کریں جن کی اللہ اور اس کے رسول ﷺ نے نشان دہی فرمائی ہے۔ اسے اپنی روزمرہ زندگی کا حصہ بنائیں اور اپنی زندگی پر اسی نظریے سے غور و فکر کریں۔

اللہ ہم سب کو برکت عطا فرمائے، آمین!

## رمضان کی اسپیلنگ (Ramzan vs. Ramadan) کی بحث

قوم پرستی ایک عجیب چیز ہے۔ یہ لوگوں کے درمیان ربط اور بھائی چارے کا ذریعہ بھی بن سکتی ہے اور دشمنی، خود پسندی اور بالکل بے وقوفانہ حرکتوں کا سبب بھی۔ مثال کے طور پر شعیب دانیال کے مضمون "Why are Indian Muslims using the Arabic word 'Ramadan' instead of the traditional 'Ramzan'?" پر آن لائن بحث کو دیکھیں۔ اس مضمون میں بتایا گیا ہے کہ تاریخی طور پر اسلام کے مقدس مہینے کے لیے عربی لفظ Ramadan برصغیر میں Ramzan کیسے بولا جانے لگا، اور حال ہی میں بہت سے جنوبی ایشیائی مسلمان دوبارہ "Ramadan" کے تلفظ کو دوبارہ کیوں اختیار کر رہے ہیں۔ مصنف کے مطابق اس کی وجہ "سعودی اثر والا اسلام" اور جنوبی ایشیائی مسلمانوں کے "ثقافتی عدم تحفظ" کا احساس ہے۔

ظاہر ہے یہ بحث ہر سال رمضان کے وقت جنوبی ایشیائی کمیونٹیز میں اٹھتی ہے اور اس کے پس پردہ بہت سارے سماجی اور سیاسی محرکات ہیں۔ لیکن مجھے لگتا ہے کہ اس

معاملے کا بڑا حصہ صرف قوم پرستی اور ایک غیر واضح عرب مخالف رویے کا عکاس ہے، جسے تاریخی یا لسانی تحقیق کے پردے میں پیش کیا جا رہا ہے۔

## عربی زبان کے اثرات کو ختم کرنے کی کوشش

کسی زبان سے عربی اثرات کو ختم کرنے اور زیادہ "اصلی"، "روایتی"، یا "خالص" زبان کے استعمال کی دعوت نئی نہیں ہیں۔ اور یہ صرف جنوبی ایشیا تک محدود نہیں ہیں۔ تاریخی طور پر مشرق وسطیٰ میں بہت سی قوم پرست تحریکوں نے عربی سے منسلک الفاظ، تلفظ، اور رسم الخط کو ترک کرنے کی کوششیں کی ہیں۔ مثال کے طور پر بیسویں صدی میں ترکی میں کمال اتاترک کے جدیدیت کے پروگرام کا ایک حصہ عثمانی ترکی کے فارسی-عربی رسم الخط کو ایک نئے لاطینی ترکی حروف تہجی سے بدلنا تھا، جو جدید سیکولر ترکی شناخت کے لیے زیادہ موزوں سمجھا جاتا تھا۔ اسی طرح ایران میں محمد رضا شاہ کے دور حکومت میں فارسی زبان کو "پاک" کرنے کی کوشش کی گئی جس کے تحت عربی الفاظ کی جگہ فارسی متبادل پیش کیے گئے۔ چاہے اس کے لیے نئے الفاظ ہی کیوں نہ ایجاد کرنے پڑیں۔ تاریخی طور پر عربی زبان کے اثرات کو ختم کرنے کی یہ کوششیں اکثر معاشرے کو سیکولر بنانے اور اسلام کے اثر کو کم کرنے کی کوششوں کے ساتھ ہی ہوتی تھیں۔

مشرق وسطیٰ اور عربی زبان کے علاوہ بھی اس طرح کا رجحان دراصل ایک وسیع تر رویے کا حصہ ہے، جہاں قوم پرستی کو مستحکم کرنے کے لیے زبان میں تبدیلیاں کی جاتی ہیں۔ معمولی لسانی تفصیلات بھی بعض اوقات نظریاتی جنگوں کا میدان بن جاتی ہیں۔ ان

مباحثوں میں اکثر جانبدارانہ تاریخ نگاری شامل ہوتی ہے، جس کو لندن کے کنگز کالج کے پروفیسر رضا ضیاء ابراہیمی نے "منتقلی شدہ قوم پرستی" (Dislocative Nationalism) سے تعبیر کیا ہے۔ پروفیسر ابراہیمی کی تحقیق اس بات پر مرکوز ہے کہ انیسویں اور بیسویں صدی میں فارسی قوم پرستوں نے ایک آریائی قومی شناخت کا تصور تخلیق کیا اور اسے ہزاروں سال پیچھے لے جا کر یہ ثابت کرنے کی کوشش کی کہ ایران میں ہمیشہ سے ایک متحدہ قومیت پائی جاتی رہی ہے، جس کی اپنی منفرد شناخت، مذہب اور زبان تھی۔ اور تاریخ کے دوران حملہ آوروں اور ثقافتی اختلاط کے "خراب" اثرات کے باوجود اپنی پہچان برقرار رکھنے میں کامیاب رہا۔ جدید دور کے قوم پرست مصلحین نے اس آریائی شناخت کو "پاک" کرنے کی کوشش کی جسے وہ تاریخی تناظر سے ہٹ کر خالص نسلی ورثہ سمجھتے تھے۔ اس مقصد کے تحت انہوں نے ان تمام ثقافتی نشانات کو مٹانے کی کوشش کی جو ان کے نزدیک غیر ملکی یا غیر آریائی تھے۔ جیسے عربی زبان اور بعض اوقات تو اسلام بھی۔

تاہم یہ قوم پرست اس حقیقت کو نظرانداز کر دیتے ہیں کہ قومیت کا تصور ایک جدید تخلیق ہے جو درحقیقت محض ہمارے اجتماعی تخیل کا نتیجہ ہے۔ کسی بھی خطے کی تاریخ دراصل مختلف ثقافتوں، زبانوں اور روایات کے گہرے امتزاج سے تشکیل پاتی ہے۔ مگر قوم پرستی کے علمبردار تاریخ سے کچھ منتخب چیزیں ہی پڑھتے ہیں اور حقائق کو توڑ مروڑ کر ایک خالص نسلی یا قومی شناخت کا تصور پیش کرنے کی کوشش کرتے ہیں۔ اسی رویہ کو معروف دانشور ایڈورڈ سعید نے اپنی کتاب Orientalism میں تنقید کا نشانہ بنایا ہے اور اسے مغرب کے استعماری نظریات کے فروغ کا ایک ذریعہ قرار دیا ہے۔

درحقیقت جدید قوم پرستی کے مفادات کے لیے تاریخ کو مسخ کرنا اور اسے اساطیری رنگ دینا ایک عام رویہ ہے۔ چاہے وہ جدید مصری ہوں، جو قدیم اہرام سے اپنا تعلق جوڑ کر قومی فخر محسوس کرتے ہیں، یا جدید امریکی، جو تھینکس گیونگ (Thanksgiving) کو پیلگریمز (Pilgrims) اور مقامی امریکیوں کے درمیان مبینہ امن اور شراکت داری کی علامت کے طور پر مناتے ہیں۔ درحقیقت یہ سب قومی شناخت کی تشکیل اور سیاست کا حصہ ہے۔

## اس کا رمضان سے کیا تعلق ہے؟

ہم شعیب دانیال کے "Ramadan vs. Ramzan" والے مضمون میں بھی تاریخ کی اسی چنیدہ اور رومانوی تشریح کو دیکھ سکتے ہیں۔ مثال کے طور پر، مصنف بار بار "روایتی" (traditional) کا لفظ استعمال کر کے "Ramzan" کے مخصوص تلفظ کو زیادہ مستند ثابت کرنے کی کوشش کرتا ہے۔ لیکن سوال یہ ہے کہ "Ramzan" کو آخر کس بنیاد پر روایتی قرار دیا جا رہا ہے؟ برصغیر میں سیکڑوں زبانیں اور بولیاں موجود ہیں۔ ہر ایک کی اپنی الگ تاریخ اور روایات ہیں تو پھر صرف اسی ایک مخصوص تلفظ پر اصرار کیوں؟ جیسے کہ مہتاب عالم نے اس موضوع پر اپنی تحریر میں نشاندہی کی تھی کہ تمام جنوبی ایشیائی تو درکنار تمام ہندوستانی بھی اردو یا ہندی کو اپنی مادری زبان نہیں مانتے۔ "Ramzan" کے علاوہ جنوبی ایشیا میں Ramojan, Ramjan, Rumjan, Ramazan اور دیگر مختلف تلفظ بھی موجود ہیں۔ مہتاب عالم کے بقول کسی ایک تلفظ پر اصرار اتنا ہی جابرانہ ہے جتنا کسی دوسرے تلفظ کو مسلط کرنے کی کوشش۔

یہی رویہ دانیال کی بحث میں بھی واضح نظر آتا ہے، جہاں وہ برصغیر کی مقامی زبانوں پر فارسی کے تاریخی اثرات اور آج کے مبینہ سعودی اثر و رسوخ کا موازنہ کرتے ہیں۔ مصنف کو اس بات پر کوئی اعتراض نہیں کہ برصغیر میں صدیوں تک فارسی زبان اور ثقافت کو جذب کیا جاتا رہا لیکن جب معاملہ جدید دور میں عربی طرزِ بیان اپنانے کا آتا ہے تو اچانک اسے سعودی اثر و رسوخ اور ہندوستانی مسلمانوں کے "ثقافتی عدم تحفظ" کی علامت قرار دے دیا جاتا ہے۔

تو پھر یہ دوہرا معیار کیوں؟ اگر زبان کا وقت کے ساتھ بدلنا ایک جائز، فطری اور خودکار عمل ہے، جیسا کہ تاریخی طور پر برصغیر میں فارسی کے اثر و رسوخ سے ہوا، تو جب یہی زبان آج عربی (یا امریکی یا انگریزی وغیرہ) کے اثر سے بدل رہی ہے تو یہ اچانک ناجائز، غیر فطری اور قابلِ اعتراض کیوں بن گیا؟ دوسرے الفاظ میں دانیال ماضی میں زبان کی تبدیلی کو تو قدرتی ارتقا سمجھتے ہیں لیکن جب جدید دور میں زبان بدلتی ہے تو اچانک "روایت" اتنی مقدس کیوں ہو جاتی ہے اور پرانے تلفظ کو محفوظ رکھنا لازمی کیوں قرار دیا جا رہا ہے؟ آخر اس ایک مخصوص فارسی تلفظ "Ramzan" میں ایسا کیا ثقافتی طور پر نمایاں، علامتی اور ناگزیر ہے؟

دانیال کے پاس اس کے جواب میں بس یہی دلیل ہے کہ "Ramzan" روایتی ہے کیونکہ "زیادہ تر مسلمان" ہندوستان میں صدیوں سے اسے اسی طرح بولتے آئے ہیں۔ مگر وہ اس دعوے کی تصدیق کے لیے کوئی اعداد و شمار یا مردم شماری کے نتائج پیش نہیں کرتے۔ لیکن ثبوت کی عدم موجودگی سے قطع نظر، اگر ہم ماضی میں جھانکیں تو

ایک وقت ایسا بھی تھا جب "Ramzan" کا تلفظ خود برصغیر میں نیا اور غیر روایتی تھا۔ بالکل اسی طرح جیسے آج Ramadan (بظاہر) نیا اور غیر روایتی لگ رہا ہے۔ شاید چند صدیوں بعد "Ramadan" بھی "روایتی" اور ثقافتی طور پر درست تلفظ سمجھا جائے۔ یہ تو بس خدا ہی بہتر جانتا ہے۔

## کچھ باتیں فارسی کے حوالے سے

اس پوری بحث پر تبصرہ کرنے سے پہلے، میں صرف یہی کہوں گا کہ بالآخر اس سے کوئی خاص فرق نہیں پڑتا کہ کوئی "رمضان" کا تلفظ کیسے ادا کرتا ہے یا کوئی مسلمان "صلوٰۃ" کے بجائے "نماز" کہتا ہے۔ اپنے ذاتی تجربے اور مغرب و مشرق میں مسلم برادریوں کے مشاہدے کے بعد میں نے پایا کہ یہ ثقافتی بحثیں اکثر محض قبیلہ پرستی (عصبیت) کا ایک بدصورت مظہر ہوتی ہیں۔

اگر میں پوری دیانت داری سے بات کروں تو میں فارسی نژاد امریکی ہوں اور "Ramezan," "namaz," "roozeh," "sahari," "Khuda" جیسے الفاظ سن کر اور بول کر پلا بڑھا ہوں۔ میں آج بھی اپنے ایرانی اہلِ خانہ سے بات کرتے وقت یہی الفاظ استعمال کرتا ہوں اور اپنی فارسی شناخت سے گہرا قلبی تعلق محسوس کرتا ہوں۔ اس کے ساتھ ہی مجھے دوسروں سے بات کرتے وقت ان کے عربی متبادل الفاظ استعمال کرنے میں کوئی پریشانی نہیں ہوتی۔ جیسے کہ میری مصری بیوی یا میرے نیم فارسی نیم مصری بیٹے، جو ماشاءاللہ فارسی اور عربی دونوں زبانیں بولتے ہیں۔ یہ بھی دلچسپ اتفاق ہے کہ فارسی میں میرا نام "ڈینئیل" کی بجائے "دانیال" بولا جاتا ہے۔

امید ہے کہ اپنے نام کو "دانیال" کہہ کر پکارنا میری ثقافتی عدم تحفظ کی علامت نہیں سمجھا جائے گا۔

جہاں تک درست تلفظ (orthoepy) کا تعلق ہے، تو یہ مذہبی طور پر تب اہمیت اختیار کر لیتا ہے جب اس کا تعلق فرض نمازوں یا علومِ اسلامیہ، جیسے حدیث کی روایت سے ہو۔ اس کے علاوہ ایک مسلمان کی حیثیت سے ہمیں یہ نہیں بھولنا چاہیے کہ عربی زبان کئی وجوہات کی بنا پر نہایت خاص ہے، جن میں سب سے اہم وجہ یہ ہے کہ یہ وہ زبان ہے جسے اللہ تعالیٰ نے قرآن یعنی اپنی آخری وحی کے لیے منتخب فرمایا۔ مزید یہ کہ یہی اللہ کے محبوب نبی ﷺ کی مادری زبان بھی تھی۔ صرف یہی دو حقائق اس بات کے لیے کافی ہیں کہ ہر مسلمان عربی زبان سے گہری اور سچی محبت محسوس کرے۔

ایک امریکی اور ایرانی ہونے کے ناطے میں اپنی شناخت میں کسی تضاد یا خطرے کا احساس کیے بغیر اس محبت کو تسلیم کرتا ہوں۔ اور جب ہم غیر عرب مسلمانوں کی تاریخ، ادب اور علمی ورثے پر نظر ڈالتے ہیں تو ہمیں عربی زبان کے لیے یہی عقیدت نظر آتی ہے۔ یہاں یہ بات بھی واضح رہنی چاہیے کہ عربی زبان سے محبت کا کسی شخص کی سعودی حکومت یا کسی اور ریاستی ادارے کے بارے میں رائے سے کوئی تعلق نہیں۔ اسی طرح فصیح عربی سے محبت کسی جدید عرب کو یہ حق نہیں دیتی کہ وہ غیر عرب مسلمانوں کو کسی بھی بنیاد پر کم تر مسلمان سمجھے۔ خاص طور پر صرف اس وجہ سے کہ وہ "Ramadan" کے بجائے "Ramzan" یا "Sehri" جیسے الفاظ استعمال کرتے ہیں۔ یاد رہے کہ عربی گرامر پر لکھی جانے والی سب سے پہلی اور شاید سب سے زیادہ اثر رکھنے والی کتاب

ہجری کیلنڈر کی دوسری صدی میں ایک فارسی نژاد مسلمان عالم سیبویہ نے تحریر کی تھی، جو خود غیر عرب تھا۔

چاہے ہمیں یہ تسلیم کرنا پسند ہو یا نہ ہو لیکن اگر ہم اپنی تاریخ میں پیچھے جھانکیں تو یہ حقیقت واضح ہو جائے گی کہ ہم جس بھی جدید قومی شناخت سے وابستہ ہوں، ہماری خاندانی اور ثقافتی تاریخ ہمیشہ مختلف تہذیبوں کے امتزاج کا نتیجہ رہی ہے۔ اس وسیع تناظر میں کسی ایک قومیت پر اصرار کرنا اور محض ایک ہی قومی شناخت اور زبان کو غیر معمولی اہمیت دینا تاریخی ناپختگی، تعصب اور صاف لفظوں میں نادانی معلوم ہوتی ہے۔

# باب چودہ: احتیاط پسند مسلم (Muslim Skeptic)

## مضبوط عمارت کے لیے پائیدار بنیاد ناگزیر ہے

میرے والد ہمیشہ سے بہت ہنر مند رہے ہیں اور ماشاءاللہ گھر کے مختلف کام خود کرنے کا شوق رکھتے ہیں۔ جب میں چھوٹا تھا تو وہ مجھے بھی اپنے ساتھ کام میں شامل کرنے کی کوشش کرتے تھے۔ حالاں کہ مجھے زیادہ مزہ نہیں آتا تھا لیکن پھر بھی میں نے اس سے بہت کچھ سیکھا۔

انہوں نے مجھے بچپن میں ایک اہم سبق سکھایا تھا کہ جب بھی کوئی منصوبہ شروع کرو تو پہلے یہ یقینی بناؤ کہ تم ایک واضح اور مضبوط بنیاد پر کام کر رہے ہو۔ مثال کے طور پر اگر تم اپنے گھر کی دیوار کو دوبارہ رنگنا چاہتے ہو تو سب سے پہلے پرانا رنگ صاف کرنا ہوگا۔ سڑی ہوئی لکڑی ہٹانی ہوگی اور دیگر ضروری تیاری کرنی ہوگی۔ یہ سب مکمل کرنے کے بعد ہی تم نیا رنگ کرنے کے قابل ہو سکو گے۔ یقیناً تم اس تیاری کو نظرانداز کر کے پرانے رنگ پر سیدھا نیا رنگ کر سکتے ہو۔ لیکن جلد ہی نیا رنگ پھٹنے اور اکھڑنے لگے گا اور دیوار کی حالت پہلے سے بھی بدتر ہو جائے گی۔

یہی اصول کنکریٹ ڈالنے یا نئی چھت ڈھالنے پر بھی لاگو ہوتا ہے۔ پہلا قدم انتہائی اہم ہوتا ہے۔ آپ کو پہلے پرانی تعمیر کو اکھاڑنا، اسے توڑنا اور اگر ضرورت پڑے تو مکمل طور پر منہدم کر کے ملبہ ہٹانا پڑے گا۔ جب تک جگہ مکمل طور پر صاف اور

ہموار نہ ہو، تب تک کوئی مضبوط اور پائیدار تعمیر ممکن نہیں۔ اگر آپ پرانے کمزور ڈھانچے کے باقیات پر کچھ نیا بنانے کی کوشش کریں گے تو چاہے وہ جتنا بھی خوبصورت اور معیاری ہو، وہ اتنا ہی کمزور اور ناپائیدار ہوگا جتنا کہ پہلی تعمیر تھی، اور جلد ہی گرنے یا بوسیدہ ہونے کا خطرہ لگا رہے گا۔

مزید یہ کہ اگر آپ پرانے ڈھانچے کے باقیات پر ہی کچھ بنانے کی کوشش کریں گے تو آپ کو بہت سے ردوبدل اور سمجھوتے کرنے پڑیں گے تاکہ نئی تعمیر کسی نہ کسی طرح پرانی ساخت سے مطابقت رکھ سکے۔ اس کا نتیجہ یہ ہوگا کہ آپ اپنی اصل ضروریات اور ترجیحات کے مطابق نہیں بلکہ موجودہ ڈھانچے کے مطابق تعمیر کریں گے، جو آپ کے اصل مقصد سے مکمل ہم آہنگ نہیں ہوگا۔

یہ سب ہمارے دور کے علماء کے لیے ایک استعارہ ہے، جو جدید مسائل کے تناظر میں اپنے علمی کام کے دوران مختلف چیلنجز کا سامنا کرتے ہیں۔ اس استعارے میں پرانا زنگ اور بوسیدہ عمارت جدیدیت (modernism) اور اس سے جڑے نظریات جیسے آزاد خیالی، سائنسی الحاد، تانیثیت پسندی، سیکولرازم وغیرہ کی نمائندگی کرتے ہیں۔ یہ وہ فرسودہ اور زنگ آلود تصورات ہیں جنہیں جڑ سے اکھاڑنا اور مکمل طور پر صاف کرنا ضروری ہے، کیوں کہ اگر کوئی عالم انہی کمزور بنیادوں پر اپنی علمی عمارت کھڑی کرے گا تو چاہے وہ عمارت کتنی ہی معیاری اور فکری لحاظ سے مضبوط ہو، اس کی اساس پھر بھی متزلزل رہے گی اور وہ زیادہ دیر قائم نہیں رہ سکے گی۔ لیکن اگر ان فکری کج رویوں کو جڑ سے اکھاڑ کر ایک صاف، ہموار اور مضبوط علمی زمین تیار کی جائے، تب ہی اللہ کے اذن سے ایک حقیقی اور پائیدار علمی شاہکار تخلیق کیا جاسکتا ہے۔

یہی وجہ ہے کہ ہمارے اسلاف کو علم کے میدان میں بے مثال کامیابیاں نصیب ہوئیں۔ انہوں نے مضبوط اور مستحکم بنیادوں پر علمی عمارت کھڑی کی، جو ان کے پیش رو علماء کے علمی ورثے پر استوار تھی — اور وہ سب وحی اور سنتِ رسول ﷺ کی غیر متزلزل بنیادوں پر قائم تھیں۔ اس طرح وہ ایک بے مثال علمی و روحانی میراث چھوڑنے میں کامیاب ہوئے، جو اسلامی علوم کی عظمت کا مظہر ہے۔

لیکن جدید دور کے آغاز میں جب مسلمان سیاسی طور پر کمزور ہوئے اور یورپی جدیدیت کا فلسفہ دنیا پر اور خود مسلم معاشروں پر غالب آنے لگا تب بعض علمی مباحث اور تحقیقات ردعمل کی نفسیات کا شکار ہو گئیں۔ اچانک علماء کو جدید نظریات کا جواب دینے پر مجبور ہونا پڑا اور بعض اوقات اپنی آراء انہی مغربی تصورات کے تناظر میں پیش کرنی پڑیں۔ یہ سب سماجی دباؤ، سیاسی مجبوری یا پھر نوآبادیاتی طاقتوں اور مغربی اثر ورسوخ کی وجہ سے ہوا۔ اس کا نتیجہ یہ نکلا کہ جانے یا انجانے اس علمی کام پر ان اثرات کی چھاپ پڑی اور کچھ علمی کاوشیں کمزور اور متزلزل بنیادوں پر کھڑی ہونے لگیں۔

اب ہمیں اس فکری زوال اور انحراف کو دور کرنا ہوگا۔ ہمیں ان کمزور بنیادوں کو ختم کرکے اس کے ملبے کو صاف کرنا ہوگا تاکہ ہم اپنی علمی و فکری عمارت کو دوبارہ اعتماد کے ساتھ اور اپنی شرائط پر تعمیر کر سکیں۔ تب ہی ہم دنیا کو دوبارہ یہ باور کرا سکیں گے کہ اس دین کی شان و شوکت، عظمت اور روحانی جلال کا کوئی چیز مقابلہ نہیں کر سکتی۔

## ذہن کی تطہیر

جس طرح انسان دل کی بیماریوں میں مبتلا ہو سکتا ہے اسی طرح وہ عقل کی بیماریوں کا بھی شکار ہو سکتا ہے۔ لیکن اسلامی فکر میں دل اور عقل کا آپس میں گہرا تعلق ہے، یہاں تک کہ وہ ایک دوسرے پر براہ راست اثر انداز ہوتے ہیں۔

مثال کے طور پر تکبر کو عام طور پر دل کی بیماری سمجھا جاتا ہے لیکن یہ عقل پر بھی اثر انداز ہوتا ہے۔ یعنی حقیقت کو سمجھنے اور اسے قبول کرنے کی صلاحیت کو متاثر کرتا ہے۔ تکبر آنکھوں کو بھی ایسا دھوکہ دے سکتا ہے کہ انسان ان سچائیوں کو نہ دیکھ سکے جو اس کے سامنے موجود ہوں۔ ہم روزمرہ کی زندگی میں یہ مشاہدہ کرتے ہیں کہ بعض لوگ واضح حقیقتوں کو دیکھنے سے قاصر ہوتے ہیں۔ یہی حال حسد، کینہ اور لالچ جیسی بیماریوں کا ہے۔ یہ بیماریاں اتنی خطرناک ہوتی ہیں کہ نہ صرف روح کو تباہ کر دیتی ہیں بلکہ پورے جسم کو متاثر کرتی ہیں۔ یہاں تک کہ ان کے اثرات سے سوچنے سمجھنے کی صلاحیت بھی ماند پڑ جاتی ہے۔ بعض مسلم مصلحین کی تحریروں کا تجزیہ کریں تو ان کے دلائل اور فکر میں ان بیماریوں کے اثرات دکھائی دیتے ہیں۔ اللہ ہمیں ایسی حالت سے محفوظ رکھے۔

جب دل کو اس طرح کی بیماریوں سے نجات ملتی ہے تو وہ ہدایت اور روشنی کو زیادہ قبول کرنے کے قابل ہو جاتا ہے، اور اسی طرح عقل کی بیماریوں کو دور کر کے ذہن کو ہدایت اور روشنی کے لیے زیادہ قابل بنایا جا سکتا ہے۔

## "احتیاط پسند مسلم" ہونے کا مطلب

حضرت ابن عباسؓ نے نبی کریم ﷺ سے ایک حدیث روایت کی۔ایک شخص نے وہ حدیث سنی تو پریشان ہو گیا اور اعتراض کرنے لگا۔ یہ سن کر ابن عباسؓ نے فرمایا: "انہیں کس بات کا خوف ہے؟ جو چیز واضح ہوتی ہے اسے بہ آسانی قبول کر لیتے ہیں، لیکن جب کوئی بات غیر واضح ہوتی ہے، تو اسی میں الجھ کر تباہ ہو جاتے ہیں۔"

مغرب میں شکی مزاج یا احتیاط پسند شخص (skeptic)[46] کا طریقہ یہ ہوتا ہے کہ وہ ہر ایسی چیز پر سوال اٹھاتا اور اعتراض کرتا ہے جو اس کی اپنی عقل کے مطابق نہ ہو۔ کیوں کہ اسے غلطی سے یہ گمان ہو جاتا ہے کہ اس کی عقل ہی صحیح و غلط کا حتمی معیار ہے۔

اس کے برعکس احتیاط پسند مسلمان کی توجہ اپنی ذات پر مرکوز ہوتی ہے وہ اپنے خیالات اور نظریات پر سوال اٹھاتا ہے اور اپنی ہر اس سوچ کو رد کرتا ہے جو اسلام کے مطابق نہ ہو۔ کیوں کہ وہ یہ حقیقت جانتا ہے کہ اس کی عقل محدود ہے اور صرف اسلام ہی حق کا مطلق معیار ہے۔

---

[46] Skepticism ایک ذہنی رویہ اور فلسفیانہ نقطہ نظر ہے، جس کے تحت کسی بھی دعوے کو فوری طور پر قبول کرنے کے بجائے تنقیدی سوچ اور منطق کی بنیاد پر پرکھا جاتا ہے۔ اسی طرح، Skeptic وہ شخص ہوتا ہے جو بغیر ثبوت کے کسی نظریے یا دعوے کو تسلیم نہیں کرتا بلکہ سوالات اٹھاتا ہے اور تحقیق کے بعد کسی نتیجے پر پہنچتا ہے۔ یہ الفاظ مثبت اور منفی، دونوں معنوں میں استعمال ہوتے ہیں۔ چنانچہ، اس باب میں حسبِ موقع اسے "احتیاط پسند"، "ناقد"، "تنقیدی سوچ رکھنے والا"، "شکی" اور "بہت زیادہ شک کرنے والا" جیسے الفاظ سے ترجمہ کیا گیا ہے۔ (مترجم)

حقیقی تباہی کے ہتھیار دراصل وہ غیر اخلاقی، غیر عقلی، گمراہ کن اور فریب زدہ خیالات ہوتے ہیں جو لوگوں کو ایسا قائل کر دیتے ہیں کہ وہ انہیں سچ مان کر ان سے محبت کرنے لگتے ہیں اور ان کے لیے لڑنے مرنے پر تیار ہو جاتے ہیں۔ ایسے جھوٹے سچ کے مقابلے میں شک کرنا اور احتیاط برتنا اس سے کہیں بہتر ہے کہ آدمی غلط عقائد کو آنکھ بند کر کے قبول کر لے۔

## احتیاط پسند مسلم کا مشن

آسان الفاظ میں احتیاط پسند مسلم کا مقصد یہ ہے کہ آج کے دور میں روایتی اسلام کو، چاہے وہ فکری ہو یا روحانی، زیادہ اہمیت دی جائے، اور اسے مسلمان اور غیر مسلم دونوں سنجیدگی سے لیں۔ ایسا کیوں ہے؟ ایسا اس لیے کیوں کہ بہت سے مسلمانوں کے ایمان کو لبرل ازم، سیکولرازم، سائنٹزم جیسے نظریات نے کمزور کر رکھا ہے۔ اسی طرح، بہت سے غیر مسلم بھی انہی رکاوٹوں کی وجہ سے اسلام قبول کرنے یا کم از کم نبی کریم ﷺ، قرآن اور اسلامی طرزِ زندگی کا احترام کرنے سے قاصر ہیں۔ تو آیئے ان رکاوٹوں کو دور کریں۔ ہم مسلمان ہونے کے ناطے نبی کریم ﷺ، قرآن اور اسلام کو کسی عام انسانی یا فطری چیز کے طور پر نہیں دیکھتے، بلکہ انہیں ہر لحاظ سے برتر اور غیر معمولی مانتے ہیں۔ تصور کریں کہ کوئی ایسی چیز ہو جو اتنی حسین، طاقتور اور حیرت انگیز ہو کہ محض ایک نظر ڈالنے سے انسان پہچان لے کہ یہ خالق کی طرف سے ہے۔ ہمیں اپنے دین کے لیے یہی کیفیت، سحر، استعجاب اور محبت محسوس کرنا چاہیے۔ اب سوال یہ پیدا ہوتا ہے کہ جو حقیقت ہم دیکھ رہے ہیں، باقی دنیا اسے کیوں نہیں دیکھ پا رہی ہے؟ لوگ اسلام کو وحشیانہ اور غیر مہذب کیوں

سمجھ رہے ہیں؟ اس کی کئی وجوہات ہیں لیکن ایک بڑی وجہ یہی رکاوٹیں ہیں۔ اس لیے ہمیں ان رکاوٹوں کو ختم کرنے اور اس مسئلے کا بہترین حل نکالنے کی ضرورت ہے۔

## احتیاط پسند مسلم ہونا کیوں ضروری ہے؟

اللہ تعالیٰ کا ارشاد ہے۔

﴿وَإِن تُطِعْ أَكْثَرَ مَن فِي ٱلْأَرْضِ يُضِلُّوكَ عَن سَبِيلِ ٱللَّهِ ۚ إِن يَتَّبِعُونَ إِلَّا ٱلظَّنَّ وَإِنْ هُمْ إِلَّا يَخْرُصُونَ﴾ [الأنعام: ١١٦]

اور اے محمدؐ! اگر تم اُن لوگوں کی اکثریت کے کہنے پر چلو جو زمین میں بستے ہیں تو وہ تمہیں اللہ کے راستہ سے بھٹکا دیں گے وہ تو محض گمان پر چلتے اور قیاس آرائیاں کرتے ہیں۔

(سورہ انعام: ١١٦)

گمان (جسے عربی میں "ظن" کہا جاتا ہے) دراصل بے بنیاد رائے، قیاس آرائی اور محض وہم ہے، جو حقیقت، سچائی اور صحیح فہم پر مبنی نہیں ہوتا۔ اللہ تعالیٰ نے واضح طور پر فرمایا ہے کہ زیادہ تر لوگ اسی "ظن" کی بنیاد پر جیتے اور اسی کے مطابق سوچتے ہیں۔ لیکن وہ غلطی سے یہ سمجھنے لگتے ہیں کہ وہ سچ پر ہیں۔ یہاں تک کہ وہ دوسروں کی رہنمائی کرنے کا دعویٰ بھی کرنے لگتے ہیں۔ یعنی وہ اعتماد کے ساتھ بات کرتے ہیں، ایسا ظاہر کرتے ہیں جیسے وہ جانتے ہیں کہ کیا کہہ رہے ہیں اور اس طرح لوگوں کو اپنی گمراہی میں مبتلا کرنے کی کوشش کرتے ہیں۔

لیکن ایک مسلمان کو ایسے جھوٹے رہنماؤں سے ہمیشہ محتاط رہنا چاہیے۔ اگر کوئی شخص اعتماد سے بات کرے، اس کے پاس اعلیٰ ڈگریاں ہو یا بہت دلکش اور متاثر کن زبان استعمال کرے، تب بھی احتیاط ضروری ہے۔ ہر بات کو واضح اور متفق علیہ اسلامی حقائق کی بنیاد پر پرکھنا چاہیے، کیوں کہ زیادہ تر ایسے لوگ صرف "ظن" کی باتیں ہی کرتے ہیں۔

مثال کے طور پر ہر کچھ سال بعد کوئی نئی سائنسی تحقیق سامنے آتی ہے جو شراب نوشی کے "صحت بخش فوائد" پر زور دیتی ہے۔ سیکولر ذہنیت رکھنے والے برصغیر، عرب، ایران وغیرہ کے لوگ ایسی تحقیقات کو اسلام کی قدامت پسندی کا ثبوت قرار دینے لگتے ہیں۔ لیکن بالآخر یہی تحقیقات غلط ثابت ہو جاتی ہیں، یا ان کے نتائج غیر واضح، وقتی اور بے بنیاد ثابت ہوتے ہیں۔

## اسلام کو جدیدیت کے تناظر میں سمجھنے کا ایک بنیادی اصول

میں آپ کو ایک ایسا بنیادی اصول بتانا چاہتا ہوں جو آج کے دور میں اسلامی عقائد کے بارے میں پیدا ہونے والے شکوک و شبہات کو دور کرنے میں بہت مددگار ثابت ہو سکتا ہے۔ بد قسمتی سے اس اصول کو بہت کم لوگ سمجھ پاتے ہیں، چاہے ان کا سیکولر علوم میں وسیع تجربہ ہو یا روایتی طور پر اسلامی علوم کے ماہر ہوں۔

اصول یہ ہے کہ ہر وہ چیز جسے لوگ حقیقت سمجھتے ہیں، ضروری نہیں کہ وہ حقیقت میں موجود بھی ہو۔

ذرا غور کریں۔ یہ کیسے ممکن ہے کہ بہت سے لوگ کسی چیز کو حقیقت سمجھیں جب کہ وہ محض ان کے تخیل کی پیداوار ہو؟

ایسا کئی طرح سے ممکن ہے اور تاریخ میں اس کی بے شمار مثالیں موجود ہیں۔ سب سے نمایاں مثال مذاہب کی ہے۔ کئی معاشروں اور تہذیبوں میں ایسے معبودوں کی پرستش کی جاتی رہی ہیں جن کا سرے سے وجود ہی نہیں تھا۔ پورے کے پورے مذاہب اس مفروضے پر قائم کیے گئے کہ یہ معبود واقعی موجود ہیں، حالاں کہ وہ محض انسانی گمان اور بے بنیاد خیالات کا نتیجہ تھے۔

ایک اور قابلِ غور مثال مذہب کے دائرے سے باہر، تجرباتی سائنسی علوم میں ملتی ہے۔

ایسے سائنسی اور تجرباتی نظریات پر غور کریں جنہیں ایک زمانے میں قطعی اور ناقابلِ تردید حقیقت سمجھا جاتا تھا لیکن بعد میں انہیں مسترد کر دیا گیا۔ حالیہ تاریخ میں طبیعات (Physics)، کیمیا (Chemistry) اور حیاتیات (Biology) جیسے اہم سائنسی شعبوں میں ایسی بے شمار مثالیں موجود ہیں۔

کیا آپ نے ایتھر (Ether)، فلاجسٹن (Phlogiston) یا کارپسکلز (Corpuscles) کے بارے میں سنا ہے؟ یہ وہ سائنسی تصورات تھے جنہیں ایک زمانے میں حقیقت سمجھا جاتا تھا۔ ان پر تحقیق ہوئی، تجربات کیے گئے اور سائنس دانوں نے انہیں تسلیم بھی کر لیا۔ لیکن بعد میں معلوم ہوا کہ یہ سب محض مفروضے تھے اور حقیقت میں ان کا کوئی وجود نہیں تھا۔

ایسا کیسے ہو گیا؟ یہ کیسے ہو سکتا ہے کہ سائنسی برادری تجربے پر مبنی شواہد اور عقلی تجزیے کی بنیاد پر کسی چیز کو حقیقت سمجھے اور بعد میں وہ محض ایک اجتماعی وہم ثابت ہو؟

ہمیں اس باب میں معاملے کی تفصیل میں جانے کی ضرورت نہیں، بس اتنا جاننا کافی ہے کہ ایسا تاریخ میں بار بار ہوتا آیا ہے۔ تعجب کی بات یہ ہے کہ ایسا صرف مذہب یا فلسفے میں نہیں بلکہ سائنس جیسے "عقلی" اور "تجرباتی" میدان میں بھی ہوتا آیا ہے۔

اب ذرا اس نکتے کو سیاست، اخلاقیات اور انصاف کے تصورات پر لاگو کریں۔ آج کے دور میں کچھ "اخلاقی حقیقتیں" سمجھی جاتی ہیں—یعنی وہ اقدار جنہیں بہت سے لوگ قطعی سچ اور ناقابلِ تردید حقیقت مانتے ہیں۔ اب ذرا غور کریں کہ اگر لوگ تجرباتی حقیقت جیسے ٹھوس معاملے میں غلط ہو سکتے ہیں تو اخلاقیات جیسے غیر مادی اور تجریدی مسئلے میں ان کے غلط ہونے کا امکان کہیں زیادہ ہے۔

آج اسلام پر ہر طرف سے حملے ہو رہے ہیں کہ وہ بعض نام نہاد اخلاقی معیارات پر پورا نہیں اترتا۔ کہا جاتا ہے کہ اسلام آزادیٔ ضمیر کا احترام نہیں کرتا، جمہوریت کو تسلیم نہیں کرتا، مذہبی آزادی کا قائل نہیں، جنسی خود مختاری کو قبول نہیں کرتا اور صنفی غیر مطابقت (Gender Non-conformity) کو نہیں مانتا۔ اسی طرح کے مزید الزامات مسلسل دہرائے جاتے ہیں۔

لیکن اگر یہ تمام تصورات حقیقت میں کسی مستحکم بنیاد کے حامل ہی نہ ہوں؟ اگر ان کی کوئی حقیقی اخلاقی حیثیت ہی نہ ہو؟ ممکن ہے کہ یہ محض مغربی علمی و فکری بالادستی کے گہرے اثر و رسوخ کے نتیجے میں جدید معاشروں کے اجتماعی تصور کا حصہ بن گئے ہوں اور کوئی آفاقی حقیقت نہ رکھتے ہوں۔

اگر آپ اس سوال پر غور کرنے کی ہمت پیدا کر لیں اور اس زاویۂ نظر سے سوچنا شروع کریں تو یہ موجودہ دور کے مسلمانوں کے ذہنوں میں پیدا ہونے والے بے شمار شکوک وشبہات کو رفع کرنے کی سمت پہلا قدم ثابت ہوگا۔

بد قسمتی سے بہت سے مسلم دانشور اور علماء اس بنیادی سوال اور تنقید کے مرحلے کو مکمل طور پر نظر انداز کر دیتے ہیں۔ وہ ان تصورات اور اقدار کو بلا چوں چرا اں ایک مسلمہ حقیقت کے طور پر قبول کر لیتے ہیں۔ اور یہی سب سے بڑی تباہی ہے۔

## ایسا کیوں ہے؟

کیوں کہ سب سے اہم سوال یہ ہے کہ "آزادیٔ ضمیر" نامی کسی چیز کی واقعی کچھ حقیقت ہے تو وحی میں اس کا تذکرہ کیوں نہیں ہے؟

یہ سن کر یہ دانشور حضرات دعویٰ کرتے ہیں کہ "مگر یہ تو وحی میں موجود ہے"! اور اسے ثابت کرنے کے لیے وہ قرآن، حدیث اور قدیم علمی روایات میں سے ہر وہ چیز کھنگالتے ہیں جسے کسی بھی طرح اس تصور یا قدر کے اظہار کے طور پر پیش کیا جا سکتا ہو، جسے وہ ہر حال میں حقیقت تسلیم کرتے ہیں۔

لیکن ان کی یہ تحقیق بنیادی طور پر ناقص ہے۔ کیوں کہ جو چیز وہ اپنے نظریے کے حق میں بطور دلیل پیش کرتے ہیں، اس کے مقابلے میں کم از کم دس ایسی مثالیں موجود ہوتی ہیں جو اس کی صریح نفی کرتی ہیں۔ مگر ظاہر ہے ان کی تحقیق میں ان مثالوں کا ذکر ہی نہیں ملتا۔

یہ ہمیشہ اس لیے نہیں ہوتا کہ متعلقہ اسکالر یا دانشور جان بوجھ کر کوئی چیز چھپا رہا ہو یا دھوکہ دے رہا ہو۔ بعض اوقات وہ حقیقت میں ان مخالف مثالوں کو دیکھ ہی نہیں پاتے کیوں کہ وہ جس فکری تناظر میں اصل متن کو سمجھنے کی کوشش کر رہے ہوتے ہیں، وہ پہلے ہی ان جدید تصورات اور اقدار سے اس حد تک متاثر ہوتی ہے کہ وہ انہی چیزوں کو تلاش کرنے لگتے ہیں جو وہ دیکھنا چاہتے ہیں۔ اس طرح وہ خود سے اپنے دلائل کو تقویت دینے کی کوشش کرتے ہیں اور اس میں گول گول گھومتے ہیں، جس سے باہر نکلنا اکثر ناممکن حد تک مشکل ہو جاتا ہے۔

ایک ممکنہ اعتراض یہ ہو سکتا ہے "اگر ہم جدید اقدار پر شک کر سکتے ہیں تو یہی شک اسلام اور اسلامی اقدار پر بھی کیوں نہ کیا جائے (آپ ان کو چاہے جو بھی سمجھتے ہوں)؟ آخر ہمیں ان تصورات اور اقدار کو کیوں حقیقی ماننا چاہیے؟"

اس کا سادہ سا جواب یہ ہے کہ ہم انہیں محض ایک مفروضے کے طور پر قبول نہیں کرتے۔ ہم تحقیق کرتے ہیں، تجزیہ کرتے ہیں، غور و فکر کرتے ہیں اور خود کو مستند علمی ذرائع یعنی قرآن، سنت اور قدیم علمی روایت سے جوڑتے ہیں۔ ہم اس بات کا بھی خاص خیال رکھتے ہیں کہ کہیں کوئی غیر ضروری خارجی تعصب ہمارے مطالعے میں شامل نہ ہو جائے۔ لیکن یہ صرف پہلا مرحلہ ہے۔ حقیقت اور حق کو سمجھنے کے لیے تجربہ، احساس اور ذاتی ادراک بھی ضروری ہے۔ اور یہ ان تمام عبادات، ذکر، تلاوتِ قرآن اور دیگر اعمال کے ذریعے حاصل ہوتا ہے جو اسلام نے بتائے ہیں۔ یہ ایک مکمل زندگی گزارنے کا عملی نظام ہے جو انسان کو تجرباتی، عقلی اور روحانی طور پر حقیقت تک پہنچنے میں مدد دیتا ہے۔ کیوں کہ علم و معرفت کے یہ تمام ذرائع باہم جڑے ہوئے ہیں۔

ایک اور اہم نکتہ یہ ہے کہ جدید نظریات کے حامی بھی یہی دعویٰ کرتے ہیں کہ وہ اپنے تصورات اور اقدار کی "حقیقت" کو محسوس کرتے ہیں، اسے جانتے ہیں اور اس سے فیض یاب ہو چکے ہیں"۔ یہ بات ان کے ان جذباتی اور بعض اوقات پر تشدد اور انتہا پسندانہ رویوں سے بھی ظاہر ہوتی ہے، جن کے ذریعے وہ ان نظریات کی حمایت کرتے ہیں۔ تو پھر سوال پیدا ہوتا ہے کہ ہمیں ان کے نظریات کو رد کرنے کا کیا حق ہے؟ ہم کس بنیاد پر کہہ سکتے ہیں کہ وہ غلط ہیں؟

## ایسا کرنا بہت آسان ہے

یہ بالکل آسان کام ہے۔ آپ صرف ان نظریات کا تنقیدی جائزہ لیں اور ان کے تضادات کو نمایاں کریں۔ آپ منظم طریقے سے ان خیالات کا تجزیہ اور رد کریں یہاں تک کہ تمام متعلقہ افراد کے سامنے یہ واضح ہو جائے کہ وہ خیالات بے بنیاد ہیں اور احترام یا قبول کرنے کے لائق نہیں ہیں۔ ظاہر ہے کہ کوئی اس میں زیادہ یا کم مہارت رکھ سکتا ہے۔ اس طریقے کا بہترین نمونہ ہمارے پیارے نبی ابراہیم علیہ السلام ہیں (سورہ انعام: ۷۴۔ ۸۳)۔

بہر حال اگر آپ اس طریقہ کار کو سمجھ لیں تو اس کی برعکس چیز کو بھی فوراً پہچان لیں گے، یعنی معذرت خواہانہ طرزِ عمل، جو جدیدیت کے نظریات اور اقدار کو پہلے تسلیم کر لیتا ہے اور پھر انہیں قرآن، سنت اور قدیم علمی روایت کے منتخب حوالوں کے ذریعے درست ثابت کرنے کی کوشش کرتا ہے۔ جب آپ اسے پہچان لیں گے تو ان شاء اللہ آپ سمجھ جائیں گے کہ معذرت خواہانہ رویہ کتنا غیر مؤثر اور عام طور پر کتنا ناپسندیدہ ہوتا ہے،

یہاں تک کہ آپ اسے برداشت بھی نہیں کر پائیں گے۔ اللہ ہمیں سچائی کے مخلص متلاشیوں میں شامل فرمائے۔

## ایک شکی مزاج مسلم کے اعترافات

چند دن پہلے ایک مسلمان نوجوان نے مجھ سے سوال کیا کہ نماز کا مقصد کیا ہے؟ ہمیں خدا پر کیوں یقین رکھنا چاہیے؟ نیک لوگوں کے ساتھ برے واقعات کیوں پیش آتے ہیں؟ یہ سوالات دراصل ایک بڑے اور خوفناک مسئلے کی محض ہلکی سی ایک جھلک تھے۔

ہماری کمیونٹی میں بے شمار ایسے سوالات پنپ رہے ہیں جو کئی لوگوں کے لیے عقیدے کے بحران کا سبب بن رہے ہیں۔ افسوس اس بات پر ہے کہ کچھ مسلمان ان سوالات کے غیر حل شدہ ہونے کی وجہ سے اسلام کو چھوڑ رہے ہیں اور یہ رجحان معاشرے میں منظم مذہب کی کم ہوتی ہوئی مقبولیت کے سبب مزید شدت اختیار کر رہا ہے۔

## سوالات بہت سارے ہیں لیکن جواب کمیاب ہیں

ہم اس چیلنج سے کیسے نمٹ سکتے ہیں؟

میں نے ۹۰ کی دہائی میں ایک امریکی مسلمان نوجوان کے طور پر پرورش پائی اور اس وقت میرے ذہن میں آنے والے سوالات آج کے نوجوانوں کے روح کو جھنجھوڑ دینے والے مسائل کے مقابلے میں بہت معمولی معلوم ہوتے ہیں۔ آج کے نوجوان ہم جنس پرستی کے حقوق، دہشت گردی کے خلاف جنگ، خدا کے وجود کے سائنسی ثبوت، خواتین کے حقوق، حیا کی اہمیت، جنسی پاکیزگی کے فوائد، انسانی ارتقاء، خاندانی نظام کی اہمیت

وغیرہ جیسے موضوعات پر بحث کر رہے ہیں۔ الغرض یہ کہ ہر چیز زیر بحث ہے، اس کا تجزیہ ہو رہا ہے اور اس کا انجام بالآخر کار انکار ہے۔

مجموعی طور پر مذہب کو غیر عقلی اور غیر مستند سمجھا جا رہا ہے۔ ان شکوک میں مبتلا لوگوں کے ذہنوں میں مذہب کی فکری ساکھ بحال کرنے کا واحد راستہ یہی ہے کہ ان سوالات کا براہِ راست سامنا کیا جائے اور ان کے دوٹوک اور مدلل جوابات دیے جائیں۔

## شکی مزاج کی تعریف

چاہے تعلیمی میدان ہو یا پیشہ ورانہ دنیا، پیچیدہ اور حساس سوالات سے نمٹنے کا سب سے مؤثر طریقہ یہ ہے کہ ایک قدم پیچھے ہٹ کر ان پوشیدہ مفروضات کو بے نقاب کیا جائے جو ان سوالات کی بنیاد بنتے ہیں۔ یہ طریقہ انسان کو خود سوال کی ساخت پر غور کرنے اور اسے چیلنج کرنے کے قابل بناتا ہے۔

روایتی طور پر عام عقائد کو چیلنج کرنے اور ان پر سوال اٹھانے کے اس رجحان کو تشکیک یا skepticism کہا جاتا ہے۔ (اس میں تجسس یا تحقیق کا بھی عنصر پایا جاتا ہے) جس مفہوم میں یہاں یہ اصطلاح استعمال ہو رہی ہے، اس میں ناقد یا شک کرنے والا (skeptic) وہ شخص ہوتا ہے جو کسی فکری نظام کو سمجھنے اور اس کا تنقیدی جائزہ لینے کے لیے توقف کرتا ہے تاکہ اس کی فکری قدر و قیمت پرکھ سکے۔ (یہ فلسفیانہ تنقید سے مختلف ہے، جو مکمل طور پر علم کے امکان پر سوال اٹھاتی ہے۔)

عام طور پر مذہبی عقائد ہی شک و شبہ کا سب سے زیادہ نشانہ بنتے ہیں۔ مثال کے طور پر ہمیں یہ کیوں یقین کرنا چاہیے کہ خدا کا وجود ہے؟ ہمیں کیوں ماننا چاہیے کہ قرآن

خدا کا کلام ہے اور محمد ﷺ اللہ کے رسول تھے؟ اس قسم کی شک پر مبنی سوچ کا آغاز ابتدا میں ملحدوں اور مذہب مخالفین سے ہوا، لیکن وقت گزرنے کے ساتھ ساتھ یہ پوری دنیا میں پھیل گئی۔ حتیٰ کہ آج کل مذہبی افراد بھی خود سے یہ سوالات کرنے لگے ہیں اور جب انہیں تسلی بخش جواب نہیں ملتا تو وہ یا تو دین سے کنارہ کش ہو جاتے ہیں یا پھر ان سوالات کو نظر انداز کر دیتے ہیں۔

لیکن ایک اور راستہ بھی موجود ہے۔

## آزاد خیال اور سیکولر افراد کے دہرے معیار کے خلاف ہمارا رویہ

میرا تجربہ کہتا ہے کہ مذہب کے بارے میں شک کرنے والے لوگ اکثر دوغلے پن کا مظاہرہ کرتے ہیں کیوں کہ وہ تمام نظریاتی نظاموں کو یکساں طور پر تنقید کا نشانہ نہیں بناتے۔ وہ اپنی سب سے زیادہ جارحانہ تنقید مذہب، خاص طور پر اسلام، کے لیے خاص رکھتے ہیں، لیکن کچھ غیر مذہبی نظریات کو کھلی چھوٹ دے دیتے ہیں۔

مثال کے طور پر بل مہر (Bill Maher) جیسے لوگ، جو خود کو آزاد خیال کہتے ہیں اور اسلام پر شدید تنقید کرنے میں کوئی کسر نہیں چھوڑتے۔ لیکن کیا وہ اسی تنقیدی رویے کا اطلاق آزاد خیالی پر بھی کرتے ہیں؟ کیا انہوں نے کبھی ٹی وی پر آزاد خیالی کی فکری کمزوریوں اور تنازعات پر بات کی ہے؟ کیا انہوں نے کبھی اس جدید آزاد خیال سوچ کے نتیجے میں ہونے والی تباہی اور تشدد کا سنجیدگی سے جائزہ لیا ہے؟

مہر اپنے آپ کو ایک ایسے غیر جانبدار اور منطقی تجزیہ نگار کے طور پر پیش کرتے ہیں جو حقیقت کو سامنے لانے کے لیے عقلی سوچ کا سہارا لیتا ہے، لیکن حقیقت میں وہ ایک

پروپیگنڈا کرنے والے فرد ہیں جو نہ تو غیر جانبدار ہے اور نہ ہی عقل پر مبنی۔ فرق صرف اتنا ہے کہ وہ عیسائیت کے بجائے آزاد خیالی کی تبلیغ کرتے ہیں۔

احتیاط پسند یا ناقد مسلم وہ ہوتا ہے جو ایسے منافقین کو انہیں کے انداز میں جواب دیتا ہے۔ آخر مسلمان بھی کیوں نہ آزاد خیالی، ہر قوم کے لیے ایک ملک کے نظریے، سائنس پرستی(scientism)، انسانی مرکزیت (humanism)، ترقی پسندی (progressivism)اور ہمارے دور کے دیگر بے چون وچرا قبول کیے جانے والے جدید نظریاتی عقائد پر شک کا اظہار کریں؟

**پلٹ وار**

ذیل میں کچھ "متنازعہ" یا "مشکل" سوالات کے نمونے دیے گئے ہیں۔

-اللہ، فرشتوں، آخرت اور روح وغیرہ کے وجود کا سائنٹفک ثبوت کیا ہے؟

-اسلامی قانون صرف خواتین پر حجاب کو لازم کیوں کرتا ہے، مردوں پر کیوں نہیں؟

-ایک رحمٰن ورحیم خدا برائی کو کیوں وجود میں آنے دیتا ہے؟

-کیا ہمیں اپنے فیصلے کرنے کی مکمل آزادی حاصل ہے؟

-اسلامی قانون ہم جنس پرستی کو ممنوع کیوں قرار دیتا ہے؟

-بہت سارے مسلمان انسان کے ارتقائی نظریے کو کیوں نہیں مانتے؟

ہم اکثر یہ سمجھنے میں ناکام رہتے ہیں کہ یہ سوالات ہوا میں نہیں پیدا ہوتے۔ یہ ۳۰، ۴۰ یا ۵۰۰ سال پہلے کے مسلمانوں کے لیے باعثِ الجھن نہیں تھے۔ بلکہ یہ مخصوص سوالات ہماری موجودہ صدی اور فکری ماحول کا نتیجہ ہیں۔ ہر سوال کے پیچھے کچھ گہرے اور راسخ تصورات کارفرما ہوتے ہیں۔ ان سوالات کو مشکل سمجھنے کی اصل وجہ یہ ہے کہ ہم ان بنیادی مفروضات کو پہچاننے سے قاصر ہیں اور انہیں خود بخود تسلیم کر لیتے ہیں۔

باشعور مسلم ناقدان پوشیدہ تصورات کو بے نقاب کرنے اور ان کا گہرائی سے جائزہ لینے کو اپنی ذمہ داری سمجھتے ہیں۔ اس طرح یہ "مشکل" سوالات حل ہونے کے بجائے اپنی بنیاد ہی کھود دیتے ہیں۔

چوں کہ اس قسم کے سوالات بعض مسلمانوں کے ایمان کو کمزور کر رہے ہیں، اس لیے ایک مضبوط ناقدانہ طرزِ فکر اپنانے کی اشد ضرورت ہے۔

## یہ ناقدانہ مزاج کیسے کام کرتا ہے

مثال کے طور پر خدا کے وجود کے سوال پر غور کریں۔ بعض جدید مسلم مفکرین یہ تسلیم کرتے ہیں کہ خدا کے وجود کے لیے کوئی معروضی (objective) ثبوت موجود نہیں اور آخر میں یہ بس ایک "ایمان کی چھلانگ" (Leap of Faith) پر منحصر ہوتا ہے۔ اس کے برعکس، ناقدانہ مزاج رکھنے والے مسلمان (Muslim Skeptic) کا نقطہ نظر یہ ہوگا کہ سب سے پہلے

"معروضیت"(objectivity)کے مفہوم کی تحقیق کی جائے۔ خود معروضیت کا تصور ایک پیچیدہ اور دلچسپ تاریخی پس منظر رکھتا ہے جسے نظر انداز نہیں کیا جا سکتا۔

اس کے بعد ایسا مسلمان ان عمومی معیارات پر غور کرے گا جو خدا پر ایمان کو مسترد کرنے کے لیے استعمال کیے جاتے ہیں، جیسے کہ سائنٹفک ثبوت اور ان کے تسلسل اور منطق کا جائزہ لے گا۔ مثال کے طور پر اگر ہمیں محض اس بنیاد پر خدا کے وجود کو مسترد کرنا چاہیے کہ اس کے لیے سائنٹفک ثبوت موجود نہیں، تو کیا ہمیں وقت کے گزرنے، انسانی شعور، تجریدی ریاضیاتی تصورات وغیرہ جیسے مظاہر کو بھی مسترد کر دینا چاہیے، جن کے لیے بھی کوئی سائنسی یا مادی ثبوت نہیں ہے؟ ظاہر ہے زیادہ تر لوگ اتنے انتہا پسند نہیں ہوتے کہ ان چیزوں کے وجود سے انکار کر دیں، حالاں کہ ان کے لیے بھی کوئی سائنٹفک ثبوت نہیں پایا جاتا لیکن وہ پھر بھی ایک حقیقت رکھتے ہیں۔ اسی طرح کے دیگر نکات پر غور کیا جا سکتا ہے۔

اس طریقے سے ناقدانہ ذہن رکھنے والا مسلمان مقبول عام اور قابل قدر سمجھے جانے والے نظریات، جیسے سائنس کی مطلق بالادستی، کو چیلنج کرنے سے نہیں گھبراتا تاکہ ان پوشیدہ مفروضوں کو بے نقاب کیا جا سکے جو اصل مسئلے کو دھندلا کر دیتے ہیں اور لوگوں کو الجھن میں ڈال دیتے ہیں۔

اس حکمت عملی کی بہترین مثال حضرت ابراہیم علیہ السلام کی سیرت میں ملتی ہے جنہوں نے نہ صرف اپنے وقت کے بتوں کو ظاہری طور پر توڑا بلکہ ان کے عقلی اور فکری

بطلان کو بھی نمایاں کیا، یہ ثابت کرتے ہوئے کہ وہ عقلی بنیادوں پر بے وقعت اور غیر منطقی تھے۔

## خلاصہ

یقیناً، شک وشبہ ایک منفی اور تنقیدی عمل ہے۔ اس کا مقصد عقلی استدلال کے ذریعے جھوٹے معبودوں کو زمیں بوس کرنا ہے تاکہ حق کی روشنی کو ابھرنے کا موقع ملے۔ اس لحاظ سے، تاریخ کے عظیم ترین مسلمان ناقدوں میں سے ایک حضرت ابراہیم علیہ السلام تھے، جنھوں نے اپنی قوم کے لوگوں کی بت پرستی کو ذہانت اور حکمت کے ساتھ بے نقاب کیا، جیسا کہ قرآن کی درج ذیل آیات میں بیان کیا گیا ہے۔

﴿وَكَذَٰلِكَ نُرِيٓ إِبۡرَٰهِيمَ مَلَكُوتَ ٱلسَّمَٰوَٰتِ وَٱلۡأَرۡضِ وَلِيَكُونَ مِنَ ٱلۡمُوقِنِينَ فَلَمَّا جَنَّ عَلَيۡهِ ٱلَّيۡلُ رَءَا كَوۡكَبٗاۖ قَالَ هَٰذَا رَبِّيۖ فَلَمَّآ أَفَلَ قَالَ لَآ أُحِبُّ ٱلۡأٓفِلِينَ فَلَمَّا رَءَا ٱلۡقَمَرَ بَازِغٗا قَالَ هَٰذَا رَبِّيۖ فَلَمَّآ أَفَلَ قَالَ لَئِن لَّمۡ يَهۡدِنِي رَبِّي لَأَكُونَنَّ مِنَ ٱلۡقَوۡمِ ٱلضَّآلِّينَ فَلَمَّا رَءَا ٱلشَّمۡسَ بَازِغَةٗ قَالَ هَٰذَا رَبِّي هَٰذَآ أَكۡبَرُۖ فَلَمَّآ أَفَلَتۡ قَالَ يَٰقَوۡمِ إِنِّي بَرِيٓءٞ مِّمَّا تُشۡرِكُونَ إِنِّي وَجَّهۡتُ وَجۡهِيَ لِلَّذِي فَطَرَ ٱلسَّمَٰوَٰتِ وَٱلۡأَرۡضَ حَنِيفٗاۖ وَمَآ أَنَا۠ مِنَ ٱلۡمُشۡرِكِينَ وَحَآجَّهُۥ قَوۡمُهُۥۚ قَالَ أَتُحَٰٓجُّوٓنِّي فِي ٱللَّهِ وَقَدۡ هَدَىٰنِۚ وَلَآ أَخَافُ مَا تُشۡرِكُونَ بِهِۦٓ إِلَّآ أَن يَشَآءَ رَبِّي شَيۡـٔٗاۚ وَسِعَ رَبِّي كُلَّ شَيۡءٍ عِلۡمًاۚ أَفَلَا تَتَذَكَّرُونَ﴾ [الأنعام: ۷۵-۸۰]

ابراہیمؑ کو ہم اِسی طرح زمین اور آسمانوں کا نظام سلطنت دکھاتے تھے اور اس لیے دکھاتے تھے کہ وہ یقین کرنے والوں میں سے ہو جائے۔ چنانچہ جب رات اس پر طاری ہوئی تو اُس نے ایک تارا دیکھا کہا یہ میرا رب ہے مگر جب وہ ڈوب گیا تو بولا ڈوب جانے والوں کا تو میں گرویدہ نہیں ہوں۔ پھر جب چاند چمکتا نظر آیا تو کہا یہ ہے میرا رب مگر جب وہ بھی ڈوب گیا تو کہا اگر میرے رب نے میری رہنمائی نہ کی ہوتی تو میں بھی گمراہ لوگوں میں شامل ہو گیا ہوتا۔ پھر جب سورج کو روشن دیکھا تو کہا یہ ہے میرا رب، یہ سب سے بڑا ہے مگر جب وہ بھی ڈوبا تو ابراہیمؑ پکار اٹھا "اے برادران قوم! میں اُن سب سے بیزار ہوں جنہیں تم خدا کا شریک ٹھیراتے ہو۔ میں نے تو یکسو ہو کر اپنا رخ اُس ہستی کی طرف کر لیا جس نے زمین اور آسمانوں کو پیدا کیا ہے اور میں ہر گز شرک کرنے والوں میں سے نہیں ہوں۔" اس کی قوم اس سے جھگڑنے لگی تو اس نے قوم سے کہا "کیا تم لوگ اللہ کے معاملہ میں مجھ سے جھگڑتے ہو؟ حالاں کہ اس نے مجھے راہ راست دکھادی ہے اور میں تمہارے ٹھیرائے ہوئے شریکوں سے نہیں ڈرتا، ہاں اگر میرا رب کچھ چاہے تو وہ ضرور ہو سکتا ہے میرے رب کا علم ہر چیز پر چھایا ہوا ہے، پھر کیا تم ہوش میں نہ آؤ گے؟

(سورہ انعام: ۷۵۔۸۰)

ستارے، چاند اور سورج کی طرف اشارہ کرتے ہوئے اور یہ کہتے ہوئے کہ "یہ میرا رب ہے"، ابراہیم علیہ السلام نے اپنے مخالفین کے طرزِ گفتگو کی عکاسی کی تاکہ ان کے عقائد میں موجود اندرونی تضادات کو ظاہر کر سکیں۔

مسلم فکری تاریخ ایسے مسلمان ناقدوں سے بھری پڑی ہے جنھوں نے مختلف عقلی حکمتِ عملیوں کا استعمال کرتے ہوئے ان فلسفوں کو جنہیں وہ دین کے لیے خطرناک یا گمراہ کن سمجھتے تھے کا جائزہ لیا، انہیں کمزور کیا، ان پر تنقید کی اور انہیں رد کیا۔ یہ ایک کھویا ہوا فن ہے جسے آج کے مسلمانوں کو دوبارہ زندہ کرنے کی بھرپور کوشش کرنی چاہیے، خاص طور پر جب ہم ایک ایسے فکری ماحول میں جی رہے ہیں جو بار بار ہمارے دین کے خلاف معاندانہ رویہ اختیار کرتا رہا ہے۔

جیسا کہ سیدنا عمرؓ نے ایک مرتبہ تقریری انداز میں فرمایا: "کیا ہم حق پر نہیں ہیں؟" (ألسنا علی الحق؟)

اب وقت آگیا ہے کہ ہم اسی یقین کے ساتھ عمل بھی کریں۔